激動のラオス現代史を生きて

回想のわが生涯

プーミー・ヴォンヴィチット
平田豊＝訳

めこん

1975年11月25日、国立競技場の人民選挙勝利集会で挨拶するプーミー・ヴォンヴィチット。
（撮影・竹内正右）

1974年、パリから戻ったスヴァンナ・プーマー殿下(中央)をワッタイ空港に出迎えるプーミー・ヴォンヴィチットとスパーヌヴォン殿下（左)。(撮影・竹内正右)

Château de Villandry

上　ラオスの一般的な農家。ボーリカムサイ県ラックサオ郊外。
下　ホアパン県ヴィエンサイのカイソーン・ポムヴィハーン洞窟。ラオス愛国戦線はヴィエンサイの多数の洞窟を作戦本部や居住に利用した。現在ではそれぞれの洞窟に革命の英雄たちの名前がつけられ、一般にも公開されている。（撮影・川口正志）

目次

日本語版に寄せて　2

ラオス全図　5／北西部ラオス抗戦地区（1949年10月～）地図　6
ホアパン県とシエンクアン県地図　7／ヴィエンチャン県地図　8

まえがき　9

第1章　幼年期 ―― 13
第2章　フランス人上司の下でラオス植民地行政に従事 ―― 35
第3章　日本軍がフランス勢力を駆逐 ―― 53
第4章　日本の敗戦 ―― 61
第5章　フランスのラオス復帰 ―― 81
第6章　ラオス国内に抗戦地区を設置 ―― 89
第7章　政治勢力と武装勢力の拡張 ―― 119
第8章　アメリカ帝国主義者のラオス介入 ―― 127
第9章　拘置所から脱走 ―― 173
第10章　ヴィエンチャン派空軍大尉のクーデター ―― 193
第11章　連合政府内での活動 ―― 217
第12章　ラオス愛国戦線の戦略と戦術 ―― 231
第13章　要約 ―― 255

ラオス関係主要年表（1945～1994）　261
プーミー・ヴォンヴィチット略歴　273
索引　275

訳者あとがき　286

ບົດນຳ

ຂ້າພະເຈົ້າ ຮູ້ສຶກດີໃຈ ທີ່ໄດ້ຮູ້ຂ່າວວ່າ ທ່ານ [illegible] ມິຊິຕະ ມີຄວາມປະສົງຢາກຈະແປປື້ມ "ຄວາມ [illegible]" ທີ່ຂ້າພະເຈົ້າໄດ້ຂຽນເປັນພາສາລາວ ເພື່ອໃຫ້ ເພື່ອນໆ ຊາວ ຍີ່ປຸ່ນໄດ້ ອ່ານ.

ຄວາມຈິງແທ້ ປື້ມຫົວນີ້ ຂ້າພະເຈົ້າ ຂຽນ ເພື່ອ [illegible] ຮູ້ນຳ, ເປັນຕົ້ນ ຊາວໜຸ່ມລາວ ທ່ານ ເພື່ອ [illegible] ຊີວິດ ອັນ [illegible] ໃຫ້ການເປັນ [illegible] ເປັນ [illegible] ຂອງ ຊາດ.

ເມື່ອ ຮູ້ວ່າ ປື້ມຫົວນີ້ ເປັນ [illegible] ຂອງ ຄົນຍີ່ປຸ່ນ ແລະ ມີຜູ້ຢາກແປ ເພື່ອໃຫ້ຄົນຍີ່ປຸ່ນ ໄດ້ອ່ານນັ້ນ ຂ້າພະເຈົ້າກໍ່ຮູ້ສຶກ ດີໃຈ ແລະ ຂໍຂອບໃຈ ທ່ານ [illegible] ຄວາມປະສົງໄດ້ ໂດຍ ຫວັງວ່າ ປື້ມຫົວນີ້ຈະ ຊ່ວຍໃຫ້ ມິດຕະພາບ ແລະ ຄວາມ ສາມັກຄີ ລະຫວ່າງ ປະຊາຊົນ ຍີ່ປຸ່ນ ແລະ ປະຊາຊົນລາວ ຂະຫຍາຍ ກວ້າງ ແໜ້ນແຟ້ນ ຂຶ້ນຕື່ມອີກ, ອັນຈະເປັນການ [illegible] ທີ່ມີມາແຕ່ເດີມນານມາແລ້ວ ລະຫວ່າງ ສອງ ປະເທດ ຍີ່ປຸ່ນ ແລະລາວ ກ້າວ ຂຶ້ນສູ່ລະດັບສູງ ທີ່ໃຫຍ່ຫຼວງໆ.

ວຽງຈັນ ວັນທີ 17 ກໍລະກົດ 1992

ພູມີ ວົງວິຈິດ

日本語版に寄せて

この度、私のラーオ語の著書*Khwaam Songcham Khong Xiivit Hao*（回想のわが生涯）, Viengchan, 1987. が日本語に翻訳出版される計画を知り喜ばしく思います。

実際のところ、この著書はラオスの国民、例えばラオス青年が本書を通じて困難かつ複雑な生活の中から忍耐強く教訓を汲み取り、善良で高い品格を備えたラオス国民への自己形成をはかるための参考となることを期待しつつ執筆したものではありますが、ラオスに関心を持つ日本の読者にとっても、この日本語版を通じてこれまでのラオス・日本両国国民間の友好・連帯関係の拡大と緊密化に、ひいては両国間の伝統的に良好な友好関係のいっそうの改善とたゆみない進展に資することを願ってやみません。

1992年7月17日　　ヴィエンチャンにて

プーミー・ヴォンヴィチット

ムアン　　……郡。あるいは主に郡庁所在地の町。
プー　　　……山。ただし地名となっている場合もある。
ナム　　　……川。ただし地名となっている場合もある。
ターオ　　……氏。ただし通称となっている場合もある。
チャオ　　……殿下。
マハー　　……パーリー語経典の修得免状取得者に与えられる称号。
パ・チャオ……陛下。国王。

＊訳註における行政区分名(県、郡など)は現行のものである。
＊訳註におけるラオス要人の略歴については主として次の文献を参照した。
(1) Sithibourn Sithat, *Des personalités du Royaume du Laos*, Vientiane, 1960.
(2) Thao Kitti Rajphong, *Phra-Maha Brut Lao lae Ratthaburut Lao*, 1970.
(3) Stuart-Fox, M., and Kooyman, M., *Historical Dictionary of Laos*, Metuchen, NJ, 1992.

中国
ビルマ
ヴィエトナム
タイ
カンボジア
スーマオ（思芽）
ポンサーリー
ディエン・ビエン・フー
トゥエン・クアン
M. シン
ルアン・ナム・ター
ハノイ
M. シェンコー
サムヌア
M. サイ（ヴィエンサイ）
タチレク
メーサーイ
チェンセーン
ホエイサーイ
チェンコーン
チェンラーイ
M. パーク・ベーン
ルアンパバーン
M. ペーク
カンカイ
ポーンサヴァン
プー・クーン
シエンクアン
サイニャブリー
ナーン
タートーム
ルアン山脈
メコン川
ヴィン
ランパーン
プレー
デーンチャイ
パーク・サン
パーク・カディン
カムクート
ヴィエンチャン
ブンカーン
ポーンピサイ
シーチェンマイ
ノーン・カーイ
ウタラディット
チェンカーン
ルーイ
M. マハーサイ
ターケーク
ダーンサーイ
ウドーン
ナコーンパノム
セーポーン
ムクダハーン
サヴァンナケート
M. ピン
B. ホエイホーイ
サーラヴァン
ウボンラーチャターニー
パークセー
アッタプー
チャンパーサック
M. コーン
ハート・サーイクーン
アユタヤ
バンコク
① 第1抗戦地区（地図2）
② 第2抗戦地区（地図2）
③ ホアパン県（地図3）
④ シエンクアン県（地図3）
⑤ ヴィエンチャン県（地図4）
M.＝ムアン（郡）の郡庁所在地　B.＝バーン（村）

地図1　ラオス全図

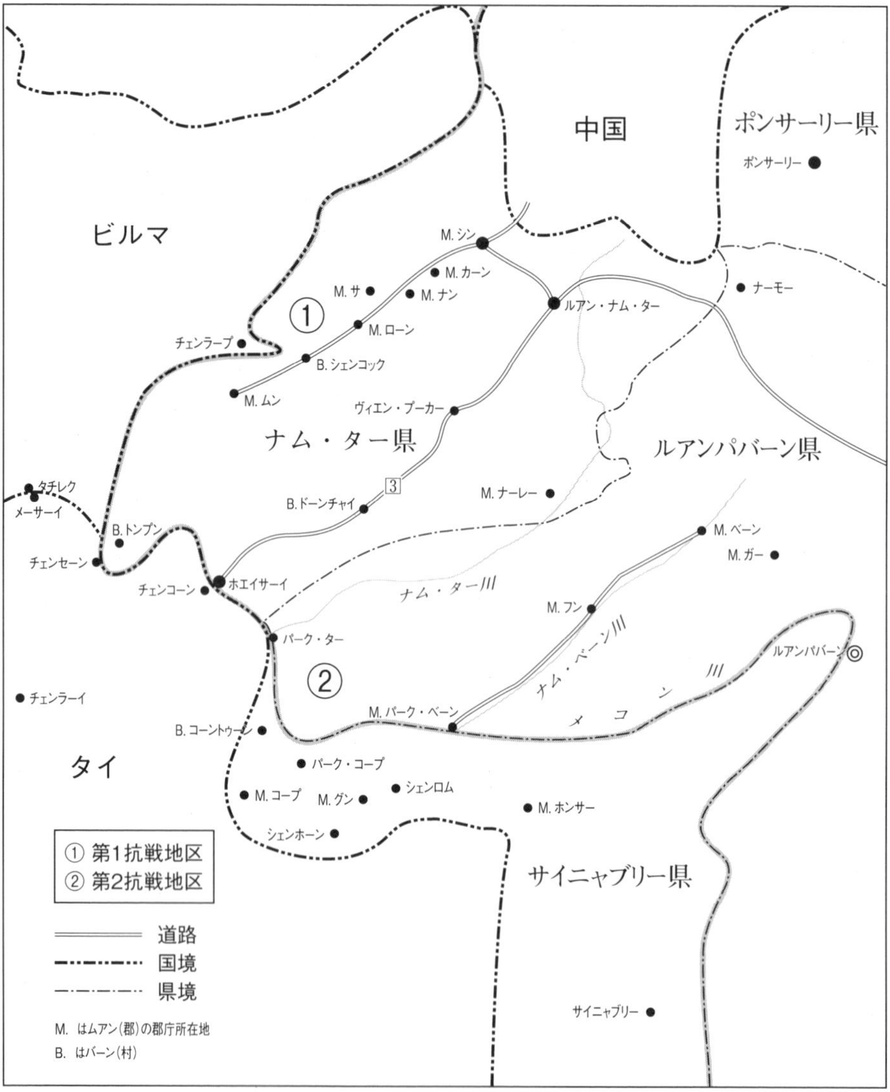

地図2　北西部ラオス抗戦地区(1949年10月〜)

地図3　ホアパン県とシエンクアン県

地図4　ヴィエンチャン県

まえがき

私が本書の執筆に着手したのは1984年4月6日で、ちょうど私の満75歳の誕生日であった。その動機は、幼年時代からフランス植民地主義者に仕えた時期を経て、国家と人民に奉仕する機会に恵まれた時期に至るまでの自分の人生に関わるすべての記憶を回想してみたいということであった。

本書の内容は私の5、6歳から現在に至るまでの私が記憶する真実を記述したものであるが、これをもって、私自身がいかに勇敢、有能であったかなどと自画自賛する意図は毛頭ない。

本書の執筆にあたって、私はわが人生の各時期における生活、思想の変遷を回想、吟味してみた。いうまでもなく、これまでの75年間には私の思想に影響を及ぼす種々の出来事があったが、5、6歳以前の出来事については忘れ去っている部分が多い。この頃のことで記憶に残っているのは、父が健在であった時期に、子供ごころに楽しかった思い出である。父が他界してからは、11歳から15歳までは水田耕作の労働に従事せねばならなかった困難な時期であったが、私にとっては農業労働者階級の生活の一端に接する機会となって、思想面での初めての闘争がもたらされた。この頃の私は必要に迫られて田畑や農園作業の困難な生活に耐えざるを得なかったものの、父とともに楽しく過ごした頃の生活は今になっても懐かしく思い出される。

学生時代には内心では困難を感じていた一方で、卒業後には仕官して給与生活が送れること、そして地位の向上、さらには裕福な生活への願望もあり、これが勉学のためのあらゆる困難を克服する忍耐への支柱となっていた。

通訳官試験に合格した時期は大きな喜びと希望に満ちていた。しかし、これは私がフランス植民地主義者に奉仕する手先になり始めた時期でもあった。ペッサラート殿下[1]の計らいで参加したラーオ語、ラオス史、仏教の研究会を通じ

1　ペッサラート殿下。シャム統治下のルアンパバーン王朝ブンコン副王の第1子（1890～1959）。駐ヴィエンチャン理事長官付秘書（1913）。フランス統治下の政治・行政監察官（1931）。ルアンパバーン王国副王兼首相（1941）。日本の敗戦後も1945年3月の独立宣言を再確認する立場をとったため、シーサヴァーン・ヴォン国王より副王兼首相を解任される。ペッサラート殿下を中心とする「ラーオ・イッ

て私は物事の正誤、善悪を区別し得るようになってはいったものの、これらは依然として封建貴族階級社会の遺産のままであった。フランス人の下での通訳官として働いた全期間を通じ、私は彼らには忠誠を尽くす一方で郡長、官吏を始めとするラオス人民に対しては軽視の態度で接するようになり、まわりの友人たちからちやほやされる言葉に幸福感を覚えるような人間になっていった。

青年期の生活では、競走や走り高跳び、走り幅跳び、競馬、自転車競争、ラオス式ボクシングの基本型の練習と試合、掛け合い歌謡の女性歌手との競演やその練習などを通じて、競争相手に勝つことへの決意と自負心が次第と培われていった。

裁判長として転勤を命じられてからは、私はラオス人民を制圧することを目的とするフランス植民地主義者の法律を忠実に執行した。その後、郡長級の採用試験に合格し、シエンクアンでの郡長に任命された私には、以前からの希望がすべて叶えられたように思われた。そのため、より積極的にフランスに奉仕するようになり、結果として3個の功労金章とパニャー[2]の称号を受け、私の喜びはさらに膨らんでいった。しかし、フランス植民地主義者によく奉仕することがラオス人民を抑圧し、搾取することであることにはまだ気付いていなかった。

その後、私はペッサラート殿下より、ヴィエンチャン郡長（市長）職を拝命したが、待ち受けている困難な職務のことを思うと私の気持ちは憂鬱であった。しかし同時に、弱冠33歳にしてラオスの首都における最も若い郡長に任命され、幹部に対し私の能力を披露できることは大きな栄誉であると思ったのも事実である。さらにサムヌア県[3]知事として転出すると、旧体制における裁判所長、市長、県知事の地位を通じて私の内面では次第に封建的思想が扶植され、高揚されていることを自覚しないまま、この当時のラオス人としては最高の地位

サラ」(自由ラオス)は国王の解任を宣言。暫定憲法の制定、暫定政府の樹立により同殿下が事実上の国家元首となったが、フランス軍のラオス復帰に伴ってタイに亡命、名目的な副王に復位した（1957）。3349, *Tiao Phetsarath: Burut lek heang Raacha Anaachak Lao*, Bangkok, 1956.（『ペッサラート殿下：ラオス王国の鉄人』[タイ語]。“3349”は著者名で、ペッサラート殿下自身と見られている）。

2　パニャー。国王より高級官吏に与えられた位階称号。高位順に、チャオ・パニャー、パニャー・ルアン、パニャー、ピャ、セーン、ムーンがあった。

3　サムヌア県。現在のホアパン県。ラオス王国政府時代にはサムヌア県と呼ばれることが多かった。県庁所在地名はサムヌア。

に登りつめたことに対する喜びが大きく膨らんでいった。

私の思想面での闘争が始まったのは、日本ファシストがフランスをインドシナから駆逐した時からであった。この当時、在留フランス人が退避するにあたって、私はマックドゥヴォー理事官から彼ら一行に同行するよう求められたが、私は説得力のある根拠を示して彼の要求を拒んだ。この直後に日本軍がサムヌアに進駐してきた時も、私の心は少なからず動揺したものの、他県での場合とは異なって1人の逮捕者、死者も出さずに切り抜けることができた。それでも私は日本軍指揮官の指示に従って、サムヌアからシエンクアンとの県境までの道路建設工事のために県民を徴用したため、彼らは農繁期に家を離れて日本ファシストに奉仕せねばならない苦難を強いられ、多少の工事労賃を受け取ったとはいえ、不満は蓄積した。

日本軍の敗退とともにフランス軍がサムヌアに復帰すると、再び私の心は動揺した。ヴィエトナム軍のサムヌア進入に直面してフランス軍が逃走する際にも彼らは私の同行を強要したため、私の動揺はいっそう激しくなった。この頃、反フランス植民地主義闘争のためにヴィエトナム人民と連帯してヴィエンチャン独立政府が樹立されたとのニュースが伝わり、私と私の護衛兵4人は生命を賭してフランスの一行から離脱し、「ラーオ・ペン・ラーオ（ラーオ人のためのラオス）」運動[4]とルアンパバーンの独立政府に参加することを決意した。

ラオスを脱出してのち、私はタイへの逃避行を決意した。タイではタバコ乾燥所の所有者である資本家の侮蔑を受けたが、タバコ農園で働いてからは、民族解放闘争のために兵を卒いてゲリラ基地を設置することを決意した。しかし、これらの決意というのも、ただ単に封建的地位から離脱し、マルクス・レーニン主義の知識もないまま革命運動に向かっていったにすぎず、私の複雑な思想面での闘争の結果を示すものであった。とはいえ、それまでに受け継がれてきた勤労精神と愛国精神が相まって、インドシナ共産党[5]に入党したことで

4　「ラーオ・ペン・ラーオ」運動。第4章の訳註10（71ページ）を参照。

5　インドシナ共産党。1930年、ホー・チ・ミンにより創設。第2次世界大戦直後にラーオ・イッサラの左派が同党に入党、ラオス委員会を設置したが、1951年に同党は解散。その後ヴィエトナム、ラオス、カンボジアにそれぞれ独自の共産党が設立され、ラオスでは1955年3月22日にラオス人民党が発足した。同党は1972年の第2回党大会でラオス人民革命党（1975年のラオス人民民主共和国成立後もラオス政治体制の中核母体）に改称した。

自分への自信が深まり、その後のゲリラ基地における困難に立ち向かう忍耐力が培われたのである。

1950年8月の自由ラオス抗戦勢力の全国大会でネーオ・ラーオ・イッサラ[6]（自由ラオス戦線）の中央委員に選出され、ラオス抗戦政府に参加して以来、私の勝利への確信はますます深まっていった。この確信に基づいて、私は党組織内の同志から私に向けられた誠意に満ちた強い批判を受け入れ、私がフランス植民地主義者に奉仕している間に蓄積された封建的、権力主義的、軍国主義的思考から次第に脱却していった。私の自己改造のためのマルクス・レーニン主義と党の政策路線の研究、学習や党内同志、人民からの建設的な支援を通じて、私は社会主義革命路線に沿って徐々に前進していった。

私が反動路線に深く入り込んでからでも抗戦生活に入れたこと自体が、私の複雑な思想の改造への闘争における偉大な勝利を示すものであり、また、私が民族解放と自己解放路線を歩むための革命の炎の中で自己との闘争を続けた結果、党中央委員会政治局員、閣僚評議会副議長にまで到達し得たことは、確固たる決意さえあれば封建的あるいは資本主義的思考から脱却する闘争をも成し遂げられることを示すものである。したがって、この私ほどに深く反動路線に入り込んでいない人々にとっては、革命路線に沿って前進するために自己を改造、形成していくことは私の場合に比して容易であろう。これらの人々が自己の遅れた思考との闘争を固く決意するよう願ってやまない。

1984年4月6日　　ヴィエンチャンにて

プーミー・ヴォンヴィチット

6　ネーオ・ラーオ・イッサラ。自由ラオス戦線。日本の敗戦直後に成立したラーオ・イッサラ（自由ラオス）政府はフランスのラオス復帰に伴って1946年3月バンコクに亡命した。ネーオ・ラーオ・イッサラは、このグループの一派がフランスに対抗して完全独立を求め、ヴィエトミン（ヴィエトナム独立同盟会。1941年、ホー・チ・ミンを中心に結成された民族統一戦線組織）の協力を得つつ独立運動を展開した組織である。1950年8月に第1回の抗戦ラオス勢力代表全国大会を開催し、ネーオ・ラーオ・イッサラの結成とラオス抗戦政府の樹立を宣言。ネーオ・ラーオ・イッサラは1956年にネーオ・ラーオ・ハック・サート（ラオス愛国戦線、NLHS）に改称された。スパーヌヴォン殿下、プーミー・ヴォンヴィチット等が中心的指導者。

第1章

幼年期

地方の一農民の出身である私は、幸運にも修学の機会に恵まれ、通訳官試験に合格して仕官の道が開けたが、この当時の勤務は、まさしくフランス植民地主義に奉仕するものであった。旧植民地時代において、私はその後、郡裁判所長、郡長、県知事に順次昇進していった。幸いなことに、当初から人民やインドシナ共産党、ラオス人民革命党の指導と訓練を受けて、自分を徐々に学識と徳性を身に付けた人間に変革させ、党中央委員政治局員[1]、ラオス人民民主共和国の閣僚評議会副議長に昇格していった。これは、私の思想面での闘争の発展過程の大要を示すもので、以下にこの詳細を記述したい。

私は、1909年4月6日（戊申の年、陰暦4月黒分[2]の第13日）、シエンクアン県[3]ペーク郡カーイ区（現在のニョートグム）カーイ村[4]で生まれた。わが村はシエンクアンの町の北50kmの位置にあり、当時はまだフランス植民地行政による統治の初期の時期で、ペーク郡郡長の居住地であった。郡長は事務所を持たず、自宅で執務した。官吏の多くは寺での僧の修行を終えたシェン、ティット、チャーン[5]を

1　ラオス人民革命党の中枢組織は、5年に1度の党全国人民代表会議を通じて、党中央委員、党中央政治局員が選出され、地方レベルでの党県、郡の他、村等の基層レベル委員が選出される。

2　黒分。陰暦で月が欠けていく満月から新月までの期間、月齢後半の半ヵ月間を言う。月が満ちていく期間は「白分」と呼ばれる。

3　シエンクアン県。ジャール平原に位置し、ヴィエンチャン県の北東に隣接の県。ラオ・プアン族、モン族、クムー族（カム族）が多く住み、1960年代の初期にスヴァンナ・プーマー殿下を中心とする中立派勢力の根拠地となった。フランス統治時代にはヴィエトナム語で「チャンニン（Tran-ninh、鎮寧）」県とも呼ばれた。

4　県、郡、区、村。1899年、ラオスのフランス領インドシナ連邦編入後のラオス地方行政区画単位は、伝統的なクェーン（県）、ムアン（郡）、バーン（村）を基礎に、ムアンとバーンの中間位のターセーン（区）が付加された。ラオスでの「県」は他のインドシナ諸邦との整合性からは「省」が適当かと思われるが、その規模から本書訳では「県」に統一した。この当時の行政区画規模は総人口が約60万人、12県、80郡、5409村（Lucien de Reinach, *Le Laos,* Paris, 1911, pp.256-265）。2005年実施の国勢調査によれば総人口560万9997人、1万553村、141郡、16県（これに加えて首都ヴィエンチャン市とサイソムブーン特別地区）。ターセーンは人民民主共和制に移行後に廃止、サイソムブーン特別地区が1995年1月に設定されたが2006年1月13日付で廃止された（*KPL*, 07/07/2005）。（*KPL*＝カオサン・パテート・ラオ紙）

5　シェン、ティット、チャーン。シェンは沙彌（しゃみ）が還俗して冠される尊称、ティットは受戒していない僧が還俗した場合に冠され、受戒僧が還俗するとチャーンと呼ばれた。

名前に冠して呼ばれる還俗者であり、地方官吏の位階称号はウッパハート、ラーサヴォン、ラーサブット、ヴォーラブット、ムアン・セーン、ムアン・チャン、サミアン[6]などと呼ばれた。月給の額は上は20キープ[7]から下は7キープであった。

各官吏の自宅は、事務所から4～5kmも離れており、自宅では稲作、家畜飼育、屋内大工、家内工芸などにも従事していた。郡長から仕事に呼び出されると徒歩または馬で出勤し、勤務後は自宅に戻った。

私の父、ターオ[8]・ペーン・ヴォンヴィチットは、師僧として寺で仏門に入っている頃にパーリ語の翻訳で名をなした僧侶アーチャーン[9]・ヴィチットの息子である。父は沙彌の修行後に郡長を補佐する中級職の吏員に登用されてムアン・セーンの官位を与えられ、郡裁判長も兼任した。もともと父は銀細工の職工であったため、彼の執務は溶解炉のある部屋で行なわれた。当時は裁判官にとり判決の基準となる法律がなかったため、父のところに持ち込まれた訴訟には、当事者の双方が納得のいくような調停や和解による解決方法がとられた。母親のブンテート・ヴォンヴィチットは元ウッパハートの長女で、読み書きはできなかったが、田畑の耕作や家畜飼育、機織り、家事炊事、育児などに明け暮れた。

私はこの家族の第2子で、1人息子であったため、両親の健在中は両親から、また姉からも至極可愛がられた。妹のブア・ヴォンヴィチット[10]も私に親愛と尊敬の念を抱いていた。私は小さい頃より、父から指輪と耳飾りの細工を教わり、銀の洗浄、金の艶だしの手ほどきを受けた。これと同時に、馬、牛、水牛の飼育方法や薪の採集、苗とり、田植えの手ほどきも受けた。馬、牛、水牛の乗り

6　ウッパハート、…。フランス統治時代の地方行政は従前からの官制が踏襲され、チャオ・ムアン（古くはある程度独立したクニ〈邦〉の君主）が北部ラオス県知事、郷長、郡長、市長となり、その配下にはウッパハート（副郡長、郡助役）、ラーサヴォン（第1大官）、ラーサブット（第2大官）、補佐役としてムアン・セーン（司法担当）、ムアン・チャン（政務の諮問・執行）、ムアン・カーン（一般行政）、サミアン（書記）などがいた。

7　キープ。ラオスの古くからの通貨、宝石、貴金属などの重量・価格などの単位の1つ。1キープ（インドシナ・ピアストル）＝100アット＝銀26.271グラム。1955年からは全国的な通貨単位に定められた。

8　ターオ。男性名前の前に付してMr.と同様に使用する。古くは王族、貴族、高級官吏などに付された称号として使用された。

9　アーチャーン。師匠、阿闍梨の意味で氏名に冠する尊称。

10　ブア・ヴォンヴィチット。プーミーの上の妹。ヴァンフアン（元駐モンゴル大使）、エクサワン（元ラオス=ソ連友好病院副院長）を含む2男3女の生母。

方にも慣れて乗馬が最も得意であった。8歳頃からは子馬を乗馬用に調教することもできるようになり、小歩、常歩、速歩、疾駆走の歩調訓練をよく行なった。当時のわれわれにとっては競馬は大きな楽しみで、馬を所有する友達とは毎夕の如くに競走し、近隣の村人たちもよく見物に来た。

この頃が最も楽しい時期であった。父母には、他の家族の誰よりも特別に可愛がられ、ねだった玩具はほとんどが与えられた。毎日、母の米搗(つ)きと姉の水汲みが終わると朝食になった。姉と私の2人は、村人とともに薪の採集に行くのが日課であった。昼食後は、父の金銀細工あるいは書類書きの手伝いをし、技能と知識を習得していった。

苗が育ち、父の代掻(しろか)き作業が終わると、母、姉とともに、苗とり、苗括り、田植えを手伝った。夕方には、馬、牛、水牛を連れ帰り、母、姉は豚、鶏の世話や夕飯の支度をした。幼年時の私にとっては、仕事はかなり厳しかったが、任務を全うする充実感を味わうことができた。夕涼みの時間になると家族が父のまわりに集まり、私は母と姉から私の手伝いぶりに対する賞賛と労いの言葉を受けた。

この頃の悲しい思い出は特にはないが、遊び道具などの欲しい物が思い通りに得られないと、泣きわめき、仕事の手伝いを拒むことがあった。両親から自分の欲しがる物が約束されると私の不機嫌は治まり、両親も約束通りの品を買ってきてくれた。身体はいたって健康で、冬でも雨季でも予定通りに仕事の手伝いに出かけた。ときたま風邪を引くと、父が常備薬を出してくれたり、あるいは母が人を雇って入手したヤマヨモギ、カルカヤ、レモングラス、夏ミカンなどの薬用植物の葉を煎じて嗅がせたり浴びせかけてくれたりした。

わが家は高床式で、木柱を地面に埋め立て、床を竹板で敷き、屋根は籐とアナナシタケ（竹）で葺いていた。幅1尋[11]半四方の部屋が7部屋あった。両側の切妻を庇屋根に葺き下ろした入母屋(いりもや)式で、裏側の庇小屋は母屋の一部屋程度の広さがあり、ここが母と姉の機織り作業場となり、綿種分離機、紡ぎ車、15日分の精米用の籾入れ容器を置いていた。小屋の裏口を出た外側に父は4本の柱を埋め立て、丸木を並べて棚を作った。姉はこの上に竹の水筒を置いて、食後の鍋、食器を洗った。前面の庇小屋は裏側の小屋と同じくらいの広さで、高

11　1尋＝1.5～2m

床に上がる階段を掛け、床下には鍬などの水田耕作機具を置いていた。

父は家の幅と同じ間隔で2本の柱を立て、大人の腰の高さに梁を組み、さらに高さ1尋の柱3本を庇小屋から2尋ほど離れたところに立て、それに木を立てかけた。その中央に柵を設けて雄馬用の2区画を作り、膝頭の高さに床板を張った。そこには、「ボム・マー」と呼ぶ飼葉桶が置いてあった。残りの部分は雌馬用の区画で地面に接し、雄馬用の区画とは目の細かい柵で仕切られていた。

7部屋のすべてが葦を網代に編んだのを2重に合わせて作られた壁材で仕切られていた[12]。家の表側と裏側の壁には出入口が設けられ、北側には3ヵ所の窓が開けられ、それぞれには家の中に太陽光線が射し込むように庇窓が取り付けられていた。南側は仏壇の間と客室が用意されていた。これに続いて両親の寝室が2部屋に仕切られていた。残りは姉、妹と女性訪問客用の部屋であった。

北側の窓際の両隅にはそれぞれ炊事用と寒季[13]の暖房用に囲炉裏が配置されていた。窓側の両隅と囲炉裏の間に、親しい客人用の板張りベッドが設置されていた。囲炉裏の背後には、鍋、茶碗、盛り鉢、薪を備蓄しておく棚があり、両囲炉裏の間が食事場所で、必要に応じて寝間にもなり、囲炉裏との間の区画は客用の寝室となった。

この寝室の屋根裏は間仕切り用の葦が敷かれ、余分のゴザとかマットレス、竹篭、天秤棒で担ぐ米篭の置き場所になっていた。囲炉裏の上の屋根裏には梁と細い横木を組んで、乾燥を必要とする竹縄、屋根葺き材の収納場所となっていた。棟、切妻側の両端の庇屋根、長辺側の張り出し屋根はすべて茅葺きであった。

家の床下部分は高さが1尋半で、柵で3区画に仕切られていた。第1の区画は幅2尋、長さは母屋の端まであり、この区画に高床に上る階段が設置されていた。階段から4尋のところに足踏み式の米搗き臼があり、階段の下から臼までは柵に沿って薪の束が積まれていた。

12　ラオスの伝統的な地方の民家は一般的に高床式で、間取りは、(1) 居間、(2) 寝室、(3) 台所、(4) ベランダから成り、各部屋は網代壁で仕切られている。台所にはいろり、勝手口、物置があり、屋根は茅葺きが多い。口絵参照。

13　寒季。シエンクアン地方の11月から3月にかけての寒季には、気温が摂氏3度以下に下がることもある。夏季は最高29度で、季節風が高原に妨げられて多雨をもたらし、南、東、北方への川の水源となって、果樹栽培(リンゴ、ナシ、モモなど)、避暑に適する。

ベランダの端側はもともと豚小屋と鶏舎を設置するための区画であったのが籾摺り場として利用され、ふるい分けられた籾殻が散らかり、その地面を鶏が引っ掻くので、籾殻場と呼ばれていた。

この籾殻場の区画は広く、家の端まで続いており、床下の仕切り部屋とも呼ばれていた。この仕切り部屋はさらに3区分されて、一部は牛小屋に使用され、残りの部分は水牛小屋に行く通路として空けてあった。床下部分の周囲には手首の太さの木の柵があり、これに横棒が家の屋根先に届く高さまでほとんど隙間なく取り付けられていた。

籾殻場の外側には、茅を竹竿に取り付けた屋根葺き材が軒先から地面まで立て掛けられていた。水牛小屋の側には柵の内側近くに、丸太の杭の一端が地中に埋め込まれ、細く削られた方の先端が、桁材くらいの横木の両端に鑿で穿けられた穴に差し込まれていた。こうすることによって水牛が頭をこすり付けても柵が壊れないようになっていた。この柵材を「クワン・クワーイ[14]」と呼んでいた。

わが家では、雄馬2頭、雌馬3頭、雄牛2頭、雌牛4頭、雄水牛1頭、雌水牛2頭を飼育していた。毎年、子馬1頭、子牛1頭、水牛2頭が生まれた。常時、一定数の家畜を飼育できるように、生まれた家畜の数と同数の成育した家畜を売却した。

家の裏側には、両親が幅40尋、長さ50尋の土地に、囲い柵をめぐらして、庭と菜園地を作り、庭には籾米保存用の小屋を建てて床材を敷き詰め、まわりの壁面をカイ[15]材で取り囲んだ。空き地にはスモモ、桃、杏、ザボン、ミカンなどの果樹を1種類につき2本ないし10本、バナナを9株植え、残地には屋根葺き用の茅を植えた。

わが家には耕作地が3畝町(せまち)あり、その1畝町はカーイ村にある播種量が12ムーン[16]の陸田で、このほかの2畝町はケーオ村方面のナム・コー川の岸辺にある播種量6ムーンのナー・コーの水田と、ナム・コー川とナム・グム川[17]との合流地点にある播種量が5ムーンの日差しの強い畝町であった。後者の2畝町は天

14　クワン・クワーイ。クワンは柵杭、クワーイは水牛の意。

15　カイ。水辺に生える灌木。

16　ムーン。米などの計量単位で1ムーンは12kg。

17　ナム・グム川。シエンクアン県に水源を発し、ナム・グム湖をへてメコン川に注ぐ(長さ350km)。

水田であり、雨水に恵まれた年にのみ耕作が可能であったが、カーイ村の田は灌漑田で、毎年、季節に従った農作が行なわれた。毎年4月になると村総出でナム・コー川を堰き止め、苗代用水を引くための取水堰堤を建設する作業が行なわれた。苗代田には、6月か7月、遅くとも8月初旬までには田植えに着手できるように正月[18]の前後に各1回の籾蒔きを行なう。これより遅れて田植えをした苗代田は、この地方の涼季の訪れが早いため稲穂の実りが良くなかった。

わがカーイ村は、土地が痩せ、肥料も不足していたため、稲の作柄は他の地域に比し貧弱であった。4月になると父は堰堤の土手工事に出かけ、姉と私は苗代田に施す水牛の糞尿肥料の運搬で忙しかった。水が入ってくると、両親、姉は苗代田への分水、その5日後には代掻き作業を順次開始した。私はまだ身体が小さくて体力がなかったため、馬、牛、水牛の飼育などの作業が与えられた。午前に代掻き、午後には母と姉が水田の仕事に出かけ、私は畜舎の厩肥を水田に運んだ。1日に畜舎の1軒ずつを処理していった。父は、苗代田の周囲に柵を立てるための木の伐採から帰ると、私たちを苗取りの準備に連れていき、水田に水を引き込んだ。

第1回目の籾蒔きを終えると、両親、姉は水田の耕しを開始した。耕起、地ならしの作業は綿密、困難、かつ急を要する仕事であった。犂による耕起を終えてから5日後に「ハック・キータイ[19]」と呼ばれる有歯馬鍬で第1回目の犂ならしを行ない、その3、4日後に「カオ・プア・ソーン[20]」と呼ばれる第2回目の犂ならしを同じく有歯馬鍬で行なう。その3日後には第3回目の犂ならしが行なわれ、さらに、その5日後に草を犂取り、田植えができるように歯と歯の間隔が20cmの有歯馬鍬で代掻きを行なう。これらの作業は段取りよく連動させていかねばならなかった。

苗がちょうど1ヵ月たった頃に田植えができるようになっている必要があり、さもないと苗に節ができ、田植えをしても繁殖せず、穂は実らなかった。このため、犂耕、犂ならし、代掻き、苗取り、田植え、刈り入れ、稲積み、脱穀、

18　正月。ラオス正月は太陽暦4月の中旬の3日間。ラーオ語でサンカーン、ピーマイ・ラーオとも呼ばれる。

19　ハック・キータイ。ハックは砕く、キータイは耕し起こした後の土塊の意。

20　カオ・プア・ソーン。カオは入れる、プアは有歯まぐわ、ソーンは2の意。

籾小屋への籾の搬送の一連の作業はすべて「ナー・ハオ」方式[21]の共同労働で行なわれた。この方式では、ある一家から何人かが他の家に手伝いに出ると、その協力を受けた家は同数の人数をその労働を提供してくれた家にお返しをし、水田所有者の家は朝食1食分を供応することになっていた。このような共同作業がなければ農繁期を乗り切るのは困難であった。他方、水田周囲の柵の取り付け、畦作りはそれぞれの水田所有者が自前で行なった。

姉と母がカーイ村の陸田にナー・ハオの共同労働に出ている間は、父は手伝い2名を雇い入れ、ナー・コーの水田とナー・ターク・デートの水田での農作業に出かけた。この両水田は天水田で肥料も施していないので良田ではなかったが、川縁に面して、岸辺の斜面が急勾配で、他人の水田の下手に位置していたため、柵を作る必要はなかった。時間的に余裕がある時には、母と姉と私の3人はナー・コーとナー・ターク・デートの水田に行って、父の田植え、稲刈りを手伝った。この両畝町では粳米(うるちまい)を栽培していたが、当時の収穫率は高くなかった。1kgの播種用籾米からは26～27kgの収穫しか得られず、カーイ村での47～48kgには到底及ばなかった。

水田耕作と同時に、わが家では陸稲、トウモロコシ、タピオカ、カボチャ、ウリ、スイカ、メロンを、また別の菜園地ではトウガラシ、アブラナ、タマネギ、ニンニク、キュウリなどの家族の需要を満たすための野菜栽培も行なった。

共同作業を終え、収穫籾米を村民の籾貯蔵小屋に運搬し終わると、村を挙げて田野に馬、牛、水牛を放牧するが、雨季の時のように連れていく世話は必要なかった。両親と姉は、鮒を養殖している「ブン・ディアオ」と呼ばれる郡長所有の沼に沿った農園に垣根を張り始める。父は村の2、3戸から手伝い人を集めてホーイ山の山麓、ゴーイ川などに沿って適当な畑作地を探しに出かけた。畑作地では灌木、喬木を共同で伐採し、伐採の樹木が乾燥すると一斉に火入れを行なった。燃えつきの悪い残り木は細木、枝木と一緒に積み重ねて束ね、太木に被せて再点火した。この作業を彼らは「ハー・ハイ」[22]と呼んでいた。籾米、

21　ナー・ハオ。シエンクアン地域の農村共同体における農繁期の共同水田耕作労働。ナー・ハオの労働提供を受けた家は労働を提供した家に対しお返しの労働を提供する。わが国のユイ(結い)に似る。お返しの労働を期待されていない労働提供は「ナー・ワーン」と呼ばれる。

22　ハー・ハイ。焼畑作業で伐開作業（1月頃）後の最初の焼き入れ作業（通常、4月頃に行なわれ、この作業をシエンクアン地方では「ハイ・ラーオ」と呼ぶ）を経て、雨季入りまでに、作物の種、苗などの

トウモロコシの種子の埋め込みは2、3戸の家で行なう共同作業であったが、そのほかの野菜類は各自で栽培した。イネ、トウモロコシの刈り入れ、運搬も各家で行なった。わが家では両親、姉が収穫と運搬に携わった。私は自分の体力に合わせて、農機具、麦、スイカなどを少しずつ運ぶのみであった。

本書をここまで書き終えた今、私は改めて両親、姉と一緒に畑に出て楽しかった日々を思い起こしている。小川の清流に沿って散歩したこと、山麓の畑地の中で涼風に乗って流れ来る樹木の燃えるにおい、畑地の上部の木々で囀る鳥の声は幾十年経た今でも忘れ難い。

今ひとつ心に印象深く残っていることは、両親が私たちを池、水田の中の養殖場に連れていってくれた時のことである。わが家はブン・ディアオ沼の南側に池を所有していた。田植えを終えた7月末になると父は池から魚を水田に移し、私たちを「キアム・ファート・パー[23]」と呼ばれる孵化の準備をする作業現場に連れていった。最初の作業は、カイの木の網細根を一抱えほどの大きな束に切り取り、乾燥させることである。この根の束は魚巣用に使用され、「スワーイ・カイ[24]」と呼ばれた。次いで父は、田の畦の低いところを高くし、同じ高さにならして、水漏れの穴を塞ぎ、畑田の中央部を浅く掘って全体の地面より深くし、田の水路の深さをならしてから、竹の網代ですべての田の水路と溝の口を堰(せ)いた。第3の作業では小竹を切り取り、枝股を1つ掛け止め用に残した竿にし、これにスワーイ・カイを取り付けて、移動しないように水田の各所に差し込んだ。第4の作業は「ポー・ハーン・ノーン[25]」と呼ばれた。まず幅30尋、長さ60尋の広さに、畦を膝までの高さに盛り上げて平坦な田を造成し、畦の高さ一杯に水を張った。ここに、既に選出済みの繁殖用の雄魚10匹と産卵期にある雌魚30匹の魚を放流した。毎年、ほぼ同じ広さの3枚の田に放流した。次いで、養魚用の飼料として牛と水牛の糞尿肥料を、田の集水溝から排水溝に

埋め込みを終えるが、2年目以降の畑焼きは「ハイ・ロック」と呼ばれる。「ハー・ハイ」は火入れ後の焼け残りの枝木を寄せ集めて燃やす作業。これらの作業を3〜4年間繰り返した後、転地移動する。

23　キアム・ファート・パー。魚卵の孵化準備をすること。キヤムは準備する、ファートは卵をかえす、パーは魚の意。

24　スワーイ・カイ。スワーイはバナナなどの葉をじょうご形にした花束や蠟燭などを包むもので、コック・カイの木から切り取った円錐形の網細根の束を指す。コック・カイは水辺に繁茂するヤナギ科の木。

25　ポー・ハーン・ノーン。田の下手にある水門から水を落とす作業。この時期に田池の水を干上がらせて魚採りをする。

水が流れ落ちる場所に施した。

この2、3日後にスワーイ・カイを持ち上げてみて、魚卵が付着していれば、産卵が始まった証拠である。2日経っても、魚卵の数量が以前と同じであれば、その魚卵の付着したスワーイ・カイを引き上げ、内側をバナナの葉で敷き詰めた大型の竹篭に入れて持ち帰り、家のベランダで燻蒸、成熟させた。

これと同時期に田の排水路口を開いて水を干上がらせ、繁殖用の魚を元の養殖池に戻した後に排水口を閉め、元通りに水を張った。ベランダの魚卵は毎日見に行き、卵の色が澄んでいて、スワーイ・カイを水甕の水面近くに置いてみて、孵卵した稚魚が水中に落ちるようであれば、すべての篭を田に運び、田のすべての水溝を細かく編んだ網代で堰き、スワーイ・カイを水田のところどころに差し込んで鮒の卵を孵化させた。引き続いて、牛、水牛の厩肥を施した。

10月末になると「ケーン・ナー」と呼ばれる田の水抜き作業が行なわれ、魚獲りをした。体長5～10cm程度の鮒を3万～4万匹捕獲して養成池に放流し、残りの約10万匹以上はパー・デーク[26]、パー・ケム[27]用あるいはそのほかの料理用に利用した。

私にとっては、このような魚の養殖と捕獲が特に面白く、印象に残る仕事であった。魚獲り作業の後は、再度、田に水を張り、稲の生長を促した。11月の黒分の時節に、稲穂が垂れ、黄色くなりかけると、田の取水口を閉め、排水口を全開にして水抜きをした。こうして刈り入れの時期までには田の地面は乾燥しているのである。

わが家はこのような季節の行事に従った作業を毎年繰り返した。私の年齢が上がる毎に、それだけ両親から教わる農業栽培、動物飼育の技術のレベルが向上していき、その分だけ生産量の増大に貢献した。わが家族の長所は、家族の誰もが互いの親愛と団結で支えられ、両親の教えをよく守り、力の限界までの労働にもかかわらず、誰ひとりとして何の愚痴もこぼさず、無精者はいなかったことである。

26　パー・デーク。瓶の中に魚を塩漬けにし、糠を加えて密閉し、3ヵ月ほどして、糠、炒り米を加えて発酵させたもの。ラオス庶民の主要な蛋白源となる日常必需の調味食品。タイでは「プラー・ラー」と呼ばれる。

27　パー・ケム。塩浸けの魚。パー・デークのように発酵させないので魚の形が崩れていない。塩漬けにしてから2～3ヵ月後に食する。

わが家は食料不足に陥ることはなかったが、米を売却する余裕はなかった。収穫した食料は自給分と大小動物の飼育用のみであった。母、姉の機織り、父の銀細工、馬、牛、水牛の売却と農園の果実の販売から得た収入を貯蓄して、われわれの衣服、道具類の購入に充てられた。

私が9歳になったばかりの1918年の初め頃、母がもう1人の妹を出産し、家族の員数が増えて、家族は喜びに満ちていた。2人目の妹の名はワンシー・ヴォンヴィチット[28]と名付けられた。地方にいる親戚縁者が次々とやってきて、両親や家族を祝福した。家庭内の仕事が一段落すると、父は私を馬に乗せて親戚まわりに連れていってくれた。パイ村、プン村、カンヴィエン、ムアン・カットにある親戚の家々で1ないし2泊した。この時の印象は幼年時代における最も楽しい思い出となっている。

父の死亡　1918年の6月、わが家に思いもかけぬ悲しい出来事が起きた。父がマラリアで倒れ、病状が日増しに悪化していったのである。母をはじめ家族一同は心配して病状回復のために奔走し、能(あた)う限りのあらゆる努力を重ねた。この当時に重宝された近代医薬や伝統医薬、この地域に伝えられている習俗を含むあらゆる治療方法を試みたが、親族一同の援助のための愛情も、手に入るあらゆる薬品も、あらゆる種類の伝統施療も父の生命を救うことはできなかった。5ヵ月の病苦に耐えた10月末、父は家族、親戚一同が嘆き悲しむ中、まだあどけない4人の子供を母に託して47歳の若い命を閉じた。

この地域の風習に従えば、息子である私は沙彌になって、父を墓にお連れするはずであったが、宗教上の慣わしで満10歳にならねば沙彌に入ることは許されなかった。このため、翌年4月のラオス正月を迎えてから、実父の恩義に報いる善根を積むために仏門に入り、お経を学んだ。その後も真剣に経書と説教書を学んだため、当時カーイ村の僧長であったパサーコーン師が可愛がってくれ、私の教育に熱心であった。

こうして、8月の満月の安居(あんご)入り[29]の日には、私は「スートモン・ノーイの

28　ワンシー・ヴォンヴィチット。プーミーの2番目の妹。ボーセンカム（初代ラオス国立大学学長、教育副大臣）の生母。

29　安居入り。暦の上で旧暦の8月16日から3ヵ月間の雨季に入る日。雨安居(うあんご)の間、僧侶は寺で勤行し、外泊が禁止されるので、在家の者が安居入りの前日に浴衣、線香、日用品などを寺に寄進する。

部」[30]の読誦を習うことができるようになり、続いて「スートモン・カーンの部」[31]と同時にタム書[32]の講読を開始した。11月満月の安居明け[33]には「転法輪経」[34]を修了して、タム書の経文を流暢に唱えることができるようになっていた。

家では母と姉を手伝う者が誰もいなかったので、安居明け後に還俗を願い出たが、僧長から3ヵ月間の沙彌修行の期間を延長するよう説得された。というのは、ちょうどこの頃、村では寺でのブン[35]が各寺で準備されており、そこでは「ヴェート・サンタラ・ジャータカ」[36]の説教会が予定されていたためであった。わが村の寺では僧侶、沙彌は1僧につき1ないし2回の講話会での説教の依頼を受けた。私自身は「マティー」[37]あるいは「クムマーン」[38]の説教をよく頼まれた。というのも、私の声が小さく、聞き手に哀感を誘う上記の説教講話の内容に適していたのである。

1920年の2月、私は還俗して母と姉妹が暮らしている家に戻ってきた。父の死は家族に大きな困難と悲しみをもたらした。家族を支える任務が重くのしかかってきたが、果てしないこの仕事の主要部分は母と姉に頼らざるを得な

30　スートモン・ノーイの部。比較的短い経文を中心に集められた小部経で、この中に初心者にとり必須の小誦である「三帰依」「十戒」「見習僧問答」などが含まれている。

31　スートモン・カーンの部。中位の長さの経文集。

32　タム書。タム文字による仏経書。タム文字はモン（Mon）文字の系統で16世紀のポーティサーララート王の時代にシェンマイ（チェンマイ）より仏経書とともに僧侶が招聘されて以来、王国内にも広まったと言われる。仏教に係わる文書などの筆記に使用される神聖な文字である8世紀頃のモン文字の石碑がラオスで発見されている。

33　安居明け。ラーオ語では「オーク・パンサー」と呼ばれ、旧暦11月の満月の日で、雨安居の明ける日。僧侶は修行を終えて寺から出てくる。修行中の行動につき懺悔の行事（パーヴァラナー）が行なわれる。善男善女は寺参りをし、五戒の遵守を誓い、托鉢、死者への供養、ジャータカ物語(仏陀が前生、菩薩であった時のことを述べた仏教説話。本生経)の説教を拝聴する。僧侶、在家の者がともに祝いの祭りを催し、ボート・レースが行なわれるのもこの頃である。寺、家では蠟燭に火が灯され、バナナの葉で作られたボートに花、蠟燭、供養物を載せて川に流し、ナーガの神に供える。日本の灯篭流しに似る。

34　転法輪経。八正道の教を含む仏陀の最初の説法。

35　ブン。祭り。祝福の行事。

36　ヴェート・サントラ・ジャータカ。「布施太子本生経」。仏陀の前生は10回あり、この布施太子が最後の一生。シビ国のサンジャヤ王のスダーナ太子は生来、布施を好み、自分の子供、妃までも喜捨するという、13章からなる自己犠牲を強調した内容の物語。説法会では通常は13人の僧で行なわれ、1人の僧が1章を担当する。

37　マティー。「布施太子本生経」第9章。マティーはスダーナ太子の妃の名前。

38　クムマーン。「布施太子本生経」第8章。クムマーンは童女の意。スダーナ太子の童子の名前がジャーリ、童女の名がカンハージナ。

かった。この時の母の年齢は40歳、姉のピンパー・ヴォンヴィチットは14歳で、2人が家族の代表となって地域社会での任務を果たした。堰堤作業、水引き作業、水田への糞尿肥料の運搬、施肥、犂耕、代掻き、田ならし、種籾蒔き、苗取り、田植え、刈り入れ、脱穀、籾の運搬などの作業は、村総出で「ナー・ハオ」の共同労働で行なわれた。わが家にとっては、このような生活様式は非常に好都合であった。この共同作業のおかげで、わが家のカーイ村での時節に応じた農作業が可能になったのである。パイ村、ガム村、カンヴィエン、ミャン村、ナー・ラーンからの親戚兄弟が、1人1ヵ月ないし2ヵ月ずつ順繰りに、わが家の農作業を手伝うために暖かい支援の手を差しのべてくれた。

関係者の支援にもかかわらず、わが家族の生活は依然として厳しく、家計は困難が続いた。父の死後、耕作できたのはカーイ村のナー・ポーンの田のみで、ナー・コー、ナー・ターク・デートの田までは手が回らなかった。この両田は、畦作り、灌溝の修理をして、食料自給のための魚を捕獲するのみであった。水田の1枚さえも十分な手入れができなかった。生産量も以前より下がった。家族の米の需要量に対する生産量は、年間で1、2ヵ月分が不足した。米の購入、子供の養育のため母は、馬、牛、水牛を売却せねばならぬ年もあった。父が遺してくれた現金は年毎に減っていった。このような母の状況を察して、姉からは、母が家族の生活のために犠牲になっているので、苦しいことにも我慢して母を手伝わねばならぬとよく言い聞かされたものである。

まだこの頃には、祖母がナー・ポーンで農業を営んでいた。また、叔父の1人はわがカーイ村で農業を営み、別の叔父も村から16km離れたラート・ブアックで水田耕作に従事しており、さらにもう1人はシエンクアン県クーン郡の郡長補佐役をしていた。時々、祖母、叔父が米などの食料を差し入れてくれた。それでも私たち家族のひと月の生活には十分ではなかった。

この当時、母の負担を少しでも軽くしようとしていた姉と私は文字どおりの重労働の毎日であった。2人の妹はまだ小さく、われわれの手伝いは無理であった。11、12歳で私は、畦作りや水田の地ならしのほか、土手作り、草刈り、屋根葺きの作業を習得していた。屋根は2年毎に片面を葺き替えた。水田の準備のための耕起、田ならしが完了すると、村のナー・ハオの手伝いに行った。ナー・ハオの際は母が家事労働をとり仕切った。村の人たちは私たち家族に同情して、わが家にはわが家の労働規模に応じた大人たちが手伝いに来た。

ナー・ハオを終えると、姉は野菜栽培と豚、アヒル、鶏の飼育にとりかかり、時間的に余裕がある時は、母から料理法とか機織りの技術を教わった。この間、私は馬、牛、水牛の追い込み、時には母の食事の支度を手伝った。こうして、私は屋根葺きの萱の張り方、垣根の編み方、野菜篭、飼い葉入れ、薪入れの作り方、家畜飼育、生活用具の使い方、作り方などの生活に有用な仕事を習得していった。振り返ってみると、私は極めて困難な仕事を多くやってきたが、互助の精神を尊重する母の指導が上手であったこと、また村のほかの子供たちも同じような状況にあったことがわかっていたので、苦しいながらも楽しく、積極的に努力した。

モン族の反乱　1918年、モン族[39]のパーチャイ王[40]がフランス植民地主義者に対抗して蜂起し、ナム・ター県[41]のチョームチック・チョームチャン山で戦闘が発生したとの情報が流れてきた。戦闘地域はモン族が地理的に分布している地域に沿って次第に拡大していった。蜂起の理由は、フランス植民地主義者が彼らに加重な税金・賦役を課したこと、アヘンの買い上げ価格が不当に低廉であったこと、モン族に対する塩、衣料の販売を規制したためと言われていた。1920年には、モン族の反乱地域はルアンパバーン県のプー・ルーイ、ホアパン県[42]のプー・パーティー、プー・コン、プー・グン、ムアン・ソーン、サムトゥー、ホアムアン、ルアンパバーン県のプー・スーン、プー・ヴィエン、プー・ダー

39　モン(Hmong)族。ラオスではメオ(苗)族とも呼ばれ、ヤオ族同様に山頂に住むラーオ・スーン(高地ラーオ族)に属する主要山岳民族で、19世紀前半に雲南地方から移住し、ホアパン、シエンクアン、ルアンパバーン、サイニャブリーの各県に多く住む。団結心、独立心に富む。1960年代半ば頃から1975年までのラオス内戦ではパテート・ラーオ側と王国政府側とに分裂し、多くの死傷者、避難民が出た。1975年の新政権成立時も王国政府側のモン族の多くが難民となって国外(タイ、アメリカ)に脱出した。ケシ、雑穀栽培、焼畑耕作を中心とする移動生活が特徴的。着衣の色により白メオ、黒メオ、青メオなどと呼ばれる。

40　パーチャイ王。1918年から1922年にかけてラオス東北部、ヴィエトナム北西部にモン族独立王国を建設する救世主と称してルアンパバーン、ムアン・ゴイで反乱を起こすが、ルアンパバーン王国スヴァンナラート殿下指揮下のフランス軍に殺害され、反乱は鎮圧された。

41　ナム・ター県。現在のルアン・ナム・ター県からボーケーオ県を除いた王国時代の県。

42　ホアパン県。ヴィエトナムと接する東北ラオスの県名。フランス領インドシナ期および1975年のラオス人民民主共和国成立後に使用されている県名で、1945年10月以降から1975年までは主として「サムヌア」県がよく使用された。この時期のこの地域は主としてラオス愛国戦線側の支配地域となっていた。

ポー、プー・ルーイ、ムアン・ヒャムパンロー、シエンクアン県のタム・ラーナーカン、ナームアン、パックケ、ノーン・ヘート、ケーン・クヮーイ、パー・カーナーシャン、タム・ターオ、パックルン、ムアン・タン、プー・ケー、サムトーン、ローンチェーン、シャンデートにまで拡大した。これらの闘争が拡大している地域では、頭領が選出され、地域によっては女性頭領が立てられ、パーチャイ王の代表として地域のモン族から絶大なる支持と尊敬を集めた。

フランス植民地主義者はモン族を攻撃するために低地ラーオ族[43]、丘陵地ラーオ族[44]の青年を「緑色部隊」[45]に徴兵したので、モン族は低地ラーオ族、丘陵地ラーオ族への反感を募らせていった。彼らは下山して、低地ラーオ族の住宅に放火するなどの行動に出たので、住民に恐怖感が高まり、町や村は大きな混乱に陥った。フランスはヴィエトナムから「赤色部隊」[46]を派遣してノーン・ヘート、シエンクアンにフランス人将校を指揮官とする拠点基地を設置した。このヴィエトナム軍部隊をモン族との戦闘に当たらせたのである。この部隊に捕えられたモン族は殺害され、野蛮にも死体はシエンクアン、ノーン・ヘートの町に野晒しにされた。モン族はフランス人、ヴィエトナム人、低地ラーオ族、丘陵地ラーオ族に対する反感をいっそう強め、自分たちの銀製の腕輪、首輪まで銃弾に利用して、各地に猟銃、爆薬による集中攻撃を浴びせ、戦闘は拡大する一方であった。当然のことながら、死傷者も多く出た。それまでの状況から、この戦闘はフランス植民地主義者の巧妙かつ残虐な分割統治政策の結果であることは明白であった。

1920年と1921年を通じて、この地方の住民は生活の糧を得るための時間が持てなかった。村の老若男女のすべての者が戦乱に怯え、壮年、成人はフランスによる兵隊狩りを恐れていた。このため、住民は物資を山間部に秘匿し、最

43　低地ラーオ族。ラーオ語で「ラーオ・ルム」と呼ばれ、低地で主として水稲耕作に従事するタイ語系の諸民族、ラオス国内人口の半分を占める。ラーオ族、プータイ族、ルー族など。ラオスでは一般的に49種と言われる民族の分類には「低地ラーオ族」(ラーオ・ルム)、「高地ラーオ族」(ラーオ・スーン)と、この中間高度の山腹、丘陵地に居住する「丘陵地ラーオ族」(ラーオ・トゥン)がよく用いられる。

44　丘陵地ラーオ族。ラーオ語で「ラーオ・トゥン」と呼ばれ、山腹・丘陵地で伝統的に焼畑耕作に従事する。かつてはカー(奴隷を意味する)族とも呼ばれた。

45　緑色部隊。アンナンの原住民衛兵。この当時は各県に駐在するフランス政府弁務官には警察権行使、治安維持のために100名の衛兵が与えられており、このうち50名がアンナン衛兵、50名が県側が徴用するラオス人衛兵が充てられた。

46　赤色部隊。トンキン、アンナン、ラオス衛兵で構成された原住民混成部隊。ハノイのフランス総督の命令に基づいて派遣された。

低必要限度の共同農作業には、健康で足の速い、勇敢な者だけが参加した。この2年間の米の生産量は以前に比して減少した。労働力が不足し、田畑の手入れが行き届かなかったためである。各家庭は山麓地域の森林を伐開して、畑地に開墾し、トウモロコシ、タピオカ、芋、カボチャなどの米の代替植物を栽培した。また、よく山に出かけては、マン・オーン、マン・フップ、マン・ゴーなどのヤマノイモを食用に採取し、新米の収穫時期までなんとか凌ぐことができた。わが家にとっても、この2年間は食料不足という最も困難かつ悲惨な時期であった。

1922年初頭には、フランス植民地主義者はモン族の愛国運動をほぼ全面的に鎮圧した。避難民は各自の故郷に帰還した。私の母は子供を連れて、かつての住み慣れた地に戻り、村の人々とともに畑作を続けた。この頃、母は食料米と植え付け用の種籾を購入するために、雌馬1頭、雌の水牛2頭を売却した。

同年末に、ペーク郡郡長のターオ・ヴァントーンが死亡した。新郡長のターオ・パンはカーイ村には常駐せず、事務所をカン地区にあるタート村近くの平原中央に設置してインペン村と名付けた。1923年の中頃に至り、ペーク郡の事務所はカーイ地区トゥン村に移転し、事務所、職員官舎、病院、学校などが建設された。

ちょうど、この時期に姉が結婚したため、わが家の主要労働が強化され、母、姉、姉婿の協力により農耕と牧畜が営まれるようになった。そこで、母は私に勉強を継続させるために学校に通わせることに同意した。日曜日と木曜日を除く毎日、弁当と教科書袋を提げて早朝からカーイ村より9km離れたトゥン村の学校に通った。昼食は学校で弁当を食べ、夕食は自宅でとった。

乾季の日曜、木曜は、早朝よりオオバト、コキジバトを捕りに出かけた。昼前に帰宅する時には、野鶏、ウズラを捕獲するための囮を仕掛けに行ったり、アオバト、ミカドバトを捕るための鳥もちを仕掛けに行ったりした。

田ならし、田植えの時期になると、私はナー・ハオに出ている姉婿、姉を手伝いに行き、母は家に残って幼い妹の世話をした。この頃の家族の生活は、食料が増産されたお陰で飢える心配もほとんどなくなり、以前よりも楽な生活ができるようになった。私自身も学校に通う余裕ができ、休息をとって村の子供たちとも遊ぶ時間がとれるようになった。授業の方は、1923年を通じ、第4学年（予科コース）に入った。父から教わったラーオ語ではまだ程度が低く、初歩的な読み書きに止まっていたからである。これに加えて、算数、フランス語を勉強せねばならなかった。

1924年初頭、クーン郡の郡長事務所（シエンクアン）で働いていた私の母方の叔父が私をシエンクアン小学校で引き続き勉強させるために迎えに来た。先生が叔父と親しかったこともあり、先生には可愛がられた。最初、第3学年（初等コース）に入ったが、当初3ヵ月は内容が難しく思われたものの、その後は特に算数とフランス語に力を入れたので、同級生に伍していけるようになった。授業の主体はフランス語で、ラーオ語は週2日、1日1時間のみであった。日曜、木曜の休校日には田植え、稲刈り、脱穀、野菜栽培などの叔父の仕事の手伝いをしつつ、私は叔父の家に無料で食事付きの寄宿をしていた。この叔父の支援で大いに助かった。

幼年時代を振り返ってみると、身のまわりの環境の変化によりいかに多くの困難がもたらされたかを感じざるを得ない。父が他界してからの家族全体の困難な状況は他に比すべきものがない。例えば、幼い年で田畑に出かけた頃、モン族とフランスとの戦闘で食料不足の困難に陥った頃を思い出すと、悲しさと寂しさが湧いてくる。しかし、誰もが同じ状況にあったので親戚縁者に頼るにも限界があったが、老若男女を問わず多くの村人から可愛がられたこともあり、私の心はいつも明るく、楽しかった。沙彌として仏門に入り、本生経説法会で読経した時には、村人からは暖かい称賛の言葉を頂戴した。還俗してからも、村の人たちは「シンサイ[47]」、「カーラケート[48]」、「スリヴォン[49]」、「チャンパー・シ

47　シンサイ。セーターティラート王ないしスリニャヴォンサー王の時代（16～17世紀）にパーンカムによって書かれたと言われるラオス詩文学の傑作。仏陀の前世を表したジャータカ物語を素材にしており、英雄のシンサイが夜叉（クムパン）にとりつかれた叔母（スムンター）を救出する物語。

48　カーラケート。パラナシーのスリヴォン王は人間の言葉を話し、空を駆けることができる馬「マニカップ」を所有していたが、王子に恵まれなかった。王妃はインドラ神に懇願した結果、菩薩とその妻4人が授けられるが、地上に降りてくる途中で離ればなれになり、結局、菩薩はパラナシー国のカーラケート王子に、3人の妻はカイラサー国のキンナリー（上半身が人間、下半身が鳥の美女）として生まれる。第4の妻はピモン国の美女のマリチャン王女として生まれ、嫉妬深い国王は若者が近づくのを拒む。3人のキンナリーは不吉な子供として川に流されるが、仙人に救われる。やがて成人したカーラケートは乗馬を禁じられた父の愛馬マニカップに乗ってマニチャンとの恋と冒険の物語が始まる。カーラケートはピモン国王の追跡を受けたり、キンナリーの虜になったりし、マリチャンも災難にあうが、終にはカーラケートがパラナシー国に無事たどり着き、同国の王となる。

49　スリヴォン。ラオスの代表的な詩文学作品、作者不明。仏教説話を素材にした多くの道徳的教訓

ー・トン[50]」、「ブアホーム・ブアホーン[51]」、「シアオサヴァート[52]」、「ターオ・カヴィー[53]」、「カンカーク・パークパーン[54]」、「クンルー・ナーン・ウア[55]」、「ターオ・シートン[56]」などの本を探し求めてくれ、私はこれらの話を読んで彼らに聞いてもらった。

親元を離れて通学　通学のため家を遠く離れてシエンクアンに移る時は、母のことが心配であった。母が多くの激励と貴重な忠告を授けてくれたことは今もって忘れ得ない。私がシエンクアンに赴くに際し、母と姉が執り行なったス

を含んでいる。

50　チャンパー・シー・トン。〈4本のチャンパーの木〉の意で、仏教思想に根付いた4人の王子の物語。4王子はパンチャナカレートのブンクワン王とカムコーン王妃の間に生まれたが、同王の別の妃（アキー）の企みで毒殺される。しかし、その葬られた灰から4本のチャンパーの木に生え変わり、さらに魔法の力で少年に生まれ変わる。4人の少年は仙人から魔法の力を授けられ、多くの冒険を重ねた後に夜叉の国を征服し、遂にパンチャナカレートに帰還する。カムコーンは元の王妃に返り咲き、王も若返り、アキーは地獄に落ちる。チャンパーの花(プルメリア)は現ラオスの国花。

51　ブアホーム・ブアホーン。仏教説話に基づく物語。作者、著作年代不明。チャンパーの国で生まれた3つ子の兄弟のブアホーム、ブアホーン、ブアヒャオの行脚を巡る物語で、最後にはそれぞれチャンタイ、タッカシーラー、パンチャーの王となる。

52　シアオサヴァート。17世紀末のラオス古典文学。作者不明。主として話し言葉で書かれ、多くの格言を含み、現在でも多く引用されている。聡明な少年シアオサヴァートがチャンパーの国を訪れ、王宮の警備兵となって、国政の乱れた状況下で、国王に対し次々と意味のある話を語っていく。彼のお陰でチャンパー王国の臣民は徳を身につけ、王国は栄える。シアオサヴァートは後に王室顧問学士、国王の重臣となる。

53　ターオ・カヴィー。仏教説話を題材にした物語。作者不明。母牛のコーと子牛のカヴィーを中心に父母の徳と親子の情を描いた物語。

54　カンカーク・パークパーン。バイラーン（貝葉あるいは貝多羅葉）に刻まれた形で各地の寺院などに保存されている「パニャー・カンカーク」（「ヒキガエル大王」）の物語か、「カンカーク・パップパーム」（「征服したヒキガエル」）のことか。その昔、水飢饉で地上の人間にも多大の犠牲が出たため、そのころ地上の動物界に君臨していたヒキガエル大王は、天上の雨の神（テーン）を懲らしめようと戦いをしかけたが、大型、小型動物の兵総勢をくりだしても打ち負かされた。最後の手段として大王は、蛾などの小型動物に対して、雨の神テーン自身を攻撃するのでなく、テーンの剣の柄を食い壊すよう命じた。剣が使えなくなってテーンは降伏し、その後は時節ごとの降雨を約束し、毎年、雨季になると蛙が踊りや大合唱でテーンに降雨の合図を送るようになったという。

55　クンルー・ナーン・ウア。若人のクンルーと乙女のナーン・ウアの悲恋物語。相思相愛の2人はクンルーが戦に出て離ればなれになり、種々の事情や誤解から双方の愛情が届かなくなって、ナーン・ウアは自殺する。戦から帰ったクンルーは真実を知り、彼女の後を追う。

56　ターオ・シートン。子供に恵まれないナコーン・ペンチャンの国王夫妻は仏塔に祈願して王子のターオ・シートンを授かる。結婚適齢期となったターオ・シートンは村の娘マノーラートを見初めて結婚するが、が出征することになる。残されたマノーラートは占者により国の衰退の原因となると言われて国外に去る。戦から帰った王子はこれを知るが、諦めることなくマノーラート捜索の旅に出て、苦難の末に再会する。

ー・クワン[57]の儀式では、心して勉学に励み、娯楽、飲食のみに心を奪われないこと、自分が貧困家庭に育ったことを忘れないこと、母と姉の支えになるように努力すること、金持ちの子供たちと同じような生活はできないこと、寄宿先の叔父の家では故郷の家と同じように叔父の手伝いをすること、自分の貧しい身分を忘れないこと、学校休みには条件が許せば母、姉のところに帰省すること、戻れない場合でも叔父やその家族とともに果樹園、水田、家事などの手伝いをすることなどの訓戒の言が唱えられた。私は母の教えを忠実に実行するよう常に心がけたので、叔父と先生は私の毎日の家事手伝いと真剣な学習態度に満足していた。

1925年の初め、叔父はヴィエンチャンの法律・行政学校に入学した。私と叔父の息子ウンカムもヴィエンチャンでの勉強を継続するために叔父に同行した。われわれ2人はヴィエンチャンに到着するや、早速学校に出頭し、ターフォーレーンという名のフランス人校長の面接を受けた。同校長はシエンクアンの学校からの書類を一瞥して、私をムーン氏に引き取らせ、第3学年に編入させた。いとこのウンカムはポーン氏の担当の下に第4学年に編入された。

ムーン氏はラヴェン族[58]の反フランス運動指導者オンケーオ[59]の息子であった。フランスはオンケーオを殺害した後に、ムーン氏をコーチシナのサイゴン師範学校に留学させ、卒業後に彼をヴィエンチャンでの教師に就けた。ムーン氏はこのことを私たちに何度も聞かせて、フランスに対する怒りの念を露にしていた。しかし、この時は、私はただ勉強に専念して、就職後に母、姉の生活を支えることしか頭になく、ムーン氏の話の重要性についてはよく理解できなかった。

1925年はずっと叔父の宿舎にただで宿泊し、食事もさせてもらった。高級官吏の息子たちと違い、私には仕送り金など全くなく、もちろん菓子、果物などを買う余裕はなかった。この年、叔父は私たち2人に服を2着ずつ買い与え

57　スー・クワン。魂を呼び戻す招魂の儀式。バーシーあるいはバイシーとも呼ばれる。特に結婚、旅立ち、長旅からの帰省などの機会に行なわれることが多い。儀式では、祝福される当人が長老からの至福、発展、魔よけの言祝ぎを受けつつ手首に白色木綿糸が巻かれ、順次他の参加者にも施される。

58　ラヴェン族。南部ラオスのボーラヴェン高原を中心に住むオーストロアジア系民族の1つ。「ラーオ・トゥン」(丘陵地ラーオ族)に分類される。

59　オンケーオ。ラーオ・トゥン出身の反フランス指導者。1901年、ボーラヴェン高原地方のラーオ・トゥンを糾合して増税政策をとるフランス行政当局に反対して暴動を起こした。

てくれた。ズボンはラーオ様式で、服は丸襟、いずれも白木綿製であった。私は、先に入学し、先生から優等生として褒められているような生徒に早く追い付くよう人一倍の努力をした。クラスでは、成績上位者は前列の席に、下位者は後列に座らせられた。このやり方で生徒たちを刺激し、真剣に学ぶ気持ちを起こさせたのである。

入学後1ヵ月目、即ち、1月の私の成績はクラス42名の内30番であったが、2月には22番、3月には11番に、4月は6番に、そして5月には2番に上がった。その年、政府からの通達により、第3学年の生徒は、試験により、ラオス教育史上で初のラーオ語による初等教育の修了証明書を取得せねばならなくなったため、ラーオ語の授業が1週間につき1日増えた。私はこれまでラーオ語を系統的に習っていなかったので、非常に気が重かったが、とにかく学校では勿論のこと、自宅でも夜遅くまで頑張った。試験は5月に実施された。自分ではよくできたと思ったが、試験委員会の発表では、私の成績は6番であった。これは試験委員が、クラスでの成績が通常は10番、20番程度である自分の親戚縁故者を1番、2番、3番などに引き上げたためであった。

初等教育修了試験の後で校長からは、合格者は、中級クラスの2年に進級するために再度試験を受ける必要がある旨を告げられた。不合格者は中級クラスの1年に留年することになった。試験科目はフランス語とラーオ語であった。必死で勉強した甲斐があって、今度は1番であった。先生や叔父からは、この成果に対する称賛の言葉が贈られた。褒美として先生からは読本と帳面をもらい、叔父は私がまだ持っていなかったカーキ色の帽子とゴム草履を買ってくれた。私はこの嬉しさに気をよくして、いっそう勉学に励むようになり、1925年以降は毎月1番の成績を修めた。いとこのウンカムは第3学年に進級した。

1926年の初頭に叔父は修学期間を終えてシエンクアンに戻っていった。叔父は帰郷に際して、当時チャオ・ラーサパーキーナイ[60]としてピヤワット地区[61]に

60　チャオ・ラーサパーキーナイ。フランス統治時代のルアンパバーン王国では旧来からの王族、官吏に位階を授与する権限が認められていた。国王、副王（チャオ・マハー・ウッパハート）に次ぐ伝統的な王族の位階とその尊称は次の通り。(1)チャオ・ラーサヴォン、(2)チャオ・ラーサブット、(3)チャオ・ラーササンパンタヴォン(4)チャオ・ラーサパーキーナイ(5)チャオ・ラーサダーナイ。ペッサラート殿下は副王とラーサパーキーナイに叙せられた。

61　ピヤワット地区。ヴィエンチャン市内シーサッタナーク区のシームアン市場界隈。

邸宅を構えていたペッサラート殿下に、私たち2人を殿下の邸内で寄宿生活させて下さるよう特別の取り計らいをお願いした。同居者の中には、ムアン・シン[62]、ポンサーリー、サイニャブリー、ボーリカン出身者のほか、デオ・ヴァン・ユンという名のヴィエトナム人がいた。彼は、1893年にルアンパバーン王宮を占拠した黒旗ホー族[63]の軍司令官デオ・ヴァン・チー[64]の孫であった。

われわれは食事代を支払う必要はなかったが、薪集め、水汲み、米搗き、果樹園の手入れ、豚、鶏の飼育、洗濯、炊事、ベッドの修理、銃磨きなどの作業を分担して行なわねばならなかった。これにはかなりの時間を要し、勉強時間を圧迫したが、教材を購入するためと考えて我慢した。私はこの寄宿生活を6ヵ月間続けてみたが、成績は月毎に5、6、7番と下がり、健康状態にも影響してきた。そこで、これ以上我慢するのは困難と考え、学校休みにここを出て、シェン・ニューン地区のターオ・ピムの家に世話になった。いとこのウンカムは辛抱し切れずにシエンクアンに戻って行った。

転居してからは、1ヵ月3キープで食事を賄ってもらった。この賄いのお金は叔父から3ヵ月毎に20キープ送金してもらった中から支払った。新しい環境では勉強の時間が十分とれたので、科目の弱点を克服し、学年末の試験に備えた。後期の学習成績は、前回と同様に、3番、2番、1番と回復、向上していった。上級クラスに進級してからも常に1番の成績を維持した。

1927年の初等教育修了試験では4番の成績で合格したが、これは数学で失敗したためであった。検算をしなかったことを後悔し、その後はこの経験を生かすようにした。

中等教育のリセー・パヴィー[65]に進学してからはまた成績が1番になり、嬉し

62　ムアン・シン。ルアン・ナム・ター県北部の町。

63　黒旗ホー族。19世紀の後半より中国南部より、トンキン、ホアパン、シエンクアン、ポンサーリー、ルアンパバーンなどに現れた長髪賊。彼らは次第に武器を有するようになって、軍団化し、その旗の色により、黒旗賊、黄旗賊、赤旗賊と呼ばれた。

64　デオ・ヴァン・チー。シップソーン・チャオ・タイ（白タイ族の12郡）の首長カムシンの長子。1849～1908。1886年より実権を掌握し、利害関係を共通にした黒旗ホー族と共同歩調を取り、シップソーン・チャオ・タイを支配下に置こうとするタイと対立した。白タイでの名前はカムホムで、デオ・ヴァン・チー（豈文智）はヴィエトナム名。

65　リセー・パヴィー。1925年、フランスがヴィエンチャンに設立した中等教育学校で、すべてフランス語で授業が行なわれた。「パヴィー」の名はフランスのラオス植民支配に貢献した駐ルアンパバーン副領事のオーギュスト・パヴィー（1847～1925）に因んだもの。

かったのを思い出す。ここまで私は勉学に集中して、良好な成績を修めることができたので、いい仕事に就き、母、姉、妹の面倒を見たりして、幼い時より世話になった人たちに恩返しをしようとの決意をいっそう固くした。1925年に初等教育第1学年を飛び越え、第2学年に入ったことは私にとり大きな喜びであった。

勉学以外に、競走、走り高跳び、走り幅跳び、バスケット・ボール、ボクシングなどの体育もよく練習したが、他の資産家の息子たちの多くが耽っていた不特定の女性との不純な遊興や博打、酒、麻薬などには一切手を出さなかった。私が先生をはじめ、先生の友人、近所の人たちから可愛がられ、かつ、慕われ、信頼を得たのもこうした理由によるものと確信している。

第2章
フランス人上司の下でラオス植民地行政に従事

通訳官試験に合格　1927年12月、既に18歳を過ぎていた私は帰郷して母、妹の面倒をみるために、就職を希望して通訳官試験を受けた。受験者297名のうち合格者は7名で、私は2番の成績であった。同年12月27日、ヴィエンチャン駐在のフランス人高官の事務所[1]の通訳官に任命された。業務はタイプライターの練習、フランス語文書のラーオ語訳、ラーオ語文書のフランス語訳、文書の整理、保管方法を学ぶことから始まった。

ペッサラート殿下のラーオ語研究を補佐する目的で行なわれていた会合にも出席した。勤務場所の近くにある同殿下の事務所で行なわれていたこの会合にはチャオ・チッタラート[2]、マハー・ケーオ[3]、ピエール・ギン[4]、ク・アパイ[5]らが参加した。

事務所で与えられた職務は、これまでに経験したことのない新しいことばかりで多くの困難に直面した。ローラン・マイイェー[6]という名のフランス人上司は厳格な性格の持ち主であった。彼からある資料ファイルを求められると、私

1　フランス人高官の事務所。理事長官府。当時のラオス中央行政はハノイのフランス領インドシナ総督に直属し、ヴィエンチャンに駐在するフランス人理事長官により統括されていた。

2　チャオ・チッタラート。1900年代初期のラオス王立文学委員会委員。ルアンパバーン王族の出身。バイラーン資料（主として貝多羅葉にタム文字で記録された経典、物語などでその多くは各地の寺院に保存されている）の調査研究で有名。

3　マハー・ケーオ。タイのボーウォーニウェート寺院でパーリー語を修め、フランス統治時代に設立された王立文学学院（現在の大統領府の近く）の初代パーリー語教授。カムタイ元国家主席の養父。「マハー」はパーリー語経典の修得免状取得者に与えられる称号。

4　ピエール・ギン。ルアンパバーン生まれ(1892)。父はパヴィー・ミッションの団員。サイゴン、パリで修学後、王国政府印刷局長。情報・宣伝・報道局長。ヴィエンチャン・リセー教授。ラオス文学委員会委員長(1952)。ラオス学士院院長(1970～71)。著作に*Syllabaire Laotien*(1917)、*Méthode Pratique d'Ecriture Laotienne*(1949)、*Eléments de Grammaire Laotienne*(1961)、*Politesse Lao*(1950)など多数。

5　ク・アパイ。1892～1964、チャンパーサック生まれ。サイゴン、プノンペン、フランスに留学。チャンパーサック県知事(1941～47)。教育・衛生大臣(1948～49)。ラオス文学委員会委員長(1950)。王室顧問会議議長、暫定政府首相(1960)。

6　ローラン・マイイェー（Roland Meyer）。ラオスに派遣されていたフランス人行政官。*Le Laos*(Imprimerie d'Extrême-Orient, Hanoi, 1931)の著者。

はその資料のファイル番号、書類入れ番号、引き出し番号、書庫番号を復唱して、指示通りであると、ただ「よろしい」との一言で済んだが、少しでも間違うとこっぴどい叱声が飛んできた。資料の翻訳も難儀なことであった。彼自身がラオスに関する本を執筆したりフランス語=ラーオ語の辞書を編纂できるほどにラーオ語に精通していたためであった。1語でも誤訳があると、少なくとも20分間は説教を受けた。私がラーオ語のタイプライターを打っている間でも、彼の監視は厳しく、タイプの打ち間違い、タイプ用紙、カーボン紙の使いすぎにも厳格で、容赦ない叱責の言葉が飛んできた。

このような辛い時、私はペッサラート殿下を訪ねては、私の生まれ故郷であるシエンクアンに帰してもらえるように格別の配慮を願い出た。しかし、結局、1年経っても帰してもらえなかった。ペッサラート殿下によれば、シエンクアンでの職員の空席が出ないとのことであった。この1年間は10年間もの長さを感じた。少しの間違いでも長時間の叱責を受け、緊張の絶える間がなかったため、私はこの職場から逃げ出すことばかり考えていた。この年の月給は、研修期間中でもあり、48キープであった。帰郷する機会があれば、母を助けて、幼い妹を養育する費用にしようと、遊びは慎み、衣食もできる限り倹約して貯蓄に努めた。

生まれ故郷のシエンクアンに転勤　1929年5月初頭、ペッサラート殿下に呼ばれ、同月中旬にシエンクアンでの職場に欠員が出るので、私がシエンクアンへの転勤を希望するのであれば、そのように手助けする旨が告げられた。願ってもない話で、これほど嬉しいことはなかった。殿下に対して、できる限り早く帰郷が実現するように手を合わせてお願いした。

そのあと、殿下は私のフランス人上司のマイイェー氏を訪ね、私のシエンクアン転勤について彼の意見を聞いた。マイイェー氏は、自分の所轄課内における私の業務研修は順調であり、代わりの者を入れて研修することになれば相当の困難を伴うであろうし、時間もかかるとして、私の転勤の話には強く反対した。両者の間でかなりのやりとりをしたあと、マイイェー氏は私を呼び入れ、殿下の御前で私の業務が迅速かつ正確で私の職務の効率に満足しており、近く職階を上げるべく準備中であると私を褒め上げた。また、資料の翻訳をより多く、上手に仕上げれば報償を出すとも言い、私を引き続き自分の下で働かせたいと告げた。殿下は、シエンクアン県にも通訳官は1人しかいないので、優秀な者を必要としており、私を除いては誰も同地で勤まる者はいないと述べた。殿下はマイイェー氏に対して、私がヴィエンチャンに留まりたい場合はシエンクアンで働ける誰かを探すことにするが、私が転勤を望む場合は希望を叶えさせたいので、私に意向を聞いてみるよう促した。マイイェー氏は私の方を振り向き、自分の下で働けば将来は明るいが、シエンクアンでは新しい上司が私の特質を見出せないから私の将来は不透明になるだろうと言った。私は即座に、家族の面倒をみるために母と妹が私を待ちわびているシエンクアンへの転勤を申し出た。マイイェー氏に対しては、私はヴィエンチャンでは学校生活と仕事を合わせて4年が過ぎたが、この間、郷里には1度も帰省しておらず、マイイェー氏が私の将来を憂えてくれるのならば、シエンクアンの弁務官[7]に私の特質をよく説明して頂き、特別の配慮が得られるようなお取り計らいを依頼すると同時に、これまで1年間の彼の厚情と研修指導に謝意を表し、私の後任の研修生は私同様に固い決意で研修と勤務に励むであろうと確信していると伝えた。

この時点でペッサラート殿下は私のシエンクアンへ転勤発令を決意し、3日以内に出発準備を完了するようマイイェー氏に指示した。マイイェー氏は肩をすくめ、両腕を広げて殿下のご決定次第だと述べた。要するに、私の希望が叶

7　弁務官。Commissaire du Gouvernement（政府弁務官）。フランスのラオス統治体制の整備は（1）1893年のフランス・シャム条約に基づき、1894年ルアンパバーンにパヴィー総弁務官（Auguste Pavie, Commissaire Général）が派遣され、1895年にブーロッシュ理事長官（Leon Jules Boulloche, Résident Spérieur）に引き継がれ、1899年にラオスがフランス・インドシナ連邦に編入されるまでは理事長官（Résident Supérieur、駐在地は当初のサヴァンナケートからヴィエンチャンに移転）管轄下の上部ラオス管区（6県、首都：ルアンパバーン）軍司令長官および下部ラオス管区（7県、首都：コーン）軍司令長官直属の13県に弁務官が配置された。（2）その後、1917年のフランスとルアンパバーン王国との協約、1933年締結の協定書（ホアパン県をルアンパバーン王国領に帰属させる）、および1941年8月29日のフランスとルアンパバーン王国間の新条約締結までに、サイニャブリー、ウドムサイ、ホアパン県を含むルアンパバーン王国領域のフランスの保護国としての地位が確認された。ルアンパバーンにはヴィエンチャンの理事長官を代理する国王の側近者として弁務官が常駐し、ポンサーリー県には第5軍政区司令官が配置され、これ以外のフランス直轄諸県（8県）には理事官（Résident）がフランス人県行政長官として配置された。これらフランス人行政官に並列して、各県にはラオス人県知事（ナーイ・コーン）が配置され、ルアンパバーン王国内のラオス人県知事はルアンパバーン王国政府の指揮下に、その他のラオス人県知事はフランス人理事官の監督下にあった。なお、プーミー・ヴォンヴィチットの別著書ではシエンクアン（チャンニン）県には1930年まで「弁務官」が駐在していたと記されている（『ムアン・プアンの歴史』［ラオス語］、ヴィエンチャン、1994、p.63〉。

えられてわが生まれ故郷に戻ることになったわけで、私は嬉しさで一杯であった。早速にペッサラート殿下を邸宅に訪問して、心からの謝意、敬意と恩義の気持ちを表しつつ出発の挨拶をした。

1929年5月20日、早朝より荷物の舟積みを開始し、夕方には、薪による火力エンジン付きの舟は私を乗せて広大なメコン川をパーク・サン[8]に向け下って行った。ここで1泊し、馬と「クーリー」と呼ばれる荷物運搬者を手配した。5月22日、私はパーク・サンを出発して、陸路、ムアン・ボーリカン[9]、ムアン・フアン、フエイ・パー・ニュン、ヴァン・アン、タートーム、ナム・チェー、ナム・タンを通過していった。途中、渡し舟でいっしょになった乗客にグエン・アン・ウンという名のヴィエトナム人通訳官がいた。彼は1929年初頭の通訳官試験に合格したばかりであった。彼もシエンクアンに赴任の途次で、両親が同地に健在であった。私たちは郷里に帰れる喜びを分かち合いながら、これまでの自分の過去を互いに楽しく語り合った。

私たちはうだるような炎天や豪雨と闘いながら、幾つも山川を越えた。疲労が積み重なり、さらに毎日、ブヨ、蚊、山蛭に悩まされたが、私たちの幸福感が萎えることはなかった。心に思うのは、シエンクアンで私たちを待っている母や家族、親類、友人らとの歓喜の再会のことばかりだった。

5月30日の夕方、峠を越えてター・パン・パーイと呼ばれる渡し場のある区域に到着した。ここはかつて村人、友人たちと一緒に正月のソン・パ[10]の行事をした場所であった。振り返ると、生まれ育った広大なシエンクアン高原が開けていた。その瞬間、私の心臓は張り裂けんばかりに鼓動が高まった。あと2時間もすれば、シエンクアンに到着し、私同様に待ちこがれている母や親類縁者との再会がいよいよ確かなものになる。そう思うと、嬉しさが胸一杯にこみ上げてきた。

ナム・リンスーン川の橋を過ぎると、かつて通学のために共にヴィエンチャンのピヤワット地区に寄宿していた学友や親類縁者たちが駆け寄ってきた。互いにその後の消息を尋ね合ううち、期待に膨らんだ私の嬉しく楽しい気分は表

8　パーク・サン。現在のボーリカムサイ県の県庁所在地。ヴィエンチャン東方120kmのメコン川沿に位置する。

9　ムアン・ボーリカン…。いずれもパーク・サンからシエンクアンに北上する4号公路に沿った町。

10　ソン・パ。ラオス正月で仏像に灌水する行事。お水取り。

現し得ないほどに高まってきた。私は馬から降りて、私を送り届ける人たちとともに歩いていった。市場を過ぎ、私の宿泊所となっているシーポム地区に到着すると、待ち受けていた大勢の者が歓声をあげて駆け寄り、手を取りあって互いの健康と無事を喜び合った。私がここを離れ、ここに戻ってくるまでの4年間をみんながいまだに忘れずに、以前と変わらない愛着の念を寄せてくれるのであった。

1929年5月31日、シエンクアン駐在のフランス弁務官事務所に赴いて弁務官に転勤辞令書を提出し、生まれ故郷のシエンクアンへの勤務を喜んでいること、能力の限り職務に励むこと、至らないところがあれば指摘、指導してほしい旨の挨拶を述べた。ドジャーという名のこの弁務官からは、私と働けるのを嬉しく思っており、立派な支援が得られるよう期待しているとの言葉があって、早速に担当業務が言い渡された。私に与えられた業務内容は、弁務官自身のための通訳、県内4郡の郡長に送付するフランス語文書のラーオ語訳、郡長より弁務官自身に送付するラーオ語文書のフランス語訳、フランス語書簡のタイプ打ちなどで、ラーオ語の書簡はすべて手書きであった。これ以外にも、弁務官と裁判所に同行しての通訳、事務所での裁判記録の翻訳、県裁判所の尋問調書の翻訳があった。この当時は副弁務官が裁判長を務め、財務局長が裁判官、軍司令官が裁判所書記、郡長が裁判委員を務めていたが、郡長宛て書簡、郡長からの書簡、裁判所関連の書類はすべて私が管理した。要人との往復書簡、フランス人、ヴィエトナム人、担当長のラオス人が任じられている県の局長レベルの文書はヴィエトナム人通訳がタイプし、ファイルした。しかし、時たま、休日、祭日にも当番でこれらの文書を手伝うこともあった。

弁務官の下での職務も困難が多かった。彼はラーオ語を解し、少しの間違いでも厳しく追及し、郡長、来訪者の面前で叱責した。私としては、ただ謝り、注意を受けるのみであった。このような誤訳、書き間違いなどの不手際があった場合は、今後のためにも弁務官の注意、忠告、説明を受けられるようお願いしたいと丁寧に頼むと、彼の態度は軟化した。弁務官は赤インクで私のフランス文の誤りを添削し、またある時は、私を呼んで誤りを指摘してくれた。こうして彼の私に対する叱責は言葉使いを含め穏やかになり、私自身にとってもフランス語の書き方と会話の上達に役立った。そのころの私にとって主要な関心事は、いかにして弁務官を怒らせないようにするか、いかにすれば昇給とか賞勲が叶えられるか、あるいは家の改築、退官後の生活費用のための現金貯蓄、現金収入をいかにして工面するかなどであった。

1929年から1935年の間に私が仕えた弁務官または理事官[11]は次の8人であった。ドジャー(Daugeard)、ロック(Roques)、ルピ(Roupy)、フォーチュネ(Fortuné)、ドゥ・メストゥル(De Maistre)、パリ(Paris)、エマニュエリ(Emmanuelly)、ダヴィット・ボリュー[12](David Beaulieu)であった。それぞれの弁務官または理事官は性格を異にしたが、いずれからも訳とフランス語の指導を継続して受けられたことは、職務の効率と私自身のフランス語実力の向上という点で互いの利益となった。

1929年の通訳研修生から通訳官第8等級になるまでの間に、私には毎年1階級の昇進と月給にして5キープの年次昇給があったので、1935年には第2等級になり、月給は83キープとなった。この年に行政職への配置転換を希望したところ、私は第1級職のウッパハート[13]に同一給料で任命されると同時に、シエンクアン県クーン郡の初審裁判所長に併任された。

この時期は、母、姉、妹がカーイ村からバーン・ポに、さらにシエンクアンから4kmのバーン・ナーウーに移転し、私も近くで生活することができたので楽しい毎日が続いた。叔父、親類の者も近くにおり、休日にはよく遊びに行き、必要に応じて意見交換もできるようになった。また、サッカー、テニス、ボクシング、自転車競争、競馬に興じ、祭りには女性演歌師との掛け合いもよくやった。これらを通じて、知り合いも多くなった。弁務官とともに年1回、地方視察にも出かけ、シエンクアン県の各種族の住民とも親しくなった。

11　理事官。フランス・インドシナ連邦期にルアンパバーンを除くフランス直轄のラオス諸県に派遣されたフランス人地方行政官で、ヴィエンチャンの理事長官の指揮下にあった。

12　8名のシエンクアンでの在職期間は次の通り(プーミー・ヴォンヴィチット著『ムアン・プアンの歴史』[ラオス語]、ヴィエンチャン、1994)。(1) Daugeard(弁務官:1924～30)、(2) Adrien Roques(理事官:1930～32)、(3) Fortuné(理事官:1932～33)、(4) Loupy(理事官:1933～34)、(5) De Maitre(理事官:1934～35)、(6) Emanuelly:理事官:1935～36)、(7) Paris理事官:1936～37)、(8) David Beaulieu(理事官:1937～44)。

13　ウッパハート。県レベルでの副知事、郡レベルでは副郡長、助役に相当するラオスの伝統的な次席行政官職。副王は「ソムデット・チャオ・マハー・ウッパハート」と呼ばれた。第1章訳註6参照(14ページ)。

結婚　1938年10月に私はカムスック・セーンサティット（ルアンパバーン県知事相当職兼裁判所長代行を務めていたパニャー・ムアン・クワー[14]の娘）との結婚式を予定していたが、この婚儀に際して不幸な事故が発生した。私の運転する車が、ルアンパバーンより80kmの地点で、雨季が明けたばかりであったため、ぬかるみの道にハンドルを取られて20m下に転落したのである。同乗していた2人の母方の叔父が即死した。この時の悲痛は何にも譬えようがない。

シエンクアンでは、このような事故が発生した場合は、結婚式などのお祝い行事は新年まで延期されるのが通例であった。この不幸な出来事の中で救いだったのは、花嫁側の両親、兄弟がさしあたっての必要行事である死者のための火葬儀式を手伝うためにあらゆる援助を差しのべてくれたことである。そして、彼らはわれわれの悲しみを慰めようと、私の親類縁者に対して予定通りの結婚式の挙行を説得してくれたのである。

双方の親類の合意の下に、1938年11月11日の結婚式と1週間の儀式を終えた私は、妻を修理した車に乗せてクーン郡に帰り、郡裁判所長としての仕事を続けた。そして、事故死した遺族の悲しみが少しでも和らぐようにと、慣習に従って、他界した叔父たちに対するお布施の会を執り行なった。この事故は一生忘れられない悲しい出来事であった。2人の叔父を1度に失った私には悲劇ではあったが、結婚によって新しい家族と新たな父母兄弟との姻戚関係が築かれ、彼らからの各方面における援助により私の生活は次第に正常化に向かっていった。

上級職登用試験に合格　1939年の初め、5等級郡長職の登用試験が全国で実施されるとの発表があった。同試験にはウッパハートの等級を有する者、または第2等級職以上の通訳官に受験資格が与えられた。今受験しなければ第6等級職の郡長に止まり、その後3年を経なければ第5等級職の郡長にはなれないので、これは良い機会であった。他方、私には弁務官を含む多くの支援者もあ

14　パニャー・ムアン・クワー。ルアンパバーン王国の伝統的な地方行政組織における官位名、称号。フランスによる地方統治にも、この伝統的行政組織が踏襲された。チャオ・ムアン（藩主）、ウッパハート（副藩主）、ラーサヴォン（右大官）、ラーサブット（左大官）の4大高官の下に、パニャー・ムアン・セーン（第1首官）、パニャー・ムアン・チャン（第2首官）、パニャー・ムアン・クワー（第1次官）の官吏が続く。

り、合格を信じて疑わなかった。私はそれまでにインドシナ高級官吏試験に合格する準備のために必要な資料を取り寄せ、何年も対策と学習を重ねてきたのである。筆記試験はシエンクアンで、口頭試験はヴィエンチャンで実施された。結果は合格者2名のうち第1位であった。ヴィエトナム語、タイ語の試験も受験して、成績は上々であった。

1外国語につき5キープの特別手当というのがその受験の動機であった。昇給試験の合格により、1号俸飛び越えることができ、給料は2号俸分の昇給と語学手当として月10キープ増えた。また同時に、その年の年末に予定されている第4級職の郡長への昇格に備えて、それまでの在職期間を継続することができた。喜んだのは私や家族だけではなく、親戚縁者、友人の多くからも直接の来訪、あるいは手紙、電報による祝福を受けた。弱冠30歳で郡長になったのはラオス人吏員では初めてのことであった。ラオスで最も若い郡長となったのである。

シエンクアンに戻ると、ペッサラート殿下からの電報が届いており、上級官郡長のターオ・トゥイがクーン郡から隣接のモーク郡に転出し、かわって私がクーン郡の郡長に命ぜられていた。

この年、日本軍国主義者と結託したタイ政府は、フランス攻撃のためにカンボジア、ラオス国境沿いに厳重な体制を敷いた。フランス側がこれを察知して、1937年からカンカイに建設していた基地に兵を増強した。フランス部隊には植民地兵 (colonial) と外人部隊 (légionnaire) も含まれていたので、これまでひっそりとしていた平原の町カンカイはフランス人、黒人、ヴィエトナム人で賑わった。

1940年末、タイ軍はサイニャブリー、チャンパーサックの両県でフランス・ラオス軍を攻撃し、ラオス、タイ国境沿いの北から南まで銃撃戦が始まった。同時にタイ軍はシェム・リアップ、バッタンバーン両州でフランス・カンボジア軍を攻撃した。1941年の初めにタイの爆撃機がカンカイのフランス基地を空爆後、シエンクアンの町に4発の爆弾を投下した。しかし、高度からの投下であったために目標の基地とシエンクアンの町中から外れ、大きな被害には至らなかった。

その当時のフランスはヒットラー統治の窮状下にあって、インドシナのフランス人は日本の支援を得たタイ軍の攻撃に対抗することは不可能であった。そこでフランスは、ラーオ民族の愛国精神を高揚する戦術に転じた。ラオス国歌[15]を創作し、3頭白象のルアンパバーン王国旗をラオス統一国旗とし、ラーオ語新聞『チョットマーイヘート・ラーオ・ニャイ[16]』を発行したほか、小説の著述、作詩、ラオス新時代音楽の作曲などを奨励した。その狙いは、タイ人が搾取的で、タイ領内にラオス人を連行したり、ラオス領土のメコン川右岸をタイ領土に併合しようとしているなどと宣伝して、タイ人に対するラオス人の反感を煽ることであった。これと同時に、フランスはラオス青年を赤色部隊に徴兵してフランス軍のタイ攻撃を支援させた。しかし、結局はタイ軍に対抗することはできなかった。

1941年の中頃には、フランスはフランスとタイとの間の紛争解決に日本の介入を認めざるを得なくなった。同年、東京での調停会議の結果、条約により、日本とタイはフランスにサイニャブリーとチャンパーサックの両県をタイに割譲させた[17]。1941年を通じ、フランスはヴィエンチャンに放送局を設置して、ラオス人の愛国精神を高揚させると同時に、ラオス領土の喪失に伴うタイへの憎しみを増幅させた。シエンクアンでもわれわれはコーン・ラム[18]や歌唱、宣伝論評を聞き、また、上記の内容を掲載した新聞『ラーオ・ニャイ』を定期的に読んだ。

行政統治機構の面では、フランスはタイに返還したサイニャブリー県の失地代償としてヴィエンチャン県とシエンクアン県をルアンパバーン王国に帰属さ

15　新国歌。マハー・プーミー・チッタポン作詞、トーンディー・スントーンヴィチット作曲。

16　チョットマーイヘート・ラーオ・ニャイ。『ラーオ・ニャイ新聞』。ラーオ・ニャイは「大ラーオ」の意。1941年1月に発刊（ラーオ語、フランス語）。ラオス国内情勢、国際情勢、文芸などの記事を掲載し、日本の軍事力を背景としたタイの大タイ主義に対抗してラオス・ナショナリズムの高揚が図られた。このラーオ・ニャイ運動はヴィシー政権の主導下にシャルル・ロシェ・ラオス教育監察官らを中心に推進された（Geoffrey C. Gunn, *Political Struggles in Laos*, 1988, p.103）。同新聞は日本軍によるラオス介入時の1945年3月22日に『ラーオ・チャルーン』に改名され、ニュイ・アパイがカターイ・ドーン・サソーリットとともに編集を主幹した（46ページ訳註33・34・35参照）。

17　東京での調停会議…。日本の調停により1941年5月9日成立したフランス・タイ平和条約（東京条約）に基づき、サイニャブリー、チャンパーサック両県のメコン川右岸がタイに割譲された。

18　コーン・ラム。ケーン（笙の1種）の伴奏で歌われるラオスの語り民謡。歌詞はモーラム（語り民謡の歌い手）の作詞になる押韻詩文。古くは巫女が地上の病人の癒し、祝い事などの目的で、天の精霊との連絡・歓送迎に伴う儀式に使用された韻文に始まったとも言われ、また、貝葉に刻まれたラオス古文書読みをも意味すると言われる。歌謡は北部ラオスでは「カップ」、南部ラオスでは「ラム」と呼ばれている。

せた。そして、南部ラオス諸県をフランス人官吏による直轄統治に改編した[19]。また、チャンパーサックのチャオ・ニュイ殿下に配慮して[20]、フランスは彼にチャオ・ラーサダーナイの王族位階の称号[21]を与え、国王、ペッサラート殿下（チャオ・ラーサパーキナイ[22]）、国王継承権を有するヴァッタナー皇太子殿下に次ぐ王国内で第4位の王族地位に就けた。これに引き続き、フランスは各県のフランス人理事官と並立してラオス現地人の県知事を任命し、給与等級がこれ以下の郡長、ウッパハート（助役）、プー・スアイ（徴税役）、書記とその他の担当職員の給料を引き上げた。

ヴィエンチャンに転勤　1942年3月、ペッサラート殿下からの電信でシエンクアンからヴィエンチャンへの配置転換の辞令が届いた。これは、私はもちろんのこと、家族、親族一同にとって大きな驚きであった。私としては、生まれ故郷の母やそのほかの家族、親戚縁者、生活を共にしてきた友人たちと離れたく

19　サイニャブリー県の失地代償…南部ラオスを直轄領に…。1904年のフランス・シャム条約により、シャム（タイ）はチャンパーサック、サイニャブリー両県のメコン川右岸、カンボジアの一部をフランスに割譲したが、1940年にタイ（シャム）は国際情勢に乗じてフランスに返還を迫り、1941年3月、日本の居中調停もありサイニャブリー県とチャンパーサック県がフランスよりタイに返還された。他方、フランスは従来よりラオスに対するフランスの支配様式、法的地位が不明瞭であったために、1941年8月29日、シーサヴァーン・ヴォン・ルアンパバーン国王との間に条約を締結。王国領域とそれ以外の地域を明確に区別し、フランス本国の国際政局の急変に対応する新たな体制を整え、王国の政治的自主性を高める意図もあって、ルアンパバーン県と1933年に王国領となったホアパン県に加えて、旧高メコン（ホアコーン）、チャンニン（シエンクアン）、ヴィエンチャンの3県を1941年にあらためて王国領土とし、その他の領域はフランス直轄領とする再編を図った。

20　チャオ・ニュイ殿下。チャンパーサック王家第11代当主。チャンパーサック（メコン川西岸側）が1904年にシャムからフランス領に編入された後のチャンパーサック知事（1905～1946）。本書では1941年、チャンパーサックがタイ側に返還されたのに際してチャオ・ラーサダーナイの王族位階称号が認可されたとあるが、同称号はシャム統治時のバンコク王室より下賜されたもの。同殿下はフランスへの忠誠を誓ってチャンパーサック知事に任じられたが、王族としての公的地位は認められなかった（P. Lintingre, *Les Rois de Champasasak*, Pakse, 1972, p.209）。これに対して、日本敗戦後のフランスのラオス復帰に協力的であった同殿下の長子のブンウム殿下（日本軍統治時の南部ラオスにおける抗日運動の中心的指導者。後の王国監察長官、首相）には、フランスは国王、皇太子に次ぐ王国内第3位の地位を用意して、特別の配慮を示した。

21　チャオ・ラーサダーナイの称号。王族の位階を示す称号。1941年のルアンパバーン王国とフランスとの保護条約により再確認された伝統的な王族位階を示す称号の1つ。国王に次ぐ第1位はチャオ・マハー・ウッパハート（副王）、第2位チャオ・ラーサヴォン、第3位チャオ・ラーサブット、第4位チャオ・サンパンタヴォン、第5位チャオ・ラーサパーキナイ、第6位チャオ・ラーサダーナイ…。

22　ラーサパーキナイ。王族位階第5位の称号。ペッサラート殿下は世襲的位階のチャオ・マハー・ウッパハート（副王：1921～46）とラーサパーキーナイの王族位階称号を併有していた。

なかったし、ヴィエンチャンはラオスの首都としての大都市であり、困難な仕事も多いと予想されるので転勤はしたくなかった。ペッサラート殿下に対して、シエンクアン県内のどこか別の郡長への配置替えを要請して、ヴィエンチャンにはもう少し年配の郡長職を配置を嘆願する電報を打ったが、聞き入れてもらえなかった。そこで私は1年間の無給休暇を願い出たが、これも認められなかった。為す術もなく、私は憂鬱な気持ちでヴィエンチャンに赴いた。しかし他方で、選ばれて重要な都市での行政を任されることを名誉に思う気持ちもあった。

ヴィエンチャンでは予想通り困難な仕事が待ち受けていた。業務の引き継ぎは、前任者のターオ・ノンが高齢で帳簿の整理などが十分でなく、難儀なことであった。宿舎も、前任者は自宅であったのに対し、私は自分で見つけねばならぬ苦労があった。前任者は単身でセーポーン[23]に赴任した。

ヴィエンチャンでの最初の1年間は職務と家探しに明け暮れた。宿舎の候補として、オントゥー寺院[24]地区とクン・ター寺院[25]地区、さらにインペーン寺院[26]地区をあたってみた。ヴィエンチャンでは1台の自転車すら購入することができなかったので、3kmの距離を毎日徒歩で4回も往復せねばならなかった。その年末にパーク・サンに下った際に自転車を入手することができた。

この当時は、フランスが対日抗戦の準備をするための業務で錯綜していた。例えば、毎日、クーリー（労働者）を集めてヴィエンチャンからプー・クーン[27]までの道路修理に当たらせたり、パーク・カディン[28]、ターケーク間の道路新設工事や、洪水予防のためのカオリャオ[29]、シーターン・タイ[30]間の土手工事、軍隊用の100槽以上の丸木舟のくりぬき作業などを手配しなければならなかった。

23　セーポーン。サヴァンナケートより東170kmの町。

24　オントゥー寺院。ヴィエンチャン市内中央部のセーターティラート通りに面した寺院。1566年、セーターティラート王により建立されたが、シャムの侵略の際に破壊され、1912年に再建された。

25　クン・ター寺院。ヴィエンチャン市内北部のルアンパバーン通りに面した寺院。1560年頃、セーターティラート王の時代に地域の有力者のクン・ターによって建立されたと言われるが不祥。本尊はヴィエンチャン北部のナーサイ・トーンに移転され、現在の寺院は1965年に再建されたもの。

26　インペーン寺院。オントゥー寺院の北側にある寺院。建立年代は不明なるも、1912年に再建。

27　プー・クーン。ルアンパバーン県南東部。13号公路と7号公路の交叉地点の町。

28　パーク・カディン。ボーリカムサイ県。13号公路のカディン川がメコン川に注ぐ地点の町。

29　カオリャオ。ヴィエンチャン市北部のメコン川沿いの地区。

30　シーターン・タイ。ヴィエンチャン県南端のメコン川沿いの村。

ヴィエンチャンの町は29区と260の村から成り、人口はまだ市制[31]が敷かれていない都市部を含めて11万4500人であった。彼ら住民には年3回の勤労奉仕が課されたが、これは各自農家での農作業にさえ時間を割けない住民にとっては年に5、6回もの勤労奉仕は無理であることを考慮して、私がペッサラート殿下とカムマーオ・ヴィエンチャン県知事[32]に掛け合った結果であった。

これらの公務で頭が一杯の上に、私は文化委員会の委員長に任命され、ロシェ[33]氏が顧問となって『ラーオ・ニャイ』紙の編集と執筆、翻訳作業の監督、歌詞や詩歌、演劇の選評をも行なった。ロシェ氏の後任にはミショーデル氏が就任した。この当時のフランス人はラーオ文字の使用を廃止してラテン文字を使用するため、彼らの弟子であるフランス留学組を雇用していた。彼らはラーオ文字は外国語の音声を十分に表記しえないこと、タイプライター印字、印刷所での活字印刷も困難であることを理由に議論を持ち出してきた。会議では毎回口論となり、酒が入った時には殴り合いの喧嘩になることもあった。

議論は3グループに別れた。第1グループはフランス留学組で、ラーオ文字の廃止を望み、ラーオ語をラテン文字で表記してフランス語を公用語としようとするニュイ・アパイ[34]、カターイ・ドーン・サソーリット[35]、ウーロット・スヴ

31　市制。フランス統治時代のヴィエンチャンは市制都市には指定されておらず、Centre urbineとして市に準じる都市であった。インドシナでの市制都市はフランス大統領令およびインドシナ総督令によるサイゴン、ハノイ、ハイフォン、ショロン、プノンペン、ダラットの6都市のみであったが、この当時の通称として「ヴィエンチャン市」が使用された。

32　カムマーオ。カムマーオ・ヴィライ（1892～65）。ルアンパバーン生まれ。フランス留学後、ヴィエンチャン県知事（1941）。ラーオ・イッサラ政府首相（1945）。タイに亡命（1946～49）。帰国後はプイ・サナニコーン政府の司法・保健大臣（1950）。プーマー内閣の閣僚を経て枢密院議長（1955）。

33　シャルル・ロシェ。ラオスの公共教育局長、教育監察官（1940～45）。ニュイ・アパイ、カターイ・ドーン・サソーリットなどのラオス刷新運動（タイのピブーン政権の大タイ主義に対抗）を支援してラオスの民族意識の高揚に努めた。

34　ニュイ・アパイ。1909～63。ク・アパイの弟。ヴィエトナム、フランスに留学。1941年頃からのラオス刷新運動推進者の1人。ラーオ・イッサラ政府の文部大臣（1945）。プイ・サナニコーン内閣の文部・衛生大臣（1949～50）。プーマー内閣の外務大臣（1951～54）。カターイ内閣の教育大臣（1954）。第2次プーマー内閣の内務大臣（1956～58）。ブンウム内閣の文部大臣（1960～62）。国会議員（1960～64）。日本軍によるラオス統治時は『ラーオ・ニャイ』（大ラオス）から改称された『ラーオ・チャルーン』（繁栄のラオス）紙の編集に携わったと言われる。

35　カターイ・ドーン・サソーリット。チャンパーサック生まれ（1904～59）。ハノイの高等行政学院で法律を専攻。1941年頃よりニュイ・アパイらとともにラオス刷新運動を推進。日本統治時の『ラーオ・チャルーン』紙（『ラーオ・ニャイ』紙を改称）の主幹。ラーオ・イッサラ政府の大蔵大臣（1945～49）。大蔵大臣兼国家計画大臣（1951～54）。首相（1954～56）。プイ・サナニコーン政府の副首相兼国防・内務大臣（1958年）。*Contribution a l'Histoire du Mouvement d'Independence National Lao* (Bangkok, 1948) など

ァンナヴォン[36]、スパン・ブランシャー・ドゥ・ラ・ブーロッシュ[37]が代表者であった。第2のグループは、タイ語を修得した者あるいは寺で得度修行を終えた者で、ラーオ文字を増やして国際的発音表記を可能にし、タイ字のように黙音字記号[38]の使用を主張する者で、代表者にはマハー・プーミー、マハー・フアン、マハー・ウアン[39]、クアン・パトゥムサート[40]、ケーオター[41]、プイ・パンニャー[42]がいた。最後のグループはこれまでのラーオ文字を保持し、ラーオ人の発音通りに表記するが、マイ・エーク、マイ・トー、マイ・ティー、マイ・チャッタワーの記号[43]の創設を主張する者で、代表者はピエール・ギン、ボン・スヴァンナヴォン[44]、ターオ・カムシー[45]、ターオ・ケーン[46]と私であった。何ヵ月もかかって議論したが結論が出ず、最後にペッサラート殿下が3グループ全体の意見を調整して結論を下すことになった。

ヴィエンチャン郡長(市長)として在任中は、徴税、賦役身代金、馬、牛、水牛の登録費用、宅地、田畑の登記費用の徴集、諸工事を実施するためのクーリーの徴集のほ

の著作がある。日本統治時には経済局長に在職のままで石橋ラオス政府最高顧問の専属秘書官役を務めた。

36　ウーロット・スヴァンナヴォン。元王国政府国立銀行総裁。革命後に国外脱出。

37　スパン・ブランシャー・ドゥ・ラ・ブーロッシュ。元リセー・ヴィエンチャンのフランス語教師。ラオス文学委員会委員(1960)。父親はフランス人。

38　黙音字符号。タイ語には多音節語のインド系などの借用語が多く入っているため、単音節語のタイ語に溶け込ませ、語尾の字を黙音にして音節の簡略化を図る符号。

39　マハー・プーミー、マハー・フアン、マハー・ウアン。いずれも僧侶出身のラーオ語研究者。マハー・プーミー(チッタポン)はラオス文学委員会委員兼事務局長(1960)。ラオスの代表的な歌唱「ドーク・チャンパー」の作詞者。

40　ターオ・クアン・パトゥムサート。ラオス文学委員会委員(1960)。ラオス学士院会員(1970)。

41　ターオ・ケーオター。元ラーオ語教師。

42　プイ・パンニャー。ルアンパバーン生まれ(1897)。理事長官府のラオス局長(1929～32)。王室事務局長代理(1935～40)。法務・宗教・教育大臣(1942～47)。ラオス文学委員会副委員長(1950)。王室顧問(1954)。国立銀行総裁(1955)。カンパン・パンニャー元王国政府外務大臣の父親。

43　マイ・エーク、マイ・トー、マイ・ティー、マイ・チャッタワー記号。いずれもラーオ語の声調を示す符号名。

44　ボン・スヴァンナヴォン。ヴィエンチャン生まれ(1906)。教育分野に従事(1928～46)。ラオス統一党を創設(1947)。国民議会議員(1946～1957)。ラオス文学委員会委員(1950)。経済大臣(1947～49)。平和・中立連盟会長(1956)。プイ・サナニコーン内閣の教育・保健大臣。ラオス学士院院長(1970)。1975年の新政権成立時に逮捕され、再教育キャンプに収容される。

45　ターオ・カムシー。元ラーオ語教師。

46　ターオ・ケーン。サヴァンナケート生まれ(1906)。1924年以来教育に従事。ラオス文学委員会委員(1953～60)。リセー・パヴィーのラーオ語教授(1953～1956)。バイラーン資料リスト作成(1960)。

か、要人や外国賓客の歓送迎儀式、さらにはタート・ルアン祭り[47]、ブン・バンファイ[48]、ブン・スウォンフア[49]、ラオス新年の儀式[50]、仏教行事、ヒート・シップソーン・コーン・シップシー[51]の風俗・慣習に即したクニ（邦）の守護霊を供養する行事な

47　タート・ルアン祭り。陰暦12月（太陽暦の11月）の満月にタート・ルアン仏塔の境内、広場で催される仏教行事。タート・ルアン仏塔はヴィエンチャン市の中心より東に3kmの地点にあるヴィエンチャンの象徴的建築物。セーターティラート王により旧寺院跡に建立され（1566年）、仏陀の遺髪が収められていると言われる。タート・ルアン祭りはラオスにおける最大規模の祭り行事である。

48　ブン・バンファイ。ブンは功徳を積む行事（祭り）。バンファイは火の竹筒（ロケット）の意で一般には「ロケット祭り」として親しまれている。陰暦6月の満月（太陽暦の5月初め頃）に行なわれ、老若男女がダンス、行列行進、モーラム、人形劇などを楽しむ。この祭りは寺を中心とする稲作生活共同体が安気な生活と豊穣を願う儀式でもあり、田植えを控えての雨ごいの儀式とも言われる。手製ロケットの打ち上げ競争を行なうが、このロケットには男女交合を表する人形を結び付けることから、稲作の豊穣を願う儀式でもあると見られている。かつては日本の里神楽に似たエロティックな歌、踊りが繰り広げられたが、現在では廃れている。仏教、バラモン教、精霊崇拝などの要素が混在しており、仏教行事としては「ヴィサーカブサー」と呼ばれ、仏陀の降誕、成道、涅槃を記念する祭りで、陰暦の6月の満月に寺では読経などの仏教行事が営まれる。

49　ブン・スウォンフア。陰暦の8月満月から11月の満月までの3ヵ月は、雨安居として、僧は寺に籠り修行するが、安居明けの時期（太陽暦の10月中頃）にはメコン川ではボート・レースが行なわれ、この祭りをラーオ語で「ブン・スォンフア」と呼ぶ。レースは通常、朝方に女性チームが、夕方には男性チームが競う。速さのみならず、舟の装飾についても競われる。厳しい水田作業を終えた農民が集い、楽しむ機会でもある。ルアンパバーンでは安居入り（太陽暦の8月末頃）に行なわれる。

50　ラオス新年の儀式。太陽暦の4月中旬の3日間の正月行事。ラオスでは「ソンカーン」と呼ばれ、水かけ祭りとして有名。第1日目は「ムー・ナーン・サンカーン・ルアン」と呼ばれ、日本の大晦日にあたる。家では大掃除、厄払いをし、寺では善男善女が蠟燭、線香、香水を携行して参拝する。僧は寺の仏像を洗浄する。人々は水を掛け合って旧年の悪を水に流し、新年の準備を行なう。放鳥（鳥を逃がしてやること）も行なわれる。この日には美人コンテストを兼ねた美人行列、モーラム（民謡の歌い手）による演出、ラムヴォン（輪踊り）などの余興が催される。2日目は「ムー・ナオ」と呼ばれる休息日で各種の催しものを楽しむ。第3日目が「ムー・ナーン・サンカーン・クン」と呼ばれる新年に当たる。食事には縁起の良いラープを作り、バシーの儀式も行なう。両親、親戚を訪ね、旧年の不義理をわびるのもこの日である。

51　ヒート・シップソーン・コーン・シップシー。年中12行事と14の慣習規範。

(1)年中12行事（ヒート・シップソーン）は次の通り。

1月：ブン・カオ・カム（罰障から脱するための自己苦行）

2月：3月のブン・カオ・チーのための薪の準備をする。

3月：ブン・カオ・チーまたはブン・マーカブサー。カオ・チー（蒸したモチ米をにぎり飯にして串にさし、これに砂糖、生卵を塗って焼いたもの）を僧に献じる。万仏節。

4月：ブン・マハーサートまたはブン・パヴェート。「本生経説法会」（ジャータカのうち、特に仏陀の前生10回の最後の生である布施太子の偉大な大生を拝聴して功徳を積む）。この法会は陰暦5月の新年までには終了する。

5月：ブン・ピーマイ（ラオス新年）

6月：ブン・バンファイ（ロケット祭り）。

7月：ブン・ブーサー・テーパーアーハック・マヘー・サック・ラックムアン（土地、国を守護する守護霊を供養する行事）。

8月：雨安居（陰暦8月の満月から11月の満月までの3ヵ月間は、僧は寺に篭もり修行する）。

どで多忙を極めた。

フランス人官吏には、理事官のほかに副理事官、赤色部隊長、緑色部隊長、警察局長、税務局長、獣医官、医務官、各局官房長たちがいたが、彼らが使用人を必要とする場合とか、使用人用の米を購入する時や馬の飼い葉を購入する場合、ある時は犬探しまでも市長に依頼してきた時などには、口論となることが幾度もあった。

ヴィエンチャン市長として在任中は、ちょうど、フランスが対日抗戦準備を進めつつある時であり、また、日本がヴィエトナム、カンボジア、ラオス、その他の東南アジア諸国に進出を開始した時期でもあった。ヴィエンチャンに入ってくる日本人の数が増えてきた。彼らの様相は旅行者であったり、商人であったりしたが、フランス人に対する態度は注意深く、ラオス人に対しては親しく接近してきたので、フランス人はラーオ人に対する管理をいっそう厳重にした。日本人が県知事や郡長を来訪する場合は、フランス人理事官と副理事官か

9月：ホー・カオ・パダップ・ディン（陰暦9月黒分の時期の早朝に米飯を包んで寺々に配布、地面に置き、死者への供養を行なう）。

10月：ブン・カオ・サーク（ブン・カオ・パダップ・ディンに似ているが、僧に対する供養物がくじ引きにより受け取られる点が異なる）。

11月：ブン・オーク・ワッサー（3ヵ月の雨安居の後、善男善女は僧に布施をなし、灯篭舟を川に流す）。

12月：ブン・カティン（僧に対し、僧衣、金品を寄進する行事）、仏塔（ヴィエンチャンのタート・ルアン仏塔、ルアンパバーンのタート・マークモー仏塔、サヴァンナケートのタート・インハン仏塔）に参拝する。

(2)在家者のための14の慣習規範（コーン・シップシー）は次の通り。

①収穫作物は、自ら食する前に有徳者、仏前に供える。
②物品売買での不正行為（釣り銭のごまかし、偽金の使用など）、粗野な言葉使いの謹慎。
③寺、家の塀に普請工事を実施した際にはその敷地の四隅に守護祠堂を設置する。
④家の内に上がる前に足を洗う。
⑤7日、8日、14日、15日のワン・シン（仏の日）には家の竈、階段、玄関にお祈りする。
⑥寝床に就く前に夫の足を洗う。
⑦仏の日、夫、両親、家族の長老への表敬、仏教行事には供養のための蠟燭、線香、花を用意する。
⑧ワン・シンの満月には、僧を招き家内安全を祈願し、僧侶にはワン・シンの布施を行なう。
⑨僧侶の托鉢に際してはその時間に遅れないこと、鉢と僧侶には触れないこと、履き物は脱ぎ、傘は使用せず、頭の被い布は取り、子供はつれず、武器を携行しないこと。
⑩処罰、懺悔を終えた戒律違反の僧には、花、蠟燭、線香、僧の八物を供えた盆を献じる。
⑪僧が通り過ぎるときは、屈んで合掌する。
⑫僧の影を踏まない。
⑬食べ残しの食糧を僧や夫に供しない。
⑭ワン・シン、安居入り、出安居と新年の3ヵ日は男女の関係を慎むこと。

らはその日本人を尾行するよう指示されたため、われわれは難しい立場に立たされた。私は我慢できず、副理事官を含む多くのフランス人官吏と何度となく仲違いをしたが、結局は県知事に呼ばれ、フランス人官吏に対しては柔軟な態度で臨むよう注意を受けるのみであった。しかし、私の気分は収まらず、ペッサラート殿下のところに駆け込んだ。このようなことは1933年にもあった。この時は堪忍袋の緒が切れ、シエンクアンで緑色部隊のフランス人司令官と殴り合いになり、弁護士を雇って5ヵ月間争った。今度もあの時と同様に副理事官と大喧嘩になるかも知れないと思い、そうした事態を避けるために私はヴィエンチャン以外への配置転換を願い出た。しかし殿下は、どうにもできないので、適当な時期が来るまで辛抱するようにと言われるだけだった。

ホアパン県知事を拝命　1944年12月末、ペッサラート殿下に呼ばれて、1941年以来ホアパン県知事を務めている妻の父、ターオ・レック・セーンサティット（パニャー・ムアン・クワー）がシエンクアン県知事に配置替えになると伝えられた。殿下はさらに、私をホアパン県知事に任命したいがどうかと私の気持ちを尋ねられた。問題の多いヴィエンチャンから移動したかった私は、即座に受諾する旨お答えした。殿下からは後任の郡長であるチャオ・ソムサニット（これまでの私の補佐役）に事務引き継ぎを行ない、次週にも新任地に向け出発準備を行なうよう申し渡された。

3日後に実際に辞令が交付された。1945年1月2日、ヴィエンチャンを出て、パーク・サン、タートーム、シエンクアン、ラートブアク、ラーオ村、ポーントーン、ソップオー、ムアン・ラープ、ホアムアン、ムアン・プーン、ムアン・ハーム[52]を経て、サムヌア[53]に赴いた。ヴィエンチャンから離れられて嬉しい反面、サムヌアでの生活の状況、仕事の内容が気掛かりであった。マックドゥヴォー新理事官には1度も会ったことはなく、性格は知る由もなかった。ホアパン県を訪れたのは今回が初めてであり、県民についても未知のことばかりであった。

52　パーク・サン、…ムアン・ハーム。パーク・サン（ボーリカムサイ県の県庁所在地、ヴィエンチャンの東北東120kmのメコン川岸の町、ナム・サン川の川口）からナム・サン川に沿った町々。
53　サムヌア。現在のホアパン県の県庁所在地。

ヴィエンチャンを出て、サムヌアに到着までに1ヵ月を要した。パーク・サン、タートーム間は船旅で、それ以外は荷物クーリーを伴って陸路、馬の旅となった。シエンクアン、ラートフアン、ラートブアクでは親戚兄弟の家にそれぞれ2、3泊した。道中は山あり、谷ありで疲労困憊した。場所によっては上り降りの傾斜が急なため乗馬は困難で、歩かざるを得なかった。ムアン・ラープでは妻が発熱し、さらにヴィエンチャン、ルアンパバーンから引き取っていた4歳の養女、3歳の養子が共に病気になったこともあり、同地で5日間も滞在せざるを得なかった。こうして任地までの道中は、一方ではヴィエンチャンでの任務を離れることができて嬉しく、シエンクアンの親戚縁者に思いを馳せつつも、また一方では家族の病気を気づかい、さらには新しい任地での任務に対する不安も募っていった。しかし、目的地に到着すると、気候は涼しく、地形は生まれ故郷のシエンクアンに似ており、気が休まる思いがした。

1945年2月2日の夕方、サムヌアの町に到着した。サムヌアはナム・サム川の両岸に位置する小さな町で、中央に1本の道路が走り、理事官公邸前で3本に別れていた。1本はムアン・プーン、ムアン・ハーム、ムアン・オー、ホアムアンに向かい、他の1本はナム・サム川を渡って東にムアン・リヤット、ムアン・プア、ソップハーオ、ムアン・シェンコー、ムアン・エート経由ヴィエトナムに抜ける道で、もう1本の道は町の中央を抜けて、ホー村、ホアシアン、ムアン・ソーンに出た。

理事官事務所の前で1人の県事務所の職員が出迎えに出ており、挨拶を交わして、県知事官舎に案内された。官舎は煉瓦造りで瓦屋根の2階家であった。厨房は屋外にあった。官舎の裏側がムアン・サム寺院で、前にはかなり高い仏塔が建っていた。官舎では郡長、官吏多数の歓迎を受け、彼らから県の情勢につき説明を受けた。

1945年2月3日、マックドゥヴォー理事官を表敬訪問して転勤辞令を提出した。理事官とともに職務を遂行できることを嬉しく思うと同時に、今回のような上級の職務は初めてであるので、よろしく御指導願いたい旨、着任の挨拶を述べた。理事官は私のことについて既に聞いており、新知事と働けることが嬉しいと語った。前任知事である私の妻の父が彼に特別の配慮を依頼し、さらにヴィエンチャンの副理事官が彼に紹介状を送付していたのである。

私は県庁事務職員を呼び入れ、職員、文書・事務の引き継ぎ式を終え、職務に着手した。ここでの職務はヴィエンチャン郡長ほどには繁忙ではなかった。毎日の事務は、理事官が協議に来て分担を決定した。土木、衛生、教育、獣医、軍事、警察、他の諸県とヴィエンチャンに関する事務は理事官が直接担当し、関係文書に署名した。他方、各郡長の業務である人口調査、徴税、カー・タイ・カーン[54]、クーリーの徴集、町の食料調達は県知事が担当し、関係文書に署名したが、連帯責任と非難を回避するためにも、いかなる問題も決定を下す前に理事官の意見を聞く必要があった。この職務方式は業務の軽減と労力の節約になり、さほど頭を使う必要もなかった。執務状況はシエンクアンでの郡長時代の状況に近かったが、地位と給料は高くなった。役人、部落長、村長、住民と接触する時間も多くなった。この点ではヴィエンチャンの時に比べて相当に楽になった。

私は通訳官に採用されて以来、通訳官が他の官吏よりも給料も地位も比較的高いので喜んでいたが、通訳官は官吏の職階としては中級職（cadre secondaire）であったため、心底からの満足感は得られず、いっそうの昇進を望んでいた。そこで、上級職官吏（cadre supérieur）である書記（commis）の採用試験を受けるため勉強しようと決めたが、この試験の実施は毎年延期され、受験の機会を失ってしまった。そこで私は行政職への変更を申し出たところ、郡助役の役職を与えられて、一応の満足を得た。当時私はまだ26歳で、郡長職に就ける機会があると思ったからである。その後、私は5等級職の試験に合格して、いっそうの喜びを味わった。そして弱冠33歳にしてラオスの首都ヴィエンチャンをも管轄する郡長に昇格したことを名誉に思った。ホアパン県知事への就任は私の長年の願いが成就したものであった。自分の職業生活において、私は常に進級と昇給、そして多くの賞勲を得て友人たちに自慢し、退職後は年金で老後を自宅で悠々自適の生活を過ごすことだけを考えていたのである。

54　カー・タイ・カーン。実役徴発から免除されるために支払う代納金。

第3章
日本軍がフランス勢力を駆逐

1945年の2月、私は理事官とともにシェンコー[1]のムアン・エートに地方視察に出た。地方の郡長、官吏、部落長、村長、住民を初めて訪れる機会として時宜を得たものであった。視察の往来には理事官の自動車に便乗したので快適であった。

3月になって、理事官の誘いで再度サムヌアのバーン・ハオ地区に視察に出かけた。今回は小道を馬で行ったが、山越えが何度もあり、路上で1泊してバーン・ハオに到着した。理事官は住民に鹿狩りをさせるのが目的で地区長の家に宿泊し、私と地区事務所の書記は住民を訪問するためトゥアン村に宿泊した。翌3月11日朝、バーン・ハオに戻ったところ、理事官の姿が見えなかった。彼は、サムヌアから至急電報を受け早朝より引き返さねばならなくなったので、私も戻り次第、至急サムヌアに帰るようにとの短い置き手紙を残していた。私は急遽、荷物をまとめて帰路の途についた。3月12日の夕方にサムヌアに帰着し、直ちに理事官公邸に赴き、状況を尋ねた。理事官はヴィエンチャンの上司からの秘密電報を取り出し、守秘に留意するように注意した上で、私に見せた。それは、日本軍が3月9日早朝にハノイを占領、多数のフランス兵を捕虜にし、逃げ延びたフランス兵がサムヌア方面に向かっているので、理事官の方から予め要員を派遣し、彼らをムアン・ヒープ[2]方面に移動させ中国のスーマオ[3]に集結させる手配を指示する内容であった。

この時点で事実を知っている者は他に誰もおらず、県内の状況も平静であったが、その後2、3日してこの秘密事項が明るみに出た。ヴィエトナムから逃げてきたフランス兵がボロボロの服を纏い疲憊の状態でサムヌアに到着したのである。理事官は彼らを1泊させ、服、靴、帽子、そのほか必要品を給付後、

1　シェンコー。ホアパン県北部の町名または郡名。ムアン・エートはシェンコーの西10kmの村落。
2　ムアン・ヒープ。4号公路東端近くのポンサーリー県とヴィエトナムとの国境沿いにある町。
3　スーマオ。思茅。中国雲南省南部の都市。

指示通り彼らをスーマオに集結させるべく、ムアン・ヒープに送り出した。理事官は私や多数のラオス人官吏に対して、彼の逃避行に同道するよう言葉巧みに勧めた。逃避先は遠距離ではないこと、間もなく日本軍は敗北して、われわれが当地に帰還する際には現在より幾倍も高い地位・階級への昇進と昇給が叶えられるであろう、というわけである。しかし、同行したのは獣医1人のみであった。他の官吏は、日本軍による殺戮行為が発生するのを防止し、また、住民の分裂と混乱を回避するように人民を統治していくのが重要であると言って、全員がここに残留することになり、誰もフランス人一行には同行しなかった。フランス緑色軍部隊はまた、あらゆる手段を凝らしてラオス将兵を連れていこうとしたが、結局、下士官と将校の2個大隊がフランス軍に同行したのみで、残りは皆自宅に逃げ帰った。この2個大隊も、途中で足が痛いとか、頭が痛いとかの仮病を使って路上のあちこちで寝込んでしまい、最終的には、自宅に逃げ帰ってしまった。

1945年4月11日、日本軍部隊がソップハーオ[4]に、12日にはムアン・プアに進入してきた。13日、理事官一行のフランス人はサムヌアを出てバーン・プンに宿営し、私に対し通常通りに状況を報告するよう指示してきた。同日、日本軍はムアン・リヤットの町に達した。14日にはフランス人一行はホアシアンの宿営地に移動し、日本軍がサムヌアに進駐してきた[5]。われわれ官吏は住民とともにナー・ヴィエンまで彼らを出迎え、そこで私は、われわれのすべては、フランス植民主義者を駆逐し、われわれホアパン県民を解放した日本軍部隊を歓迎すると同時に、日本軍のフランス勢力の掃討に喜んで協力し、ラオスの国家建設を推進したいとの歓迎の辞を述べた。これに対して日本軍指揮官は、宿舎に到着後、われわれに次の内容を告げた。

フランス勢力は既にインドシナ全域においてその権限を喪失し、日本軍がインドシナ地域諸国の解放、独立を達成すべく、フランス勢力を排除するためにやって来た。日本軍のサムヌア進駐はこの県民がこの県の主人公たるべくラオス人民を支援するためである。行政面では日本軍は何らの変更も行なわないが、ただ、県知事、県官吏、住民の一同に対しては、フランスとその手先をこの県

4　ソップハーオ。ホアパン県北東部のヴィエトナムとの境界近くの町。
5　歩兵第83連隊第3中隊が最初に進駐した。

から掃討すること、日本軍に対して所要の食料を販売、供給すること、そしてサムヌアからシエンクアンに至る自動車道路[6]をできる限り早急に建設するために、日本軍部隊の土木作業を支援するべく、労務者の補給につき協力願いたい。いうまでもなく、労務者に対する労働賃金は日本軍より規定に従って支払われる。今後の協力関係のあり方については、ラオス側で県知事、郡長、担当者が協議の上、日本軍指揮官に上申されたい。

私にとっては、この頃が心身ともに最も疲労した時期であった。会議の席上では、郡長その他の官吏には誰も建設的な意見を述べる者はおらず、誰もがただ県知事の指示に従うとの意見であった。サムヌアの官吏、住民はこれまで誰もがフランスに使役された経験を持っていたため、皆が一様に日本人に対する強い恐怖心を抱き、日本軍に嫌疑をかけられるのを恐れていた。また、この時期のわが国は戦争状態にあったため、日本軍にへつらう機会を狙っているラオス人、ヴィエトナム人、あるいは中国人が日本軍に対し、誰それがフランス協力者であるとか、日本人の悪口を言っているなどと密告し、そのために逮捕されたり、あるいは捜査、審問を受けて裁判にかけられることなく殺害されるのを恐れていた。

こうして、サムヌアの町全体が恐怖心に満ちた重苦しい静けさに覆われていた。町を出て村里離れた遠くの親戚の家に避難する住民も増えていった。このような状況を放置しておけば、サムヌアに駐留する彼ら日本軍は、サムヌア住民の減少に対して不審感を抱き、ラオス住民がフランスに協力するために逃亡したものと誤解され、その嫌疑の目はわれわれに向けられるであろうと思われた。

この件については、郡長、各部局の官吏との協議を経て、私は相互理解と信頼関係の醸成のため、日本軍の指揮官を訪れた。私は彼に地域の情勢を報告し、今後の協力計画案を上申した。対話は日本軍と同じ制服を着用したヴィエトナム人通訳[7]を介して行なわれた。日本軍の将校たちからは種々の質問が発せられ

6　自動車道路。この道路構築は、もともと日本陸軍第38軍司令官（土橋中将）が、将来の作戦を考慮して北部インドシナとタイ国を連結するための作戦路として啓開する構想であったと言われ、建設工事はシエンクアンのカンカイに連隊本部が設置され、北方に向けバーン・バン（現在のムアン・カム）経由でサムヌアに抜け、南へはタートーム経由、メコン川沿いのパーク・サンに至る構想であった。
7　ヴィエトナム人通訳。訳註8（56ページ）の八巻氏の記憶によれば、同通訳は岡本という名のハノイ近くに在留していた日本人商社員であった由。

た。例えば、フランスのラオス統治時のフランスの行動とか、日本軍進駐の際のフランス側の防衛態勢、サムヌア脱出後のフランス軍の逃亡経路、フランス人とその諜報員の潜伏場所、さらにサムヌアの町とホアパン県全域における日本軍に対する安全対策上の措置などに関するものであった。

私の説明に満足の意を表して、ヤマキ[8]という名の指揮官とナミキ[9]という名の副官は、日本軍のラオス進駐はフランスを駆逐し、ラオスの独立と大東亜共栄圏における国家建設を援助するのが目的であることをあらためて確認するとともに、次のような趣旨を述べた。

日本軍が実施せねばならぬ作業は、ホアパン県内のフランス人を掃討し、国の治安を維持することであり、さらに、サムヌアからシエンクアンまでの間の道路建設に着手しなければならないので、県知事におかれては、日本兵用の食料を市場に卸し、販売用に供給するように住民への周知方をお願いすると同時に、1回につき100名の労務者を徴集して日本兵とともにシエンクアンに至る道路の工事に従事してもらいたく、この労賃は日本軍指揮官自身により支払われる。

私はこの3つの任務に喜んで協力したい旨、さらに、このほかにも、双方にとり有益なことがあればいつでも協力する用意がある旨答えた。また、双方ならびに地域の安全確保のために、サムヌアの日本軍を訪れる者に対しては、まず県庁で訪問者の略歴、訪問目的を尋ね、相当の理由がある場合には許可することとし、赤地の布に日本軍指揮官と県知事の署名と証印のある白地の布を被せた腕章を20枚縫い、許可した者の左腕にこの腕章を巻かせることを提案した。指揮官はこの提案に同意するとともに、このことを日本軍全員に周知徹底することを約した。

その後、指揮官は、彼の宿舎の側に拘置所が1棟あり、その中にはフランス人に投獄された多くの囚人がいるので、彼らを釈放したいとして、県知事の意見を求めてきた。当方の同意の意向を伝えると、指揮官は早速何人か兵を連れ、われわれと共に全囚人を一堂に集めた。そしてその場で、日本軍は囚人に対し、

8　ヤマキ。八巻大尉（歩兵第85連隊第4中隊長）。小高文直元駐ラオス大使記述の「サムヌア再訪記」（『東南アジア通信』、アジア文化社、Vol.19, 1994）を参照。

9　ナミキ。行木（なめき）大尉（歩兵第85連隊第2大隊長）。

フランスへの敵愾心を高め、国の法律、伝統習慣に即した生活を営むよう訓示して、全員を釈放、帰宅させた。囚人たちは歓声を発して日本軍に感謝した。この結果、120人以上もの囚人に対する毎日の食料対策に頭を悩ます必要がなくなった。

他方、マックドゥヴォー理事官はサムヌアからバーン・プン[10]へ、さらにホアシアンへと徐々に退却し、移動の都度その地から早馬による使者を立ててこちらの様子を報告させた。しかし、これが日本軍側に知られると、危険な事態を招きかねないのでわれわれは動揺した。最後に報告した内容は次の通りであった。

日本軍がサムヌアに確固たる拠点を築き、4個大隊が駐屯。彼らはフランス人を捕獲するためサムトゥー、ホアムアン、ムアン・ソーン[11]の3方面よりの掃討作戦を準備中。理事官殿一行は至急逃走すべし。伝書使が日本軍に捕えられた場合には、われわれにも危険が及ぶであろうから、今後は伝書使の派遣を取りやめるよう配慮願いたし。

これ以降は理事官からの連絡は途絶えた。われわれは、各郡長、県の各部局長とともに日本軍に協力して、ヴィエトナムから逃走してきたフランス兵の捜索やラオス人に預けられたフランス側の物品の発見に努め、これらを日本側に引き渡した。日本軍に捕らえられたフランス兵捕虜は、一時的に当地に収容の上、トラックでハノイに移送された。5ヵ月余りの期間の間にホアパンの日本軍が捕虜としたフランス人は58人で、没収した物品は多数に及んだ。銃、弾薬、鉢、皿、コップ類は日本軍が使用し、毛布、布類は住民に配布され、残りは焼却した。その当時の町自体は寂然としていたが、人心は混乱と恐怖に満ちていた。フランス人が住民に預けた物品は県知事に申告され、種類毎に識別票が付されて、県の職員によって日本軍に引き渡された。

私自身については、日本軍がホアパン県に進駐して以来、他に比較のしようがない程に困難かつ複雑な精神状態にあった。他県からの伝聞によれば、人々は、誰彼となく嫌疑をかけ、果てには殺戮、遺棄するという日本軍に恐怖心を抱く一方で、公務員に対する給与財源の枯渇を恐れた。また、日本軍が必要と

10　バーン・プン。サムヌアより6号公路を北東に上った地点。

11　サムトゥー、ホアムアン、ムアン・ソーン。サムトゥーはサムタイとも発音され、ホアパン県南東のナム・サム川沿いにある。ホアムアンはサムヌア南西60km（6号公路）。ムアン・ソーンはサムヌアの北北西80km（ナム・エート川上流沿い）。

しているシエンクアンに通じる道路工事用の人夫が徴用できなくなれば、日本軍のわれわれに対する不信感が生じて、われわれに対する叱責が懸念された。さらには、住民が恐怖のため四散し、農作業が行なわれず、食糧難のために飢餓状態に陥る恐れもあった。外部との連絡も取れずに息苦しく、気が滅入った。ヴィエトナム人責任者のいる有線通信所の状態は良好で、送信はできたが、受信がなく、他県の状況は全く不明であった。この当時の私は自分が実行していることの正誤を判断し得る状況にはなかった。相談する相手もおらず、考えれば考えるほどに困難が増してきた。誰かに相談しても、あなたの考え次第なので、あなたの指示にはいつでも従う用意があるという消極的な答えが返ってくるのみであった。

結局、その当時残っていた全部局の公務員が集合して、全員の一致団結の下に、郡長、地区長、村長は従前通りの行政体制をそのまま維持することになった。公務員体制を維持するために、徴税もこれまで通りの税率で履行された。同時に日本軍より要請のあった3大任務も実施し、諸部族に対しては、これまで以上に心して、今後とも農耕、果樹栽培、牧畜に励んで日本軍と問題を起こさぬよう指導した。私は諸計画を文書にして、召集した管轄内とサムヌア市の各部局の職員に提案し、これは全県民の生活と県の安全を維持するための必須の職務である旨を説明した。全員の同意を得て、私は諸計画を業務指令として関係部局に通達した。その後は県内の状況も正常に推移し、住民も信頼と明るさを取り戻し、日本軍も満足して行政を県知事、郡長に任せて、従来通りの行政統治が行なわれた。

ナム・ヌーン[12]に至る道路建設は日本軍が最も重要視している任務であったが、われわれにとっても、フランス統治時代に成し得なかったシエンクアン県のポーンサイに達する自動車道路ができるので有益であると考えていた。郡長、区長、村長の協力を得て、われわれは通常100～150人の人夫を徴用することができた。日本軍からは1個大隊がこの道路工事に投入された。県、郡の監督の下に1人あたり15日働き、この費用は日本軍側がすべて負担した。住民一般は1日あたり20キープ、県職員には1日あたり40キープが支給された。日本軍は、トラックで毎日インドシナ銀行の50キープ紙幣と100キープ紙幣入り

12　ナム・ヌーン。6号公路上のホアパン県とシエンクアン県の県境にあるナム・ヌーン川沿いの村。

の箱を何百箱も運んできた。紙幣はすべて新札であった。また、南ヴィエトナムより精米が搬送され、道路建設作業に従事する日本兵、ラオス住民、公務員に配給された。

日本軍との協力ではわれわれにとり都合のよいことも多かった。例えば、彼らは内部行政には関与せず、行政は県知事、郡長らに委ねられたことである。日本軍が意を注いだのは、住民に対し、日本兵用の豚、牛、水牛の肉、魚、野菜を地域の相場で市場に供給することと、シエンクアンまでの道路建設を計画通りに完成させるための工事労働者を徴用することであった。これらの業務が円滑に進捗する限り、日本軍の指揮官も満足していた。しかし、われわれにとり負担になったのは、日本軍が月に1回の割合でサムヌア、シエンクアン、ヴィエトナムの間を交代で往復したことであった。彼ら士官からは着任、離任の度にバーシーの儀式[13]を所望されて、その都度われわれはこれに応えるために、日本軍指揮官が初めてサムヌアに到着した時の歓迎会と同様の夕食会を準備し、若い女性たちを召集してテン・セー[14]やラムヴォン[15]でもてなした。指揮官はこのような行事を殊のほか好み、他の者に対しても同様の行事を執り行なうよう私に申し入れてきた。これは経済的にも時間的にも浪費となり、私にとっては大きな不安のタネとなったが、人民にとっても迷惑なことであった。しかし、日本軍のわれわれに対する不信と国の危機を回避するには、いかなる懸念があろうとも、このような接待はやむを得ないことであった。

13　バーシー。「バーイ・シー」とも呼ばれる。出生、結婚、遠出からの帰着の際などの重要な機会に行なわれる招魂の儀式で、地域の長老などより祝詞を受けた後、儀式参加者は手首に結び付けられた白い木綿糸を通じ将来の至福、成功が伝えられるという、仏教伝来以前からの精霊信仰。バーシーのバーはクメール語起源の語で米飯、シー（スリー）は吉祥を意味し、精霊に供える米飯あるいはこれを盛る器をも意味するという。

14　テン・セー。竹踊り。長い竹棒を打ち合わせ、踊り手は竹棒に挟まれないように規則正しい足どりで踊る。フィリピン、ボルネオの地方少数民族のバンブー・ダンスに似ている。

15　ラムヴォン。ラオス民衆の輪踊り。男女のペアが内側に男輪、外側に女輪の2重の輪になって民族楽器のケーン（笙）を伴奏に踊るスローテンポの輪踊り。結婚披露宴などには付きものとなっている。

第4章
日本の敗戦

1945年の9月に入ってから、シエンクアン県との県境となっているサムヌアとナム・ヌーン間道路工事の基礎部分が完成した。日本軍の指揮官は、彼自身の主要任務の工事が特段の支障もなく完了したことに満足していた。関係部局の各職階級の公務員、ホアパン県の全県民もその生活が正常に復し、他県のように日本兵により捕縛されたり殺傷されるような被害者が1人も出なかったのは幸いであった。

9月末になって新たな事態が発生しはじめ、われわれは再度、不安と懸念に満ちた状態に引き戻された。ヨーロッパにおいては、ドイツ、イタリアのファシストの敗北が、アジアにおいては日本のファシストの敗戦が全世界に報じられたのである。日本のラジオ放送は日本兵の本国帰還を呼びかける天皇の詔勅放送を流した。また、ラオス北部の日本軍は蔣介石の軍部隊により、ラオス南部の日本軍はイギリス軍部隊により武装解除されるとのニュースが世界中に報じられた。このニュースは日本軍の将兵を悲痛のどん底に陥れた。日本軍の将校3名がナム・ヌーン川の川縁で手榴弾により自決した。これ以外の者は誰にも別れを告げずにヴィエトナム方面に逃げ去った。

それと同時に、フランス軍の1個中隊がムアン・ハームに到着し、サムヌアに進駐するとのニュースが飛び込んできた。サムヌアの各部局の公務員、各種族の代表者を召集して会議を開催し、兵力を結集してフランス軍に武力抵抗をすべきか、あるいはサムヌアをフランス軍に解放すべきか、さらには、わが方の各方面での合意が今後の事態にいかなる影響を与えるか話し合ったが、結論は出なかった。わが方の青年を召集してフランス軍攻撃に投入すべしとの意見も出た。しかし、われわれには武器がなく、軍を統合し得る指揮官もおらず、この攻撃が失敗に帰するとわが国と人民に危険が及ぶとの理由から、多くの者はこの意見に反対であった。結局、集会では、起こり得る擾乱を回避するためには、サムヌアを解放してフランス軍を平和裏に受け入れること、このための歓迎委員会を組織すること、そして各人はフランス人を非難しないように留意することで意見の一致を見た。われわれは早速歓迎の準備に取りかかった。

1945年10月8日午後2時、先着のムアン・ハームの村長、郡長、王族、貴族、高官に続いて、フランス軍部隊がサムヌアに移動してきた。歓迎行事を終えて3連棟の家屋に戻ったところ、クイヨーと名乗るフランス軍指揮官がわれわれの歓迎に謝意を表した後に、ドイツ・イタリア・日本のファシストは全世界において完全に敗北し、連合国側の合意に基づいてフランスに再びインドシナの統治が委任され、その統治方法は、今後フランス政府とラオス国王との間で協議により合意される形態に従って、以前に比してラオスの独立性をより広範に認める方向で改善されるであろうと述べた。さらに同指揮官は、当面の県、郡などの地方行政は従前通り県知事、郡長などにより遂行されるので、疑義の点ないしは解決困難な問題が発生した場合はフランス軍指揮官に見解を上申するよう付言した。

サムヌアに入ってきたフランス軍部隊は合計24名であったが、あたかもクイヨー大尉を指揮官とする1個中隊であるかのように呼ばれていた。1週間後にはさらに12名の兵が航空機からパラシュート降下し、食料も投下補給された。投下物資の中には小型無線機、軽機関銃が含まれており、県知事、郡長、病院長、公務員や兵として動員された青年に配布された。フランス軍の日課は新兵の軍事訓練、民家に潜伏する日本軍の捜索と、日本、ヴィエトナムの密偵を捜査することであった。この当時、ヴィエトナムはホー・チ・ミン[1]を指導者とするインドシナ共産党の下でヴィエトナム人民が制圧し、ヴィエトナム民主共和国を樹立していたためである。彼らヴィエトナム人民の多数が結集して日本ファシズムとフランス植民主義に対抗するため、「ヴィエトミン」の名が記された宣伝ビラがサムヌアにもばらまかれた。しかし、この宣伝ビラはサムヌアではそれほど広範な規模での反響は呼ばなかった。サムヌアでは民族解放についてはその方法も解放後の方針も不透明であったため、まだ誰も解放を主張する者はいなかった。誰しもが民族解放はヴィエトナムで起きているヴィエトナム人民の解放問題であると理解していたのである。われわれはルアンパバーンのラオス政府にこのフランス軍部隊のサムヌア進駐の件を報告し、今後の対処

1　ホー・チ・ミン。1890～1969。ヴィエトナム共産党の創立者。ヴィエトナム民主共和国の初代国家主席。

方針を照会したが、いっこうに返答は得られなかった。

当時のホアパン県は小独立国の如くに外部世界から完全に隔離されており、他県ではいかなる生活が営まれているのか全く見当がつかなかった。また、郊外の民家に潜伏する残留日本兵がフランス人を襲うとかラオス人の民家を収奪するとかいう話については実態を知る手立てがなかった。フランス軍の到着後は、サムヌアのヴィエトナム人のほとんどが少しずつこっそりとヴィエトナムに引き揚げていったため、無線電信、電力、土木、獣医の各局課の責任者がいなくなった。市民の間には、日本兵による収奪、フランス軍による日本軍協力者の捜索と彼らに対する処罰を恐れて、混乱が生じた。食料、衣料、所要器材はすべてヴィエトナムから入ってきていたため、これら物資の欠乏が懸念された。各部署の財源が底をつき、公務員に対する給与の支払いが不能となる事態に至っても、週1度の投下による食料補給のみに頼っているフランス軍に依存することもできず、いっそう不安定な状況に陥った。

ちょうどこの頃に、われわれは次のような内容のラジオ放送を受信した。イムフェルト大尉[2]が指揮するフランス軍部隊が蔣介石軍により日本軍の武装解除が行なわれたルアンパバーンに進駐したこと、イギリス軍が日本軍の武装解除を行なった南部ラオスにもフランス軍が同時に進駐したこと、しかしヴィエンチャン県では同県民が蜂起して日本軍から統治権を奪回し自衛軍を結成したために、フランス軍はヴィエンチャンには進駐し得なかった、という趣旨の放送であった。

ラオス全土は極めて複雑な様相を呈しているように思われた。無線機を配布されていた郡長、医務局長もこのラジオ放送を聞き、今後の対処の方法につき協議のため私のところに急遽駆けつけてきた。私は表面上は泰然自若とした態度を示したものの、ルアンパバーンとヴィエンチャンに何度も無線連絡を試みたが何の応答もないので、これまで通りの行政執務を継続しつつ、われわれに

2　イムフェルト大尉。Hans Imfeldフランス陸軍少佐、スイス国籍の駐ラオス・フランス弁務官臨時代理（在職：1945年8月～1946年4月）。日本の敗戦直後の政治的空白時の1945年8月29日に、フランスのラオス復帰を目指し、少数部隊を率いてルアンパバーンに入り、翌30日に弁務官の資格で国王に拝謁の結果、同9月初旬に国王の宣言書（フランスのルアンパバーン王国に対する保護関係は終了することなく、1941年の条約に基づき有効に遂行されている旨をフランス政府に伝達すべく、この宣言書をイムフェルト弁務官に手交するとの内容）が発表された。1946年7月5日、サイゴンの病院でヴィエトナム人により殺害されたと言われる。

対するフランス側の無用な疑惑を招かぬように公務員や県民を指導する以外になす術はなかった。

1945年10月18日、ヴィエトナム兵の1個大隊がサムヌアを目指してラオス領土に侵入してきた。少数部隊のフランス軍はこの事態に動転し、無線で青年部隊と武器の増強を要請したものの、1週間経っても応答がなかった。ヴィエトナム軍がサムヌアに接近し、進入の機会を窺っているとの情報がもたらされると、フランス軍の将校は私と郡長のチャオ・タン、厚生局長のDr.トーンディー[3]を呼び、フランス軍部隊はサムヌアからムアン・ハームに撤退し、救援部隊が到着するまでサムヌア奪回の機会を待つつもりだということで、われわれ3人の同行を要請してきた。しかしわれわれ3人は、彼らに同行することは市民の驚きと恐怖を呼び、地域に混乱を招くので、サムヌアを離れることはできないと答えた。以前、マックドゥヴォー理事官がサムヌアを離れた時にも、われわれは同行せずに、市民を統率し秩序を維持することができた経緯がある。何時間も議論したが、結局、郡長と厚生局長の医師が残り、フランス側将校には県知事が同行せねばならぬことになった。何を言っても無駄であったが、私は妻と子供をルアンパバーンにいる父母のところに送り出す準備のためいったん帰宅させてほしいと願い出た。フランス人将校は私の懇請を聞き入れ、別の将校に命じて荷物の整理を手伝わせると同時に、間接的な監視の役に当たらせた。妻には事情を説明し、荷物の整理をして夕方には家を出発するよう告げた。

その夜、私は最も質素な衣類を準備し、郡長に業務と物品を引き継いで、フランス部隊と共に夕食に出かけた。そして、真夜中に背嚢を背負ってムアン・ハームに向かった。これが私の軍隊様式の生活の始まりであった。私の行く先と頭の中はこれまでに経験したことのないような真っ暗な闇であった。私の妻と子供の旅路の状況がどうであったのか、フランス兵との生活がどう展開するのか、将来はどうなるのか、全く不透明で、私はきわめて沈鬱な気分に包まれた。

朝方にムアン・ハームに到着した。朝食は皆で握り飯を作って食べた。ムアン・ハーム郡のターセーン（区長）が彼の妻と姉妹の女性2人に料理を手伝わせ、

3　Dr.トーンディー。トーンディー・スントーンヴィチット。パーク・セー県タールアン村生まれ。国民議会議員（1951～59）。1954年のジャール平原での和平会談における王国政府側の団長。作詞・作曲家、小説家としても有名。1943年、ラオス王国国歌を作曲（現ラオス人民民主共和国国歌と同一）。

食事を共にした。フランス兵たちはコーヒーとパンであった。彼らは私にも一部を分けてくれたが、私はそれをターセーンの子供に食べさせた。私自身はカオ・ニャオ[4]に焼き魚をトウガラシ入り魚醤に付けて食べるのが好みであったからである。

ちょうど食事を終えたところに、わが家で働いている4名のパルチザン兵[5]が私のところに郡長からの文書を届けに来た。ヴィエトナム兵はまだムアン・プアに駐留しており、わが家族はサムヌア郡の何人かの村長に付き添われてパーク・ラーオまで送り届けられた後、ホアシアン村に逗留しているとのことである。嬉しい知らせであった。これで家族一同は無事にルアンパバーンに到着するだろうとの確信が持てた。しかし、私自身はひとり寂しく、しかも荷物を背負い夜を徹して歩いてきたせいで綿のように疲れていたので、パルチザン4名に荷運びの手伝い、食事の世話係、警備担当として同行してくれるよう説得した。そして、彼らを連れてフランス部隊将校に面会を求め、彼らが届けてくれた郡長の文書を通訳すると同時に、各人に銃1丁と防寒用の毛布1枚ずつを配布してくれるよう依頼した。フランス将校は同意し、各人に軽機関銃1丁、銃弾200発、毛布1枚、リュックサック1個ずつが渡された。信頼しえる友と行動を共にすることができ、また荷物の共同運搬が可能になって、私は意を強くした。

ラオス臨時政府を樹立　その夜、われわれ全員はムアン・ハームで宿泊した。私は郡長宛てに状況を説明し、わが家族のための旅行手配に対して謝意を表する手紙を認（したた）めて、ムアン・ハームのターセーンに託した。翌日の早朝、われわれはムアン・プーンに向け出発した。同地ではターセーンに警備を依頼して、3日間滞在した。この時にフランス軍から配布された小型ラジオで聞いたニュースで、ペッサラート殿下の指導下にパニャー・カムマーオを首班とするラオスの独立政府がヴィエンチャンに樹立されたことを知った。殿下はヴィエンチャンのラジオ放送で、ラオスは1945年10月12日に独立し、全土統一を達成した旨を宣言するとともに、全国のラオス人民に対してフランスによる再統治を

4　カオ・ニャオ。モチ米またはモチ米を蒸した飯(強飯)。
5　パルチザン兵。農民などで構成される非正規軍。

阻止するために一斉蜂起するよう呼びかけていた。その後のイギリスの放送は、シーサヴァーン・ヴォン国王[6]がペッサラート殿下の副王の地位を剥奪すると同時に、独立政府を構成する全員の職位を解任する旨の電報[7]を発出したことを報じた。

それ以来、私は国内外のニュースにいっそうの注意を向けるようになった。ハノイ放送は他の放送よりも鮮明に受信することができ、その後の同放送は、ヴィエンチャンでは国民議会が設置され、同議会は独立ラオス政府を承認するとともに、新国旗[8]と従来の国歌とは同曲異詞の新国歌を採択したこと、さらに国家の独立護持のために、ラオス国民が一致団結してフランス植民地主義に対抗すべく政府の要求書が毎晩読み上げられていることを報じた。

このニュースを聞いて、私は自分自身の誤った行き方に胸が締め付けられる思いがした。それからは、昼夜を問わず、寝ても覚めても、頭の中は民族、人民のもとに戻るための良い方策を模索することで一杯であった。ひとり思いを巡らし、身のまわりのすべてを忘れてしまうこともあった。陸稲米の収穫を終えたムアン・プーンの住民は、香り高いモチ米を選別して蒸かしたカオ・ニャオやカオ・マオ[9]を毎日、強飯入れに移して、香りの良いナギナタバナナを添えて運んでくれたが、正しくかつ安全な解決の出口を探し求める私の心は浮雲の如く千々に乱れており、これらの御馳走を目にしても、到底食

6　シーサヴァーン・ヴォン国王。ルアンパバーン王国、ラオス王国の国王（在位1904～59）。日本の軍事介入によりラオスの独立を宣言（1945年3月9日）。ラーオ・イッサラ政府の承認を拒否した結果、暫定人民議会により国王の地位を剥奪された（1945年10月）が、暫定憲法とラーオ・イッサラ政府を承認することにより、国王に復位（1946年4月）、統一ラオスの国王になった（1947）。

7　…職位を解任する電報。1945年10月10日付の「事前協議なく政策を遂行したことによりペッサラート殿下の副王、首相の地位を解任する」旨の国王勅令電報を指す。これに先立ってペッサラート殿下は、フランスとの保護条約の規定に基づくフランスのルアンパバーン王国保護義務を果さなかったとして、フランスのラオス復帰には新たな条約交渉が必要と考えていたところ、ラオス南部4県（カムムアン、サヴァンナケート、サーラヴァン、チャンパーサック）、国民が統一ラオス王国への編入を望んでいるとの確信を得て、副王として同年9月2日付電報により国王に対し、フランスを考慮することなく南部4県を統一ラオス王国に編入する旨の宣言を行なうよう上奏した。しかし、9月7日付の内務大臣発の電報により、国王はルアンパバーン王国が今後ともフランスの植民地として留まるよう求めているとの返答があったため、同年9月15日、殿下は副王兼首相の名の下に、王令に拠らずに独断で7項目の統一ラオス王国宣言を発表するに至った。3349, *Tiao Phetsarath: Brut lek haeng Raacha-Anaachak Lao* Bangkok,1956, pp.119-129.

8　新国旗。現行の中央に満月を配した3色旗と同一。

9　カオ・マオ。水稲の未熟米を炒って熟させた米。これをたたいて食する。

べる気分にはなれなかった。ムアン・プーンの同僚とターセーンの勧めにより、毎日いやいやながらも1食を鶏卵程度の大きさの握り飯1つに副食を添えて無理やり口に押し込んだ。

しかし、フランス軍将校が来て私と話す時は、不審の念を抱かせないように明るく振る舞った。ある時、この将校は私に対し、自分は常時ラジオを聞いているが、国王がペッサラート殿下の職位を解任したそうだと話しかけてきたので、私もそのようなニュースを聞いていると答えると同時に、間髪を入れずに本人の悪い行ないが原因であれば、その解任は正しいことであるとの自分の意見を述べた。これに対し将校は、ラオス国王は立派で、フランスに対しても誠実であり、自国の統治については高貴な徳行を示されていると述べた。

ムアン・プーンを出たあと、われわれはムアン・オーを経由してホアムアンに宿泊した。クイヨー大尉は地方長官の公邸に宿し、そのほかの者は2、3名ずつがばらばらに地域住民の家に泊まった。私と同僚の4人は村境の住民の家に泊まったが、家には家主の幼い娘が1人で留守番をしており、彼女の両親と姉は籾叩きのため泊まり込みで畑に出ていた。毎朝、私はクイヨー大尉を訪れて消息を伝えた。大尉から聞いたところによれば、われわれは援軍が到着するまで当地に滞在した後にサムヌア奪回のため引き返す段取りとなっていた。

2日目にクイヨー大尉が腹痛と下痢を起こした。西洋医薬を飲んで快方には向かったが、十分な回復に至らず、身体は疲労していった。地方長官に頼んで伝統生薬を見つけて飲ませてみたが、症状に変化はなかった。翌朝になって、さらに2人の兵士が同様の腹痛を起こし、もう1人も高熱病にかかり、渾身の力を振り絞って喚きまわった。私は郡長に依頼して、薬草を探しに村の各地に人を走らせた。通信員も彼らの上層部に報告したが、2日経っても何の返答もなく、食料品、医薬品を投下する航空機が飛来する気配もなかった。寒々しい雰囲気だった。住民はヴィエトナム兵の追撃を恐れていた。将兵は疲労困憊の上に、病を得て、昼夜とも屋内に臥していた。郡庁所在地のパルチザン兵は交代で、ナム・ヌーン川のムアン・オー側の川岸とムアン・ラープに通じる道路の村の入り口あたりで警備にあたっていた。

3日目も4日目も何の変化もなく過ぎた。過労、腹痛、高熱の病人の症状にも変わりはなかったが、風邪の患者が1人増えた。ラジオのニュースは相変わらず国民に対しフランス植民地主義に対抗して立ち上がるよう呼びかけていた。私は身を横たえてよく考えたが、このような状況の下では明確な方針は見出し得ないことがわかってきた。ラオス人民がヴィエトナム人民と協力して反フランス活動を行なうことになれば、私は売国奴と化し、家族、親しい同胞とも会える機会はなくなるであろう。私は私の側近で信用がおけ、同志の頭領でもあるティッタムを呼んで話し合ってみた。

私はラオスの情勢とフランスにより出口が塞がれている状況を話して、彼の意見を聞いてみた。われわれはヴィエトナム兵がフランスを撃退するまで引き続きこのような状況に耐えていくべきか、あるいは、これ以上に良い方法を見出せるのだろうか？　ティッタムも私と同じようなことを考えていた。彼の気持ちとしては、ルアンパバーンに行って、ラオス独立政府との協力の方途を見つけたかったのである。私は彼に、その考えは正しいが、同行してきた他の3名はわれわれの考えに賛同するであろうか、また、この問題は死活的な重要性を持っているので絶対に極秘裡に遂行せねばならないと述べた。このことがフランス側に漏洩するとか、他のラオス人の知るところとなれば、われわれは疑いなく死を覚悟しなければならない。しかし、ティッタムが言うには、既に彼ら3名ともこの問題について話し合いを始めており、われわれの考えに同意するのは間違いないということだった。そこで私はティッタムに、彼ら1人1人の気持ちを確認し、全員が同意するようであれば彼らを一緒に私のところに連れてくるように伝えた。

5日目の夜、4名が私の考えに同意する旨を伝えに来た。われわれに配給されたウルチ米を同志に持ってこさせ、固めに炊かせて、これに食塩、ニンニクを加え、間借りをしている大家の鉄鍋で炒めた。その日の朝食、夕食にはこのウルチ米の炒飯を食べ、5日分をタオルに包んで各自の背嚢に確保した。しかし、この行動が他の者に不審がられるようなことがないよう細心の注意が必要であった。

その夜は通常通りに就寝した。夜中の11時、町中の状況を把握するため、ティッタムを偵察役として派遣した。半時間程で彼は戻り、フランス兵はすべて就眠中で、ラオス兵のみがムアン・ラープからの入り道とムアン・オーに通じるナム・ヌーン川岸で警戒にあたっていると報告してきた。私は今が好機と判断して、ティッタムに指示して同志に食べものを準備させ、衣服一式、タオル、防雨水用のゴム引き布を敷布と一緒に背嚢に詰め込んだ。重量の嵩張る毛布、レイン・コートは睡眠場所に放置し、すぐに戻ってくるかのよう偽装工作をした。各人1丁の軽機関銃と銃弾のすべてを携行したのはいうまでもない。

夜中の12時、われわれは静かに家を出て、チョームカサーンとムアン・ソーンを目指して歩いていった。同夜は10月黒分の第8日あるいは第9日で、寒季のため森は霧が立ち込めて月光は鮮明ではなかったが、1人1個ずつ携行した懐中電灯をつけずとも道路は充分に見えた。この時のわれわれは愛国路線に戻る機会を得たことで気分は爽快で、充実したものではあったが、危険と勝利の境を浮動しているように感じた。フランス兵あるいはそのほかの者がわれわれを追跡してくる場合には、われわれ一同は勝利を獲得するまで共に闘うか、さもなければ敵の捕虜となることなく全員が死を覚悟することを誓い合った。話し合いの中では誰もが勇気と確信に満ちた発言をしたが、内心では自己の生命に不安を感じ、いかなる結末に落ち着くのかが心配であった。フランス兵がわれわれを察知し、追跡してくる場合には、われわれは全員が死を覚悟せねばならぬのは明白であった。

われわれはホアムアン近郊の稲畑まで進んでいった。稲穂はすべて首が垂れていた。どの畑にも見張り小屋が建っていたが、人が泊まっている気配はなかった。畑道に沿って行くと道が分岐し、チョームカサーンに下る小道が左手に見えてきた。われわれはこの道を下り、ムアン・サコックを目指して進んでいった。道を行く者は少なく、ぼうぼうと生えた草の中に、かすかに道跡が見える程度であった。山奥に入ると各自が時々懐中電灯をつけたが、光が漏れないように手で包み込んで下に向け、地面を照らすようにした。このような心苦を経験したのは生まれて初めてであった。通訳官、郡長、県知事の時は、どこへ行くにも自動車または馬を利用し、荷物は担ぎ人夫が携行した。今回の場合は私自身が背嚢を背負って荒涼たる草叢を歩いていかねばならなかった。

私の思考はあらゆる方面に分散し、集中しなかった。追跡してくるフランス軍に殺害されはしないか、誰かに遭遇して秘密が漏れはしないか。ハノイ放送が、ヴィエトナム軍部隊がサムヌアを占領し、県知事はフランス軍とともに逃走したということを伝えていたこともあり、私はルアンパバーンの子供や妻が心配しているであろうと家族に思いを馳せた。さまざまなことが頭を巡っていたため疲れを覚えず、足に嚙み付いた山蛭の群にも無感覚のまま森林を突き進んだ。 思い起こしてみると、われわれはみな半身不随者も同然で、考えは雲の流れのままに浮動していたのであった。当時、既にフランス人が入り込んでいたルアンパバーンの状況も把握していなかったにもかかわらず、ただ無性に、フランス人から逃げ出し、新政府関係者と家族、親戚の人たちに会いにルアンパバーンに行きたかった。

その夜は特段何も発生せずに過ぎ去った。森に差し込む太陽光線が新たな日の到来を告げていた。森の中の休息地に入っていく道の手がかりとなる場所から500mのところで食事をし、新たな計画を話しあった。この地域には野生鶏、カッコウドリ、オウムなどの各種の鳥が生息しているが、どの鳴き声、さえずりもこの当時のわれわれの心を魅惑するものではなかった。この地域に通じているティッタムがこれから先われわれの行く道の案内役であった。人と出会うのを恐れていたわれわれは道を通らずに山間の平原に下り、ムアン・ラームの下田を通過してサコック地区を目指した。この1昼夜の行程で歩行を停止したのは2度だけであった。1度は夜中に食事と短時間の休息のために、もう1度は昼間で食事と1時間の昼寝のためで、これ以外はジャングルの中をひたすら突き進んでいった。このような死からの逃避行では疲労や睡眠不足を自覚することは全くなく、むしろわれわれ5人の間の緊密な関係、連帯感が以前にもまして強まった。夜が明け、何事もなく新しい日が来ることがわれわれにとっては唯一の喜びと幸せであったが、これから通過していかねばならないわが運命に対する懸念はまだ解消してはいなかった。

森林を突き進んでまる6日目にパーク・ラーオに到着した。ここの郡長は私の知り合いで、彼がサムヌアを訪れた時は何度か食事に招待したことがあるので、勇気を出して村に入っていった。郡長に真実を打ち明け、彼からはルアンパバーンの状況を教えてもらった。それは、先般彼が舟を手配してわが家族をルアンパバーンに送り届けてくれたこと、今は中国軍が入って日本兵の武装解除をし、フランス人もルアンパバーンに入っているが何らの活動も起こしていないこと、ヴィエンチャンに樹立された独立ラオス政府からは近く国王に会見する代表団をルアンパバーンに派遣することなどの通報を受けており、「ラーオ・ペン・ラーオ統一戦線」[10]代表団がルアンパバーンに到着してからは同組織の勢力は拡大しつつあるというものであった。この情報でわれわれは大いに胸を撫で下ろすことができた。それ以上に喜ばしかったのは、郡長自身がターオ・クンやそのほか村長とともにルアンパバーンの12月祭り[11]に参加するために舟出の準備をしているので、希望するならば1日待てばその舟に同乗が可能であると言ってくれたことであった。渡りに舟とはこのことで、われわれは彼の舟に急遽同乗することになった。

パーク・ラーオからルアンパバーンまでは4泊を要した。ルアンパバーンでの検査と紛議を避けるため、途中キールアン村で銃、銃弾を村長に預け、預り証を受け取った。舟がルアンパバーンのシエン・ムオンの渡し場に到着するや、家族、兄弟たちの大勢の暖かい出迎えを受け、われわれは最高に嬉しい気分を味わった。各人からルアンパバーンとヴィエンチャンの実状を聞いて、もはやフランス人による危害を受ける状況からは脱したとの確信を得たわれわれは、一致団結して直ちに革命任務を推進していくことにした。

「ラーオ・ペン・ラーオ統一戦線」の結成　1945年10月末以来、ルアンパバーンでは「ラーオ・ペン・ラーオ統一戦線」のメンバーである愛国主義者の指導下に多くの青年が蜂起し、チャオ・スック・ブアヴォン旧知事体制を打倒し、チ

10　ラーオ・ペン・ラーオ統一戦線。ラーオ人のためのラオス統一戦線(ネーオ・フオム・ラーオ・ペン・ラーオ)。ウン・サナニコーン、シン・ラッタナサマイらを中心に結成された半地下組織で、反フランス、反ヴィエトナム(増大するラオス在留のヴィエトナム僑民の影響力の増大に懸念を有したグループ)、インドシナ共産党系などの各グループが、それぞれ異なった運動目的を有しつつも、民族主義の高揚、ラオスの独立を志向して1945年に結成され、後のラーオ・イッサラ(自由ラオス)運動に繋がっていった。議長にボン・シーサッタナクン、副議長にピラ・パンデート。地方ではルアンパバーン支部長(チャオ・シースマン・シーサルームサック)、サヴァンナケート支部長(ウン・サナニコーン)、シエンクアン支部長(プーミー・ヴォンヴィチット)、カムムアン支部長(スパーヌヴォン殿下)が人民軍とともに組織された(『1945年10月12日の歴史』[ラオス語]、シーラー・ヴィラヴォン、1975、ヴィエンチャン、pp.30-32)。ウン・サナニコーンは東北タイを拠点とするセーリー・タイ(自由タイ)反日運動、米軍の情報機関とも連携していたと言われる。プーミー著作の『ラオス人民のアメリカ新植民地主義に対抗する勝利の闘い』([ラオス語]、1968、ヴィエンチャン、p.244)で抗日運動を目ざす公務員、知識人等が結成した組織として注釈を付している。

11　12月祭り。旧暦12月(新暦11月)の満月の頃に、雨安居の間に汚れた僧衣を新しい僧衣に衣替えするために寺へ僧衣、日用品などを寄進する行事。この時期には、ルアンパバーンのタート・マーク・モー、ヴィエンチャンのタート・ルアンなどの重要な仏塔を参拝する行事も行なわれる。

ャオ・ブンニャワット[12]（フランス統治下の翻訳官）を新知事に選任した。私は「ラーオ・ペン・ラーオ統一戦線」に12番目のメンバーとして認められ、県知事の顧問に任命された。この当時の革命運動は激烈であった。商人、公務員、軍人、警察官、王宮護衛兵を含む多数がわれわれに協力した。われわれの幅広い広報宣伝により、ウアン・ラーティクン大尉[13]、ブンチャン・ポンマリン中尉他が指揮するフランス側ラオス部隊もわが方に協力してきた。ルアンパバーンのどの各地区でも「ラーオ・ペン・ラーオ統一戦線」を拡大する宣伝が行なわれ、夜になると青年男女が参集してフランス植民主義を非難し、独立、愛国精神を高揚する歌謡をひっきりなしに歌った。

1945年の11月初頭に、シン・ラッタナサマイ[14]国防大臣（団長）、クアン・パトゥムサート[15]情報副大臣（副団長）、そのほか政府閣僚などで構成された暫定ラーオ・イッサラ政府代表団が陸路ルアンパバーンに到着した。この代表団は新憲法草案を携行し、政府に国政統治の権限を委譲するためにシーサヴァーン・ヴォン国王の署名を求めた。この交渉はほぼ1週間続いた。国王はこれまでの専制君主制による統治、即ち、国王による国政統治権の独占を継続したいがために、署名を断固として認めようとしなかった。この頑迷な国王の態度に関する情報が人民の耳に達し、進歩的な多くの者の不評を買った。彼らは国王の権限の剝奪を決議するとともに、日本のインドシナ占領時、フランスが逃走前にラオス側に王宮階下の貯蔵庫に保管を委託していた金銀財宝類、武器類の検査と押収を要求した。われわれは義勇兵と青年を四方の門に配置して彼らを威嚇した。王宮周囲の道路はわれわれとの協力のため参集した男女市民のほか、赤い服装の王宮護衛兵で溢れんばかりで、彼らはいっせいに国王の即時退位を叫んだ。

12　チャオ・ブンニャワット。ルアンパバーン王族。ルアンパバーン警察局長時代に「ラーオ・ペン・ラーオ運動」に参加。カムパーイ・ブッパーらとともに、フランスの復帰に同調する王宮側に対するクーデター計画を立てた中心的人物。ルアンパバーン県知事（1945年10月）。

13　ウアン・ラーティクン。ルアンパバーン生まれ（1919）。ラーオ・イッサラ運動に参加（1945年9月）。南部ラオスでゲリラ部隊を指揮（1946～49）。ラオス国軍に帰順（1949）。国軍准将・参謀総長（1959）。国家利益擁護委員会に参加（1958）（1959年に同委員長）。プーマー中立政府の国防担当国務大臣（1960）。ジャール平原集結右派軍司令官（1963）。軍事革命委員会参謀長（1964）。王国軍総司令官（1965～69）。国民議会議員（1973）。再教育キャンプに収容され（1975）、同キャンプで死亡（1978 ？）。

14　シン・ラッタナサマイ。インドシナ憲兵隊に所属し、日本の敗戦後はヴィエンチャン護衛隊長。ラーオ・イッサラ政府国防大臣（1945）。フランス軍の再進駐時にタイに亡命（1946）。ラーオ・イッサラ軍司令官のペッサラート殿下と反目。ラオスに帰還後、王国軍に入る（1949年10月）。

15　クアン・パトゥムサート情報副大臣（副団長）。農林副大臣（副団長）の誤りか。

シーサヴァーン・ヴォン国王はわれわれに対抗し得ぬと判断して、シーサヴァーン・ヴァッタナー皇太子を代理に立ててわれわれとの交渉にあたらせ、結局、国王側はわれわれの要求を全面的に呑むことに合意した。皇太子が王宮内に引き揚げてから20分後に、彼は王宮階下の貯蔵庫の鍵をわれわれに引き渡しに来た。驚いたことに、貯蔵庫の中はフランスの委託物資が一杯で、機関銃、小銃、拳銃などが何千丁もあったほか、銃弾、炸裂弾、地雷、銃砲類修理用器具が数千箱、さらには賭け金用の銀貨、縁にぎざぎざの入ったキープ硬貨[16]、5ビー銀貨[17]、2ビー銀貨、1ビー銀貨が10トン以上も貯蔵されていた。このほかにもモン族のアヘンとの交換物資である黒織布、濃紺織布、赤絹織布、黄織布、緑織布の太巻が何千巻と置かれてあった。新品の軍服、軍用衣類も何千着とあった。国を愛する人民は何十台もの牛車、馬車、トラックを喜んで提供し、これらの物資をルアンパバーン県庁の倉庫に移送した。倉庫の警備と維持管理は警察官、県職員が担当した。

国王は、憲法への署名を拒否したのにともなって王位を退いた。独立ラオス政府代表団は、逮捕された県行政の旧要員を全面的に入れ替えて、チャオ・ブンニャワットを新知事に私を知事顧問とする新行政委員会を設置した。

県行政委員会は王宮のルーク・ラーム[18]制度の廃止を宣言した。即ち、ルアンパバーンのパーノム地区[19]の子供・若者を搾取して、国王専用馬のための飼い葉の刈り入れ、薪割り、家屋・庭の清掃、あるいは家屋の清掃などを無償奉仕で出役させたり、ソンカーン祭り[20]、タート・ルアン祭りには国王にナーン・ケーオの踊り[21]を鑑賞に供するために住民の子供に舞踊を練習させたり、あるいは陰

16　ぎざぎざの入ったキープ貨。ラオス古来の銀貨、1955年以降は「キープ」が正式通貨単位となる。

17　ビー銀貨。1ビーはフランス・インドシナ時代の通貨単位で1ピアストルの10分の1、1ピアストルは10フラン。インドシナ連邦当時はインドシナ銀行が連邦共通の銀行券を発行し、単位はピアストルと呼ばれ、100、10、5、1ピアストルの紙幣と50、20、10、5、1セントの白色合金硬貨が補助貨として使用された。

18　ルーク・ラーム。繋がれた子供の意味で、賦役などの束縛制度のこと。「クワーン・ラーム（繋がれた鹿の意味）」制度とも呼ばれる。

19　パーノム地区。ルアンパバーンの東約4kmにある。タイ・ルー族の村で伝統的な機織りでも有名。

20　ソンカーン祭り。ラオス新年（太陽暦の4月15日、「ピーマイ・ラーオ」）前後の行事。仏教行事、水かけ、放鳥などが行なわれる。

21　ナーン・ケーオの踊り。王宮舞踊団によって国王の観賞のために演じられたラーマヤナを主題にした舞踊のうちのナーン・ケーオによる踊りで、新年などに王宮内で演じられた。ナーン・ケーオは物語のヒロインであるナーン・シダーつきの女官たち（通常は約20名で構成される）。

暦9月末のブン・スウォンフア（ボート・レース）にはパーノム地区住民が国王のためにボートの漕手として出役させた封建的な束縛制度を廃止したのである。王宮の護衛兵制も廃止し、これに替わって県警察官を配置した。

国王の男系親族は王宮とシーサヴァーン・ヴァッタナー殿下の邸宅で、それぞれが一堂に会して、悲哀の念に咽び合いながらも、仙人のような長い髭がなければ、まさしく僧侶のように、頭を丸坊主に剃ってしまった。われわれは彼らの家宅を捜索しなかったので、屋内にはフランス人たちとの連絡を取る電信器材が設置されていたかも知れない。暫くして、彼らはわれわれに聞こえるように屋内から声を発した。

「今は水位が下がり蟻が魚を食べているが、いずれ水が来れば魚が蟻を食うであろう！」

これは、敵の陰謀に即した、われわれに対する脅迫であった。

全県下の統治権限を手中に収めた後、われわれはすべての局課の長を「ラーオ・ペン・ラーオ統一戦線」の任務担当者に任命した。日本軍を武装解除した中国国民党軍もわれわれの業務を妨害せず、引き続きイムフェルト大尉を指揮官とするフランス兵を管理し、市場での食料購入を除き彼らの行動を基地内にとどめて、われわれの革命任務への関与は認めなかった。最終的には、ルアンパバーン市民による非難の運動が高揚するにつれて、彼らは国民党軍の庇護の下に逃げ出した。

統治権限を掌握してから1週間後に、国家元首のペッサラート殿下、カムマーオ首相[22]のほか、大臣、副大臣多数がルアンパバーンに上り、政務運営任務の指揮にあたった。また、フランス軍が以前よりバーン・クーン[23]に集結して、ヴィエンチャンへの攻勢を威嚇していたので、閣僚の一部はヴィエンチャンに残って市民に対して首都の防衛を指揮した。われわれの革命運動の源泉は、愛国主義と、これまでの長期間にわたるフランスの封建主義、植民地主義に対する嫌悪から発しているが、われわれにはまだ各方面での学ぶべき教訓が欠如して

22　カムマーオ首相。カムマーオ・ヴィライ（1892～1964）。ルアンパバーン生まれ。フランス留学。ヴィエンチャン県知事（1941）。ラーオ・イッサラ（自由ラオス）政府首相（1945）。タイに亡命（1946）。フランス・ラオス協定の成立後にプーマー殿下らとともにヴィエンチャンに帰還し、「カーオ・ナー」（進歩党）を創設（1949）、プイ・サナニコーン政府の法務・保健大臣（1950）、国王評議会議長（1955）。
23　バーン・クーン。ヴィエンチャンの北方約60kmにある町で食塩の生産地として有名。

いた。王宮から武器、物資を取得したのにともなって、われわれは青年の兵役入隊についての方針を発表すると同時に、ラーオ・ペン・ラーオ統一戦線、県・市・郡行政下の青年組織である「ニャオワソン[24]」と「ニャオワナーリー[25]」をルアンパバーンに設立した。1週間で4個大隊を編成し、従来よりの部隊と合わせ5個大隊となった。県の指揮官にはカムパーイ・ブッパー[26]が就任し、少佐の階級が付与された。副官にはフランス側よりわれわれの側に加わったウアン・ラーティクン大尉とブンチャン・ポンマリン中尉が任命された。そのほかの担当責任者としてはカムパオ・ブッパー警察局長、カムレック・サイニャシット広報宣伝局長、カムペーン・サイニャシット対中国軍連絡担当、そのほか多数の協力者が県の各担当局課の職員となって各種の任務を補佐した。上記の県行政当局の責任者と職員は、すべて純粋に愛国精神に基づき職務を遂行しており、誰ひとりとして給与は受け取っていなかった。

わが軍の軍事訓練はフランス部隊から離脱した旧軍隊の将校に委譲し、彼ら自身が従来の方式で整列、歩行、格闘などの訓練を実施した。射撃訓練は豊富な銃弾を利用しての実射訓練であった。王宮から押収した銃弾以外にも、中国国民党軍からも日本軍より捕獲した武器銃弾の一部が補給された。中国軍がわれわれに武器供与を行なった裏には、軍民の勢力を結集してフランス軍を包囲し、攻撃の威嚇を与える意図があったが、他方、中国側のこの態度には、われわれがフランス軍に危害を加えさせぬように留意しつつも、フランス側との交渉ではフランス軍の安全脱出に対する代価として多額のキープ銀貨とドル貨の取得を意図しているように見受けられた。

この時のわれわれの革命運動は、公務員、旧軍人、商人、青年、農民の愛国心と従来からのフランスの封建主義と植民地主義に対する憤怒から生じたものである。これらの人々はすべてラーオ・ペン・ラーオ統一戦線の宣伝・強化訓練の内容に賛同していた。即ち、外国の奴隷となっているわれわれラーオ人は

24　ニャオワソン。青年民兵隊。

25　ニャオワナーリー。女子青年民兵隊。

26　カムパーイ・ブッパー。カムペーン・ブッパー元婦人連盟会長の夫。ルアンパバーン生まれ(1925)。ラーオ・イッサラに参加（1945)。夫人とともにバンコクに亡命（1946)。自由ラオス戦線全国大会に参加(1950)。ラオス愛国戦線中央委員(1956)。ポンサーリー選出国会議員(1958)。他の愛国戦線要人とともに投獄さる(1959)。郵便・通信大臣(1973)。第1外務副大臣(1975)。外務省顧問。外務大臣臨時代理として国連総会出席後に日本へ立ち寄った(1982年10月)。

この好機を捉えてラーオ人としての統一を回復すべきであり、二度と他国の奴隷となることなく、独立ラオスとしての国家統治を運営していくべきであるとの見解で一致していたのである。しかし、このような宣伝・強化訓練の実施はルアンパバーン市内とその周辺村に限られており、地方農民にまではまだ浸透しておらず、人民組織は革命勢力としての拡大統一戦線の規模には達していなかった。われわれの人員には革命の進路を認識している者が誰もいなかったからである。この当時はヴィエトナム人の商人、公務員の多数がわれわれに協力していたが、彼らもまたわれわれと同様にまだ十分な革命思想を持ち合わせていなかった。

こうした理由から、われわれは何を実施するにしてもすべて公開するようにした。新兵動員に際しても公示により実施した。軍事訓練も隊員の終結場所の指定も公表した。兵に対する歓迎会のために市民より資金、物資を募る場合も、これを公表して実施した。パーク・サー村[27]に集結しているフランス軍攻撃のために派兵する時にも、人民に広報して、部隊が町から出兵する時刻になってからルアンパバーン市民が送り出せるよう配慮した。市民は沿道に並んで小型国旗を振り、拍手をしつつ通過する部隊に称賛の言葉を投げかけた。ニャオワナーリーの若い娘たちも、各自が清らかな愛国心を込めて作った花束やタバコの束を兵士の1人1人に笑顔で手渡しながら祝福した。老人らも祝意を表し、僧侶は花束で兵士たちに聖水を振りかけて勝利の呪文を唱えながら守り札を手渡した。革命の原則に照らせば、これはわれわれの機密保持に関する無知から来た原則に反する行為であった。

しかし、実際の戦闘では、敵のパーク・サー村の陣地を突撃、殲滅して勝利を得たのである。敵側は多数の死者を出し、残存者は多量の物資、財産、武器を放棄して四方に敗走した。フランス軍の敗北は、兵員の少なさ、住民の協力の欠如、経験と教訓の不足が原因であった。この勝利を通じて、わが軍の戦闘士気は大いに高揚した。全住民が全員無事に帰還した凱旋兵を喜色満面とした雰囲気の中で出迎え、その規模は出兵式に比して何倍も盛大であった。住民は地区毎に集結し、ラムヴォン踊りを交えた歓迎の宴を楽しく盛大に催した。この吉報とわが部隊の名声は四方八方に広まった。

27　パーク・サー村。ルアンパバーンの南南東25km地点にあるナム・カーン川流域の村。

再びホアパン県知事に　1945年の12月末に、私は独立ラオス政府からの辞令を受け取り、再びホアパン県知事として赴任し、同県を掌握しつつあるヴィエトナム軍との協力を推進することとなった。しかし、私には自分がどのような任務を遂行するために行くのかわからなかった。以前、私はフランス軍にサムヌアからの脱出に同行させられたことがあり、ヴィエトナム軍の私に対する不信感が懸念されたからである。しかし、政府の命令を受けたからには、これを実行せねばならなかった。政府は私と共にカムキャオ大尉を指揮官とする1個中隊を派遣し、ヴィエトナム軍と協力してサムヌアの町とホアパン県の防衛にあたらせた。

われわれがムアン・ソーンに到着してから、フランス軍の1個中隊がソップサーン村[28]の近くのナー・ヴーン村[29]に駐屯していることが判明した。われわれは地方部隊との作戦計画を協議した後、共同でナー・ヴーン村のフランス軍とその傀儡軍を攻撃した。ある程度の数の敵兵を殺害したが、残存兵は敗走した。われわれと地方部隊との作戦計画の調整が良好でなかったため、敵兵の捕虜は捕らえられなかったが、相当量の武器と物資を捕獲した。

われわれは戦闘の後、いったんムアン・ソーンに帰ってこの攻撃についての分析評価を行なってみた。今回の攻撃で敵の陣地を殲滅してわれわれが勝利を得たことは、60年以上にわたりわれわれの主人として振る舞ってきた敵との衝突における初めての出来事であり、われわれラオス部隊の士気をこれまで以上に高め、革命勢力の能力に対する人民の確信を深めることになった。その結果、彼らの家族・親類から革命勢力の部隊ないし要員への志願が増えたのは大きな収穫であった。

われわれが地域内を通過する場合でも、立ち寄る場合でも、地域の行政機関の指導下にあるニャオワソンとニャオワナーリーが人民からのあらゆる物的能力と労力を結集して、われわれを歓迎してくれた。ある時には満腹するまで歓迎宴で楽しくもてなしてくれ、また、ある時には、われわれの行事にも加わってくれたので、連日連夜、心ゆくまで共に愉快に過ごすことができた。

28　ソップサーン村。ホアパン県北部のシェンコーとムアン・エートの中間地点の村。

29　ナー・ヴーン村。ルアンパバーン県北部のムアン・パーク・セーンを流れるナーム・セーン川の上流地点の村。

われわれの反省点は攻撃方法にあり、敵を完全に壊滅し得ずに敵の一部を敗走させたことである。また、わが方の防御準備が不充分で、同志に若干の死傷者を出した。臼砲、機関銃、小銃の間の統合計画、正規兵と偵察ゲリラ兵との緊密な関係が調整できなかったために、敵の逃走後にゲリラ兵が到着することになった。われわれにとり重要な反省点は、人民を動員、組織し、われわれとの協力体制を確立する自覚が欠けていたことである。われわれは軍事面に重点を置きすぎていたのである。

ムアン・ソーンには3日間滞在して、サムヌアに向け出発した。ムアン・ニュート[30]で、われわれを出迎えに来ていたヴィエトナム兵と合流した。相互にホアパン県の情勢、ラオス情勢を説明しあい、フランス植民地主義に対抗して民族の独立を護持し、共同で計画方針を策定するために協力することで意見が一致した。そして、引き続きサムヌアに向けて合同で行進した。ここで住民の男女数百人が花束を携え、鉦太鼓を打ち鳴らす歓迎陣の中を、われわれは初めての独立ラオスの国旗[31]を肩に担いで町中を行進していった。その夜、サムヌアの人民とヴィエトナム軍がわれわれのために歓迎会を催し、楽しく賑やかな一夜を過ごした。

その後、地方と中央の革命委員会幹部がヴィエトナム軍幹部とともに来訪し、初めての合同会議を開いて情勢分析を行ない、独立を保持するために、さらにはホアパン県の再侵略を狙っているフランスの植民地主義に対抗するために、双方が実施すべき行動方針につき検討した。この合同会議において、私はヴィエトナム中隊長のスーン同志、ヴィエトナム軍最高司令官のヒャンマーイ同志、そのほかヴィエトナム軍関係者に会う機会を得た。会議は親密と相互理解の雰囲気の中で進められた。

その後、双方は各自の任務に従って合意した計画方針を実施していった。必要と判断した場合は相手に会見を求めて相互に意見を交換し、実施任務を修正し、成果の増大化を図った。われわれが毎日、合同で実施した任務は、公務員、軍、警察と人民を研修・訓練し、毎日変化する世界情勢の理解を深めることであった。レーニンの指導下で、ロシア人民が革命によりツァー皇帝を打倒し、

30　ムアン・ニュート。サムヌアの西40km地点の町。
31　独立ラオスの国旗。現ラオス人民民主共和国の国旗の原型。

1917年に社会主義国家を樹立して以来、世界は2陣営に分割された。即ち、社会主義の進歩を目指す民族解放勢力の陣営と、自国と世界各国の人民を抑圧して各国を植民地化し、自己のために富を蓄積する植民地帝国主義の陣営である。彼らの誤った、かつ不公正な政策方針の故に、帝国主義陣営の影響力は衰退し、日毎に敗北を重ねている。これに対し社会主義と解放勢力は日増しに勢力を増大し、全世界で勝利を得つつある。われわれラオス人民は、われわれの独立政府の政策方針を確信し、ヴィエトナムの軍、人民との協力を決意し、国家の防衛と繁栄した国家の建設を通じてわが国人民の生活を常時向上していくべきであると認識していた。

研修の成果としては、人民が稲の収穫、畑作、園芸の各作業に自ら真剣にかつ楽しく取り組んだほか、地域の防衛のために行政、県の軍制、ゲリラ部隊、大衆組織の改善策をも実行に移したことがある。この結果、ヴィエトナムとの物資交易は拡大し、人民の生活は次第に向上していった。

1946年の2月中旬になって、われわれは政府からの電報でルアンパバーンに異動を命じられ、シェンコー[32]の郡長であるターオ・ウアンが私に替わってホアパン県知事に命じられた。私は後任知事との事務引き継ぎを終えて、直ちに新任地に向かった。

32　シェンコー。ホアパン県北東のヴィエトナム国境近くの町。

第5章
フランスのラオス復帰

ルアンパバーンに到着して早々に、ペッサラート殿下よりのお声がかりで政府の会議に同席した。参加者各人に対する殿下の説明の概要は次の通りであった。

サヴァンナケートに進駐したフランス軍部隊は日本軍を武装解除したイギリス軍とともに勢力を拡大し、スパーヌヴォン殿下が司令官として防衛しているカムムアン県に迫ろうとしている状況下にあって、ラオス全土の情勢はきわめて複雑な様相を呈している。彼らはカムムアン県を手中に収めるようなことがあれば、さらにヴィエンチャンに進撃するであろう。したがって、われわれはターケーク、ヴィエンチャンの防衛に勢力を注ぐと同時に、北部における根拠地建設を準備せねばならない。ルアンパバーン県が脅威を受ければ、さらに北方のパーク・ベーン、パーク・ター、あるいはホエイサーイに根拠地を移動して、民族解放闘争を継続せねばならない。

このため、政府は私をムアン・フン郡長に任命し、パーク・ベーンに常駐して徐々に北上して行くであろう政府機関と軍に供給する食料備蓄の任務に当たらせた。それ以来、私は家族をパーク・ベーンに移動させ、同地に食糧の集積を管理する食糧兵站部隊を設置した。私自身は週に1度は政府に報告のためルアンパバーンに出張したので、結局、1ヵ所に1週間ずつ2ヵ所に駐在することになった。

フランスのターケーク占領　ルアンパバーンで得た情報によれば、フランス軍部隊が1946年3月以来カムムアン県に侵入してターケークへの突入を間断なく窺っており、人民と武装勢力は総力を挙げてこれを迎え撃とうとしているという。3月21日、フランス植民地主義者はターケーク市内に最も野蛮かつ残酷な侵攻を図った。陸上では歩兵部隊が砲兵部隊の後方支援を得て攻撃を加え、空からは市民に爆撃を加えた。彼らは老人、子女を殺害し、さらには多数の子供を捕らえて麻袋に詰め込み、これに石の重りを付けてメコン川に投げ込むなどの非人道的な行為を犯した。政府はこの3月21日を民族怨念の日とすることに決定した。

カムムアン県を攻略後、フランス植民地主義者は青年を徴兵し、ラオス国民から離脱したフランス側の手先が指揮官となって、さらに首都ヴィエンチャン攻撃の準備を進めていた。敵側の優勢な兵力に対抗するために、独立ラオス政府の各機関、軍は1946年3月末ないし4月初頭にヴィエトナムとタイに退避し、帰還後の民族解放闘争に備えて兵力の集結と再編を図った。他方、各県で地方に入り込んで地方住民と生活をともにしている部隊が、各自の能力に応じて、敵側に待ち伏せ攻撃や妨害工作を続けた。

タイへ避難　フランス軍部隊がヴィエンチャンを制圧したとの情報をルアンパバーンで得て、ペッサラート殿下、政府閣僚と一部の軍将校は、メコン川を渡ってタイ側のウタラディットに避難し、その後、殿下の友朋組織を訪ねてバンコクに赴いた。われわれ、県と郡の行政委員会は、官職権限と人民防護の任務をシーサヴァーン・ヴォン国王に返上した後、予定の行動として徐々に北部に移動していった。軍と高級官吏の国外退避、フランス軍部隊による各県での制圧が確認されるや、一同はタイのチェンコーンとチェンラーイに渡った。

ラオスからの脱出の前夜、私は妻、娘、幼い息子、妻の妹2人と同じく幼い弟、女性の料理人1人を連れてパーク・ベーンのサーラー[1]に宿泊した。同地では、政府の指示により部隊用に集積していた多量の食料を管理するための用務が待っていた。その夜は、私と私の家族にとって最も陰欝な夜となった。タイに脱出するか、あるいはルアンパバーンの国王に拝謁に行くかについての協議は複雑で、その決心には多くの困難が伴った。高位、高官の地位にある王弟、王子らの王族の多くは、すべての安全を保証するので私を迎え入れて共に協力して職務を遂行したいとの書簡を寄せてきた。他方、フランス軍が既にルアンパバーンに進駐していることも私は承知していた。これに加えて、私は前年来フランス人を捜索して日本軍に引き渡したこと、その後もラーオ・イッサラ[2]

1　サーラー。町中または寺にある公共の集会堂。随時の休憩所、宿泊施設ともなる。

2　ラーオ・イッサラ。自由ラオス。日本の敗戦後のフランスのラオス復帰を阻止せんとする反フラン

（自由ラオス）の軍とともにナー・ヴーンのフランス軍を攻撃したこともあって、彼らは私に恨みを持っているに違いないと思った。シエンクアン県知事であった私の妻の父パニャー・ムアン・クワー（ターオ・レック・セーンサティット）も、独立ラオス政府の人間であるとの理由から、フランスに捕らえられて、殺害された。また、私自身も国王の地位を剝奪する計画に参画していたので、国王とその親族縁者はこの機会を捉えてフランスに頼り、われわれへの仕返しを考えているに違いないとも思った。他方、不慣れなタイでの生活は、その暮らしぶりがわからず、困難を覚悟せねばならないであろう。いずれにしても国を解放して独立国家を打ち建てない限り、われわれの抗戦任務の終了はあり得ないので、フランスに再度反撃しないわけにはいかない。

妻と私は明け方まで意見を交わし、国内にとどまる場合と国外に脱出する場合の影響の度合を比較してみた。そして、最終的に、われわれは自分の生活とわが国の栄誉のためにも、敵の籠絡に陥ることなく、勝利を手に祖国に帰還し得るよう、救国路線に従って、あらゆる困難に耐え凌いでいく決意をした。したがって、父母兄弟にいかほど思いを寄せようとも、当面の安全のために、また祖国の平和のために、闘争を続け、苦難に満ちたラオス諸民族の全人民に至福の将来をもたらすためにも、ラオスの地を離れて暫しタイに身を寄せる決意をした。

この当時、わが愛する祖国ではラオスの諸民族すべての人民が苦痛にあえいでいた。敵の航空機の爆音と銃声が、愛国のラオス人の血で溢れたメコン川に沿って、北から南まで轟々と響きわたった。兄弟や友人の死を嘆き悲しむ泣き声に、ラオスに純白の栄誉をもたらすはずの公正な政策路線の追求から離れて兄弟同胞たちに別れを告げる泣き声が重なった。仏教信仰者の多いラオスがフランス植民地主義者の地となり、売国奴ラオス人はあらゆる武器を使用して、自己の生命以上に愛国主義と独立・人道・平和主義を尊ぶ低地ラーオ族、丘陵地ラーオ族、高地ラーオ族[3]を身の毛もよだつ残虐な手段で殺害した。メコン川沿いと言わず、川から離れた各県においても、フランス植民地主義者は兵器を

ス独立運動でペッサラート殿下らが中軸人物。

3　高地ラーオ族。ラーオ語では「ラーオ・スーン」と呼ばれ、主として山頂付近に住み、焼畑耕作、ケシ栽培を営む。モン族、ヤオ族などがこれに属する。

使用して町や村を焼き尽くし、人民を殺戮する野蛮かつ残忍な攻撃を加えた。以前に祖国から逃げ出してフランス植民地主義者側に走った売国奴ラオス人は、帰国するや高級将校、高級公務員に昇進して自己の親戚縁者あるいは贈賄者に目をかけ、支援した。これとは対照的に、自由ラオスとの協力者あるいは自由ラオス側に参加した者の親戚縁者に対しては、徹底した捜索と討伐が行なわれた。

われわれはパーク・ベーンから棹さし舟でメコン川を上り、パーク・ターを通過してタイ側に渡って、チャムポーン村でラオスからタイに移り住んで数年になるラーオ人の家に宿泊した。この家の主人は親切で、われわれに対して親愛の情を示し、避難生活に多くの困難が生じないよう、あらゆる面での支援を与えてくれた。それでも、自分で身を立てる職を探すのは一苦労だった。どの土地も地主が所有しており、少なからず辛い思いをした。賃貸料を払わねば、農作業をする土地もなかった。

われわれに対するタイ側役人の支援は、旧住民に対するのと異なり、誠意のこもったものではなかったので、われわれより先にチェンセーンに避難していた親類とも連絡をとり、船外機付きボートで北上し、同地で生活することになった。チェンセーンでの住居は、同地に避難して来て長年になるあるラーオ人の家であった。しかし、彼は自分がラオスの地で生まれたラーオ人であることを忘れてはいなかった。彼がタイに避難してきたのは、フランス植民地主義者の手先より受けた耐え難い抑圧と虐待が原因であった。このため、彼はわれわれに同情して、3ヵ月もの間金も取らずに泊めてくれたのである。町の外れにあった彼の家の借家人が出ていくと、彼はその1階を私の家族のためにただで提供してくれた。そして、われわれに仕事がないのを見て、村の南側の川口にある自分の農園と丸木舟1艘を僅か100バーツ[4]で譲ってくれた。

農地を得て、私は県知事、県知事顧問から農園従業者に変身した。毎日、家族全員で茂みの深い山林を開拓していき、開墾地は16ライ[5]に達した。ラオスから同行してきた妻の妹、妹婿とその3人の子供もわが家に同居した。その後、われわれの知り合い、友達、ラーオ・イッサラ軍兵士の多数が集合し、全員がここで農園作業に従事した。われわれはタバコを栽培し、タバコの葉を買い取

4　バーツ。タイの通貨単位。

5　ライ。面積の単位で、1ライは1600m^2。

って、乾燥しているラーオ人業者に売却した。彼は難民として長らく当地に住み、資産家となった1人であった。

ここチェンセーン郡にはタバコの葉を乾燥させるための煙道乾燥所があり、このうち4ヵ所はラーオ人が所有していた。タバコ乾燥所の所有者と地域の担当役人は、農園地を各地所の生産性に相応した地積で分割し、警察官を派遣して、区域内の農園従業者がタバコの葉を盗んで他の乾燥所に売却しないよう見張らせていた。

タバコ栽培の作業手順は、まず、9月末になると、各乾燥所の所有者は土地を犂で耕し、細かく粉砕して、一般の野菜栽培用と同様の長い畝の苗床を作り、バージニア・タバコの種子を蒔く。次いで堆肥をやり、適当に水をかけ、両端を各畝に挿し込んだ竹輪の上に日除け用の白布カバーを掛ける。夜になると片方の側のカバー布をはぐり、タバコの苗が夜露を受けるようにする。1ヵ月程たった苗を、乾燥所の所有者は農園夫に無料で分配して、各自の農園に植えさせる。これは乾燥所の所有者が所属の農園夫に対して持っていた独占的な権限であった。

9月中旬、そのうちの1つのタバコ乾燥所に所属するわれわれ農園夫たちは農地を平坦にならす作業をした。畝の各面に1mの間隔で小穴を掘り、ここに乾燥所の所有者より貰い受けた苗を植え、3日間連続して水をかけ、チークの葉を編み込んだ木の覆いを毎朝被せて、苗が緑になるまでの3、4日間は太陽光線を遮断する。そして3枚葉が出るまで2日毎に、早朝各穴に水をやる。元気のない苗があれば液体の化学肥料を施し、害虫がいれば殺虫剤を散布した。殺虫剤、化学肥料、器具などはすべて、乾燥所の所有者がバンコクから仕入れたのをわれわれ農園夫が購入したものであった。

タバコ農園の作業はわれわれにとっては慣れない仕事であった。これまで20年以上も前から私が従事してきたことは、机の上での勉強、続いて行政職の公務員で、肉体的な重労働はすべて他人に頼ってきた。ただ、幼少の頃の4年間の田畑での農作業と家畜飼育の経験があったので、これがこの時の労働に役だった。

しかし、そんなこと以上に私の心を悩ましたのは、タバコ乾燥所の所有者のわれわれに対する態度に愛情と配慮が見られないことであった。毎日、われわれは土掘り、除草、タバコの葉に必要な多量の水かけに精励し、乾燥所の所有者に尽くしたにもかかわらず、非情な仕打ちを受けたのはわれわれには大きなショックであった。彼の態度には、彼らの支援と温情を求めて避難してきたわれわれの胸の中の苦しみに理解を示すかけらもなく、同じラーオ人のものとは思えなかった。彼はわれわれの農園を見まわりに来て開口一番、「ここに積み上げている草は何のピー[6]にお供えしているのかね。枯れかけの黄葉のタバコを大事に置いているのは煎じて飲むためかね。なぜ捨てないのか」と、聞くに耐えない軽蔑に満ちた言葉を発したのである。

われわれの仲間には、こっぴどく言い返してやり、相手が罵り返すなら、こちらも罵倒し返すか、あるいは彼を殴ったらどうかと言う者も何人かいた。しかし私はわれわれの農園の中で不祥事を起こさないように、高ぶった感情を抑えて丁寧な言葉で応対した。

タバコの葉の収穫を終えると、彼は使用人を派遣して、われわれに伝えてきた。

「現在、乾燥のための薪が不足しているので、タバコの葉を売りたい農園は薪を用意して乾燥所に売ってほしい。そうでなければ、その農園の葉は買えない」

われわれは辛抱強く互いに説得し合いながら舟で薪を集めに行った。薪舟が渡しに到着し、薪を運ぶために牛車を借りに行くと、貸すのは牛車のみで牛は貸さないという。乾燥所までの2kmの距離を牛の代わりに私が牛車の前側で引き、別の男2人が後ろから押した。このようなことが、葉を売りつくすまで月2回の割で3ヵ月間続いた。彼がわれわれから薪を受け取る時は、あたかも薪は欲しくないかのごとき態度を見せて、あれこれと薪を手にしながら、基準に合わないなどの理由で勝手に1m^{3}につき1バーツないし1バーツ半の値段を付け、これに不満の場合は薪を家に持ち帰れと言った。われわれが薪を持ち帰らないのを見透かしているのであり、われわれは気分が悪かろうが良かろうが、彼に売らざるを得なかった。このような態度に忍耐を維持していくのは困難なことであった。

6　ピー。森羅万象に宿るとされる精霊で、人間生活を守るピーもあれば、危害を加え、病気を引き起こすピーもある。ラオスでは仏教伝来以前より信仰されており、人間には32のピーが宿ると言われる。このピーに対してラオスの伝統行事では供養物が供えられる。

タバコの葉の買い取りも同様であった。彼はわれわれの葉から1枚ずつ取り出して品質別に用意された箕に投げ込み、この箕は40サタン[7]、あれは35サタン、30サタン、あるいは25サタンといった具合に値付けをした。余りに安過ぎるので若干の値上げを要請すると、彼は平気な顔で言った。

「ダメだ、不満なら持って帰れ」

彼はわれわれが彼に売らざるを得ないことを知っていた。警官たちが強制的に所定の乾燥所に売却させ、これに従わない場合は押収するか、あるいはさらに罰金を徴集するのである。結局、われわれの葉は他の乾燥所では売ることができないのであった。

こうしてわれわれは我慢を重ねながらタバコ農園での一時節を終えた。その成果といっても、労働に習熟する訓練と資本家たちの非友好的な態度や暴言に対する忍耐の訓練以外には何も得るところがなく、われわれと同志、兵士の生活をやっと支えることができただけであった。

7　サタン。タイの通貨単位で100サタンが1バーツ。

第6章
ラオス国内に抗戦地区を設置

上記のような状況下では、われわれにはどんな明るい将来をも望めそうにもなく、ただ、土を掘り、草を刈って、裕福者の富をさらに蓄積させるためのみに働かねばならず、逆に軽蔑の言葉を浴びせられるだけであった。妻の妹とその婿は、子供と要員の何人かとともに政府組織[1]のあるバンコクに移動した。残留したわれわれは、合同会議を開いて協議した結果、われわれが手がけてきた革命任務を引き続き遂行するためには、ラオス国内に抗戦地区を設置すべきとの結論で一致した。私は各地で活動に従事している友朋集団との連絡と武器、資金、そのほかの抗戦活動に必要な物資を調達する任務を一任された。ラオス難民組織の管理委員とも意見を交換したが、難民たちが祖国に帰還し得るような条件を醸成するために抗戦地区を設立することには誰もが賛成であった。そして彼らは、われわれの勢力を増強するためにできる限り多数の青年を召集すること、さらには資金を募って食料やそのほかの必需品を調達することを約してくれた。

私はこのような重責を果たすための実効的な方策を種々検討してみた。やむを得ずに家族を難民組織に預けて、メーサリアン[2]に行き、タイとの国境地域でビルマ政府に抵抗しているカレン族の闘争方法を視察した。バンコクのヴィエトナム難民政府関係者、ヴィエトナム人代議士にも会見して、ラオス領土解放のための方策を研究した。また、ウアン・ラーティクン、ブンチャン・ポンマリンがフランスに対抗する抗戦部隊を設置しているチェンカーン[3]を、さらにはシーチェンマイ[4]のバーン・モー村やノーン・カーイを訪問するなどして、ヴィエンチャン県での敵を攻撃する武装勢力部隊の設置の方策を調査研究した。ムクダハー

1　政府組織。1946年5月バンコクに亡命したペッサラート殿下一行のラーオ・イッサラ政府。
2　メーサリアン。タイ北部のメーホンソーン県の町でビルマとの国境沿い。
3　チェンカーン。タイ国ルーイ県にあるメコン川沿いの町。
4　シーチェンマイ。ヴィエンチャンの対岸にあるタイ国ノーン・カーイ県の町。

ン[5]とウボンラーチャターニー県のラオス難民を訪問したのは彼らの生活状況を把握すると同時に南部ラオスとカンボジアにおけるフランス植民地主義者との闘争状況に関する情報を入手するためであった。

この時の各地訪問を通じ、ラオス各地の人民が民族解放を遂行し、植民地主義、封建主義を打倒するためにフランス植民地主義者に立ち向かっていることを理解し得たことは極めて有意義であった。ヴィエトナムでは1945年8月以来、民族解放革命を実行し、既にフランス植民地主義者の再侵略に対抗して全土で対フランス闘争を行なっていたので、カンボジア、ラオスの各闘争地ではどこでもヴィエトナム人民が共闘していた。この時初めて、私はヴィエトナム人民の救国闘争がホー・チ・ミン指導下のインドシナ共産党の方針に基づくものであり、ヴィエトナム人民がその方針と指導に深遠かつ不退転な信念を抱いていることを知ったのである。

ヴィエトナムとの協力で抗戦地区を設立　私は新たな感覚でチェンセーンに戻った。闘争の将来はこれまで以上に透明度が増した。ラオスにおける敵との抗戦任務の遂行には、ホー・チ・ミン主席の指導下にあるヴィエトナム人民との協力が不可欠であること、この協力なくしてはいかなる成果も得られないことを明確に認識した。このため、ラオス領内のタイ、ビルマとの国境沿いに抗戦地区を設立するためのヴィエトナム人協力者の発掘を開始した。タイで信用のおけるヴィエトナム人協力者を見出すのは並大抵のことではなかった。彼らとしても機密保持には極めて厳格であったからである。

私がバンコクを訪問してヴィエトナム人協力者を発掘するための活動を行なっているうちに、バンコク在住のヴィエトナム人代議士の名前が提供され、彼と何週間も面会した結果、彼自身も私を捜し求めていたことがわかった。彼の名前はヴァン・クワーンあるいはクワーン・ブアと言い、彼との面会を通じて彼以外にもこの地域での活動者が多数いることが判明した。われわれは互いに面識を得たことを喜び合った。

後日、われわれはラオス北部に抗戦地区を建設するための計画策定につき協議した。担当任務の分担を明確にし、それぞれの任務を達成する見通しが十分

5　ムクダハーン。東北タイのメコン川沿いの町。ラオス側のサヴァンナケートの対岸。

に得られてから、われわれ一行は北部ラオスでの抗戦地区設置に向け出発した。

1947年9月末の夜10時、われわれは入手した武器と必需品を棹舟に積み込み、チェンセーンの舟着き場から事前に打ち合わせ済みの目的地に向け出発した。この時期は雨季で水位は川岸いっぱいまで上昇しており、しかも真っ暗闇の黒分の夜であった。艫舵取のアーイ[6]・バーオチャーン・ウンは、かつてアヘン密輸舟の舵手をしていたが、今や歴史的な重要任務を帯びて、この暗闇の中に舟を正確に水路に沿って進めていった。途中ホエイサーイとチェンコーンの北側に「ルークリン・レ・パー・カントゥン[7]」と呼ばれる2つの大きな岩石に遮られて生じる急流の難所があり、この時期には水流が岩石に激突し、その音は雷音のごとく轟いた。これらの地点では、交易舟が昼近くに出発しながらも座礁、沈没し、多数の死者や多額の貨物などの人的・物的な被害事故がこれまでもしばしば発生していた。ホエイサーイとチェンコーンの南側にも「パー・クップ[8]」と呼ばれる岩があり、ここで砕けた流れが大きな輪になって渦巻いていた。このため、棹舟、小型エンジン舟が昼間に下ってきても、進路を誤って渦巻きに入り込むと、舳先を水中に艫を空中に向け、舟体が真っ2つに切り裂かれることもあった。この3ヵ所はメコン下りにとって最も恐れられている難所となっていた。

しかし、われわれの革命舟は、黒分の夜中に木陰を道標にして無事に下っていった。陰暦10月1日の午前7時にわれわれは予定地に到着した。同地はタイ領内であるが、ラオス難民が多数を占め、ほとんどが私の同族親類あるいは知人であった。われわれより先に出発して自由ラオス軍に協力していた彼らがわれわれの荷物の運搬を手伝ってくれ、抗戦地区の設置計画を知るや、その喜びの表情をいっそう顕にした。彼らはわれわれの安全を懸念してはいたが、最終的にはわれわれの勝利が実現して彼らが故郷に帰還する条件が醸成されるであろうことを確信していた。

この日の朝食後に、われわれは物資を携行して地区の建設地を捜しに出かけた。この建設地はパー・デーンと呼ばれ、メコン川右岸から遠くない距離にあ

6　アーイ・…。…兄さんなど、年上の男性に対する親しみをこめた接頭呼称ないし呼びかけ語。
7　ルークリン・レ・パー・カントゥン。「川縁の岩石と旗ざおの切り立つ岩山」の意。
8　パー・クップ。「絡み合った岩石」の意。

った。その対岸はメコン左岸のパーク・ター[9]で、フランス人指揮官の下でラオス傀儡軍の大隊部隊が駐屯していた。その日は1日中、仮家屋の建設用資材の伐採と茅刈りに費やされた。この地はかなり深い山奥で、われわれの必要とする仮設家屋の建設資材はすべて揃っていた。しかし、床にする竹材がなかったので、柱と柱の間に細木を並べて横桁とし、テント用の布を敷布としたために、この上に寝ると身体が痛くなった。日暮れになると、組織の要員と兵士の全員を集めて帳簿に記帳し、組織の点検を行なった。まず、兵士の全員に対して、この集合の目的が全土の抗戦地区との連絡調整のためにラオス北部での抗戦地区を設置することにあること、次いで、われわれの勢力を伸長するために人民の抵抗を拡大して人民勢力による真の民族解放のために革命を実践するものであることを説明した。同時に、今回の革命実践に協力するヴィエトナム義勇軍の部隊長となるヴァン・クワーン氏を紹介した。

私は補足説明の中で、今回の革命は全インドシナの解放を目指すもので、ラオス、ヴィエトナム、カンボジアの各人民の連帯による緊密な協力関係が必要であることを強調した。ヴァン・クワーン氏は、協力の目的、今回の協力におけるヴィエトナム側の任務を追加的に説明した。この後、同志の各人は愉快な雰囲気の中で互いに意見交換を行なった。

第1回の会議において、「第2抗戦地区」と命名されたこの地区の長に私が選任され、行政管理業務と宣伝、訓練の責任を受け持つこととなった。カーイ・ウアン中尉が部隊司令官となって兵站業務を兼任し、マハー・カムパン・ヴィラーティット[10]が教育、宗教を担当した。その後、ヴィエトナム義勇兵が到着し、その数は次第に増えた。

その後われわれは1ヵ月以内に要員と兵士を召集し、わが民族を解放して、他の誰をも侵略することなく正義の闘争を確実に進めていくための訓練を実施した。この訓練と人民グループ内での「自由ラオス」の設立を通じて、われわれは人民を幅広い革命闘争に導いていった。人民をこの革命に参加させる

9　パーク・ター。ウドムサイ県のメコン川沿いの町。

10　マハー・カムパン・ヴィラーティット。1914～95。反フランス活動（1945）。「ラーオ・ペン・ラーオ」運動に参加。ラオス愛国戦線中央委員（1956）。ラオス人民党党員（1957）。ラオス歴史・地理・文芸研究所長（ハノイ、1968）。全国政治協議会議員（1974）。ルアンパバーン行政委員長（1975）。最高人民議会議員。駐カンボジア大使（1979～82）。社会科学研究所副所長（1988～93）。

には、要員と兵士に対しホー・チ・ミン主席の著述になる『任務遂行方法の修正[11]』の内容を理解浸透させ、人民がわれわれに対して親愛、信頼、尊敬の念を抱くと同時に、フランス植民地主義者とその傀儡政権に対する怨念を抱かせるようにしていく必要があった。

この地域の人民に対する訓練はそれほど困難ではなかった。住民の多くは低地ラーオ族、タイ・ルー族[12]、タイ・ユアン族[13]、山岳地域のモン族、ヤオ族[14]と丘陵地ラーオ族で、彼らは長期にわたり抑圧を受けてきたタイとフランス軍には強い反感を抱いていた。

要員とラオス、ヴィエトナムの両軍が各自の任務に理解と確信を持ったところで、われわれはラオス側3名、ヴィエトナム側2名より成る混合チームを編成し、人民との接触を求めに入った。翌月、われわれはホエイラーオ村、ナム・カー村に入り込んで人民組織を編成した。わが混合チームがムアン・コープ地区のムアン村に到着してからは、われわれの抗戦地区の中枢部門をナムカー村、ホアムアン、さらにはシェンホーン・シェンロム地区[15]のワーイ村、タート村に移動し、そこに要員を派遣してムアン・グン地区[16]の人民組織を設立していった。こうしてわれわれの宣伝拡張チームはサイニャブリーの都市部まで浸透していった。

政治的基盤が相当に拡大したところで、われわれは各村に地方行政組織と村落治安維持部隊を、続いて武装ゲリラ部隊を設置していった。武器はわれわれが入手した日本軍の銃と住民による手製の先ごめ銃、火打ち式銃、毒矢を利用した。フランス兵を指揮官とする傀儡軍部隊はパーク・コープ[17]に基地を構築しており、われわれがこの地域に革命勢力を組織しつつあることを知っていた。彼

11　『任務遂行方法の修正』。従来のフランス植民主義への協力から反フランス植民主義への路線改革の具体的方法として1947年にホー・チ・ミンが発表したと言われる教本のことか。このラオス語訳と思われる教本の第5版が党員教材用として1980年に出版されている。

12　タイ・ルー族。中国雲南省とラオス国境沿いに多く住するタイ系種族。

13　タイ・ユアン族。ユアン語を話す北部タイ族、ラーオ族、古くはミャンマー地方から移動してきたカレン族と言われる。

14　ヤオ族。ラオス語でラーオ・スーン（高地ラーオ族）と呼ばれる高地山岳少数部族に属する。モン族と同様に雑穀栽培、焼畑耕作を中心とする移動生活が特徴的。

15　シェンホーン・シェンロム地区。サイニャブリー県北西部のタイとの国境近くにあるシェンホーンとシェンロムの町が所属する地区。

16　ムアン・グン。サイニャブリー県のシェンホーンとシェンロムの中間地点。

17　パーク・コープ。サイニャブリー県北西部、タイとの国境近くにある町。

らは何度か掃討部隊を送り込んできたが、抗戦部隊に撃退された。初めての武力衝突はパーク・ベーン南部のコーントゥーン村、第2回目はホエイラーオ村でいずれも敵を撃破した。その後も各地のゲリラ部隊は敵の掃討部隊を完全に撃退した。これに伴って抗戦部隊の士気は次第に強化されていった。

その後われわれは敵の攻撃を待ち伏せ、防戦するのみならず、徐々に敵の基地を攻撃する機会を増やしていく作戦に転じていった。即ち、コープ郡のパーク・コープ、シェンロム郡タート村の各基地を攻撃したり、さらには軍、官吏用の資金、武器を積載してホエイサーイに運んでいくモーターボートを撃沈するなどした。各攻撃とも見事な成果を収め、攻撃の度にわれわれの軍事的、政治的基盤作りに必要な武器や必需品の供給能力を高めていった。

初めて私がペッサラート殿下を尋ねた際、殿下はわれわれが抗戦地区を設置したことについては称賛の意を表されたが、フランス軍に対する攻撃については今後は差し控えるよう要請された。その理由は、場合によっては国連会議においてフランスのラオス独立承認に関する決議が行なわれる可能性があるので、まずこの状況を見守る必要があること、さらに、われわれのフランスに対する攻撃はわれわれの好戦性に対する非難の材料とされるのみで、かえって独立の獲得が困難となるということであった。この時の殿下の要請に対して私は返答を留保した。

抗戦地区に帰り、幹部団に上記のことを報告したところ、全員がわれわれの勢力拡大のために引き続き敵を攻略することに賛成であった。勢力地域が拡大しただけでなく、抗戦地区はナム・ター県にまで及んでいた。ムアン・シェンコック、ムアン・ローン、ムアン・サ、ムアン・カーンよりムアン・シン[18]に至るまで、地方のほぼ全域がわれわれの支配下にあり、フランス植民地主義者とその手先は彼らの基地内を支配するのみであった。この抗戦地区をわれわれは「第1抗戦地区」と呼び、同様にわれわれの勢力下にあった。

その後、われわれの勢力が拡大していくことを考慮して、ペッサラート殿下は私を第1地区と第2地区の政府代表に任命した。私がペッサラート殿下のみ

18　ムアン・シェンコック。ルアン・ナム・ター県西部のメコン川沿いの町、対岸はミャンマー領。ムアン・ローン、ムアン・サ、ムアン・カーン、ムアン・シンとともにルアン・ナム・ター県内の322号公路沿いにある。

と協議を進めたのは、政府がタイに亡命して以来、閣僚、特にカムマーオ・ヴィライ首相は革命任務を推進するためのいかなる活動にも従事せず、元首たるペッサラート殿下が国事を直接に掌握していたからであった。

この当時のタイはプリーディー・パノムヨン[19]（ルアン・プラディット・マヌータム）氏を中心とするセーリー・タイ[20]・グループの勢力下にあったが、タイ国王（アナンタ・マヒドン）が暗殺され、王弟のプーミポン・アドゥンヤデートが襲位するや、プリディー・パノムヨン氏は国外に逃避した。この当時のタイ国内では、日本軍の武装解除を実施した連合諸国軍は次第と撤退していき、アメリカ軍のみがタイを牛耳っていた。その後、タイ政府は政策方針を変更した。従来のセーリー・タイ・グループは勢力が衰退し、プリディー氏は共産主義者であるとの非難を受け、東北タイ出身の多くの閣僚、即ち、トーンイン・プーリーパット、タヴィン・ウドン、トーンペーオ・チョンラプーム、ティアン・シリカン、チャムローン・ダーオルアンが、東北タイをタイから分離させる陰謀[21]を持っているとの理由で逮捕され、死刑に処された。このような状況下のタイでは、タイにおけるラオス亡命政府の存続を支援する者は次第と減少していき、ラオス亡命政府は日々増大する困難に直面した。

他方、タイで強力な影響力を有するアメリカは、友好国たるフランス植民地主義者に対抗する自由ラオスへの攻撃には賛同していなかった。アメリカは、ラオス亡命政府が自国に戻ってフランスに降伏することによりラオス全土における反フランス活動を停止させる方向に導こうとしていた。

第1抗戦地区と第2抗戦地区での任務遂行は効果的に実行された。1949年以来の勢力も相当に増大した。パオ・ピンパチャン[22]、ウタマ・チュラーマニ

19　プリーディー・パノムヨン（ルアン・プラディット・マヌータム）。アユタヤー生まれのタイ政治家（1900～73）。フランス留学（法学）。「人民党」を結成し、タイ革命に成功（1932）、臨時憲法を起草。「国家経済計画案」の策定で共産主義者と見なされ、後に、無任所大臣、内相、外相、蔵相、首相（1946）を歴任。この間、タマサート大学を創設（1934）。第2次世界大戦中は抗日自由タイ運動を指導。クーデターによりピブーン内閣が成立するや、北京、シンガポール、パリに亡命（1947）。

20　セーリー・タイ。プリーディー・パノムヨンを首領とする「自由タイ」運動。太平洋戦争末期に展開された抗日運動の地下組織。

21　タイにおけるピブーン政権の中央集権体制と東北地方の差別政策に対抗して、1933年の議員選挙以降に台頭した、東北タイ出身の指導者を中心とする政治グループの一部が推進した東北タイ分離運動を指す。

22　パオ・ピンパチャン。ヴィエンチャン生まれ（1925）。駐ハノイ愛国戦線代表（1972）。ヴィエンチャン市行政委員長（1975）。ラオス卓球チームを率いて訪日（1978）。党中央委員会副官房長（1986）。

ー[23]と2人の弟がノーン・カーイ地区からやってきて、行政部門、教育部門の管理責任者の補佐役となり、われわれの任務遂行は円滑になった。掃討作戦に出たフランス軍と青年部隊は、わが方のゲリラ部隊と人民の待ち伏せ攻撃に会って、ことごとく四散敗走した。

地方のラオス人民はフランスとタイの行政統治に反感を持っていたので、われわれに対しては喜んで協力した。われわれは行政組織や自由ラオスの組織の集会に参加して、状況分析を行なったり、6ヵ月、3ヵ月毎と毎月の計画を共同で策定した後にも、地方人民自身による集会を開いた。彼らはこの計画が治安情勢と生活条件の改善をもたらすものと考えたのである。われわれの要員と軍部隊用の日常の食料物資は、各村の住民が提供してくれた。場所によっては、彼らがわれわれ要員を常時引き受け、同居、同食、協働して、警備任務に携わった。われわれの地区幹部責任者が秘密の場所で食事をとる際には、彼ら村の住民が精米や食料品を送り届けてくれた。仏教行事にはわれわれも彼らの伝統に従って参加し、楽しく過ごした。このほか、毎週土曜日とワン・シン[24]には住民と行事を共催して、歌謡や踊り、われわれの作詩したラムヴォンに興じ、ゲリラ基地の全域がこれまで以上に賑やかで、楽しいものとなった。

1948年初頭以来、第2地区では手書きの謄写版原紙をフランス軍基地より奪取した謄写機にかけて、月2回の新聞を発行してきた。この新聞紙名は『クー・サート』[25]で、その内容は第1抗戦地区、第2抗戦地区における革命の進展状況に関するニュース、無線で傍受した国内の各地抗戦地区ニュース、人民が知っておくべき国際ニュース、わが同志の創作になるカープ・コーン[26]とか歌謡、あるいは識字運動に関するニュース、学校と村々における学業成績等に関するニュースなどであった。これらを通じて、ラオス人民はラオス人として豊饒の国に生まれたことに自負心を抱き、人民を抑圧したり国家の発展を阻害する封建統治体制やフランス植民地主義者に対しては嫌悪感を抱くようになり、同時に、

23　ウタマ・チュラーマニー。1917～1984。ヴィエンチャン生まれ。小学校教員、音楽家。解放区に入り教育担当局長。愛国戦線中央委員。教育・体育・宗教副大臣(1975)。「チャンパー・ムアン・ラーオ」(作詞はマハープーミー・チッタポン)、「ナイ・ター・ボーク」「デット・ドーク・ハック」などを作詞・作曲。

24　ワン・シン。持戒の日。陰暦の7日、15日、23日、月末で、仏教の聖日。この日には仏教徒は仕事を休んで寺に参拝する。

25　『クー・サート』。「救国」の意。

26　カープ・コーン。ラーオ語の詩体の1つ。

ラオス諸民族、ヴィエトナム人民、カンボジア人民との連帯関係を深め、民族解放闘争を推進することに喜びを感じるようになっていった。

季節は一巡して雨季を終え、やがて寒季に入り、そしてまた暑季、雨季がやってきた。しかし、われわれは季節毎に素早く移り変わる物事には関心がなかった。私の心は、ただ敵に関する情報、抗戦地区の拡張と人民の安全のみに傾注した。

今考えて見ると、この当時は任務を遂行する士気が最も高い時期であったが、まだイデオロギーの習得と訓練に欠けていた。ただ単にラオス側の幹部団とヴィエトナム側の幹部団とが協議を行ない、各地域人民の称賛と非難の声に耳を傾けに行き、その都度、自己の任務を修正、解決していくにすぎなかった。私は毎年、年頭と年央の2回バンコクに行き、政府とペッサラート殿下の政策方針を拝聴した。その都度、ヴィエトナム代表を訪問して助言を得、また、彼らがヴィエトナム国内で学習している教義読本の入手を依頼したり、抗戦地区のヴィエトナム側幹部団との合意に基づく政治、軍事、宣伝部門の専門家の派遣を要請するなどした。ラオス政府からは何らの指導も得られなかったが、ヴィエトナム代表団は私の要請通りの援助を約し、暫くして、ヴィエトナムからの政治、軍事要員が所望する資料を携行して実際に私を訪ねてきた。それ以来、われわれは各種多大の便益を得、闘争活動における早期、広幅かつ深遠な任務の拡張を指揮する上でより明確な指針が見えてきた。

1948年末にペッサラート殿下より私宛ての書簡が接到し、ウアン・ラーティクン氏の指揮下に「アヌヴォン部隊」[27]と称する部隊をわれわれの下に配属すると伝えてきた。この部隊はかつてはタイ側のチェンカーン郡[28]に配置され、ムアン・ボーテーン、ケーンターオ[29]のフランス軍とラオス傀儡軍基地に対し急襲

27　アヌヴォン部隊。ヴィエンチャン王朝最後のアヌヴォン王（在位1804～28）に因んだ部隊名。同国王はヴィエンチャンをシャムの軛から救出するべくシャム攻撃を企て、1826年、イギリス艦隊のバンコク威嚇を風聞したのを機に軍を率いてバンコクに向け進撃したが、コーラート、サムリットで撃退され、1828年のノーン・ブアランプーの大戦で決定的な打撃を受け、ヴィエンチャンは廃墟と化した。1835年バンコクで獄死。同王はシャム側ではヴィエンチャンの恩知らずの謀反者と見られ、ラオス側ではヴィエンチャンの独立に苦闘した英雄として称えられている。

28　チェンカーン郡。タイのルーイ県北部にあり、メコン川を挟んでラオスとはヴィエンチャン県西端部と国境を接している。

29　ムアン・ボーテーン、ケーンターオ。いずれもラオス側のサイニャブリー県南部国境地域にある町で、メコン川を挟んでタイのルーイ県と接している。

攻撃を繰り返した後にタイ領内に帰還していたので、ラオス領内にはどこにも抗戦地区を設置したことはなかった。ところが、1948年に入り、アメリカの影響下にあるタイ政府は、これ以降、この部隊のタイ領内駐屯を禁止し、これに違反する場合は同部隊を武装解除する旨を通告してきた。

上記の通告に対していかなる対応をするか、ラオスとヴィエトナムの幹部が集合してペッサラート殿下への回答要領について協議した。われわれはこのニュースに困惑していた。アヌヴォン部隊の受け入れを拒否すれば、われわれと政府(自由ラオス亡命政府)との間で摩擦が発生するであろうし、これを受け入れることにすれば、われわれの組織が混乱するだろう。今後われわれと行動を共にする者たちがどういう人たちであるのかも不明であるため、多くの困難に直面することは明白であった。

上記のペッサラート殿下の書簡に対しては協議中であったため、未回答のままとなっていたが、部隊指揮官のウアン・ラーティクン大尉、補佐官のブンチャン・ポンマリンとステープ(タイ人)の両中尉、それに引き続いて30余名よりなる一団が到着するとのペッサラート殿下からの書簡が届けられた。われわれは彼らを暖かく歓迎した。

われわれの部内会議が無事終了し、続いて総会を開催した。私は彼我の状況、われわれの当面の任務と長期的任務を説明し、さらに、国家と人民のために奉仕しうる人間を形成する革命能力と革命倫理の向上を目指して各人が遂行すべき任務について説明した。その後、組織の改編が提議された。区長には従来通り私が、軍司令官には位階の高いウアン・ラーティクンが、同補佐官にはカーイ・ウアン中尉、ブンチャン・ポンマリン中尉とステープ中尉が、パオ・ピンパチャンが行政・財務部長に、ウタマ・チュラーマニーが教育部長に、マハー・カムパン・ヴィラーティットが宣伝・文化部長にそれぞれ選出された。このほか、専門能力を有する者はそれぞれの専門分野を補佐した。行政・政務の幹部団が防衛部隊とともに独立に組織された。ラオス軍司令部、ヴィエトナム義勇軍司令部はそれぞれ独立の場所に設置され、必要に応じて合同会議が召集された。そこで合意された施策事項は各組織が持ち帰り、実施に移された。

われわれの抗戦地区の設置は、引き続き各方面で拡大されていき、人民とわれわれ自身は更なる勝利を確信して大いに士気が高揚した。しかし、このような全面的な革命を推進するのはわれわれにとり初めてのことであり、難点、弱点、欠点も多かった。われわれには教義と実際的な訓練が欠けていた。幹部要員、兵士のそれぞれが自己の問題を抱えていた。彼らは農民であったり、元商人であったり、ある者は旧体制下の公務員であったりした。出家中の者とか、沙彌の修行を終え、寺で仏教学・パーリ語試験[30]の第3級、第6級あるいは第9級に合格した者もいた。旧フランスないしタイ軍人であった者もいた。彼らはいかなる方法で自己形成を図り、人民を革命勢力の塊にまで築き上げ得るかを明確に理解していなかった。それでも彼らがわれわれと革命任務を遂行していけたのは、彼らが敵の搾取、抑圧を嫌悪し、自国の独立を求めていたためである。

ほとんどの人民はわれわれを信頼し、心底より疑いなくわれわれの側についていたが、中には中途半端な者もいた。われわれと行動を共にしつつも、われわれに恐怖感を抱いたり、われわれを議論で論破し得ないが故に、あるいは彼我の双方に恐怖感を抱いていたがために結局敵側に与した者もいた。一部には少数ながら敵が放った手下がおり、われわれの活動を諜報し、時には人民を煽動してわれわれに敵対させる場合もあった。

当初は、人民を動員して水田耕作の共同作業とか連帯作業班を促進することは困難であった。子供たちを通学させたり、成人の非識字を撲滅することも、同様に困難な任務であった。1年が過ぎ、われわれの指導で米の収穫が前年より増大し、読み書きが可能となり、子供たちにも読み書きが普及していくことが人民たちに理解されるにつれ、各方面でのわれわれの任務はより円滑かつ良好に進められ、拡大していった。これに伴って、抗戦地区も次第と拡大発展の道を辿っていった。1949年の中頃に私はバンコクに赴き、政府とペッサラート殿下に対して、抗戦地区の情勢報告を行なうとともに、彼らの見解を聴取した。カターイ・ドーン・サソーリット（自由ラオス亡命）政府財政相は私に対し、次のように述べた。

タイの情勢が変化して、アメリカ軍部隊がタイ政府を支配しつつあり、タイはわれわれに対する支援を妨害するのみならず、われわれに対し一方的に本国帰還を指示し、帰国後フランスと連合させて、従来のタイからの援助を削減しようと図っている。彼らは1949年以降のわれわれに対する援助を中止するとま

30　パーリ語試験。僧侶が受ける仏教学・パーリ語試験には1級より9級まである。

でも言っているため、わが政府は今後はタイに依存することが不可能となった。好むと好まざるとにかかわらず、帰国してフランスと接触せざるを得ない。

パニャー・カムマーオを訪れた際にも、彼は同様の趣旨を述べた上で、われわれに対し、抗戦地区を解散し、彼らの帰還に同行するよう慫慂した。彼は既にフランス大使と接触し、上級職務への就任と進歩的政党の設立が保証されている旨述べた。それに対し私は、われわれが帰国してフランスに依存することには承服できないと応答した。それに同意することは敵に敗北を認めるものであり、国の独立を到底達成し得ないからであった。その後、パニャー・カムマーオは政府閣僚の一部を召集し、私に対し彼らと共にラオスに帰るよう説得すると同時に、将来、彼らが政府を樹立する場合には私を内務大臣に就任させると保証した。私は政府閣僚のこのような決定を残念に思い、種々の理由を挙げて彼らに再検討を促した。議論は午前中いっぱい続けられた。集まった政府閣僚は自分たちの計画を堅持することで一致していた。彼らにとっては、これ以外に脱出の道はなかったからである。私は彼らにわれわれの抗戦地区への移動を勧めたが、われわれの如くに背嚢を背負ってジャングルの中を往来、寝泊まりすることはできないというのが彼らの一致した回答であった。要するに、われわれと亡命政府は互いに異なった道を選択してしまったのである。

政府との決別後、ペッサラート殿下を尋ね、政府に対する私の不満を申し上げたところ、殿下自身も政府の決定には賛同し得ないとの見解で、ラオスが完全独立を達成するまでは帰国しないと述べるとともに、このことは各人の安全上の観点から厳に秘密扱いとするよう私に口止めした。

バンコクに赴いた際にはウアン・ラーティクンと彼の友人2、3人も同行したが、彼らは別途カターイの家に宿泊し、別行動をとった。ある者の報告によれば、ステープがウアン・ラーティクンを反動タイ人グループに引き合わせ、フランス大使館を訪れた。この事実を遺憾として私は急遽、抗戦地区に引き返し、私の信頼する者にこれを報告し、共同で事実を把握しようと努め、不利な状況が発生するのを防止する措置をとった。

ウアン・ラーティクンは私よりも1週間遅れて帰着し、これまでと異なった態度を示し始めていた。彼らは妻をシェンロム郡のタート村とその周辺の村に移動させて、自分たちだけの会議を何度も召集していた。彼らは自分の部隊に対してはわれわれと合意していた規律に違反する指示を出し、われわれ内部での分裂を促進しようとした。またカーイ・ウアン中尉は彼らから脅迫を受けたため、地区での生活が困難となり、帰郷した。私は信頼のおけるラオス人幹部要員とヴィエトナム義勇軍の部隊指揮団を招いて、この対応策を協議した結果、相互に注意し合って警戒を強化していくことにした。

1949年末に至って、パニャー・カムマーオとその政府閣僚は揃ってフランス植民地主義者に降伏し、ペッサラート殿下とスパーヌヴォン殿下[31]は帰国を拒んでいるとの情報に接した。その後になって、スパーヌヴォン殿下が記者会見で、彼は敵に降伏した政府には同調せずに、最後の勝利まで救国闘争を続けることを決意しているラオス人民、ヴィエトナム人民ならびにカンボジア人民と協力していく旨を宣言したとの報告が入った。

1950年1月初頭に第2抗戦地区の情勢が緊張の度を増した。パーク・コープ陣地に駐屯するフランス軍部隊とその手先はムアン・コープとシェンホーンに掃討作戦を敢行した。そして、われわれの活動地域であるシェンロムにも到達するとの情報を流した。ウアン・ラーティクンとその一派の態度にはいつもとは異なった種々の動きが見られた。彼らは規律に反して脅迫により人民の豚、鶏、食用財産を徴発して食し、その態度はフランス植民地主義者の傭兵のようであった。われわれは、彼らを呼んで調査の上、忠告を与える

31　スパーヌヴォン殿下。ルアンパバーン生まれ（1909～95）。ペッサラート殿下、スヴァンナ・プーマー殿下の異母弟。ハノイ、パリに留学。インドシナ地域の公共土木事業に従事。日本軍の降伏後にホー・チ・ミンなどのヴィエトミン指導者に師事。ラオス独立運動に参加。ウン・サナニコーンとともにサヴァンナケートで南部ラオス解放委員会を設立（1945年9月）。ラーオ・イッサラ政府の外務大臣（同年10月）。ラーオ・イッサラ軍総司令官。ターケークでのフランス軍との戦いでメコン渡河中に負傷（1946年3月）。フランス軍のヴィエンチャン占領と同時に、イッサラ政府はタイに亡命（同年3月24日）、軍を再編成。1946年10月25日、カムマーオ・イッサラ政府首相が同政府の解散を発表したのに対し、殿下はこれに反対してフランスからの完全独立を求めた。1948年の半ば頃、イッサラ政府はヴィエトナムのファム・ヴァン・ドンに対し軍事協力を要請。1950年8月13日、殿下は抗戦ラオス戦線全国人民代表大会で、ネーオ・ラーオ・イッサラ中央委員会委員長兼抗戦政府首相となる。インドシナ共産党に入党（1953）。ラオス人民党（ラオス人民革命党の前身）に入党（1955年5月）。全国人民代表大会（1956年1月6日）で改称されたラオス愛国戦線の中央委員に選出。連合政府の計画・建設・都市大臣（1957年11月）。プイ・サナニコーン政府の反共法により他の愛国戦線の要人とともに投獄された（1959年7月28日）が脱走（1960年5月23日）。連合政府の副首相兼経済・計画大臣（1962）。第2回党大会で党中央委員（1972）。暫定連合政府と全国政治協議会の成立とともに同協議会議長に就任（1974年4月4日）。1975年12月1日と2日の全国人民代表大会でラオス人民民主共和国の初代国家主席（大統領）、最高人民議会議長に。1979年2月20日、ラオス愛国戦線から改称されたラオス建国戦線の議長に選出。1982年、1986年の党大会で党政治局員。1991年3月、国家主席を引退。党中央委員会顧問。

ことが何度もあった。彼らは過ちを認めたものの、自分の根拠地に帰るとこれまで以上に違反行為を繰り返した。彼らとはこれまで長らく協力してきたが、彼らの誤った態度や行動を容認しなかった人民やゲリラ兵、ヴィエトナム義勇軍に対し、彼らは危害を加えたのである。

1949年12月31日の夜半、タート村（シェンロム郡）での新年を迎える祝賀会で、彼らは歓談中のゲリラ兵とヴィエトナム義勇軍を武装解除した。治安防衛部隊の同志からこの事件の報告を受けた私は、その張本人がウアン・ラーティクンであり、掃討作戦を実施したフランス軍部隊とその傀儡部隊を歓迎、支持している一派であることを直感した。そこで私は信頼のおける幹部団を召集し、一行とともにドーンチャイ村[32]を出てタイ国境に近いジャングルの中で野営し、ウアン・ラーティクン一派の実際の動きに関する情報を待つことにした。その状況はまさにわれわれの推測通りであった。その夜、ウアン・ラーティクンとその一派は兵を召集し、フランス軍に対する降伏準備を盛り込んだ彼らの計画を公表したのである。

1950年1月1日、われわれ一行は予想される惨事を回避するためにタイ領を目指して行進を続けた。ちょうど、タイ国境の山麓の川に到着した時、カムレック・プッタサックを指揮官とする、タルナ（ウタマの弟）、ブンフアン、マハー・サオと友人3名の一行が追いついてきた。彼らは重機関銃を立て、肩に担いでいた銃を下ろして、われわれの行進を停止させ、話し合いを求めてきた。カムレックが大声で尋問してきた。

「皆でどこに行くのですか。ラオス革命勢力のもとに戻って下さい。ターオ[33]・ウアン・ラーティクンがタート村で待っていますので、彼らと一緒に今すぐに帰ってください」

私は一行をその場に座らせ、彼らに対しても座って話し合うよう言った。各自が銃を携行していたが、われわれは敵同士ではないのだから重機関銃を互いに設置する必要はなかった。

全員が座り、まず私から話を切り出した。

「状況の変化や計画の変更などのために何らかの必要性が発生した場合は、

32　ドーンチャイ村。ホエイサーイとヴィエン・プーカーとの中間地点の村。

33　ターオ。第1章訳註8参照（14ページ）。

この私がターオ・ウアン・ラーティクンと指揮団を召集して協議会を開くのが通常のやり方である。今回はなぜにターオ・ウアン・ラーティクンがこの自分を呼びつけるのか。いかなる理由で小銃と重機関銃まで装備した兵を派遣して、強制的に私をターオ・ウアン・ラーティクンの下に連行しようとするのか。君たちは第2抗戦地区に入るその日まで私の家で寝泊まりし、私の政治、道徳、法律、国の伝統習慣に関する説明、講義を十分理解するまで何十回となく聞いてきたはずだ。それなのに、今このようにターオ・ウアン・ラーティクンの誤った指示を執行しているとは何たることか。チェンセーンではいったい誰が君たちの面倒を見たのか憶えていないのか。ビルマのタチレク（タイ北端のメーサーイの対岸）に進駐してきた中国軍部隊からカムレックを助け出したのは誰だったのか。誰が君たちを連れてムアン・ホンサーに抗戦地区を設置し、シェンホーン、シェンロムにまで拡大したのか。ターオ・ウアン・ラーティクンとその一派はわれわれのところにやって来たばかりで、まだ1年余りに過ぎない。それでも君たちはターオ・ウアン・ラーティクンの指示に従って、この私を強制的に彼のところに連れていこうと言うのか」

カムレックの反応は次の通りであった。

「私は小父さん[34]が私の恩人であることはわかっています。現在、ウアン兄さん[35]は情勢分析と新作戦計画のための将校会議を開催中で、小父さんにその会議に参加してもらいたいと言って私をここに派遣したのです」

これに対し私は次の通り述べた。

「ターオ・ウアン・ラーティクンが将校会議を開催する前に、なぜ、私の見解を求めなかったのか。君たちも知っての通り、私がこの抗戦地区の区長であり、わが国の元首たるペッサラート殿下の任命により、この私がこの第1地区と第2地区の政府代表であり、ターオ・ウアン・ラーティクンとその一団、私の設立した第2区部隊もヴィエトナム義勇兵も、すべて私の配下にある。なぜ、君たちはこのような不正行為者の指示に従うのか」

ブンフアンは答えた。

34　小父さん。ラオスでも実際の縁戚親族者でなくとも、尊敬と親愛の念を抱く男性年輩者に対してはこのように呼びかけることが多い。

35　兄さん。実際の兄弟関係でなくとも、兄と同等の親しい年長者に対する愛称として使われる。

「小父さんにはチェンセーンに避難してきて以来、私の面倒を見ていただき、この第2地区でお仕えした恩人であることはよくわかっております。今回は軍司令官から私に小父さんをお連れするようにとの指示がありましたので、私はこの上層部の指示に従って来たのです」

これに続くやり取りは次の通りであった。

〈タルナ〉「私は医療看護部隊の隊長として、小父さんの健康状態を検査せよとの上層部の指示があったので、小父さんの病気検診と治療を行なうつもりでやってまいりました」

〈マハー・サオ〉「私たちが小父さんをお連れに来たのは、他国人の鼻の穴を借りて息をすることのないよう、ラオス人自身による革命任務の遂行計画の協議に参加してもらうためです。このような方法で独立を達成する方がより栄誉あるものと私たちは思っています」

〈私〉「君たちは知っているかね。バンコクではパニャー・カムマーオとカターイが帰還してフランスに降伏すべく準備を進めており、先月、ウアン・ラーティクンとその一派がバンコクに行ってカターイのところに泊まり、フランス大使を訪問したのを。このことは、ウアン・ラーティクンがカターイに賛同してフランス大使から資金を受け取り、今や帰還してフランスに対し降伏を求めようと計画していることを意味するものだ。私はこの考えに賛成できない。ペッサラート殿下、スパーヌヴォン殿下のご指導の下で、敵に降伏することなく勝利まで対抗して任務を遂行していく」

〈ブンフアン〉「自分たちも敵に降参するということではなく、勝利まで闘争を続けます。自分たちは小父さんに戻ってもらって自分たちにこれまで通り闘争任務を指導してほしいのです」

〈カムレック〉「小父さんが自分たちと行動を共にしないとすれば、小父さんはどこに行かれるのですか。自分たちはまだ小父さんを第2地区長と考えています。自分は敵には降参しません。たとえウアン兄さんが降参しようとも、自分たちはついていきません。ただ、小父さんが戻って自分たちを指導してほしいと願うのみです」

〈マハー・サオ〉「自分たちは救国闘争活動を決心しており、断じて敵に降伏はしません。しかし、任務の便宜上、これからは、自分たちは独立して誰の鼻の穴も借りずに自分で息をしていくつもりです」（この言葉を聞いて、私と一緒にいたヴィエトナムの同志は一斉に別の方向のジャングルの中に駆け込んだが、私は彼らに対する発砲を禁じた）

〈私〉「他人の鼻の穴を借りずに息をしていくというのは、君たちはヴィエトナムとも協力していかないという意味だな。そうだとすれば、君たちは絶対に勝利は摑めないであろう。君たちは資金、武器・戦闘資材、教訓はどこから持ってくるのだ。ヴィエトナム以外にどこの国がフランスと闘っているのだ。共通の敵と闘っている国と協力していかないとすれば、勝利も独立もけっして獲得し得ないであろう。私が見通せる唯一の道は、君たちがヴィエトナムと決別してフランスに降伏するであろうということだ。私は君たちの路線を歩むことはできず、君たちが主張しているようにウアン・ラーティクンのところに戻ることもできない。私は闘争活動のためにヴィエトナムと協力するラオス革命家を尋ねていくであろう。私がウアン・ラーティクンを尋ねていくことはけっしてないことを今一度明確にしておきたい。私が友好的でないということで、君たちが武力で脅迫するのであれば、気の済むようにやりたまえ。君たちがこの私を撃ち殺したいというのであれば、好きなようにやりたまえ。現在に至るまで私が君たちを世話し、教え諭してきたことに対し、君たちが少しでも恩義を感じるのであれば、ウアン・ラーティクンに伝えてほしい。フランスに降伏しようとしているウアン・ラーティクンのところにこの私が戻るなど、どうして承服し得ようかと。君たちがあの時の恩義と親愛を感じないのであれば、私を撃ち殺すのも仕方ないことだ。この私に自分を護る力がないとしても、帰還して再びフランスの奴隷になるよりは死に屈する方がましだ」

この時、私の生命は極めて危険な状況にあった。私はカービン銃を手にして、彼らが私に発砲しようとすれば、自分が死ぬ前に彼ら2、3人を射殺しようと身構えていた。

カムレックがブンフアンと協議後、

「そういうことであれば、小父さんはどうぞ、とりあえずはタイに行かれて休息して下さい。自分たちは戻ってウアン兄さんに事情を報告します」

と述べた。

〈私〉「ともかく、私はタイに行ってヴィエトナム義勇兵と協力しているラオス兵に合流して勝利まで救国闘争活動を続けるであろう」

話を終えて、私はタイを目指して出発した。この時、ウタマ・チュラーマニーが走ってきて、タルナを彼らから引き抜いて第1地区の私のところまで連れていきたいと、そしてマハー・カムパンとチャー・ムーンは、ムアン・コープに置いてきた荷物を取りに帰ってから私を追いかけてくると告げた。パオ・ピンパチャンは議論の末、ムアン・コープ病院長である弟のケーオ・ピンパチャンを残して私のところに逃げてきた。

パオ・ピンパチャンと私は、われわれの血肉で建設した抗戦地区を懐かしく偲びつつ、また、互いに親愛感を持ち続け各方面でわれわれに協力してくれた人民に思いを馳せながら、ジャングルを通過していった。2年以上にもわたりわれわれに信頼を寄せてくれた親愛なる彼ら人民も、おそらくわれわれに思いを寄せているに違いない。そして革命に向かって今後とも正当なる彼らの利益を追求し、獲得していくに違いない。また、抗戦地区のすべての人民は偵察ゲリラ隊である彼らの部下たちをウアン・ラーティクンの意のままに敵に降伏させるようなことはしないであろう。道を歩きながら、パオ・ピンパチャンと私は、われわれが協力して建設した抗戦地区の将来につき意見を交わした。2人は、各村に散在している何百人もの要員が、これまで通りに堅忍不抜の精神でヴィエトナム義勇兵と協力して、われわれが帰還するまで第2地区を堅持していくだろうと意見が一致した。

われわれは終日、山を上り、川を下る長い道のりを突き進んでいったが、全く疲れを忘れてしまっていた。われわれが本気で面倒を見てきたラオス人たちが恩を仇で返すとは夢にも思わなかったことに対する強い嫌悪感のためであった。そして、何年も確信を持ってわれわれに協力してきた基礎的人民と幹部要員のことが気がかりだった。反動主義の売国奴たちが彼らにフランスへの降伏を強要することが懸念されたからである。また、われわれがいない間、種々困難に直面するであろうヴィエトナム義勇兵のことも気になった。ウアン・ラーティクン一派が攻撃を仕掛け、彼らに降伏する前に多数の死傷者が出る心配もあった。われわれは、野鶏、山鳩、大小の野鳥やリスが樹上で喧しく鳴いている深いジャングルの中を通り抜けていった。1月の寒い日であった。しかし、人民の生命と抗戦地区の将来に対する心配がわれわれの心から一時も消え去ることはなかったので、何の声も耳に入らず、何の風情も感じられなかった。種々の思いが、終始、私の感覚と感情を支配していた。

私は自問してみた。われわれがウアン・ラーティクンを受け入れ、彼の部隊をわれわれに配属したのは間違っていたのだろうか。間違っていたとは思えなかった。もしわれわれが受け入れなければ、これまで一貫して親愛の念と信頼感を私に寄せてくれたペッサラート殿下の指令に反することになったからである。われわれは彼の部隊の訓練に十分責任を果たさなかったのだろうか。いや、われわれとしては能力の限り努力してきたし、ヴィエトナム義勇兵部隊も真剣にわれわれを支援してきた。しかし、ウアン・ラーティクン一派の部隊は革命家としての自己形成を図るのは極めて困難であった。というのは、彼らはウアン・ラーティクンがルーイ県のチェンカーンやダーンサーイ[36]から徴集したのであるが、慎重に選ばれた者ではなく、酒飲みとか窃盗者などの無頼漢で、聞きわけのない頑固な性格の持ち主が多かったからである。彼らの兵志願は、兵の身分を利用して、フランス軍部隊陣地を攻撃した際の物資略奪に始まり、金銀資財、果ては住民の娘の脅迫に至る個人的な欲望を満たすのが目的であった。彼らは、われわれが第2地区で訓練した、人民とその家族で構成された要員、部隊兵士とは異なっていた。われわれ第2地区の者は愛国心が強く、革命家としての資格要件と革命道徳に優れ、人民に対する忠誠と親愛の情が厚く、ヴィエトナム義勇兵との緊密な協力関係にあった。だから私は、ウアン・ラーティクンとその部隊がフランスに降伏しても、彼らは第2地区をしっかりと守っていくであろうと確信していた。

われわれは山中の樹木のうろ穴に武器を隠匿し、タイ側のプア郡を過ぎてムアン・プレーに宿泊した。翌朝明け方にトラックに乗り、ナーンを通過してデーンチャイ[37]の鉄道駅に向かった。ここで小休止し、ペッサラート殿下宛ての状況報告を郵便局に投函した後、汽車でランパーンに向かい、同地で投宿した。翌朝にはトラックでチェンラーイに赴き、そこで別の自動車に乗り継いでチェンセーンに家族を尋ねると同時に、同地のラオス難民組織に状況を報告に行っ

36　チェンカーン、ダーンサーイ。タイのルーイ県内の町。それぞれラオス側ボーテーン、ケーンターオのメコン川対岸に位置する。

37　デーンチャイ。タイ北部のプレー県の町。タイ国鉄北方線の駅がある。

た。ちょうどこの時、バンコクのラジオ放送で、パニャー・カムマーオ、カターイとその一派が帰国して、ヴィエンチャンでフランスに降伏し、ウアン・ラーティクン一派もホエイサーイでフランスに降伏したとのニュースを受信した。これを聞いたすべてのラオス難民は、ウアン・ラーティクンと彼らラオス人売国奴の行為に対する嫌悪感にうんざりした。

チェンセーンで2泊後、われわれはナム・ターの第1抗戦地区に向かった。メーサーイ（タイ領）、タチレク（ビルマ領）では既に到着していたウタマ、タルナ、マハー・カムパン、チャー・ムーンとマハー・ソムブーン（かつて、第2地区で僧侶を努めていたが、この時点では還俗していた）に会い、彼らからその後の状況につき報告を受けた。パオ・ピンパチャンは弟のケーオ・ピンパチャンがウアン・ラーティクンに捕われ、彼ら一派がケーオ・ピンパチャンを引き連れて敵に降伏したとの報に接し、悲嘆に暮れていた。しかし、ムアン・コープで敵側に走ったのはウアン・ラーティクン部隊と一部の悪党のみであることが判明し、われわれは喜び勇んでメコン川を下り、ホエイサーイに向かった。他方、われわれが設置した要員とゲリラ隊は、ヴィエトナム義勇兵とともに従来からの革命任務の活動を継続した。

タチレクからわれわれはムアン・レン[38]、バーン・パーレーオ[39]、チェンラープ[40]（ビルマ領のメコン川右岸）に向かった。われわれは、ここに1週間滞在して第1地区に入るための連絡方法を探した。ここでは、チェンラープの郡長のほか、多くの役人、警察、高僧とも親しく知り合うことができた。誰もがわれわれに親愛の情を示し、兄弟関係にあるラオスからフランス植民地主義者を追放するためのわれわれの闘争活動が正義にかなったものであると認めてくれた。彼らはわれわれに資金、食料を援助すると同時に、今後何か物資が必要になる場合は誰か人をよこすようにと言ってくれた。

タチレクからチェンラープに至るまでは、住民のほとんどがタイ・ルー族であった。かつて彼らの郷土はラオスに属していたが、1893年にイギリスとフランスの合意によりメコン川が国境とされた結果、ビルマ領になったのである。[41]

38　ムアン・レン。Mong Lin（ビルマ領）

39　バーン・パーレーオ。Mon Pa-liao（ビルマ領）

40　チェンラープ。Keng Lap（ビルマ領）

41　フランス領インドシナとタイ（シャム）との境界は、1893年10月のフランス・シャム条約によりシ

このあたりのメコン川は川幅が狭く、流れは深く急である。ラオスに向かって下っていくメコンの流れを目の当たりにして、フランス植民地主義者とその手先に抑圧、虐待されているラオスの親兄弟、人民に思いを馳せると同時に、ラオス最北端のこの地ですら熱烈な愛国心を持った多くのラオス人民が民族解放の勝利に向け闘っているのだから、すべての兄弟人民が必ずや闘い抜いていくだろうと確信し、その思いをメコンの水の流れに託した。

第1地区との連絡に成功し、チェンラープでの滞在を終えてからメコン川を渡ってシェンコック村に入った。そこからムアン・ローンに設置されたわれわれの事務所に向かった。同地ではインドシナ共産党ラオス分派党員の大先輩かつ幹部要員として、ラオス軍、ヴィエトナム義勇軍とともに同地に抗戦地区を設置したカムセーン同志[42]に会った。互いに状況報告を交換しあってからムアン・ナン、ムアン・カーン、ムアン・シンの幹部要員、軍、住民を訪問した。マハー・カムパンがムアン・ムン[43]、ヴィエン・プーカー[44]、トンプン村[45]を訪ねた。

この当時のフランス植民地主義者とその手先の軍基地はムアン・シン、ホエイサーイ、ナム・ター、ムアン・ムン、トンプン村、パーク・ター[46]、パーク・ベーン[47]にあったが、彼らは基地内にいて、時々、1個大隊ないし2、3個小隊が住民の米、家畜などを強奪するために掃討作戦に出てくる程度であった。しかしその場合でも、彼らはわれわれの偵察ゲリラ兵に毎回の如く反撃された。したがって、彼らは真に食料が欠乏する場合を除いては基地周辺の500mないし1kmに警備兵を配置するのみで、ほとんどは基地内で休息していた。このような敵状はわれわれの宣伝・訓練、人民組織の設置にとっては好都合であった。

この第1地区からは、平原のムアン・ローン、ムアン・ナン、ムアン・カー

ャムがメコン川左岸とメコン川島嶼におけるすべての権利を放棄し、川の左岸幅25kmを非武装地帯とすることで合意されたが、ビルマ側（シャン州）との境界については1896年1月、イギリス・フランス間の協定によりメコン川の水線とすることが合意された。

42　カムセーン同志。ラオスで初めての共産主義者と言われる。反フランス闘争の指導者コムマダムの一族。1925年頃、インドシナ共産党のラオス担当責任者であったと言われている。

43　ムアン・ムン。ボーケーオ県北部の郡、町。

44　ヴィエン・プーカー。ルアン・ナム・ター県内の町。ホエイサーイからルアン・ナム・ターに至る3号公路の中間地。

45　トンプン村。ボーケーオ県南西端のメコン川沿いの村。対岸はタイ領のチェンセーン。

46　パーク・ター。ボーケーオ県内にあり、ナム・ター川の河口の町。

47　パーク・ベーン。ウドムサイ県内のナム・ベーン川の河口の町。

ン、ムアン・シンに向かって下りる以外は、どの方角に行くにも中国と国境を接する険しい山を越えねばならなかった。このあたりの住民は、平地ではタイ・ルー、タイ・ユアン族、山岳地では丘陵地ラーオ族、モン、ヤオ、コー[48]、クイ[49]、ムス[50]、ラーンテーン[51]族などがほとんどを占めていた。最も多いのがタイ・ルー族で、仏教を信仰していた。タイ・ユアン族も仏教信者であるが、住民数は少なかった。この地区の住民はこれまでフランスとタイへの従属を何度も繰り返したことがなかった点では第2地区の住民とは異なっていたが、両地区とも住民がフランス隷属からの脱却を志向して、わがグループの政策を支援し、われわれの行くところではどこでもわれわれの要請した任務に対し協力的であった点では同じであった。

われわれが第1地区で活動している時に、第2地区で活動している地方幹部要員からの報告で、フランスに降伏したウアン・ラーティクンに同行したのは選択を躊躇していた一部少数者のみで、地方幹部要員はこれまで通り全員が残って、ヴィエトナム義勇兵との協力関係が継続されていたことが判明して、格別の満足感を覚えた。第2地区はウアン・ラーティクンによる破壊工作から免れ、各地での軍事、政務の基礎は堅固であった。この報告は、人民に対する抑圧と虐待、略奪の任務に従事するフランス植民地主義者の手先を経験した者が教義、政策方針をどれほど学習しても、革命を認識し、自覚するのがいかに困難であるかを示していた。敵の抑圧がよく見える労働者とはこの点が異なっているのだ。彼ら労働者は、われわれの政策方針が民族解放と人民生活の向上にあることがわかると、われわれと心をひとつにして誠実かつ堅忍不抜の態度で協力した。

インドシナ共産党に入党　第1地区での次の出来事を私は忘れることができない。カムセーン同志とヴィエトナムの同志から、私は階級理論と敵味方の観点

48　コー。自称アカ（ラオス、タイでコー、イコー族と呼ばれる）。ラオス・ミャンマー国境地域に多く住むチベット・ビルマ語群の種族。

49　クイ。ラオス、東北タイ南部に住むモン・クメール系の種族で、象使いの技術に長ける者が多いと言われている。

50　ムス。ムッソー族、ラフ族とも呼ばれる焼畑農耕・狩猟民族。ムスはシャン語で「狩人」の意。

51　ラーンテーン。ヤオ族の一派。着衣の藍色によりこのように呼ばれる。ラオスではラーオ・ホエイ（川瀬に住むラーオ族）とも呼ばれる。

につき基本的指導を受けた。これが世界情勢の理解、社会発展、革命の勝利に対する確信を理解するのに役立ち、最終的には彼ら同志により、1950年4月29日、われわれの根拠地であるムアン・サ[52]の山中において私のインドシナ共産党入党式が挙行された。わが人生で受けた栄誉あるこの出来事が私にとっては他に譬えようがない自負心となり、革命と共に歩む確固たる決意を新たにした。これ以降、私は時間を惜しんではカムセーン同志とヴィエトナムの同志と共に革命理論に関する学習と研鑽を積み、能力と資質を飛躍的に向上させていった。ヴィエトナムの同志たちの私に対する確信と信頼、親愛はさらに深まり、彼らはホー・チ・ミン国家主席の著作文献、マルクス・レーニンの資料を入手しては私に読ませた。こうして私のヴィエトナム語と革命理論についての知識が向上する機会が増えていき、嬉しさもひとしおであった。これが契機となって私は終始一貫して革命とともに歩むことを決意した。1946年、パーク・ベーンからタイへ避難する前に私の家族と話し合った時には未練が残っていた郡長や県知事の地位のことは忘れていった。

「ネーオ・ラーオ・イッサラ」の結成　1950年の5月中旬、「ネーオ・ラーオ・トー・ターン」（ラオス抗戦戦線）代表の全国大会準備委員会は、われわれと第1、第2地区の代表に対し、ヴィエトナム国境に近いラオス抗戦勢力の本拠地区で開催される上記全国大会への参加につき電報で通報してきた。われわれは第1地区、第2地区のすべての責任者を召集して会議を開催し、第1、第2両地区の情勢の観察と分析評価と大会への参加者について合意した。ウタマ・チュラーマニー、マハー・カムパン、マハー・ソムブーンらが第1地区の指導者として、また、一定数の幹部要員が第2地区の指導者として残留することになった。私自身は、ムアン・サ代表（マイタムディー）、ムアン・ローン代表（マイカムディー）、ムアン・カーン代表（パニャー・シンカム）とムアン・ナン代表（パニャー・ムアン・ナン）と共に大会出席者に選出された。カムセーンとパオ・ピンパチャンは指導者研修のために第2地区への派遣を命ぜられ、大会に出席する僧侶やルー族、タイ・ユアン族、女性の各代表を選任した。こう

52　ムアン・サ。ルアン・ナム・ター県北西部にあるナム・マー川沿い（322号公路の北側沿い）の村。ムアン・ローンの北方15km。

して大会関係者の各自は準備を終えて、大会出席の旅路についた。

われわれ代表団は1950年の5月中旬にタチレク（タイ領に隣接するビルマ側の町）に到着し、渡航証の準備のため同地に滞在した。この機会に私は時間を見つけて、ラオス難民組織の支部に託している家族に会って近況を知らせた。今回は遠方の地に赴かねばならず、いつ帰れるかどうかもわからないので、家族のことが最も心配であった。しかし、子供と妻はラオス難民組織による世話と支援の保証が得られたので、私自身も安心してこの困難な任務を引き受けることができるようになった。

この後、タチレクに戻り、国境を越えてチェンラーイ、ランパーンに向かうためトラックでメーサーイ（タイ・ビルマ国境のタイ側の町）に行った。ここから汽車で、パーチー[53]を経由してウドーンに向かった。続いてトラックでノーン・カーイに、さらにタイの舟でブンカーン[54]に下った。途中のポーンピサイ[55]でカムセーン、パオ・ピンパチャンの一行が同じ舟に乗り込み、ブンカーンでチャオ・スック・ヴォンサック[56]の家に宿泊した。同氏の主要な任務はわれわれの受け入れ、今後の旅行のための準備であった。同地に2泊してから、メコン川を渡り、勾配の急なルアン山脈[57]に入っていった。そして、11日間の山越え、谷川下りを経て、ヴィエトナム領に入った。

タイ領を通過する時には、トラック、汽車、舟を利用できたので、それほどの疲労を感じなかったものの、常に警戒心は緩めてはならず、特に通路の要所における検問所のタイ役人に対しては知恵を搾る必要があった。この当時のタイ政府は、既にラオス革命家に対する支援を停止しており、タイ側に秘密が漏

53　パーチー。タイのアユタヤー県内にある郡。タイ国鉄の北線と東北線との分岐点の駅名。

54　ブンカーン。ノーン・カーイより東北100kmにあるタイの町で、メコン川を挟んでラオスのパーク・サンの対岸にある。

55　ポーンピサイ。ノーン・カーイより東40kmにあるタイの町。

56　チャオ・スック・ヴォンサック。ルアンパバーン生まれの王族（1915～1983）。ラーオ・イッサラ政府に参加（1945年10月）。ヴィエトミンと連携して宣伝活動を担当。ラーオ・イッサラ戦線全国代表大会で中央委員（1950年8月）。同年、パテート・ラーオ抗戦政府の教育・宣伝大臣。ラオス愛国戦線中央委員（1956年1月）。同年、プーマー内閣の公共事業・運輸相（進歩党）。連合政府では公共事業・運輸担当の国務大臣（1962）。スパーヌヴォン愛国戦線議長の特使としてプーマー首相らと会談（1970年7月）。新政権の公共保健大臣（1975）。チャオは王族に付される敬称（欧文ではルアンパバーン王族にはTiaoが、その他王族にはChaoが使用される）。

57　ルアン山脈。ラオス中部のヴィエトナムとの国境沿いをメコン川に平行して北西より南東に走る山系。「安南山脈」とも呼ばれる。

れればわれわれは逮捕され、フランス側に引き渡されたであろう。

ルアン山脈を越えるには、これとは異なる困難が生じた。フランス軍基地を避けて高地に上り、あるいは谷川を下りたため、全身の汗は絶えることなく、疲労困憊した。また、道中では血を吸う山蛭に注意せねばならなかった。ある時は昼夜問わずの雨天となり、十分な食事も睡眠もとるのも困難であった。敵の掃討作戦に対する警戒も必要であった。敵の航空機による偵察、爆撃、銃撃からタイミングよく避難できる場所を探しておく必要もあった。ヴィエトナム領に入ってからも、多くの敵軍基地を避けてジャングルの中を突き進んでいかねばならず、1ヵ月を経てやっと会議が開催できる安全区域[58]に到着した。早速われわれは会議場、他地区代表者のための宿泊所の建設、全員の安全を確保するための避難用の穴掘りに協力した。

ネーオ・ラーオ・トー・ターン（ラオス抗戦戦線）全国代表者大会は、抗戦区域代表とラオス全土各地からの僧侶、キリスト教修道者、労働者、農民、軍人、婦人、有識者の各代表で構成される150人が出席して、1950年8月13日に開会された。ヴィエトナム義勇軍代表、ヴィエトミン・リエンヴィエト[59]代表、ヴィエトナム大衆組織代表も名誉代表として参加した。同代表大会の開会はわれわれにとり大きな行事であった。ラオス全土の人民300万人を代表する大会出席者が一堂に会し、胸襟を開いて親密かつ愉快に話し合える機会となった。会議開催地域のゲリラ兵、諸民族住民も大会参加代表者の安全と生活環境の確保に喜んで協力すると同時に、政治の研究会や学習会にも参加した。

大会の終了後に、大会準備委員会の代表が世界情勢、国内情勢、過去4年間の成果、優れた点、反省すべき点、われわれの革命方針と当面の実施任務を総

58　この全国代表者大会はヴィエトナム北部のトゥエン・クアン（ハノイ北方約120 km、当時ここにヴィエトミンの本部があった）で開催されたと言われる（Adam and Mccoy, *Laos: War and Revolution*, 1970, p.116; Paul F. Langer他，*North Vietnam and the Pathet Lao*, Harvard University Press, p.49）。ラオス情報・文化省発行の*Pawatisat Lao*, 2000, p.754. ではヴィエトナムとの国境地域のホアパン県内となっている。なお、同大会に出席したカムパーイ・ブッパーが訳者に述べた（2004年10月）ところによれば、同代表大会はハノイ北方のトゥエン・クアンで開催され、当時はこの地域に“Kinh Lao”と呼ばれるラオス人居住地域があった由。ラーオ・イッサラが1949年10月に解散して間もなくの同年11月にスパーヌヴォンがこのトゥエン・クアンでホー・チ・ミン国家主席に会い、ヴィエトミンとの協力関係につき合意している。

59　ヴィエトミン・リエンベト。ヴィエトナム独立同盟会・ヴィエトナム国民連合会の略。

括する政治報告を読み上げた。続いて、各地区代表、ラーサヴォン部隊[60]代表、婦人代表、農民代表、諸民族代表、僧侶代表、キリスト教徒代表より意見発表が行なわれ、ヴィエトミン・リエンヴィエト代表、ヴィエトナム婦人代表からも今次大会開催に対するヴィエトナム人民の賛辞と祝意が披露された。

引き続いて大会準備委員会は「ネーオ・ラーオ・イッサラ」(「自由ラオス戦線」)と称する民族統一戦線の設立に関する大会決議案、ネーオ・ラーオ・イッサラ規約案、ラオス抗戦政府の樹立・構成・当面の任務に関する決議案を読み上げた。これらの文書には次の内容が含まれていた。

われわれがこよなく愛するラオスは、60年以上にわたりフランス植民地主義者に占領統治され、反動的植民地主義者たちはわが国を彼らに譲渡し、ラオス人民を抑圧、搾取し、諸民族がこの抑圧と搾取に対抗蜂起するや、彼らは軍事兵力を行使して野蛮な掃討作戦を展開した。1945年に至り日本ファシストがフランス軍を排除したが、日本軍が連合国側に敗北したのに伴い、ヴィエンチャン県民は蜂起により権力を奪取し、ラオス独立政府を樹立し、ラオスの統一を宣言した。同政府はフランス植民地主義者がラオスに復帰すると同時にタイに亡命したが、1949年末にラオスに帰還してフランス側に降伏した。しかし、全国各地区の愛国人民は各自の抗戦地区内においてフランス植民地主義者に対する闘争活動を継続した。各地における闘争の勝利により抗戦地区は日々拡大していき、幾つかの地区ではフランス植民地主義者の掃討作戦の士気を殺ぐまでになった。これら抗戦地区では政策方針とその実施方法はそれぞれが異なり、統合性がなかったため、ネーオ・ラーオ・イッサラ全国代表大会を開催し、政策方針とその実施の形態、方法の統一を図って、ラオスの各地域への拡張と勝利に導いていく必要があった。今次大会における統一的な総合政策の主要項目は、「ラオス諸民族の連帯、ヴィエトナム人民とカンボジア人民との密接な連帯、フランス植民地主義者と反動的封建主義者の打倒、アメリカ帝国主義者による侵略への対抗、ラオスの独立、統一、確固たる繁栄」である。

ネーオ・ラーオ・イッサラのメンバーとして、かつラオス抗戦政府閣僚として、私自身は前者の中央委員会常務委員、後者の副首相兼内務大臣に選出さ

60　ラーサヴォン部隊。1949年1月20日に創設された「ラーオ・イッサラ軍」(「ラオス人民軍」の前身部隊)で、司令官はカイソーン・ポムヴィハーン。

れる栄誉に浴した。そのほかのメンバーは次の通りであった。

スパーヌヴォン：ネーオ・ラーオ・イッサラ議長、首相
ヌーハック・プームサヴァン[61]：ネーオ・ラーオ・イッサラ中央委員会常務委員、経済・大蔵大臣
カイソーン・ポムヴィハーン[62]：ネーオ・ラーオ・イッサラ中央委員会常務委員、国防大臣
スック・ヴォンサック：ネーオ・ラーオ・イッサラ中央委員会委員、教育大臣
ファイダーン[63]：ネーオ・ラーオ・イッサラ副議長、無任所大臣
シートン・コンマダム[64]：ネーオ・ラーオ・イッサラ副議長、無任所大臣

61　ヌーハック・プームサヴァン。サヴァンナケート生まれ(1916～2008)。1941年頃、ラオス・ヴィエトナム間の輸送業務に従事し、ヴィエトミンに協力。スパーヌヴォン殿下に接し、ラオス独立委員会に参加（1945)。ラーオ・イッサラのハノイ代表。東部ラオス抗戦委員会の委員長としてラオス・ヴィエトナム国境地域でゲリラ活動に従事。ネーオ・ラーオ・イッサラ抗戦政府の経済・大蔵大臣(1950年8月)。ジュネーブ会議に出席(1954)。人民革命党とラオス愛国戦線に入る(1955)。補欠選挙で国民議会議員に（1958)。1959年7月、他のパテート・ラーオ側要人とともに逮捕、投獄され、1960年5月に脱獄。1960年のクーデターでジャール平原に入り、プーマー殿下の中立政策を支持したが、カイソーン・ポムヴィハーンの片腕として党序列第2位を確保。1975年の新政権成立とともに経済担当の副首相、サヴァンナケート県選出の最高人民議会議員、同議長に（1989)。1992年1月に訪日。カイソーン国家主席兼党議長の急死後、国家主席(大統領)に就任(1992年11月)。

62　カイソーン・ポムヴィハーン。サヴァンナケート生まれ(1920～91)。父はフランス統治下のヴィエトナム人書記、母はラオス人。ハノイで法律を学び（1942)、この間に反フランス・反日学生運動に参加。インドシナ共産党加入（1946)、スパーヌヴォン殿下の独立ラオス委員会、東部ラオス抗戦委員会に参加。後にラオス人民解放軍となる「ラーサヴォン部隊」を組織(1949)。自由ラオス全国代表大会に出席、中央委員に選出され、ネーオ・ラーオ・イッサラ抗戦政府の国防大臣（1950年8月)。ラオス人民党書記長兼ラオス人民解放軍総司令官(1955年3月)。ラオス愛国戦線副議長(1955年10月)。連合政府に参加・国民議会議員（1958)。サムヌア解放区に帰還後、パテート・ラーオ軍を指揮してラオス王国軍に対抗(1959年7月～)。ラオス人民党第2回党大会で書記長に(1972)。以降1975年に首相になるまで表舞台には現れなかった。閣僚評議会議長（1982)。以後、党・政府の改革路線を推進し、第5回までの党大会を主宰。初めての西側諸国訪問として日本を公式訪問し、海部総理と会談（1989年11月)。国家主席(大統領)兼党議長(1991年8月)。「カイソーン」はヴィエトナム語で「ソーン伍長」と呼ばれていたことに由来すると言われる。

63　ファイダーン・ロッブリャヤーオ。シエンクアン生まれのモン族。フランスに抵抗して日本軍の占領時代には日本軍に協力した。ラーオ・イッサラに参加(1946～54)。シエンクアンでモン族のゲリラ隊を指揮。ネーオ・ラーオ・イッサラ全国大会に出席（1950)。抗戦政府の無任所大臣に。ラオス愛国戦線の中央委員、副議長に選出（1956)。最高人民議会副議長（1975)。ラオス国家建設戦線副議長(1979)。1986年没。イャウー・ロッブリャヤーオ(元少数民族委員長)の兄。

64　シートン・コンマダム。アッタプー生まれ(1908～77)。ラヴェン族の指導者。フランス統治時代に投獄されるが、日本軍に釈放される(1945)。フランスの復帰とともに南部でゲリラ活動再開。ラーオ・イッサラ運動に参加。1949年のラーオ・イッサラの解散後もペッサラート殿下に協力してゲリラ活動

これ以外にも本部所属の中央委員がおり、その多数が地方に帰還した。

この大会が1950年8月15日に閉幕した後、私は各地区代表とともに、大会決議の、植民地帝国主義者の侵略政策が誤りであり、道義に反した政策が植民地帝国主義者を徐々に敗北に導き、民族解放闘争を通じて諸民族人民の至福をもたらすのが正しい政策であることを示している世界情勢の部分を特に研究、学習した。そして、当初の勢力がいかに脆弱な2本の素手にすぎなくとも、これが次第に強化され、最終的には完全な勝利を収めるであろうことを確信した。

今次代表大会にはヴィエトナム政府、ヴィエトミン・リエンベトからもそれぞれの代表団が派遣された。この光栄に応えるために、大会後にわれわれは諸民族、青少年、僧侶より構成されるわが方代表団をヴィエトナム民主共和国に派遣した。同代表団に同行し得た私にとっては大きな喜びであった。彼らの根拠地[65]はヴィエトナム北部のジャングルの中にあり、同地でわれわれは政府閣僚とヴィエトナム統一戦線一行の満面笑みをたたえた暖かい歓迎を受けた。ホー・チ・ミン国家主席に会見する機会を得た時の私の感激は譬えようがないほどに大きかった。国家主席は、極めて親密な態度でわれわれに接した。ファム・ヴァン・ドン[66]、チュオン・チン[67]、ヴォー・グェン・ザップ[68]、ホアン・クオック・ヴィエト[69]とその一行の多くがわれわれの歓迎に参加し、1つの家族内の兄弟関係同様の雰囲気で歓談が進んだ。

ホー・チ・ミン国家主席は、われわれのために4日4晩を費やして、帝国資本主義が次第に衰退し必然的に敗北の道を歩まざるを得ないこと、ソ連を中心とする世界の革命運動は拡大強化しつつあり、日増しに状況は有利に展開し、

を指導。スパーヌヴォン殿下の招請に応じてネーオ・ラーオ・イッサラ全国大会に出席、中央委員に(1950)。抗戦政府の無任所大臣。ラオス愛国戦線副議長(1956)。1958年補欠選挙で、サーラヴァン県選出の国会議員。他のパテート・ラーオ側要人とともに逮捕され(1959)、脱走(1960)。最高人民議会副議長(1975)。

65　彼らの根拠地。本章訳註58(113ページ)を参照。

66　ファム・ヴァン・ドン。1906～2000。ヴィエトナム共産党最高指導者の1人。

67　チュオン・チン。1907～88。ホー・チ・ミンの側近。国家評議会議長(1981)。

68　ヴォー・グエン・ザップ。1911～。ヴィエトナム共産党指導者。軍事戦略家。ヴィエトナム宣伝解放隊(ヴィエトナム人民軍の前身)を創設。ヴィエトナム民主共和国の内務大臣(1945)。同国防大臣(1946)。人民軍総司令官(1947)。1954年のディエン・ビエン・フーの戦いでの戦功で有名。

69　ホアン・クオック・ヴィエト。1905～80年代末。インドシナ共産党設立(1930)に尽力。インドシナ3国連合民族統一戦線委員。党中央委員会政治局員(1951)。その後、祖国戦線議長。国会議員。

最終的には確実に勝利を得るであろうとの趣旨を強調した。国家主席はわれわれにマルクス・レーニン主義理論の詳細を説明して聞かせ、それは明確かつ網羅的であったので、われわれには卓越した路線がいっそう明瞭に見えるようになり、不退転の勝利に対する確信がいっそう深まった。ホー・チ・ミン国家主席の説明を聞けば聞くほどに私の心は魅了され、夜半になっても睡気を覚えることはなかった。こうして、国家主席とわれわれとの親密かつ趣のある雰囲気が醸成され、出発の当日になっても国家主席のもとを去り難かった。われわれはホー・チ・ミン国家主席が幹部要員を養成するために開催している政治会議にも参加した。国家主席に会見する機会を得たことは、革命理論をさらに深く理解し、われわれの果たすべき任務をより明確にするのに役立った。

その後、再度ホー・チ・ミン国家主席に会う機会があった。それはある場所で開催された農民会議の席上であった。この機会を通じて、われわれ全人員が連帯を組んで人民を救国共闘活動に動員する方法を学ぶことができた。私はホー・チ・ミン国家主席の質素な生活様式に強く心が惹きつけられた。彼の明るく解放的な態度は、親しく人民の中に溶け込んでいた。彼の明快で魅力的な政治理論を学ぶと同時に、わかりやすい演説方法に接することができたのは私の大きな喜びであった。この現実的で楽しい指導方法により聴衆は疲れを覚えることなく、ただ熱心に聞き入るのみであった。国家主席のもとを辞去してからも、彼の態度、物腰、話し方のひとつひとつが印象的で忘れることができなかった。彼は尊敬すべき学者であり、涸れることなく迸る革命理論の宝庫であり、澄みきった明鏡の如くで、勇敢なるヴィエトナム人民のみならずラオス、カンボジアその他の人民にとっても尊敬すべき偉大な指導者であった。

全国大会の開催地に戻った際に、われわれがホー・チ・ミン国家主席から受けた貴重な教訓を革命方針の研究、学習を行なっている同志の全員に披露したところ、各人とも積極的な反応を示し、われわれの勝利に対する確信がさらに深まった。

世界情勢と国内情勢、革命方針、当面の任務の方針に関する一致した理解を得た各代表者は、競って手を取り合い、能力の限りの成果を達成しようと別れの言葉を交わしつつ、各自所属の地方区域に戻っていった。他方、私自身はネーオ・ラーオ・イッサラの中央本部にあって、政治、軍事、経済、教育、文化、社会に関する詳細な実施計画を同志とともに研究・立案し、これを地方に通達して、計画の一体的実施を図った。この当時にわれわれが成し得た1つの重要なことは、これまで何十年間もラオスで議論されたにもかかわらず合意に到らなかったラーオ語の読み書きに関する原則を設定したことである。[70]

70　ラオス愛国戦線支配地域でのラーオ語の文法、正書法についてはプーミー・ヴォンヴィチットを中心とする識字運動を通じて普及が図られ、同氏自身の著作になる『ワイニャコーン・ラーオ』(『ラーオ語文法』、ラオス愛国戦線中央委員会教育部、サムヌア、1967）で集大成された。他方、ラオス王国憲法成立後のラオス王国政府側によるラーオ語の正書法、外来語などについては1949年1月27日付国王令で規定され、その後、文学・文法の普及につぃても1951年8月27日の首相令によって「ラオス文学(芸)委員会」が設置され、その活動目的として国語教科書、教育用文学書の策定計画、ラーオ語の文学・文法・文芸の研究、外国文学の編集、文学書の出版、ラーオ語の言語・文芸に関する図書の出版、ラーオ語の正書法の確定などが示された。ク・アパイが初代委員長。同委員会は、1970年2月23日の国王令に基づき、「ラオス王国学士院」に格上げされて、ラオスの文学、芸術、言語に関する研究、検討が継続された。初代院長にはピエール・ギンが就任した。1975年の新体制移行後は上記プーミーの文法書を基礎としつつ、関連セミナーなどを通じて文法、正書法につき随時検討されている趣。

第7章
政治勢力と武装勢力の拡張

1951年初頭に、私は生まれ故郷のシエンクアンにおける政治基盤と武装勢力の拡張を図る責任者に任命された。同志たちや親しく前々から付き合ってきた人たちに会えるのが嬉しかった。われわれは武装宣撫工作隊を組織して村民の中に潜行し、ネーオ・ラーオ・イッサラ（自由ラオス戦線）の政策方針の広報と政治基盤の建設に着手した。1951年は全年を通じて、敵との衝突は回避し、どこに入っても、フランス植民地主義者とその追随者が犯している抑圧と搾取による残虐な犯罪行為を明らかにし、われわれがネーオ・ラーオ・イッサラとラオス抗戦政府の活動の中で示された党の方針に従って、ラオス人民が自由の身でラオス自身の主人公となれるようにその解放活動に従事している理由を説明するにとどめた。この説明を通じて、ラオス諸民族はネーオ・ラーオ・イッサラの政策目標はただ1つ、ラオス全人民の至福と安寧の生活にあることを明確に理解するようになった。この政策方針を支持するラオス人民は、われわれの代理人となって、他の住民に対する宣伝工作活動をできる限り幅広く拡大していった。ある場所で人民運動が強化されると、われわれも人民の動員を促進する5段階項目、「情報」、「宣伝」、「組織」、「訓練」、「闘争」に則り、その地にネーオ・ラーオ・イッサラの支所を設置した。

この当時が、生活と活動の最も困難な時期であった。いずれの方角に向かうにしても、衣類、食料用の背嚢、武器弾薬を携行して山谷を行進せねばならず、寝るにはハンモックをジャングルの木に取り付ける必要があった。敵の基地を避けつつ、親しい住民との接触を手始めに地域に入り込んでいき、党、人民に対しては真剣に接し、あらゆる困難に耐え抜き、われわれの革命の最終的勝利を確信しつつ任務を遂行していった。

1951年の中頃に、私の妻と子供が私を尋ねて第1抗戦地区に入ってきた。拠点地への道がわからず、彼らはバンコクの友人を尋ねていき、そこから空路ビルマの首都のラングーンに赴き、引き続き船でシンガポール、香港、中国、ヴィエトナムを経由してわが居所に到着した。妻はマルクス・レーニン理論、ラオス革命路線を修めてから、幹部要員となって、ホアパン県の各地方の人民に対する啓蒙活動に従事した。2人の子供はヴィエトナムに派遣されて小学校クラスでの勉強を開始した。長女のヴィライ・ヴォンヴィチット[1]は高等学校を終了後、医科大学を卒業して、帰国後は国家公務員となった。弟のダーラー・ヴォンヴィチット[2]は中学校を卒業後、ソ連の中等技術学校（テクニコム）を経て建築大学校を卒業し、帰国後は同じく国家公務員として奉職している。

1952年の初頭になって、大衆運動は強化され、全民族に拡大していった。ほとんど各村にゲリラ組織を設置し、猟銃、先込め銃、毒矢を武器として活用し、道の岸辺の上に罠、石、木を使って敵を待ち伏せ攻撃した。われわれの合言葉は、敵の勢力を殲滅して武器を奪取することにより、われわれの勢力を増強し、さらに敵を攻撃するというものであった。人民戦争として、青少年、婦人、老人もそれぞれの能力に応じて攻撃に参加し、また自給自足のための生産増強、さらには7歳から45歳までの年齢層の人民に対する読み書きの学習も行なった。可能な限りの基礎教育と初等教育のための学校を建設し、非識字を克服した45歳以上の者には賞状と賞与を授与した。傀儡政権の行政機関の学校が設置されている村では、学校教育と夜間の成人教育のために教師の獲得に努力を注いだ。学校が建設されていない地域では、寺で僧侶、雛僧が教育を担当し、あるいは住民を一堂に集め､幹部要員や読み書きができる抗戦部隊兵が学び方を教え､字を書き込んだ紙を全員に配布した。各自はこれを持ち帰り、優秀な者が教師となって自学自習した。学習と同時にわれわれは児童、青少年に抗戦歌、ラオス国歌、ラオス行進曲、ラオス愛国賛歌などの歌のほか、ラムヴォンも教え、また、夜間には焚火のまわりで寸劇を演じるなど、今まで以上に雰囲気が盛り上がり、楽しみが増えた。

敵の基地が設置されているところでは、われわれはジャングルの中に捜索隊を配置した。食料の輸送にあたっては、居住地が定着し、信頼のおける関係者のみにわれわれの居所を明らかにした。ある村ではわれわれは住民を動員して

1　ヴィライ・ヴォンヴィチット。プーミーの長女(養女)。カムシン・サイニャコーン氏(農林副大臣、駐日大使、駐ヴィエトナム大使、国民議会議員を歴任)夫人。歯学を専修。

2　ダーラー・ヴォンヴィチット。プーミーの長男(養子)。1995年当時、建築・設計公社に勤務。

精米あるいは乾物食料を入手し、寺の僧侶に保管を依頼したが、寺に食料を搬送する際に敵の情報をも併せて入手した。この時期は、敵がわれわれの活動を察知しようとして動いていたために、困難が続いた。秘密が漏れると、彼らは部隊を派遣して、その地域を掃討した。ある時には敵の部隊がわれわれのいる村を何日間も包囲したため、食料の搬入が困難となって、食料不足をきたし、3、4日間、時には1週間にわたって、米の代用として木の実や木の葉を食した。しかし、住民の協力が日増しに強化されるにつれ、われわれの心はまだ明るく楽しい気分を維持することができた。

われわれの要員が住民、偵察部隊兵を伴って待ち伏せ攻撃をかけ、勝利を重ねていくにつれて、住民とゲリラ兵の勇気は高揚し、自己の指導力や能力に対する確信が深まった。ヴィエトナム幹部要員とヴィエトナム義勇兵の支援はわが革命勢力の強化に貢献した。彼らの態度、資格、能力を通じてラオス側の幹部要員、軍、人民の彼らに対する親近感が高まり、ラオスとヴィエトナムが骨肉を相分かち合って創設した連帯関係が次第と強化された。これが主たる要因となって、1952年を通じて勝利が常時拡大されていった。それとともに敵の勢力は都市部に収縮したのに比し、わが方の勢力は拡充され、地方での主人公となっていった。また、われわれにはこれまで学習してきた革命理論と党の政策方針を実際の任務として効率的に実施する能力があることがわかり、大きな喜びを感じた。同時に私の管轄する区域が国内のほかの区域とともに順調に拡大していった。

1953年初頭におけるわが方と敵側との勢力はほぼ拮抗していた。われわれは政治面と人民勢力の点では敵側より優っていたが、正規兵、武器の点では敵がわれわれを上回っていた。党中央本部は、他県、ヴィエトナム、カンボジアとの連携を図るために、わが方よりの大規模攻勢を決定した。同年の乾季に他県での攻撃が開始され、ポンサーリー県、ホアパン県、アッタプー県を解放すると同時に、われわれもノーン・ヘート[3]、ニョートファーイ、バーン・バン、カンカイ、シエンクアンを解放した。しかし、「カン・マー・レーン[4]」、通称

3　ノーン・ヘートはシエンクアン県東端のヴィエトナム国境近く、ニョートファーイは同県東部、バーン・バンは現在のムアン・カムで、カンカイ、シエンクアンとともに同県中央部に位置する。
4　カン・マー・レーン。ラーオ語で「馬が駆ける平原」の意味でジャール平原の別称。

「トン・ハイ・ヒン」[5]の解放は達成できなかった。同地での敵側の兵員数、航空機、各種武器がわが方を上回っていたためである。

われわれはナム・ガム川とプー・ボー山[6]に沿って避難壕を掘り、宣伝ビラを撒いて敵の傀儡部隊に投降を呼びかけた結果、一部の投降兵を得た。その後、小道に沿ってプー・ボー山、ドンダーンに至り、敵側の茶木の育苗試験所があるカンポで休憩した。それから、一定数の兵を伴って狭い山道を登っていき、山奥に避難している人民を慰問した。彼らの多くは私の親戚縁者で、互いによく知り合っている仲であった。

私は彼らに対し、今回の訪問の目的が人民に危害を加えるためではなく、わが国を植民地として統治し、わがラオス人民を抑圧、搾取しているフランス植民地主義者を攻撃するためであることを説明した。さらに、フランスは今回のラオス人民との闘争では必ず敗北することを明言した。その根拠として、私は、フランスは自国内においてはドイツに負け、インドシナでは日本軍に破れて疲弊していることをあげ、われわれはヴィエトナムとカンボジア人民との密接な協力により確実に勝利を得るであろうと説明した。その上で、ただひたすらに要請したいのは、北から南に至るまでの全ラオス人民が各民族間の団結を強化し、ネーオ・ラーオ・イッサラの指導の下に各自の能力に応じてフランス植民地主義者との闘争活動を続けることのみであると訴えた。当然のことながら、敵は相当の長期間にわたり、われわれに対して種々の困難を味わわせるであろうが、結局のところはわれわれが勝利を得、フランス植民地主義者は敗北してわが国から出ていき、わが国全土が独立してラオス全人民が自国の完全な主人公となるのは明白である。

人々は、私に会えたことを嬉しく思うと同時に、われわれが彼らの防衛のために同地に常駐するよう希望すると言ってくれた。これに対して私は、ジャール平原にはまだ敵が残存しており、また同地の人民はまだわれわれと一致協力

5 トン・ハイ・ヒン。ラーオ語で「甕ヶ原」の意でジャール平原の別名。ジャール平原はラオス北西部のシエンクアン県の一帯に広がる標高1000数百mの平原。この平原に先史時代の石壺群が残っており、ラーオ語で「トン・ハイ・ヒン」(甕ヶ原)または「カン・マー・レーン」(馬が駆ける平原)、フランス語から「ジャール」(壺、甕)平原、ヴィエトナム語から「チャンニン(鎮寧)平原」とも呼ばれた。
6 ナム・ガム川、プー・ボー山。ホアパン県東南部近くのヴィエトナムとの国境沿いの川と山(標高1741m)。

して立ち上がる段階には達していないので、今回の常駐は困難であるが、今後とも私は毎年尋ねてくるであろうし、また、2、3年後の全土解放の暁には間違いなく人々と生活を共にするであろうと答えてカンポに下りてきた。

その夜、党中央本部からの無電連絡で、追跡している敵が接近しており、彼らは航空機のパイロットに対してわれわれが休息している場所に爆撃を加える指示を与えたことが伝えられた。夕食を終えるや、われわれはカンポを後にしてセーファー村に移動し、そこで夜を明かした。翌朝、敵機が来襲し、育苗試験所周辺の家屋、森林は徹底的に破壊された。その夕刻にも彼らはセーファー村から3km離れたトゥム村に爆撃を加えた。

夜半にわれわれはセーファー村を出て、明け方にムアン・パーンに到着した。私は寺の僧侶たちにわれわれと共にジャングルに避難しようと誘ったが、彼らはフランス人は僧侶、仏刹には危害を加えないであろうと、同行を拒んだ。私は無理強いはせず、兵1個小隊を引き連れて5km離れた山頂の水源地に登って休息した。

同日の10時、敵機がムアン・パーン周辺を急襲した。僧侶、雛僧たちが黄色の僧衣を垣根に干してあったことから、そこが寺であることは明白であった。しかし、敵はムアン・パーンに10発の爆弾を投下し、このうちの4発が寺に命中して、僧侶1人と雛僧2人が死亡した。日が沈んでからわれわれが下山してみると、寺院、僧房は焼け落ちて灰塵に帰していた。僧侶、人民が泣き叫び、寺中いっぱいに轟きわたった号泣はどれほどであったかはわからないが、明確なことは民族の敵は僧侶、雛僧、仏教にとっても同様の敵であるということである。

同夜、死者の霊前への供養銭を届けてから、われわれはムアン・ガーン[7]に赴いた。ムアン・ガーンには早朝に到着し、ティーン・トゥン村から5km離れたプー・トゥン山のジャングルの中で宿営した。同志の幹部要員を食料確保のため山から下ろして定住者との連絡にあたらせ、われわれは同地に3日間滞在した。

ティーン・トゥン村の老婦人が、われわれが村近郊のジャングルの中に野宿していることを知って、炊き上げ飯、精米、塩干魚を持ってきてくれ、ムア

7　ムアン・ガーン。シエンクアン南東50kmにある町。

ン・ガーン独特の郷土料理でもてなしてくれた。われわれは彼女と1日中話し込んだ。彼女は敵に対する嫌悪感を露にし、われわれの勝利を確信していると話した。

同日の夕刻、敵機がムアン・ガーンの2ヵ村を爆撃し、上空を2時間旋回した後に引き返した。翌日になって、敵機はムアン・モー[8]方面のハーン村を朝夕爆撃した。おそらく、彼らはわれわれが同日中にムアン・ガーンを出てムアン・モーに向かうと判断したのであろう。しかし、われわれはムアン・ガーンを出て3日間はジャングルに野営し、その翌日の夜にムアン・モーを経て「タム・クープ[9]」に3週間野営し、要員の研修会を実施した。同地ではモン族住民から休憩所と宿舎の建設、提供を受けた上に食料品の奉仕を受けて、集会は無事に終了した。研修会の終了後は要員を各地方に送り出して、われわれは報告のために党中央本部に戻った。

今回のシエンクアン解放攻勢は敵の力を試してみたに過ぎなかった。解放攻勢を終えると、正規軍は引き揚げ、地方軍と抗戦部隊兵が残留して可能な限り解放地区の防衛の任にあたったが、わが軍が引き揚げるや敵兵が再び来襲して失地を奪回した。このため、わが地方軍と抗戦部隊兵が維持している地区は幹線道路から離れた山岳地区に入らざるを得なかった。

復帰した敵は、われわれとの協力者の多数を捕獲して処罰したり、斬殺、遺棄するなど、われわれに最大の苦痛と嫌悪感をもたらした。しかし、われわれの兵力は解放地区を維持していくにはまだ十分ではなく、対処のしようがなかった。われわれに抵抗し、われわれを遺憾に思う同志人民もいるに違いなかった。しかし私は、いずれは彼らもわれわれを理解してくれるであろうと確信していた。われわれは各地を通過する度に、全民族の同胞がわが人民とわが国の独立と繁栄、世界平和への貢献に向けた任務を遂行していることを説明し、彼らの理解を得るように努力していたからである。今や世界は公正の時代に入った。植民地主義時代が終焉し、どこの国民も自己の国の統治者となって団結していかねばならない時代となっている。それは同時に、物質、文化、精神面で

8　ムアン・モー。シエンクアン南東80kmの町。

9　タム・クープ、タム・カープ、タム・マープ。空爆時に住民が避難した洞窟の名で、シエンクアン地域には多くの石灰岩洞窟がある。「タム」は洞窟。

の生活を徐々に向上させるために国家の改善、建設を行なっていく時代なのである。

1954年の初めに、われわれは軍隊を伴って再びシエンクアン解放に向かった。今回は「タム・カープ」、「タム・マープ」に集結したシエンクアン住民に会った。住民たちも私に会えて喜んでくれたが、親しい者の中には、私がシエンクアンに来る時はいつも戦闘をお供につれてくるが、いつになれば自分の身ひとつで帰郷し、ここでの生活を共にすることができるようになるのであろうかと愚痴をこぼす者もいた。私はそれを冗談だと受け止め、シエンクアンから敵を追放するために軍隊が必要なのであり、シエンクアンの人民が一致団結して敵との戦闘に立ち上がり、敵を完全に追放すれば、私もここに来て皆と一緒に生活ができるようになるだろうと答えた。

シエンクアン解放に続いてターケークの全市とサヴァンナケート県の半分を解放するために、われわれは部隊を伴って南に下った。ヴィエトナムのゲアン省からフックタットを経てナーパーオ村、ムアン・マハーサイ[10]に入り、ターケーク市を解放後にセー・ノーイ川、セー・バンファイ川に引き返してナム・モーナーカポー川を渡り、敵機から投下される爆弾、機関銃の掃射弾の降り頻る中をホエイホーイ村[11]、ター・パチョーム、ムアン・セーン、ムアン・チャン、ムアン・ピン[12]に到着した。われわれは各地で住民の暖かい歓迎を受け、清々しい気持で一杯であった。

ムアン・ピンに到着したのは5月であった。空は新解放区の土地に雨を降らす状況が整い、蒸し暑かった。ムアン・ピン到着から3日後に本部からの電報により、ヴィエトナム軍がディエン・ヴィエン・フーで勝利を収めた結果、フランス植民地主義者をインドシナに関するジュネーブ会議に出席させることになったということを知った。この朗報にわれわれは喜び、わが国が解放され、独立国家を達成し得るとの確信を持った。

1954年7月末に至り、フランス植民地主義者はジュネーブ協定[13]に署名し、す

10　マハーサイ。ターケークから12号公路を東に40kmの地域。

11　ホエイホーイ村。9号公路のムアン・ピンの南東20kmの村。

12　ムアン・ピン。サヴァンナケートより9号公路を東に140kmの町。

13　ジュネーブ協定。1954年7月21日、ジュネーブでインドシナにおける一連の休戦協定が成立、これらを「1954年ジュネーブ協定」と総称した。フランス、インドシナ3国、イギリス、中国、ソ連、米国、

べてのフランス軍はインドシナから撤退し、ヴィエトナム、ラオス、カンボジアの独立、主権、領土保全を認めたとのニュースが入ってきた。ラオスのような、2本の素手のみで革命任務に着手した小国の後発国が一大帝国主義資本家であるフランス植民地主義者に勝利することができたという点で、このニュースはわれわれにいっそう大きな喜びを与えるものであった。われわれにとって美しく、偉大な、最も栄誉あるこの勝利は、ラオスにおける諸民族間の強固な連帯関係の成果であり、ラオス、ヴィエトナム、カンボジアの間の血肉と生命で結ばれた特別な連帯関係の成果であり、またわれわれの革命任務に多くの有効な援助を与えてくれたソ連とその他の社会主義諸国との強固な連帯関係と全面的協力関係の成果であった。この勝利は、これまでラオス人民が闘ってきた救国活動を支援し、平和、独立、民主、社会的進歩のための闘争を行なっている諸国人民の共同の成果でもあった。

1954年のジュネーブ協定には次の内容が規定されている。

パテート・ラーオ[14]側の武装勢力（ラオス愛国戦線）はホアパン県とポンサーリー県に集結し、ヴィエトナムとの国境沿いにルアンパバーン県を通過して上記の集結2県の間を移動することができる。また、パテート・ラーオ側は王国政府側と共同で、議長国のインド代表とポーランド、カナダの各代表で構成される「ジュネーブ協定実施の監視と管理のための国際委員会」による監視と安全保証の下で総選挙を実施し、国民議会と新政府に参加する。

同年の7月から12月までの同協定の実施において、われわれは他の10県からの要員と戦闘部隊を集結地に召集して、全国ラオス人民の願望に沿った平和的手段によるラオスの統一を待機することとなった。

ホー政権が参加。会議の主目的はフランス軍とヴィエトミンとの休戦であるが、ラオス問題にも及び、同協定には（1）2年以内に総選挙を実施するまでパテート・ラーオ軍（約1500名）はラオス東北地区のポンサーリー、サムヌア両州に集結、政府軍に統合、（2）インド、カナダ、ポーランドで構成される「国際監視管理委員会（ICC）」の設置、が含まれている。

14　パテート・ラーオ。ラーオ語で「ラオス国土」、「ラオス領域」などの意味であるが、1950年頃からの反フランス闘争期の当初はフランスの支配から解放された地域の意味で使用された。後には一般的に、反フランス闘争活動、ヴィエトミンの協力下で展開される共産主義運動を意味する用語となった。対外的な公式用語として使用されたのが1954年のインドシナ休戦に関するジュネーブ協定であり、この独立闘争活動の政治機関として「ラオス人民党（1955成立）」および「ネーオ・ラーオ・ハック・サート（ラオス愛国戦線、NLHS）」があった。ネーオ・ラーオ・ハック・サートは1950年解散の「ネーオ・ラーオ・イッサラ（自由ラオス戦線）」の後身として、ラオス人民党の指導下に1956年1月に成立した。同戦線は1979年2月「ネーオ・ラーオ・サーン・サート（ラオス国家建設戦線）」に改称。

第8章
アメリカ帝国主義者のラオス介入

ジャール平原での和平交渉　カターイ・ドーン・サソーリットを首相とする王国政府から、パテート・ラーオ側の提案に同意し、同政府側が空港を建設して軍部隊を配置しているトン・ハイ・ヒン（ジャール平原）へわが方の交渉代表団の派遣を招請するとの電報が届いた。交渉代表団長として私が1954年12月29日にジャール平原に到着した。この1週間後にDr.トーンディーを団長とし、プーミー・ノーサヴァン[1]、スカン・ヴィライサーン[2]、シースック・ナ・チャンパーサック[3]、インペーン・スリニャタイ[4]、ブアワン・ノーラシン[5]の各団員で構成される王国政府側代表団が交渉地に到着した。彼らはフランスの法律学士

1　プーミー・ノーサヴァン。サヴァンナケート生まれ（1920～85）。抗日運動に参加（1945）。タイに亡命のラーオ・イッサラ運動に参加（1946～49）。ラオス王国軍に入隊（1950）。王国軍参謀総長（1955）、国益擁護委員会（CDNI）に参加（1958）。プイ・サナニコーン内閣の国防担当国務大臣（1959）。パサー・サンコム（右派政党）党首。コーン・レーのクーデターに対しては、アメリカ、タイの協力を得て反クーデター委員会を設立。ブンウム内閣の副首相兼国防大臣（1960）。第2次連合政府の副首相兼大蔵大臣。訪日（1963年10月）。右派内部抗争によるクーデターに失敗（1964）。タイに亡命（1968）。タイのサリット元帥とは親戚関係。

2　スカン・ヴィライサーン。ヴィエンチャン生まれ（1921）。法律・行政学校卒業。『ラーオ・ニャイ』紙の編集、ラオス刷新運動に参画（1944～45）。ラオス法律・行政学校学監（1945）。ヴィエンチャン警察警視（1945～46）。ラーオ・イッサラに参加（1946～48）。バンコク亡命政府の首相秘書官。ラーオ・イッサラの解散とともにラオスに帰国、ラオス警察に入る（1950）。国家警察長官（1958）。

3　シースック・ナ・チャンパーサック。パーク・セー生まれ（1928）。フランス、オランダ留学。カターイ・ドーン・サソーリット首相の主席秘書官（1954）、プーマー内閣の閣僚評議会事務局長。プイ・サナニコーン内閣の情報・青年担当国務大臣。国家利益擁護委員会の重要メンバー。第2次プーマー連合政府の崩壊後は大蔵大臣。第3次連合政府国防大臣（1973）。東南アジア開発閣僚会議に参加のため訪日（1973年10月）。タイ、フランスに亡命（1975年5月）。*Storm Over Laos*（New York: Frederick A. Preager, 1961）の著者。

4　インペーン・スリニャタイ。チャンパーサック生まれ（1923）。フランス留学後外交官に。プイ・サナニコーン内閣の司法担当国務相（1958）、国家利益擁護委員会書記長（1959）。ソムサニット内閣の財政・計画相（1960）。プーマー内閣の財政大臣。国民議会副議長（1963）。社会進歩・民主党書記長。連合政府（第4次改造）計画大臣、司法大臣（1965～71）。駐ロンドン大使（1975）を経てフランスに在留。1978年頃より「ラオス人民解放のための民族統一戦線」を通じ反政府活動に従事したと言われる。

5　ブアワン・ノーラシン。国会議員（1960～64）。ソムサニット内閣の司法・宗教担当国務大臣（1960年6月）。ブンウム内閣の司法兼情報・宣伝相（同年11月）。ジュネーブ協定3派合同行政委員会右派代表委員（1962）。第2次連合政府（第2改造）司法相（1964）。

号の取得者であるとか、士官学校、ラオス法律学校などの出身者であった。Dr.トーンディーとはシエンクアン、サムヌア時代からの旧友であり、今回の再会を喜び合った。

1955年1月6日、交渉が開始された。第1日目は双方が今次交渉におけるそれぞれの目的を表明するスピーチを読み上げた。パテート・ラーオ側のスピーチは、フランス軍のラオスからの撤退、ラオスの独立・主権・領土の保全とラオス双方の統合によるラオスの統一を実現するための条件を醸成し、繁栄のラオス国家を建設することにより世界平和に貢献する喜びを表明した。他方、王国政府側のスピーチは、パテート・ラーオ側代表団が交渉に参加したことを欣快としつつも、ラオス全人民の願望に沿ってパテート・ラーオ側がラオス国民の一員として参加が認められるには、パテート・ラーオ側に恩赦を与える必要があり、このためにも今次交渉が良好な成果を収めるよう希望するという内容のものであった。

実際の交渉に入ると、双方の原則が多くの点でかけ離れていると思われた。即ち、王国政府側（ヴィエンチャン政府側）は「ラオス抗戦政府」を認めようとせず、われわれのフランス植民地主義者に対する民族解放のための攻撃を違法と見なした。したがって、まずフランス傀儡政権であるヴィエンチャン政府が恩赦を与えて後に初めてパテート・ラーオ側がラオス国民になれるという主張であった。しかし、われわれがフランス植民地主義者を追放し、独立国家のための解放闘争を行なうことは正当かつ栄誉ある行為であり、われわれが違法者であって恩赦を受けねばならぬとの主張は到底受け入れることはできなかった。

論議が長期化したため、双方は相互に合意し得る適当な方策を模索することになった。毎回の交渉毎にわれわれは本部に報告し、本部のコメント、今後の方針につき請訓した。ヴィエンチャン派側[6]代表団は互いに対立する多くの派で構成されており、誰も自分で責任を取る勇気がなかったために交渉は複雑化の様相を呈した。しかし、交渉が開始されてから後約1ヵ月して、双方は1通の共同宣言に署名することで合意に達した。この共同宣言には、双方はすべての問題点について満足し得る合意点に達するあらゆる方策を模索し、平和、独立、民主、統一、繁栄のラオスを建設することで合意した旨が記されていた。

6　ヴィエンチャン派側。王国政府側のこと。

共同宣言の署名後、双方は署名本書をそれぞれの中央本部に送付した。われわれパテート・ラーオ側の本部はこの共同宣言のすべての条項に同意し、ラジオ放送と新聞発表により人民に交渉の進展ぶりを広報した。しかし、王国政府側は「平和、独立、民主、統一と繁栄」の表現は共産主義者の表現に過ぎないとして共同宣言に同意しなかった。王国政府側団長のDr.トーンディーは王国政府側から非難され、ヴィエンチャンに召喚された上に、代表団団長の地位から降ろされた。ヴィエンチャン派側の新団長にはウンフアン・ノーラシン[7]が任命された。

ウンフアン・ノーラシンは私の妻の伯母の娘婿で、さらに、彼は私の妻の伯父パニャー・ムーン・ルーク・ターオと叔父のティット・カムペーン・サイニャシットをも同伴してきた。ヴィエンチャン派側としては私の親戚縁者を連れてくれば簡単に私を抱き込むことができると考えたのであろう。王国政府側は、団長をすげ替えても、彼らの原則に変化はなく、あいかわらずわれわれに武器を置かせて降伏させ、彼らがわれわれに恩赦を恵与しようというものであった。それはわれわれには受け入れることができない相談であった。フランス植民地主義者を攻撃し勝利したのはわれわれだからである。われわれのフランス攻撃は、愛国心と独立国家への願望に基づくものであった。だからこそフランスに勝利したのである。このような愛国心には何らの違法性もなく、われわれが王国政府側から恩赦を受ける理由は何1つない。フランス植民地主義者を追放して、われわれとしては、1954年のジュネーブ協定の規定に従って、分裂した双方のラオスを統合し、共同で総選挙を実施して新議会を設置し、新政府を樹立したいと願うのみであった。

今次交渉での困難な点は、ヴィエンチャン派側代表団が彼らの幹部から非難されるのを恐れ、その場ではわれわれとのいかなる合意をも図ろうとせず、発言の都度、電報連絡ないしは要員の派遣を通じて幹部と連絡しなければならなかったので、回答までには相当の時間を要したことであった。この困難を解決するため、彼らはわが方代表団に対し、交渉地をヴィエンチャンに移すよう要

7　ウンフアン・ノーラシン。ルアンパバーン生まれ（1904）。ラーオ・イッサラ政府首相府官房長（1945）。財務部官房長（1950）。関税・収税局長（1953）。王国政府の内務政務次官（1955）。ルアンパバーン選出国会議員（1956）。王国政府法務・宗教大臣（1957）。王国政府経済大臣（1958）。「カーオ・ナー」（進歩党）幹事長。

請してきた。わが本部もこれを了承し、王国政府側もあらゆる安全の保証を約束したので、われわれ代表団も彼らの要請に同意し、双方の代表団はともに1955年5月にヴィエンチャンに移動した。

ヴィエンチャンで和平交渉を継続　ヴィエンチャンに到着してからは種々の変化が見られた。ヴィエンチャン派側のウンフアン団長が解任され、ニュイ・アパイ[8]が団長となった。空港にわれわれを出迎えた際に、彼は自分が王国政府側の団長に任命されたことを告げるとともに、われわれ2人は古くから親しい関係にあるので、今後の交渉の成功を確信しており、わが方で必要な物があれば遠慮なく申し出てほしいと述べた。これに対し当方は、公正と双方が満足しうるラオスの平和的統合を実現するための交渉が持てることを喜ばしく思うと答えた。われわれが必要とする物については、住居と交通手段など種々の便宜を要請したが、ヴィエンチャン派側がわれわれに用意した住居はベッド、食事テーブル、学習机、応接室の茶机、食堂用茶碗、皿類などもない全くの空き家で、市場への買物、会議に出席するのに必要な車両なども提供されなかった。

ニュイは、この要請は難しいことではないので同日夕刻にも一部を用意し、残りは翌日にはすべて完備させる旨を約した。彼は暫くしてから土鍋、竹編みバケツ、茶碗、皿、フォーク、スプーンと全員が寝られる程度のベッドを搬入させ、電気技士を派遣して各部屋に電球と扇風機を設置した。

翌日になって彼が再びわが宿舎にやってきて、フォード製の黒塗り乗用車1台と赤色のワゴンジープ1台が提供された。そのほかの必要品についても問い合わせてきたので、屋内の中央に敷くゴザ、ベッドに掛ける蚊帳、菜園用鍬、ショベル、スコップのほか、上記の自動車2台の運転手2人（ただし、給与はわが方が支払う）を依頼した。ニュイはその要望も簡単なことなので今夕にも手配しようと答え、さらに、必要な護衛警察官の員数についても訊いてきた。われわれの警護については、ヴィエンチャン来訪前にウンフアンが安全を100%保証する文書に署名しているので、ヴィエンチャン派側の措置に任せたいと答えた。

ニュイはいったん引き揚げてから、こちらの要望に応える物品などをすべて取り揃えて、われわれの宿泊所の警備を担当する警察チーム1班を配置した。

8　ニュイ・アパイ。第2章の訳註34（46ページ）を参照。

その際に交渉の開始期日を照会する書面を託してきたが、われわれは協議の結果、ヴィエンチャンの暑い気候条件による疲労を回復させ、当地での生活でさらに必要とする便宜を検討するために5日間の休息をとることにした。

その後、ニュイが再び訪れて、われわれとともに各部屋を点検し、さらに必要な物があればそれを取り揃えて持ってきた。このように時間を費やしたのは、ヴィエンチャン派側に対してはまず、われわれが必要とする家具などを完全に揃えさせるためであった。交渉が開始されて、彼らの要請に従わない場合には何の便宜をも得られなくなるであろうと考えたからである。

この当時のヴィエンチャンは静かな町であった。ヴィエンチャン派側政府は住民を厳格に規制していたので、われわれの宿泊舎の前を歩いて通り過ぎる者もいなかった。知り合いが通りかかったのを見て挨拶の言葉をかけても、警察の監視が怖くて返答もしなかった。また、逆に、われわれが知り合いを訪ねていっても、われわれを迎え入れる勇気のある者は少なく、寝室に走り込んだ父親が子供を通じて不在を告げることが多かった。同志同僚がわれわれの食事の材料を仕入れに市場に行くにも警官と同行せねばならなかった。警護といっても、実際のところはわれわれの活動を監視し、民衆を威嚇してわれわれとの対話を阻止するためであった。

1週間の休会の後、われわれはヴィエンチャン派側代表団との交渉の再開を受け入れた。交渉は首相府で開始された。わが方はアメリカ帝国主義者の介入に対抗するために統一総選挙と新政府樹立の同時実施を提案した。これに対し、ヴィエンチャン派側は、わが方代表団をラオス抗戦政府代表団とは呼称しないこと、そして、わが方を武装解除して、恩赦法を制定しようとしている王国政府に同意するよう求めてきた。

双方の原則がこのように異なり、相容れなかったため、ヴィエンチャン派側は急に態度を硬化させた。われわれが要求していて、まだ提供されていなかった物品はそれっきりになってしまった。その後、フォード車も取り返され、車両はワゴンジープのみとなった。ニュイ自身を除いては誰もわれわれを訪問、歓迎することが禁止された。交渉は1週間に2度の割合で続けられたが、双方は依然として各自の原則に固執した。当方よりは上述の如くにジュネーブ協定を正しく実施するよう求めた。

この当時は、アメリカ帝国主義者がラオスに入り、撤退したフランス植民地主義者の後に入れ替わろうとしていた。彼らは、カターイ・ドーン・サソーリット首相のほか、この間までフランス植民地主義者の道具であった軍部、行政機関、警察を自分たちの道具として掌握し、軍と警察の制服を取り替え、政府、県知事、郡長を買収して彼らに奉仕させ、忠実な者たちには高い職位につけて早期の蓄財が可能となることを保証した。

アメリカ帝国主義者の指示に従って、カターイ・ドーン・サソーリットは、われわれとの交渉を中止させ、わが方代表団に対してサムヌアへの帰還を要請した。しかし、国際監視管理委員会とジュネーブ会議の共同議長国であるソ連、イギリスの両大使は、われわれがヴィエンチャンから引き揚げることには反対するとともに、ヴィエンチャン派側に対して交渉の継続を求めた。カターイ・ドーン・サソーリットは、共同議長と国際監視管理委員会の提案に従わざるを得ず、われわれにヴィエンチャン引き揚げは求めなくなったが、彼ら代表団とわれわれとの交渉は認めなかった。

スパーヌヴォン議長はカターイ・ドーン・サソーリット宛て電報で、ビルマの首都ラングーンでの会談を招請した。彼はこれを承諾し、われわれもスパーヌヴォン議長に合流して、1955年6月[9]ラングーンで彼と会談したが、5日間の交渉を通じて何らの合意にも至らぬまま話し合いは決裂してしまった。

われわれは今後の方針を協議するため、いったんサムヌアに戻った。ちょうど、この時にカイソーン・ポムヴィハーン書記長が、第1回ラオス人民党[10]党大会後の党中央委員会会議を召集した。この時、同書記長からは、私が出席していなかった同党大会で私がラオス人民党の委員と中央委員会常務委員に選出されたことを知らされた。

第1回党大会の決議事項を研究、学習して後に、交渉を継続するためヴィエンチャンに帰任した。しかし、ヴィエンチャン派側は業務多忙を理由にわれわれとの交渉を拒み続けた。われわれの観察するところでは、彼らの業務繁忙は事実であり、その実態は、アメリカ帝国主義者たちが新規の文官、軍、警察の

9　ラングーン会談の開始は1955年10月9日であるので、本文で6月とあるのは10月の記憶違いか。

10　ラオス人民党。「インドシナ共産党」の解散（1951）後の1955年3月22日に成立し、1972年に「ラオス人民革命党」に改名。初代書記長はカイソーン・ポムヴィハーン。

制服をフランス式制服からアメリカ式の制服と階級章に変更したことに基づいていた。軍、警察、一般公務員の幹部も多くが異動し、アメリカに忠実な者が重要職務に付けられた。

この待機期間中に、われわれは旧知の人々を訪ねていき、われわれの誠意を伝えた。多くの者から同情され、ヴィエンチャン派側の重要行事にも招待された。これらの行事への参加などを通じて彼ら多数との対話の機会を得、雰囲気が次第と和んできた。彼らはわれわれに対する親密感を表明し、食料を提供する者も多かった。地方からの党支部要員をわれわれのところに連れてきて、われわれの状況を尋ねる者もいた。われわれを訪れる学生、青年、労働者、僧侶の数も日増しに増加した。その都度、各人に対して、分裂ラオスの統合、独立のラオス国家の建設、ひいては世界平和への貢献を欲するわれわれの善意を説明した。彼ら全員がわれわれの原則に賛同して、ラオス問題の平和的解決のためにわれわれの確固たる交渉に対する支持を表明した。

ヴィエンチャン派側の総選挙　1956年初頭、ヴィエンチャン派側は独自に選挙を実施し[11]、国民議会議員を選出した。われわれがこの選挙に反対したのは、双方が共同でラオス統合のために総選挙を実施するとのジュネーブ協定に違反していたからである。地方の人民の声も、ジュネーブ協定に違反しているとしてヴィエンチャン派側を批判するものであった。学生、青年たちはラオス統一を妨害しているのはカターイ・ドーン・サソーリット自身であると非難した。彼らはヴィエンチャン市内と他の主要都市の至るところにビラを撒き、カターイ打倒の標語をヴィエンチャン市内の壁、各道路に表示した。選挙の結果[12]はカターイとその一派が落選し、ラオスの平和的統一を支持する平和中立党[13]のメンバーが多数選出された。彼らはスヴァンナ・プーマー殿下[14]を新政府首相として信

11　正確には1955年12月25日に総選挙実施。パテート・ラーオ側は不参加。

12　39議席のうち、進歩党が20名、独立党が10名、民主党は4名、無所属5名の議員が当選した。

13　平和中立党。1955年、キニム・ポンセーナーにより設立。中立政策を通じて和平の達成を目ざす。キニム・ポンセーナーについては訳註49(157ページ)参照。

14　スヴァンナ・プーマー殿下。1901～84。ブンコン殿下（ルアンパバーン王朝の副王）の第3子としてルアンパバーンにて出生。ペッサラート殿下の異母弟、スパーヌヴォン殿下の異母兄。ハノイ、パリで土木工学を修学。ラオス土木省（1931）。イッサラ政府の建設・運輸相（1945）。タイ亡命（1946）。1949年のフランス・ラオス協定の締結後はフランスとの強調を求めてラオスに帰国。プイ・サナニコーン政府の公共事業・計画・運輸・通信相(1950)。首相(1951～54)。フランス・ラオス友好条約に調

任[15]した。スヴァンナ・プーマー殿下は、ラオスの平和的統一のために、われわれとの交渉を継続することに同意した。解任されたニュイ・アパイに代わってターン・チュンラモンティー[16]がヴィエンチャン派側代表団長に任命された。そのほかの代表団員には変わりはなかったが、ボン・スヴァンナヴォン、マハー・ク・スヴァンナメーティ[17]、チャオ・ニット・ノーカム[18]とスワンタノーンの4名の国民議会議員が同席して傍聴した。

交渉は1956年の中頃[19]に再開された。ターン・チュンラモンティーはニュイ・アパイと同じ発言を繰り返した。即ち、われわれの代表団の名称を「ラオス抗戦政府」代表から「ラオス愛国戦線」代表に変更し、われわれがヴィエンチャン政府側を攻撃するのは過ちであるとして、われわれを武装解除して部隊の解散を認めさせた上で、ヴィエンチャン政府側がわれわれに恩赦を与え、この結果としてわれわれを他のラオス人と同様にラオス国民として統合するのを認めようというものであった。

ラオス抗戦政府からラオス愛国戦線に　われわれは人民の支援を得るために「ラ

印(1953)。カターイ政府副首相(1954)。首相として中立政策を推進(1956～1958)。パテート・ラーオ軍の王国軍への統合問題などに取り組んだが不調に終わり、プイ・サナニコーン政府が成立。人民連合党を結成・党首(1958)。駐フランス大使(1958～60)。国民議会議員(1960～64)。首相(1960年8月)。右派の攻撃でジャール平原のカンカイに移る(1960年12月)。カンボジアに脱出。首相(1961年1月)。ラオス中立党を結成・党首(1961年9月)。第2次連合政府首相(1962年6月～75年)。連合政府成立後はアメリカのホー・チ・ミン・ルート爆撃を通じラオスがインドシナ戦争に直接的に係わっていき、連合政府の中立は形骸化していったが、愛国戦線側との接触は維持した。ラオス人民民主共和国政府最高顧問(1975年12月)。日本には国賓(1958年3月)として、東南アジア開発閣僚会議(1966年4月)参加。非公式訪日(1969年9月)。

15　総選挙後の国会で第1党となった進歩党のカターイ党首は首班指名を受けたが、憲法の規定する信任投票数が得られず、組閣を断念し、続くプーマー殿下、プイ・サナニコーン(第2党の独立党党首)も組閣に失敗し、結局1956年3月21日にプーマー内閣が成立した。

16　ターン・チュンラモンティー。サヴァンナケート生まれ(1908)。法律・行政学院の教師(1927～37)。ボーリカン郡長(1937～42)。シエンクアン郡長(1942～45)。ポンサーリー県知事(1945～46)。首相府官房長(1950)。国会議員(1958)。公衆衛生省政務次官(1958)。

17　マハー・ク・スヴァンナメーティ。元僧侶。パーリー語教師。中立左派に所属。1974年4月成立の第3次連合政府の宗教大臣。1975年の新政権成立時から15年間法務大臣。

18　チャオ・ニット・ノーカム。1916年生まれ。シエンクアン王朝出身の王族。ヴィエンチャン会計書記官(1936～40)。治水保林課長(1941～44)。タイに亡命(1946～49)。ヴィエンチャンの財務官・対外財政局長(1949～55)。シエンクアン県選出の国会議員。プーマー内閣の財政・経済・計画政務次官。駐日大使(1968～72)。

19　1956年の中頃。正確には1956年8月2日。

オス抗戦政府」代表団の呼称を「パテート・ラーオ」代表団あるいは「ラオス愛国戦線」代表団に変更することによってその誠意を示した。しかし、ヴィエンチャン派側が独自に総選挙を実施したため、われわれは彼らの1954年ジュネーブ協定への違反を非難し、総選挙の再実施を求めざるを得なかった。われわれが求めたのは、ヴィエンチャン派側の国民議会を解散すること、ヴィエンチャン派側がわれわれとともに平和と中立の政策をとること、双方間の復仇行為の停止、全国人民の民主的自由権の保証に合意すること、そしてこれらに基づいて連合政府を樹立し、新たな国民議会議員選出のための総選挙を実施する協定に署名することであった。しかし、ヴィエンチャン派側は議会の解散を頑なに認めようとせず、われわれが武器を放棄し、武器の管理権と集結地である両県[20]の統治権をヴィエンチャン派側に譲渡して後に、われわれに恩赦令を発することを考えていたのである。

ヴィエンチャン派側の武力攻撃　2ヵ月が経過しても、交渉は双方が各自の原則を主張する状況下にあって、統合への道を見通すのは困難であった。この当時、アメリカ帝国主義者は武装兵力の増強に精力を注ぎ、われわれの集結地である両県を攻撃した。彼らは武力によって両県を占領し交渉を停止させることを考えていたのである。スヴァンナ・プーマー殿下は交渉によるラオス問題の解決を望んでいたが、アメリカ帝国主義者の支援するプイ・サナニコーン[21]とカターイ・ドーン・サソーリットは逆に軍事力でわれわれの集結地の両県を占領し、強権力を行使してラオス愛国戦線の勢力を絶滅しようとしていた。

このような敵の策略を見抜いていたわれわれは、軍部隊、幹部要員、人民の数万人をホアパン、ポンサーリーの両県に集結させた。そして、数十大隊の武装部隊を編成し、われわれを支援しているヴィエトナム義勇軍数個大隊とともに

20　両県。ポンサーリー、ホアパンの両県。

21　プイ・サナニコーン。ヴィエンチャン生まれ（1903）。パヴィー・ヴィエンチャン高校卒。ヴィエンチャン県知事（1941～45）。日本軍の仏印処理時にフランス軍とともにラオスを出て、インド、中国、ビルマに赴く（1945年5月）。教育・保健大臣（1947）。国民議会議員、同議長（1947～50）。首相（1950～51）。プーマー内閣の副首相兼内務・国防・青年スポーツ大臣（1951～54）。同内閣の副首相兼外務・内務大臣（1954）。同年のジュネーブ会議ラオス代表団長。カターイ内閣の外務・公共事業・工業相（1954）。独立党党首（1956）。第1次連合政府の外務大臣（右派代表）（1957）。首相（1958～59）。ラオス愛国戦線要人の逮捕を指令（1959年5月）。第2次ジュネーブ会議にラオス右派代表として参加（1962）。国民議会議員（1960～73）。国民議会議長（1963）。フランスに亡命（1975）。

に国土防衛の中核となって敵に徹底抗戦する地方軍とゲリラ部隊（コーン・ローン）を組織した。われわれは救国闘争活動の基本的要因に関する研修を受け、誰が味方で、誰が敵であるかを明確にし、各種族人民は、上記の両県に集結して「全人民が戦闘に」、「すべては国家防衛のために」、「すべてを前線支援のために」、「戦争、増産、学習を通じて自己形成を」、「手に鋤、肩に銃」「敵来たらば撃ち、敵去らば増産と学習を」のスローガンを掲げて、郷土の防衛を断固決意したのである。

1957年の中頃、敵は両県の武力統合で大きな敗北を喫した。彼らは両県に派兵する度にラオス愛国戦線側の反撃を受けて敗走し、多大の損害を被ったので、両県の武力統合が無理であると判断して戦略を変更した。ヴィエンチャン派側の交渉団長のターン・チュンラモンティーを解任し、ゴーン・サナニコーン[22]を任命して、われわれとの交渉にあたらせた。他の団員には変更はなかった。彼らは「虎を虎穴からおびきだし、徐々に斬殺していく」ことを狙っていた。即ち、連合政府を樹立して後、国内全土の要員、革命部隊を掃討する条件を醸成するために、われわれを逮捕、殺害せんとしていたのである。この策略は、彼らが独裁者となるためにアメリカ帝国主義者を主人に据え、ラオス人民を抑圧、搾取することにより彼ら自身の蓄財に勤しむというものであった。

ヴィエンチャン派側が望んでいる連合政府の樹立は、われわれの願望にも合致していた。しかし、われわれはアメリカ帝国主義者の残忍かつ悪意に満ちた計画に加担するものではなく、ヴィエンチャン派側が国民議会を解散し、ラオスの平和と中立を求める政策をとり、全人民の民主的自由の権利を保証して、植民地主義者に対抗してきた者たちに対して復仇行為をとることなく、暫定連合政府を樹立して後に共同で総選挙による新政府を樹立するとの内容の協定に署名するよう求めた。この提案は、これを基礎に、最終的には双方ラオスの統合を実現することを目指すものであった。このラオス愛国戦線の提案は、サムヌア放送、愛国ラオス新聞で発表すると同時に、出版物にしてヴィエンチャン

22　ゴーン・サナニコーン。ヴィエンチャン生まれ(1914)。プイ・サナニコーンの弟。ヴィエンチャン、サヴァンナケート初等教育長（1937～40)。日本軍政時にはフランスの復帰に与して抗日運動に参加。ターケーク、ヴィエンチャン県知事（1946～48)。国会議員（1951～75）の間に経済担当国務大臣、駐英大使。商工・青年・スポーツ大臣、駐越大使。3派連合政府公共事業・運輸相。ラオス和平交渉政府代表団首席代表、新暫定連合政府蔵相などを経て、新政権の成立時にタイに逃亡(1975)後、フランスに。

中の国民議会議員、有識者、公務員、僧侶、学生、青年に配布した。全員がわれわれの提案に賛同した。ヴィエンチャン派側に対しては、われわれの提案に沿った協定に署名するよう絶えず求めていった。国民議会議員のみが、新たな総選挙で自分たちが落選することを恐れていた。われわれは住民に対しては誠意を持って人民に奉仕しようとする者に投票するよう説得に出かけた。

ヴィエンチャン派側はラオス愛国戦線側に次の提案を行なった。ラオス国民を統合するために恩赦令を発してから軍部隊を解散し、あらゆる武器をヴィエンチャン政府に引き渡す。これに続いてラオス愛国戦線の中央委員を連合政府に参加させ、ラオス愛国戦線側の2県をヴィエンチャン派側に返還させる。ラオス愛国戦線側には、ヴィエトナムの要員、義勇軍を自国に帰還させるよう求める。そして、すべてのラオス国民は国王を元首とする民主制を尊重し、ヴィエンチャン派側がこれまで公布してきた憲法、法律を順守する。

ヴィエンチャン派側がこのようなラオス愛国戦線側には受け入れられないような提案を行なったのは、アメリカ帝国主義者の指示に従って、武力により両県を統合し、ラオス愛国戦線勢力を壊滅させることを容易にしようとの意図のもとに、議論を再燃させて合意の達成を阻止し、交渉を引き延ばす魂胆であった。しかし、情勢は彼らの期待通りには進まなかった。ラオス愛国戦線側が彼らの提案には合理的かつ徹底的に反対したためである。ラオス愛国戦線が集結する両県に対し攻撃を加える彼らの武装兵力には、人民と民族解放勢力により日増しに被害が拡大していった。ラオス愛国戦線側の提案を支持し、ヴィエンチャン派側の提案に反対する人民の声は着実に拡大し、強化されていった。

われわれは愛国諸勢力を破壊しようとする武力行使に反対し、あらゆる種族の人民が安寧で幸福な生活が享受できるようにラオス愛国戦線側との和平協定に署名するよう要求した。しかし、平等なラオス統合を望まないヴィエンチャン派側が誠意を示さないため、双方の交渉は難航した。彼らは不公正、非人道的なあらゆる方策を弄した。ラオス愛国戦線側に対し、彼らはフランス植民地主義者に対する闘争は誤りであったこと、そしてわれわれの武装兵力を解散することを認めさせた上で、ヴィエンチャン派側に対して謝罪を求めればヴィエンチャン派側は恩赦令の発令を検討するという態度を変えなかった。

ラオス愛国戦線側はこの不理尽なヴィエンチャン派側の提案を受け入れられ

なかった。われわれはヴィエンチャン派側に対して、フランス植民地主義者を追放するための武装闘争が何らの過ちでもなく、ほぼ1世紀もの間、奴隷の地位に甘んじていたわれわれが民族国家に独立と自らの主人公としての権利を取り戻す愛国心から出たものであって、政府閣僚、国王に至る人民が世界の独立諸国家の国民と同様に高い地位と栄誉を得るよう願うものであることを説明した。国家の独立と自立を願うことは他人に謝罪するような過ちではあり得ない。自国を他国の奴隷にし、国を愛し正義を愛するラオス人民を他国の奴隷として抑圧し、苦難と哀れな死をもたらしたことが国家、人民に対する罪なのである。われわれは共に、誰が誰に謝罪せねばならないかをよく見分けねばならない。

ヴィエンチャン派側はラオス愛国戦線側がヴィエトナム兵を導入してラオス人を殺害していると非難した。これに対してラオス愛国戦線側の主張は次の通りであった。

武力によりラオス、ヴィエトナム、カンボジア3国を強制的に統合し、いわゆる「フランス領インドシナ3国」としたのはフランス植民地主義者であり、崇高な愛国心を有する3国が一堂に立ち上り、フランス植民地主義者を追放してラオスに独立を導いたことは全く正しいことであった。われわれがヴィエトナム義勇軍の支援を得てフランスを攻撃せねばならなかったのは、われわれのように愛国心を有し、民族解放のために立ち上がって犠牲となるのを厭わない者が全人口の半分にしか過ぎず、民族解放勢力の員数が十分ではなかったからである。それというのも、一部ラオス人はフランスの奴隷となるのを認め、ラオス人民をして強制的にわれわれに抵抗せしめ、敵を支援したためである。ラオス人が緊密に団結し、1945年の時と同様に民族の独立を回復するために共同で植民地主義者に対抗すれば、これまでのようなヴィエトナム軍の支援は必要はないであろう。しかし、上記の理由からわれわれはフランス植民地主義者を撃つために、このヴィエトナム軍部隊を招いたのであり、われわれが勝利を得、ラオスの統一が実現した暁には、われわれは彼らが自国に帰還するよう求め、彼らは自国で自国のために奉仕することになる。この点については、何ら困難な問題も恐れもない。

ヴィエンチャン協定の成立　交渉は何ヵ月も長引き、双方は種々の理由を挙げて互いに非難し合い、何の解決も得られなかった。さらに引き延ばされれば、状況はさらに悪化することは明白であった。このため、ラオス愛国戦線本部はわれわれの代表に対し、戦略的方針に係わる幾つかの問題についてはヴィエンチャン派側に対する譲歩案を検討することを承認した。ヴィエンチャン派側に平和・中立政策と人民の民主的自由の保証に関する協定に署名させるために、われわれはヴィエンチャン派側の国民議会を解散させるとのわが方の提案を変更して、議会を解散しないことを保証する代わりに補欠選挙の実施を求めることとした。また、ヴィエンチャン派側がわれわれとの連合政府を樹立すべく、われわれは連合政府成立後にわれわれの集結地の両県を連合政府に返還し、われわれの兵は今後ヴィエンチャン派側の軍に統合される2個大隊を除きすべての任務を解除することを認めた。任を解かれた部隊の武器も同じく連合政府に返還することにした。

われわれはラオス愛国戦線の代表としてスパーヌヴォン殿下と私自身の2名を連合政府に送り込むが、ヴィエンチャン派側に対しては、解任されたわれわれの要員、軍が他の人民と何らの差別なく、かつ報復行為や逮捕、制圧を受けることなく、全土の生まれ故郷に帰郷させる協定に署名するよう求めた。他方、ヴィエトナムの要員と軍部隊については、連合政府の成立後に自国に帰国せしめることとした。

第1次連合政府の樹立　ヴィエンチャン派側はわれわれの譲歩に満足し、われわれの提案に基づくヴィエンチャン協定[23]に署名した。1957年の11月末に、連合政府が成立した[24]。これ以降はヴィエンチャン派側のホアパン、ポンサーリー両県に対する陸上と空からの攻撃は停止され、ラジオ放送、新聞による非難も次第に弱まった。計画大臣のスパーヌヴォン同志と宗教・芸術大臣として私が暫定連合政府に参加した。スパーヌヴォン同志はこれまで通りのパーク・パ

23　ヴィエンチャン協定。1957年11月2日に成立。協定の主要点は以下の通り。(1) 1956年8月9日プーマー殿下演説の政策の遵守(中立政策、外国との軍事非同盟、ラオス領土内の外国軍事基地の非設置など)。(2)パテート・ラーオを含めた統一政府の樹立。(3)パテート・ラーオ2県の返還。(4)ネーオ・ラーオ・ハック・サートを合法政党として承認。(5)パテート・ラーオ交戦部隊の国軍編入、パテート・ラーオ側の武器・軍需品の王国政府側への引き渡し。

24　1957年11月18日に成立した、いわゆる第1次連合政府。

ーサック[25]の平屋に住し、私については当初、ヴィエンチャン派側よりはサームセーンタイ通りとラーンサーン通りとの十字路の北側にある2階建て家屋が提供されたが、後に朝市場の医科大学側に隣接の、現在のラオス国家建設戦線の2階建て家屋に移転させられた。

私は大臣に任命されたものの、執務室はなかった。何度かの議論の末に、ヴィエンチャン派側はタート・ルアン寺院僧房の南側端にわが省の庁舎を建設した。彼らはわれわれが共産主義者であるので、僧侶の近くに置いて、彼らに洗脳させる必要があるというのである。この2階建て僧房の北側が執務室で、ラオス仏教会の大僧正であるアートニャークルー・クーン・マニヴォン猊下の居室でもあった。

私の通勤用には8気筒の白色フォード車が提供された。この大型車で運転していく先々で、アメリカを非難する私がなぜアメリカ車を運転するのかとの抗議を受けた。これに対して、私は次のように答えざるを得なかった。アメリカはラオスに対し侵略戦争を行なっているので、われわれはアメリカ帝国主義者と闘っているのは事実であるが、他方、私の乗っている車はアメリカ人民の一部を構成する労働者によって生産されていること、そしてアメリカ人民はこれまでアメリカ帝国資本家の抑圧と搾取に対し種々の形態で民主的自由権や生活水準の向上のために闘争を続け、平和維持のために軍備拡張競争やインドシナ戦争に反対してきたことから、私は彼らがラオス人民の親しい友人であると考えている。

私が大僧正猊下の近辺で執務を行なっていることで利点が1つあった。時々、猊下が仕事の合間に私のところに来られて話をする機会があり、時には私の方からも訪ねていき、両者が相互に親密の度を増していったことである。何かの指示を発する必要がある場合は、猊下に意見を仰ぎ、猊下の提案に基づいて修正した。猊下との対話の機会を通じて、私は、帝国資本家や資本家に服する封建主義者の本質が、他国を占領して植民地化し、人民を抑圧し、搾取することにあり、その下にいる人民は忍耐の緒が切れて反抗すること、そして資本家なども武力戦争に頼る性格にあることや、ラオス愛国戦線の考えなどを説明し、理解を得る機会が増えたのである。さらに、われわれは公正、人道、平等の原

25　パーク・パーサック。ヴィエンチャン市内のパーサック水路のメコン川への排水口近辺の地区。

則に基づく各人の連帯、反戦、平和維持のために闘っており、したがって民族の敵は仏教の敵でもあるとの認識の下に、他国によるわが人民に対する抑圧、虐待に屈せずに、解放闘争のためにすべての民族、すべての宗教が団結して独立国家を実現していかねばならないことを説明申し上げた。

大僧正猊下は身近に私を観察、調査して、不明な点があると文字通り詳細な質問を発せられた。私の応答と実際の行動が信頼し得ることが判明すると、猊下はヴィエンチャン派側の体制に対する猊下と全僧侶の不満を聞かせてくれた。私は猊下に同行してサイニャブリー県、ルアン・ナム・ター県、チャンパーサック県のハート・サーイクーン[26]村各地での仏歴2500年記念行事にも参加し、これが猊下の私に対する観察、評価の機会となった。猊下は私とヴィエンチャン派側のほかの高級官吏とを比較し、特に五戒[27]を順守しているか、僧侶を心から尊敬しているかなどの仏教に対する敬虔の度合いを観察した。

タート・ルアン祭りを終えた後のある日、猊下は各県より500人以上の僧侶をサーラー・パンホーン[28]の講堂に招請したが、その集会の場に小僧を使いに立てて私が呼び込まれ、ラオス愛国戦線の政策につき説明を求められた。説明の後で猊下は質疑応答の機会を設け、僧侶からは多数の質問を受けた。主たる質問の内容は、仏教ないしその他の宗教に対するわれわれの政策に関するものであった。この集会は、この時“偶然に”出会ったアメリカ大使館のミュラー広報担当部長を前にして、午後ぶっ通しで行なわれた。最後に猊下が集合した僧侶に対してラオス愛国戦線と宗教省の政策につき意見を求めたところ、サーラー・パンホーンの講堂の茣蓙に座っていた僧侶全員が立ち上がり、挙手して一斉にラオス愛国戦線、宗教省の政策を支持し、私を全面的に信任すること、そして、ラオスの全僧侶が常に私と共にいることを確信してほしいとの応答があった。この日の僧侶と猊下の言葉に対し私が受けた感動と、この時の興奮はいまだに忘れられない。

連合政府内での共同任務は、国家建設計画を協議するとか決定することでは

26　ハート・サーイクーン。コーン島のムアン・コーンの対岸の村。

27　五戒。在家の仏教徒として守るべき5つの戒。不殺生、不偸盗、不邪淫、不妄語、不飲酒。

28　サーラー・パンホーン。サーラーは公共の集会所、休憩所、パンホーンは1000の部屋の意味。タート・ルアン寺院の境内にあって、特に11月のタート・ルアン祭りの際には地方からの僧侶、参拝者の宿泊として利用されたが、革命後に撤去された。

なかった。週に1度の割で開催される政府会議は、誰が正しいとか、誰が誤っているとかの非難の応酬の舞台であった。まず、ヴィエンチャン派側が問題を提起し、ラオス愛国戦線側は当初より政府と対立しているが、これは政府と国王に対する反逆行為であるので今後はいっさいこのような行為はとらない旨を宣誓すべきである、と非難した。これに対してラオス愛国戦線側は、われわれの行動はフランス植民地主義者を攻撃、追放し、ラオス人民、ラオス政府、国王をして世界の他の独立諸国と同様に栄えあるラオス国家の市民、指導者たらしめるものであり、反逆行為でも誤った行為でもないと反駁せざるを得なかった。世界の多くの植民地諸国もこのような行動をとってきた。アメリカ人自身も、イギリス帝国主義者とその手先の統治に対抗して立ち上がり、独立を手にした。それはアメリカとアメリカ全人民にとり大きな勝利となり、高い栄誉をもたらしたのである。敵に降伏し、敵に味方して、自国人民を捕縛し、殺戮し、売国奴となって自国民族を他国の奴隷となす者こそが不正行為者なのである。

ラオス愛国戦線側はヴィエンチャン派側に対し、会議の雰囲気を改善して心より親愛の情のこもった協議にし、地方に復員したラオス愛国戦線側の要員に対する差別や報復、逮捕、殺害行為を停止する指令を共同で発出し、補欠選挙の実施準備を行なうよう提案した。ヴィエンチャン派側はわれわれに対し、われわれの集結地域である両県を政府に返還させ、われわれの部隊の解散と、第1大隊をルアンパバーン県シェングンへ、第2大隊をシエンクアン県ジャール平原へ移動することを要求した。さらに、われわれの部隊から解除された武器についても、彼らは政府側に引き渡すよう要求してきた。われわれは、ヴィエンチャン協定のすべての条項を厳格に履行することを保証し、ヴィエンチャン側に対しても同様に厳格に実施するよう要求した。その後2ヵ月を経て、われわれはヴィエンチャン派側に統合の2県と数万挺の火器を連合政府に引き渡す式典を挙行した[29]。

1958年5月、双方は従来のヴィエンチャン派側の国民議会議員39名に加え、さらに21名を補充する補欠選挙[30]を実施することに合意した。ラオス愛国戦線は立

29　1957年12月8日にホアパン県、同年12月16日ポンサーリー県を返還した。

30　補欠選挙。王国政府側とネーオ・ラーオ・ハック・サート（ラオス愛国戦線）側とのラオス統一に関する協定に基づき、ネーオ・ラーオ・ハック・サート側の統治下にあったサムヌア（ホアパン）、ポンサーリー両県の返還による選挙人数の増加を考慮して、1958年5月4日に実施された。定員が従来

候補者13名に対し9名が当選、われわれの仲間である平和中立党[31]は4名の立候補者の全員が当選し、ヴィエンチャン派側は32名の立候補に対して8名が当選した。私自身は、チャオ・スック・ヴォンサック[32]、カムペーン・ブッパー[33]女史とともにルアンパバーン県から選出された。シートン・コンマダム[34]同志がサーラヴァン県から、ヌーハック・プームサヴァン同志とシーサナ・シーサーン[35]同志がサヴァンナケート県から、プーン・シーパスート[36]同志がカムムアン県から、そしてスパーヌヴォン同志とカンパーイ・ブッパー同志がヴィエンチャン県から当選した。

プイ・サナニコーン内閣の成立とアメリカの介入　政府部内で6ヵ月以上、国民議会で1ヵ月以上の論争の末、プイ・サナニコーンは、総選挙の実施後に旧政府は総辞職し、新政府は国民議会の信任を経て成立するとの王国憲法の規定を理由に連合政府の総辞職を要求した。アメリカと国王の圧力を受けてスヴァン

の39名から59名に増員され、追加議席20と欠員1名の計21名を補充するものであった。政府与党の国民党4名、独立党1名、平和中立党4名、愛国戦線党9名、無所属3名の計21名が選出された。

31　平和中立党。訳註13参照(133ページ)。当選者については訳註52参照(158ページ)。

32　チャオ・スック・ヴォンサック。ルアンパバーン生まれ(1915)の王族。ラーオ・イッサラ(自由ラオス)運動に参加(1945)。ペッサラート殿下とともにタイに亡命。ネーオ・ラーオ・イッサラ(自由ラオス戦線)中央委員(1950)。ラオス愛国戦線中央委員(1956)。ルアンパバーン選出議員(1958)。第2次連合政府の土木・運輸大臣(1962)。保健大臣(1975)。

33　カムペーン・ブッパー。ルアンパバーン生まれ(1923)。カムパーイ・ブッパー氏の夫人。夫に同伴してタイに亡命。ラーオ・イッサラ運動に参加(1946～1949)。ラオス愛国戦線中央委員(1956)。補欠選挙で国会議員(1956)。ラオス婦人連盟会長(1975)。ラオス建設戦線常務委員(1979)。党中央委員に選出(1982)。

34　シートン・コンマダム。第6章訳註64(115ページ)参照。

35　シーサナ・シーサーン。サヴァンナケート生まれ(1922)。ラーオ・イッサラ運動に参加。タイに亡命(1945)。後にホアパン県で東部ラオス抗戦委員に。ネーオ・ラーオ・イッサラ第1回全国大会で中央委員に選出(1950)。『ラーオ・イッサラ』紙編集長。愛国戦線代表の国会議員に当選(1958)。他のラオス愛国戦線要人とともに投獄(1959)。脱獄(1960)。パテート・ラーオ放送局長(1961～75)。第3回党大会で党中央委員(1982)。情報・宣伝・文化・観光大臣(1975～83)。党中央機関紙『シアン・パサーソン』(『人民の声』、現在の『パサーソン』(『人民』)の前身)編集長。社会科学研究所所長(1985)。現ラオス国歌の作詞者。

36　プーン・シーパスート。南部ラオス生まれ(1920～1994)。ラーオ・イッサラ運動に参加。ヴィエトミンと協力。ラーオ・イッサラ東部ラオス抗戦委員会に所属。インドシナ共産党に入党。ネーオ・ラーオ・イッサラ全国大会に出席(1950)。ジュネーブ協定成立後の王国軍との交渉でパテート・ラーオ側の軍事代表団長(1954)。ラオス人民党中央委員(1955)。ラオス愛国戦線中央委員(1956)。ターケーク選出国会議員(1958)。投獄(1959)。脱獄(1960)。高級軍事評議会メンバー(1964)。ラオス人民革命党政治局員(1975～94)。副首相兼外務大臣(1975～94)。訪日歴：外務省賓客(1988)、昭和天皇大喪の礼(1989)、今上陛下即位の礼(1990)。

ナ・プーマー殿下は辞職した。国王はスヴァンナ・プーマー殿下に組閣を命じたが、国民議会の信任が得られず[37]、かつてのフランス植民地主義者の手先から、アメリカ帝国主義者の手先となったプイ・サナニコーンが首班指名を受けて組閣を命じられ、国民議会の信任を得てラオス愛国戦線側を排除した新政府の首相となった。第1次連合政府は8ヵ月でアメリカ帝国主義者とその手先により倒されたのである。こうしてラオス愛国戦線側の代表者は国民議会における議員のみとなった。

ちょうど、この時期にラオス人民党[38]書記長のカイソーン・ポムヴィハーンがヴィエンチャンを訪問し、党中央委員会の常務委員を招請して、情勢の評価と新時期における実施方針の策定を行なった。われわれの一致した見解は、アメリカ帝国主義者がプイ・サナニコーンを彼らの手先として掌握し、ラオスにおける侵略戦争を開始せんとしている状況にあるということであった。彼らは連合政府を倒し、ラオス愛国戦線や平和、独立、民主主義、社会的公正と進歩を愛好する諸人士を掃討する条件を醸成するために、プイ・サナニコーンを首相に据えたのである。私はこの時の会合において、今後とも情勢は好転せず、われわれにとり、国家にとり、さらにラオス人民にとって危険な状態に陥るとの判断を提示した。

このような敵の悪意に対抗するために、われわれは党中央本部とわれわれ幹部要員を2グループに分割することとした。国民議会議員でない者は徐々に旧解放区に引き揚げていき、アメリカ帝国主義者の侵略戦争に対抗するために武装兵力の増強に力を注いだ。国民議会議員は、共同署名したヴィエンチャン協定を厳守するよう引き続き反対側に対し要求していった。反対側に逮捕される危険が予見される場合には、一斉の逃亡が可能であればこれを実行し、さもなければ、われわれの署名を尊重するためにも彼らの逮捕に身を委ね、脱獄逃走の方途を探ることとした。逃走に失敗して捕縛され、あるいは銃殺される場合は、人民のため、正義のために生命を犠牲にする覚悟であった。他方、引き揚げたグループは質量ともに兵力の強化を図り、ヴィエンチャンで政治闘争を続

37　実際には、国王に代わってシーサヴァーン・ヴァッタナー皇太子がプーマー首相より辞表を受理するとともに、同首相に再び組閣を委嘱したが、議会の信任が得られなかった。

38　ラオス人民党。インドシナ共産党の解散(1951)後に結成(1955年3月22日)されたラオス初の共産党。1972年にラオス人民革命党に改称。

けるグループが逮捕される場合に備えた。

プイ・サナニコーンが権力を掌握した際に主催した大レセプションにおいて、スミス・アメリカ大使は、今やラオスには真の国家利益を増大するためにアメリカと協力し得る政府が誕生した旨を宣言した。それ以降、プイ・サナニコーンは一挙に反平和、非中立政策の実施に着手した。彼はスヴァンナ・プーマー殿下を駐フランス大使に転出させ、また、帰郷したラオス愛国戦線党員に対する掃討政策の実施を強化するよう全国の諸県に指示した。

国民議会における会議は双方議員の対立、論戦の場となった。ヴィエンチャン派側はラオス愛国戦線側をラオス統一に誠意がないとか、今後の騒擾を準備するために武器を隠匿しているなどと非難した。ラオス愛国戦線側は次のように反論して、先方の証拠のない非難をことごとくきっぱりと否定した。

ラオス愛国戦線側は平和、独立、公正と繁栄のラオスを希求して政府と国民議会に参加し、誠意ある協力を示しているのに対し、ヴィエンチャン派側はヴィエンチャン協定を口実にラオス愛国戦線側を誘き出し、ラオス北部2県の占領と愛国諸勢力の武装解除を図り、また、ラオス愛国戦線側が返還した武器を地中に埋めた後、これを掘り出してラオス愛国戦線側が不誠実であると非難している。その証拠に、掘り出された銃の登録番号はわれわれが連合政府側に提出した武器リストの番号と一致している。

国民議会内における激烈な対立は何週間も続き、市内と地方の人民が集結し、議会の周辺を取り巻いて双方の見解を傍聴した。彼らは、フランス植民地主義者、アメリカ帝国主義者とその手先の利益に奉仕するためにラオス人民を抑圧し、搾取するヴィエンチャン派側の不公正で、非人道的、不法な行為を糾弾するラオス愛国戦線側の議員に対して、一斉に支持の声と拍手を送った。

当時のラオス王国憲法では、すべての国民議会議員は国民議会において自己のいかなる意見をも表明する権利を有し、非難された議員が議会外でこれに報復する権利は認められていなかったが[39]、プイ・サナニコーンは報復の念をあからさまな態度で示した。2、3日後に彼は議会に対する演説の中で、国内情勢

39　1958年1月1日現在のラオス王国憲法（1947年5月11日制定、1957年8月30日最終改正）第35条は「議員は何人も、その職務の執行中に表明した意見または行なった表決について訴追され、または捜索されない。前項の議員免職特権は、秘密会でない会議の議事録を印刷し、または頒布した議員に対してもまた同様に与えられる」と規定している。

の鎮静化のため議会が彼に特別権限を付与するよう求めた。[40]

ラオス愛国戦線、平和中立党の議員は、プイ・サナニコーンが要求するこの特別権限が、国を愛し、正義を愛し、平和を愛する人士たちを掃討するためのものであることは十分に理解していた。このことはプイ・サナニコーンがラオスにおける侵略戦争を拡大しようとしているアメリカ帝国主義者と協力する意図を有していることを明確に示していた。ラオス愛国戦線議員と平和、正義を愛好する他の議員は、一致協力してプイ・サナニコーンの好戦的な意図を糾弾した。激烈で緊張した論議の沸騰状態が5日間にわたり続いた。この間にアメリカ帝国主義者とプイ・サナニコーンは急ぎ世論獲得のための買収工作に最大の努力を傾けた。

ある日、プイ・サナニコーンの弟で、私の学生時代の親密な同級生でもあったウン・サナニコーン[41]が小型スーツケースを携えて私の自宅に訪ねてきた。私は茶とビールを供して暖かく迎えた。彼は、われわれが古くからの親密な友人であり、現在も同様であることを繰り返し述べた。私の方でもその通りであることを願っていた。彼はさらに、議会に特別権限を求めるプイ・サナニコーンの提案を支持することによりプイ・サナニコーンを援助してくれれば衷心より私に恩義を感じるであろうと述べた。そして彼はスーツ・ケースを開けて、ヴィエンチャン派側のキープ紙幣45万キープ[42]を数えて見せ、これはプイ・サナニコーンから私に渡すために預かった秘密の現金で、私以外の誰にも渡していないので受領後は厳に秘密に保管願いたいと述べた。これに対し、私がウン・

40　特別権限。1958年12月、サヴァンナケート東方・北ヴィエトナムとの国境地区での国境侵犯事件をめぐる両国間の非難応酬の後、上記国境事件は国内政情に関連しており、パテート・ラーオ側には国内擾乱の計画があることなどを根拠に、政府は1959年1月14日、問題処理のため議会より12ヵ月間の立法権を含む全権委任の権限を取り付けた。(Toy, C.H.M., *Laos; Buffer State or Battleground*, London, 1968, p.122)

41　ウン・サナニコーン。ヴィエンチャンの名門サナニコーン家系の出身(1907～1978)。プイ・サナニコーン、ゴーン・サナニコーンとは実の兄弟。タイ軍に入隊(1941)。東北タイを拠点とする「自由タイ」運動と連携して「ラーオ・ペン・ラーオ」運動に従事(1945)。日本軍の敗戦にともない、軍を率いてサヴァンナケートを制圧。スパーヌヴォン殿下とともに南部ラオス解放委員会を結成し、同副委員長に。ラーオ・イッサラ(自由ラオス)政府の経済大臣(同年10月)。ターケークの戦いでフランス軍に敗れ、タイに亡命(1946年3月)。ヴィエンチャンに帰順(1949年10月)後、国会議員などを経て、フランスに亡命(1975)。同地で死亡。(Murdoch, John B., *Lao Issara; The Memoirs of Oun Sananikone,* New Youk, 1975)

42　45万キープ。1958年8月当時のレートで約5500米ドル相当。

サナニコーン氏に答えた内容は次の通りであった。

私は救国闘争を続けて10年になる。この間にプイ・サナニコーンはフランスの支配から逃げてタイに行き、ラオスに戻ってからはフランスと協力しているが、私はまだ彼を従来通りに尊敬している。今やわれわれはフランスを追放し、平和裡に共同で繁栄のラオスを建設するために、双方の側が統合したのであり、プイ・サナニコーンが平和と協力の政策を推進する際には、私はいつでも彼を支援するであろう。そして、私のその協力は無償であり、いかなる代価をも要求するものではない。しかし、プイ・サナニコーンが特別権限を要請しようとするその魂胆は、国を愛し、正義を愛し、兵を愛する人々を掃討することにある。私はこれに反対しているのであり、したがって、プイ・サナニコーンから現金を受け取り、自分自身と自分の味方を掃討する彼を支援することはできない。

ウン・サナニコーンはわれわれが古くからの友人であることを理由に挙げて、その金子の受領を慫慂し、挙句の果てには、受け取らねば共産主義者であると言って私を脅迫するありさまであった。こうして議論のやりとりが3時間続いた。ウン・サナニコーンがどのように言おうとも私は現金を受け取らず、われわれと平和、中立、正義、ラオスの独立を愛する人々を掃討せんがための特別権限を得ようとするプイ・サナニコーンの陰謀に私は反対するとはっきり述べた。結局、ウン・サナニコーンは現金入りケースを無造作に摑んでブツブツ不満を漏らしながら私の家を去っていった。これが、かねてより聞かされていたアメリカ帝国主義者とその手先の買収行為を知った初めての経験であった。

その後も議会内での激烈な対立は続いた。ヴィエンチャン市郊外からは前回よりも大勢の住民がやってきて、国民議会の周辺に座り込んだ。彼らはバーン・パーオ、ヴーン・ケーン、ナー・ゴーム、ナー・ターン、ハート・シアオ、ターン・ピャオ、ノーン・ター、ホアクア、ナー・ソーン、ナー・ニャーン[43]か

43　バーン・パーオ、…ナー・ニャーン。いずれもヴィエンチャン市郊外の村でバーン・パーオは同市南部のハート・サーイフォーン区のボーオー村の南。ヴーン・ケーンは同市パーク・グム区のナム・グム川沿い。ナー・ゴームは同市サイターニー区の北部。ナー・ターンは同ナー・ゴームの南。ハート・シアオは同市ナー・サーイトーン区北東部のナム・グム川沿い。ターン・ピャオはハート・シアオの南東部5kmのナム・グム川沿い。ノーン・ターはチャンタブリー区の中央部。ホアクアはナー・サーイトーン区の南部の13号公路沿い。ナー・ソーンはホアクアの13号公路を挟んで西側。ナー・ニャーンはヴィエンチャン県とヴィエンチャン市サイターニー区北部との境界にある村落。

ら、市場で売るためと称して、ピーナッツ、タピオカ、芋類、竹の子、鶏などを担いでやってきた。彼らは議会を取り囲んで座り込み、プイ・サナニコーンが人民を掃討するために要請している特別権限についての双方議員の発言を傍聴した。プイ・サナニコーン自身も、彼の子分たちの発言の重みを増すために、演壇に上って演説した。われわれは、彼らが自分たちの危険な政策に反対する人民を取り締まるために特別権限を利用しようとする、悪意に満ち、かつ好戦的な陰謀の仮面を剝がすことに全力を注いだ。

われわれはヴィエトナム兵がわれわれとともにフランスと闘っていたことは否定しなかった。われわれがヴィエトナム兵を導入したのは、ラオス人の中にも、ラオス人民を抑圧、搾取する主人となるためにフランスに協力し、あるいはフランスに代わって飛び込んできたアメリカ帝国主義者と協力しつつある一部グループがいるためである。このヴィエトナム兵は、われわれが帰国を要請すればいつでも自国に撤兵することになっていた。これは、ラオス人民の主人としてラオスに駐留し、これまでに数多くのラオス人民を逮捕、殺害してきたフランス、アメリカとは異なっていた。

ラオス愛国戦線と平和中立党側の議員が壇上に立つごとに議会の外側での支援の拍手と叫びの音が反響して騒然となり、国民議会議長のペン・ポンサヴァン[44]が、以後拍手と叫号が続けば拡声器の電線コードを外すか会議を停止すると威嚇して、騒音を制した。それでも拍手と叫号は続いた。会議が休憩に入り、議場外に出て、われわれが車に乗ろうとすると、彼らはわれわれを取り巻いて、握手と称賛の渦となり、鶏、タピオカ、芋類、ピーナッツ入りの竹篭を差し出した。われわれが手を挙げて謝意を表し、篭の物はあまり取らないでいると、彼らは篭をわれわれのジープの中いっぱいに詰めこんだ。このことはラオス人民がわれわれの発言に賛意を表し、心からわれわれに親愛の情を抱いていることを改めて明確に示す証左であった。この出来事は、われわれにとっては言葉にならないほどの大きな驚きであり、この日に起きた光景は私の脳裏に今でも鮮明に焼き付けられている。

44　ペン・ポンサヴァン。ルアンパバーン生まれ（1910）。1945年頃にラーオ・イッサラ運動に対抗。国民議会議員（1947）。中立・統一委員会委員長（1960）。ラオス中立党（「ラーオ・ペン・カーン」）党首。プーマー内閣の内相、外相、国防相。新政権成立時（1975）に再教育キャンプに収容された。

予定の討論を終えて採決に入った。総議員数は60名で、このうち政府閣僚となって投票権のない議員が9名、投票者総数は51名であった。投票者のうち反対投票者数が25名で支持投票者数は26名であった。唯の1票差でプイ・サナニコーンは特別権限を享受することになり、全国人民は失望して、今後の国情を懸念した。

特別権限を得たプイ・サナニコーンは、政令により、全国の行政当局に命じて県、郡、地方のラオス愛国戦線事務所の所長や責任者を逮捕、殺害して、ラオス愛国戦線に所属する者を強制的に脱退させた。脱退を認めない者には脅迫し、脱退者には現金、家屋、配偶者をあてがった。同時に彼らは第1大隊と第2大隊の将兵をそそのかして内部分裂を図った。政令を発して、ラオス愛国戦線の上記2個大隊の将校に対してヴィエンチャン派側の軍階級を与えて、ヴィエンチャン派側のほかの部隊に異動させ、将校のいなくなったラオス愛国戦線部隊をヴィエンチャン派側のほかの部隊に統合させることにより、ラオス愛国戦線部隊の解体を画策したのである。

1959年の初め、第1大隊の一部将校が、団結心と党、人民に対する断固たる決意を欠いていたため、ヴィエンチャン派側から階級を得て、ヴィエンチャン派側部隊の大隊または中隊の副指揮官を命じられた。指揮官を欠いた残留部隊に対しては、ヴィエンチャン派側は金銭を与え、あるいは時計、ラジオを買い与えて、ラオス愛国戦線中央への反対の世論を工作させ、ヴィエンチャン派側への忠誠を宣誓させた。そして、ある者は階級が上がり、ある者は帰郷して旧友を掃討した。しかし、半数以上は階級の授与と金銭の受領を拒否した結果、ヴィエンチャン派側の将校より脅迫を受けたので、全国に分散している抗戦地区を目指して逃走した。

第2大隊はその後も、ヴィエンチャン派側からの階級の任命や金品の供与、あるいは他の部隊への編入を拒んだ。ヴィエンチャン派側は多数の大隊でわが方の部隊を包囲し、殲滅すると脅迫する一方で、位階、金銭、物資で個々人を籠絡しようとしたので、この時期にはジャール平原での緊張の度が高まった。第2大隊の指揮団は、将兵とその家族に対しては敵の破壊工作の陰謀を暴露するとともに、内部の団結と警戒心を強化していった。

安全の保証が得られる時期になり、われわれは敵の包囲を突破して、次第にヴィエトナム国境地域に拡大されつつある根拠地に向けて移動する決断を下した。この移動は、子供、乳幼児の親子、妊婦、病人を含むこの大隊の将兵にとっては、最も困難な忍耐と危険との闘いであった。同時にこれはヴィエンチャン派側にとっても極めて大きな懸念材料となった。彼らとしても何の対応策もなく、ただ全国の行政機関、軍部に対して、ラオス愛国戦線側の部隊に先まわりして、この移動をあらゆる方策で阻止、攻撃すべしとの通達を発出するのが関の山であった。

彼らは以前にも増して、故郷に復員した旧抗戦者に対する掃討や逮捕、射殺計画を強化した。この状況を憂慮する報道が全世界に流れた。国内情勢は重苦しく悲痛な雰囲気に包まれ、誰もがあらゆる方法で状況を知る手がかりを求め、自分に危険が迫った者は群をなして、連絡のつく抗戦部隊の拠点地区を目指して山に入っていった。村に残った人々も、いつ自分が捉えられ、あるいは殺害されるかも知れず、精神的に不安定な生活状態が続いた。ラオス愛国戦線の人民を欺き、ヴィエンチャン協定を破った果てに、やっと回復された平和を破壊して戦争状況をもたらしたプイ・サナニコーンに対しては、アメリカ帝国主義者の戦争勃発の陰謀にいっそう深く加担して、ラオス全土に殺戮をもたらそうとしているとして、あらゆる人が一斉に怒りと不満をぶちまけた。プイ・サナニコーンは、かつてはフランスの忠実な手先であったが、今やアメリカ帝国主義者の従順な配下となって、ラオス人民にこれまで以上に困苦をもたらしていることが明々白々である、と誰もが彼に対する嫌悪感を露骨に表した。

1959年5月の気候は高温多湿であったが、政治情勢も次第と困難の度を増していった。プイ・サナニコーンは通達により、軍や警察、タクシー、サームロー[45]の運転手に姿をやつした偵察部隊にラオス愛国戦線の関係者に対する尾行を命じたり、あるいはこれら関係者の家の訪問者を厳重に監視、尋問させたりした。ヴィエンチャン市内のどの街角にも恐怖と重苦しい静寂が充満していた。

この間、天候と政治情勢の炎暑で日増しに水銀柱の度数が上昇し、暑熱は和らぐことなく人間の皮肉を通過して脳味噌や心臓を焦がす程であった。空は雲で覆われているものの雨の降る気配はなく、無風状態の中で椰子の木や檳榔樹の葉もそよがず、どこも籾殻を蒸らすような暑さであった。2、3羽の鶏の寂

45　サームロー。輪タク。

しい鳴き声が遠く離れたあちこちから聞こえてきた。国道沿いで聞こえるのは、軍用車、警察車とプイ・サナニコーンの手先の車が昼夜を問わず走りまわる騒々しい音だけであった。多くの人民が降雨を待ち、地域の慣行に従ってブン・バンファイ（ロケット祭り）の祭りの準備をしながら、仏教道徳に基づく平穏で安楽な生活を待ち望んでいた。それは熱心に戦争の準備を押し進める一部グループの存在とは極めて対照的であった。

1959年5月19日、私は朝食を終えてから、哀れなわが伴侶であるジープを運転してナー・ハイディオ[46]にヌーハック・プームサヴァン同志の家を訪ね、この緊張した情勢に関する意見交換を行なうことにした。私が到着した時には、何十人もの警官が家のまわりを取り囲み、1階の家屋内にも入り込んでいて、ちょうどそこにヌーハック同志が現れたところであった。私は車から降り、同志と話し合った。ヌーハック同志が語ったところによれば、ラオス愛国戦線の第2大隊が敵の包囲を突破してジャール平原から彼らの拠点地域に逃走したため、プイ・サナニコーンは警官に命じてこの日の朝から同志を自宅軟禁したとのことであった。われわれにとって困難と危険に満ちた生活が始まろうとしており、団結をいっそう強化し、今後起こり得べき事態に備えて着実に準備を整える必要があることで意見が一致した。われわれの精神的団結はこれまで以上に強くなっていた。状況が好転しようと悪化しようと、われわれは生死を共にすることを誓い合った。

ヌーハック同志の家からプーン・シーパスートとシートン・コンマダム両同志の家を見まわりに行った。ここにはまだ警察の監視は届いていなかった。私は幹部に新状況を伝えるとともに、今後起こり得るあらゆる事態に対処するために腹を据えようと思った。さらにスパーヌヴォン同志の家に行ったところ、パーク・パーサックの家の庭には唖然とするほどの多数の警官が立っており、私が庭に入るのも禁止された。私はただ、ベランダに立っているスパーヌヴォン同志に対して手を振って挨拶したのみで、そのまま車に乗り、政府事務所に向かった。内務省に入ると、年齢は若いが職位の高い官吏が私を出迎え、彼の事務机の側にある椅子に着席を勧めた。私は敬意を込めた丁寧な言葉で次のように述べた。

46　ナー・ハイディオ。ヴィエンチャン市内北部、現在の首相府の地域。

「私がヌーハック氏とスパーヌヴォン殿下の家を訪ねましたところ、制服を着用した警官が彼らの家のまわりを厳重に取り巻いており、私が家に入ることも許されませんでした。これは好ましくない新しい事態です。なぜこのような事態が発生したのでしょうか。このような事態は、成立したばかりで、まだ定着していないラオスの統一を破壊することになるのではないでしょうか。内務省より係官を派遣して調査していただき、このような見苦しい事態を停止できないでしょうか」

この青年高級官吏は自分の事務机の側の椅子に足を組んで座り、その足先を私の方に向けていた。彼は自分の足を揺らしながら言った。

「あれは何でもないことですよ。プイ・サナニコーン閣下が首相になって国内秩序は以前よりも改善されます。すべての出来事はプイ・サナニコーン閣下の指示に沿って起こるのです。自分ひとりで自由にやっていく勇気のある者は誰もいません。プイ・サナニコーン閣下が指示することは何でもすべて国のためになるのです。プイ・サナニコーン閣下を信じなさい、何でもないですよ」

これに対して私は次のように述べた。

「ラオスの統合のためにやってきた側に対して、このように警官を派遣して監視するのは、ラオスの統一を推進しようとしている者がとる態度ではないと思いますが。これでは互いに掃討作戦を応酬し、団結を分裂させることになり、国にとって好ましいことではないでしょう。貴官が実際の現場を視察して、警官を引き揚げ、相互の連帯と親愛の雰囲気を醸成するのが望ましいことなのです」

この青年官僚はむきになり、こわばった面持ちで応えた。

「私が答えられるのはこれだけですよ。これ以上は何も付け加える権限もないので、今日はこれまでにして、何かあれば次の機会にしましょう」

私は嫌悪の念と落胆した気持ちで内務省を後にした。ありとあらゆる考えが私の脳裏に殺到した。内務省の階段を下りて車に乗るまでの間の時間、私は階段を何段下り、どの程度の高さであったのか全く気づかなかった。車のそばに戻ってからも答えが出ないままに虚しく考えていた。というのは、これまでの状況が極めて不可解であったためである。どうしてあの青年官僚が私に対し、あのように態度を変化させたのか自問してみた。

彼も私とは長い間付き合ってきた人物であった。以前はどこかで私に会うと、本当に柔軟な態度で、親しく、にこやかに接したのに、今日はなぜ、あのように尊大に構えて、私を見下した態度をとったのであろうか。なぜにプイ・サナニコーンが為すすべてのことが国のためになるのだろうか。警察を介入させてわれわれを監視することは、ラオスの統一を妨げ、戦闘の再開を招くのみだ。これがどうして国のためになるのだろうか。彼らのこのような行動が、彼らに勝利をもたらすのか、あるいは敗北をもたらすのか、そして、その結果が今のような不穏な状態をさらに悪化させていることがわかっているのだろうか。彼らは負ければどこに向かうのか。売国奴の反動主義者がいかなる術策を弄するのか見てみよう。結局はわれわれが勝利者となり、彼ら売国反動者はわれわれに敗北するか、恐怖のうちに国外に逃走するしか選択はないのである。彼が何をやろうとしているのか、彼の残忍な政策を見てみよう。必ずやわが党の正しい政策がわれわれを勝利に導くであろう……。

この若造の偉そうな態度には、彼らが、ラオスの平和的統一、平和と正義を愛するわれわれと人民への制圧に着手するであろうということが彼らの間では周知の事実となっていることが明確に表れていた。われわれはもう好きとか嫌いとか言っている場合ではなく、先に見えている苦難に耐え抜くために心の準備を含めた対応策を整えておく必要があった。

バーン・タークデート[47]にあるわが家に着くと、私が車庫に使用している小屋に大勢の警官が立っていた。彼らが私の家の監視に来ていることは明らかだったので、自動車を車庫に入れるので場所を空けてほしいとのみ告げて、何も言わずに頭を少し下げて彼らに敬意を表しつつ、階上に上がった。テーブルの前では、椅子に腰掛けた妻が、家に同居している同志たち兄弟姉妹と話しているところだった。そこに警察将校とその補佐官が現れ、政府の命令により彼が私の家に常駐の警備役として派遣された旨を告げた後、外出の際は彼に通報し、政府の許可が得られれば同行者を付けて外出が可能であると言った。外部からの訪問者についても政府の事前許可を必要とした。

私は警察将校に対して次のように述べた。

47　バーン・タークデート。ヴィエンチャン市内シーコータボーン区内の1地区でサームセーンタイ通りとセーターティラート通りの交差点のあたり。

「われわれの安全を確保するために君たちが私の家にいることについては、あなたたちは上司の命令を果たしているのであるから私は何も言わない。ただ、私がヴィエンチャンに来てここに滞在している期間は、和平交渉の時、連合政府に参画した期間と国民議会議員として滞在した合計3年以上になるが、われわれは何の危険も感じず、ヴィエンチャンの全地域の住民との通常の往来は日毎に増えている。今日になって、君たちが命を受けて私の安全を確保するためと称して、私の家にやってきたのだが、君たちがここに来て命令を執行しなければならないほどの危険がわれわれに迫っている状況と要因がわかっているのかね。安全を確保するために君たちと協力するには、われわれは何をしなければならないのかね」

彼らの返事は次の通りであった。

「私たちには何もわかりません。上司からの命令で来ただけですから。上司が帰れと言えば、いつでも帰ります」

「『安全を確保するために来た』という言葉の意味するところは、上司が君たちに欺瞞の指示をしているに過ぎず、実際には、われわれを監視し、内部者を外部に出させず、外部者をわれわれの家の中に入れないよう命令したのだろうと私は理解している。そうであろう」

と私が言うと、彼らは答えた。

「本当に上司の指示で来ただけです。上司のそのような命令がなかったら、私たちはここに来ていません。私たちには小父さんを憎むようなことは何もありません。いつも小父さんを尊敬しています」

「私にはよくわかっているよ。私は君たちを全く憎んではいない。残念ながら、私の家の1階の部屋は低く、その一部は自動車に占領されている。君たちは適当な場所を探して、寝る場所があればそこに寝て、なければ君たちの司令官に頼んでテントを家の外側に張って仮眠しなさい」

彼らは私の言う通りに1階の部屋に下りて寝た。

自宅軟禁の生活　その後のわれわれの生活は自宅に軟禁された状態であった。ある日、私は警察将校を呼んで、他のラオス愛国戦線の指導者を訪問したいのだがと聞いてみたところ、彼は無線で指揮官と連絡をとった結果だと言って、許可しなかった。私と同居の同志たちは市場に食料を仕入れに行きたかったが、これも許可されなかった。また、私を訪ねてきた多くの同胞も家の中には入れなかった。ただ救われたことには、私はチャオ・ブンニャワット（殿下）の家族と同じ1軒家に住んでおり、家の前方のベランダと裏側のベランダが連結しており、その中央が低い柵で仕切られているだけであった。毎日、ブンニャワット殿下のパー・ラー夫人が市場に出かけて米、肉、魚、野菜をわれわれのために買ってきてくれた。もちろん代金は支払った。夫人自身が料理をして差し入れてくれることも度々あった。この困難な時期にこのような旧知の同志に巡り会えたのは幸運であった。

毎日、ハノイ、北京、モスクワ、バンコクからのラーオ語、タイ語、フランス語のラジオ放送を聞いた。1階の警官たちが密かに聞きに来ているのがわかったので、私はその都度、ラジオの音量を上げた。このような状況が何日も続くと、彼らとわれわれとの仲も打ち解けてきて、互いに先方の名前とか声が判別し得るようになった。私は彼らを2階のベランダに呼んでラジオを一緒に聞いたり、話しかけたりした。そして、国内情勢、国際情勢を彼らに話して聞かせた。彼らが関心を持つ問題があれば、それを説明して聞かせた。彼らのほとんどが夜中にやってきた。昼間は偵察隊がサームローに乗って四六時中家のまわりを警戒していたため、用心していたのである。

互いに気心が知れるようになってから、彼らは勇気を出して聞きに来た。わが国はこれからどうなるのだろうか。世界はまた戦争にならないのだろうか。私もこのような機会を捉えては、実情を説明した。

「ラオス愛国戦線がいかなる時でも誠心誠意、民族融和を促進する平和政策をとっているのに対し、ラオスとヴィエトナム人民に敗北したフランス植民地主義者に代わって入ってきたアメリカ帝国主義者は、人民を掃討する戦闘を継続しようとラオス反動主義者を掌握しつつある。フランス植民地主義者とアメリカ帝国主義者の政策は、1つの国の人間を買収し、彼ら外国人が不正と不当な決定を下す主人となって統治する目的のために、その国の人民を分裂させ、その国の人民同士を闘わせるというものだ」

「アメリカ帝国主義者は世界の各地においても同様の政策を実施しており、わがラオスにおいても例外ではないが、ラオス人同士の仲違いを誘導して同志撃ちをさせている。現在、彼らが君たちにわれわれを管理させていることは、双方のラオス人民を分裂させ、対立させて、統一を不可能にしようとする計画の初期段階なのである。今後、彼らはプイ・サナニコーンとその手先グループに命じて、われわれを逮捕あるいは拘留したり、彼らに反対するラオス愛国戦線関係者とかラオス人民を射殺していくであろう。そして、彼らは武器売却によって利益を得るためにラオス国内での戦争を再発させるかも知れない。われわれラオス人がアメリカ帝国主義者の残忍な陰謀に気付かずに、金銭、地位のために売国行為の陰謀を受け入れれば、ラオス国内での戦争が再発するであろう。ラオス人民は、アメリカ帝国主義者が彼らの意のままにラオス人民を掃討し、逮捕し、射殺することを認めない。それは世界の経験からも明らかである。どこの国の人民であろうとも、連帯して立ち上がれば、帝国主義者とその手先は必ず敗北する。現在、帝国主義資本家は国内で対立するのみならず、帝国資本主義国家間での対立が高まる一方で、ソ連を支柱とする社会主義諸国は次第に強化、拡充されつつある。民族解放と革命運動の拡大と強化は、世界各国の植民地制度から独立への解放と、帝国主義諸国における平和、民主、公正、生活水準の向上のために労働者の階級闘争をもたらし、それが全世界に広がりつつある。帝国主義者とその手先との協力者は敗北の運命を回避することはできない」

彼ら警察官はこのような話が好きで、毎晩4、5人が集まって話を聞いた。不明な点があると熱心に質問してきた。2週間が過ぎて、警官たちとわれわれとの間の雰囲気は次第に滑らかになってきた。彼らはわれわれの同志を自分たちのジープに乗せて食料品の購入に出かけるようになった。それにつれて、彼らに対するわれわれの態度もよくなった。何かうまい食べ物が手に入ると彼らにも分配した。彼らの上司を私の家に呼んで、コーヒー、フー[48]、カーオ・プン、菓子などを御馳走したこともあった。われわれが好意的な態度を見せたので、彼らもわれわれに親愛、尊敬と信頼の念を抱くようになった。彼らの直接の上司あるいはそれ以上の幹部に対する不満なことがあると、彼らはわれわれに状況を説明して聞かせてくれるようになった。道端でサームローをこぎながらわれわれを監視している偵察チームも、いろいろなことをわれわれに知らせてく

48　フーはヴィエトナム風スープ麵。カーオ・プンは素麵風の代表的なラオスの麵料理。

れた。しかし、私の家を監視している警察チームの中には反動的な者もおり、われわれに好意的な警官を発見すると、彼は上司にこれを報告して配置転換させ、別の警官が配属された。このため、われわれは警官に対する政治工作のやり直しを繰り返さねばならなくなった。

1959年6月初めに、警察将校が警察司令部からの指示であるとして、警備官1人の同行を条件に外出を認める旨連絡してきたので、私は謝意を表したが、敵のわなに陥ることを恐れて屋外には出なかった。ある日、ヌーハック同志がわが家を訪れた時には警官1人が同行していた。ヌーハック同志は家に入って私とともに椅子に腰掛けたが、同行の警官も2階のベランダに上がり、階段の踏み段に腰掛けて、われわれの話を聞いていたので、

「家の中に入って一緒に座りなさいよ」

と彼を呼び入れたところ、

「有難うございます。私はここで結構です」

と答えた。私ももう1度、

「そんなこと言わずに、ここに入ってきなさい！　一緒に来た人は、家の中に入って一緒に座るものです。どうして階段の踏み段の上で犬のように座っているのかね。そこは犬の居場所です。そのうちに犬が来てそこで寝ますよ」

と言うと彼は、

「結構です。有難うございます。下に降りて仲間と一緒にいますから」

と言って、1階に降りていった。

ヌーハック同志から聞いた話だと、彼らはわれわれ国会議員のすべての家に警官を派遣してわれわれを監視しているということであった。われわれのみならず平和中立党の進歩的議員の家をも監視しているとのことであった。市内と国内全土の雰囲気は極めて緊張した状態にあった。われわれとしては厳重な警戒を必要とした。

その後、私は警官と私の警備要員の1人を乗せて進歩的な国会議員の家を自動車で見て回った。ラオス愛国戦線の議員の家はすべてに警官が入っていた。これ以外にも、キニム・ポンセーナー[49]、マハー・クー・スヴァンナメーテ

49　キニム・ポンセーナー。チャンパーサック生まれ（1915）。反日運動に参加（1945）。パークソン郡長。チャンパーサック県副知事。ホアパン県知事。上告裁判長（1945～49）。ホアパン選出国会議員。国民

イ、[50]チャーンパーオ・ヴァンターヌヴォン、[51]マハー・ブッディー・スリニャサック、クイリー・バンチョンパーニット、ルー・ブアラーヴォン[52]の家もすべて監視されていた。毎日、私は車を運転して同志や友人、苦楽を共にした同胞の家を訪問した。敵は、われわれと同じ運命の下にありながら、誠実かつ人道的なわれわれの心情に付け込んで、望んでもいないこのような状況にわれわれを閉じ込めている。われわれは強固な精神力と努力で団結を強化し、死活に係わるどんな事態に直面しようとも常に行動を共にすることを決意した。

1959年の6月以後は、われわれの往来の便宜はかなり改善された。外出時には警官の同行がないこともあった。市内ではプイ・サナニコーン政府とラオス愛国戦線との関係が正常化したとの噂が広まり、表面的には以前よりも穏やかな雰囲気の中で喜びと明るさが増した趣ではあったが、実態はそうではなかった。プイ・サナニコーン政府とアメリカは、われわれを1ヵ月余にわたり監視してから現在の弛緩した状況に乗じて逃走するかどうかを試し、逃亡者が出れば逮捕し、殺害しようとしていたのである。しかし、誰も逃走しなかった。われわれは僧侶、住民を訪問して、われわれが融和と平和の愛好者であることを説いて回った。少しでも和平の手がかりが見出されれば、どんな危険が伴ってもわれわれは国家建設のために同胞に協力しようとして、われわれが署名した協定に対する誠意を態度に示した。

プイ・サナニコーン政府に逮捕・監禁される　われわれが自由な生活を享受したのは1ヵ月余に過ぎなかった。1959年7月28日の17時半、われわれが夕食をとっていると、6名の警官が家の中に入り込んできた。私はいつもの通り敬意

議会副議長。アッタプー選出国会議員（1951～55）。平和中立党創設（1955）。プーマー内閣情報大臣（1960）。同外務大臣（1960～63）。1963年4月1日、ヴィエンチャンで暗殺され、第2次連合政府崩壊の危機に繋がった。

50　マハー・ク・スヴァンナメーティ。シーパンドーン生まれ（1912）。チャンパーサック選出国会議員（1955）。元僧侶。平和中立党副党首。中立左派。第3次連合政府の宗教大臣（1974）。新政権司法大臣（1975）。

51　チャンパーオ・ヴァンターヌヴォン。ヴィエンチャン県知事。第3期国会議員（1955）。全国政治協議会メンバー（1973）。

52　マハー・ブッディー・スリニャサック（ヴィエンチャン県選出国会議員）、クイリー・バンチョンパーニット（チャンパーサック県選出国会議員）、ルー・ブアラーヴォン（サーラヴァン県選出国会議員）はいずれも1958年の補欠選挙で当選した平和中立党の議員。

を表する挨拶をして、訪問者に着席を勧め、失礼ながら食事中であるので話は食事を終わってからにしたい旨告げた。しかし、上官の警察将校は食事中の私に近づいてきて、ヴィエンチャンの初審裁判所長[53]からの指示であるとして同裁判所長への出頭を求める1枚の文書を提示した。私はその文書を手に取って読むと、それは逮捕令状であった。私の方から、

「君たちはこの私を逮捕に来たのだろう」

と聞くと、

「はい、そうです。幹部から、小父さんを幹部のところまでお連れするようにとの指示がありました」

と彼は答えた。

続けて私は、

「とりあえず、夕食を食べ終えるまで待ちなさいよ」

と言って、即座に私の妻、私の家に同居している同僚たちを呼んで指示を与えた。

「今、警察が初審裁判所の令状を持って私を逮捕に来たので、私は彼らと共に行かざるを得ない。君たちは家にいてみんなで力を合わせて、仲良く、おばさんの言うことをよく聞いて、その通りにしなさい」

私は妻に、部屋に入って着替え用の衣類と洗面用具を準備するよう伝え、彼らが家宅捜索する恐れがあったので、戸棚、机の引出し、カバンを開けて、適当ではない書類があれば焼却するよう指示した。必要な携行品を取りまとめて、私が部屋から出てからも私を見つめながら一緒に立っている家事世話人の姉妹同志たちのところに歩み寄り、最後の指示を与えた。

「皆で心してうまくやっていきなさい。これから、私は拘置所に入ることになるが、これは署名されたヴィエンチャン協定に従って、国の独立と人民の安寧、至福をもたらすためであり、同志の君たちには何の心配もいらないし、寂しい思いをする必要もない。私は国に対し何らの過ちも犯していない。必ずや正義は不正に勝利するであろう」

私は家の階段を降り、警察の車に乗った。振り返ると、いつも通りの警察の

53　初審裁判所。この当時は各県に初審および第2審裁判所が、ヴィエンチャンに最高裁判所が設置されていた。

監視の中にあって、階段の踏み段に悲痛な顔付きで立っている妻と同志、同僚たちの姿が見えた。

拘置所での生活　あの夜は、ちょうど陰暦9月の黒分の日であった。空は真っ暗で星1つ見えなかった。道端を懐中電灯が照らしてはいるが、はっきりとは見えなかった。私の頭の中もあまりに真っ暗で、どこへ行くのか、どんな運命が待っているのか全くわからなかった。終始、目に浮かぶのは家の階段の踏み段に悲痛な顔付きで立っている妻と同志、同僚たちの姿であった。

「君たちは私をどこに連れていくのかね？」

と私は尋ねた。私の隣に座っている警察将校は、

「ポーンケン[54]です」

と答えた。

やがて、車は警察基地のあるポーンケン丘陵地の頂上部あたりに到着した。車は左に曲がり、警察基地の中に入っていった。将校用住宅、アメリカの顧問団住宅を過ぎて、兵士の家族用居住区域のある村のあたりを徐行して下っていった。車は土間式住居の1軒長屋の前で停まった。同行の将校は12番の番号が付された部屋のドアを開けて中に入り、その部屋で寝泊まりするよう命じた。その部屋は幅2m、奥行き3mで、茣蓙の敷かれた小さなベッド1台、枕1個、灰色の木綿製毛布1枚、緑色の蚊帳1帳が、またベッドの側に食事用のテーブル、椅子が各1脚、机の上には軍隊用の水筒とプラスチック製のコップ2個が備えられていた。ドアの側の足下に窓があって、覆いはないが、ちょうど両手が入る程度の間隔で鉄格子が入っていた。その隣には幅1m、高さ2mの出入り用のドアがあり、3cmの厚さの板が張られていた。外側から錠前が掛けられており、鍵は看守が管理していた。これがプイ・サナニコーンが歓迎用に提供してくれた寝室で、われわれが正直に引き渡した集結地の2県と何万挺もの武器に対する代償であった。

その夜は一睡もできなかった。どの方向に寝返っても目に浮かぶのは家を出る際に、階段の踏み段に立って寂しい顔で私を見送った私の妻と同志、同僚たちの姿であった。なぜ、私は馬糞のにおいが充満して息もできないようなこの

54　ポーンケン。ヴィエンチャン市内中心部より北東約3kmに位置する丘陵地区（村）。

部屋で寝なければならないのか自問した。

家族や親類、自己の幸福、生命を犠牲にしてまでも、フランス植民地主義者を追放してラオスに独立をもたらし、ラオス人民自らが主人公となって繁栄のラオスを建設する闘争をしてきたためなのだろうか？　そうだとすれば、私はすべてのラオス人民から栄誉と賞賛を受けて当然ではないのか。それなのに、どうして捕らわれの身となってここに監禁されねばならないのか。監禁を命じたのはいったい誰なのか。それはプイ・サナニコーンである。それでは、プイ・サナニコーンとはいったい誰なのか。1人のラオス人である。なぜ、彼は全人民が独立と自由、民主主義、領土保全が満たされたラオスの実現を期待するのを喜ばしく思っていないのだろうか。プイ・サナニコーンはラオス人であるのは事実であるが、彼は位階と金銭に走ったためにフランス植民地主義者にその手先として買収され、フランス植民地主義者の敗北とともに、今度は人民を掃討するためにアメリカ帝国主義者にその奉仕者として買収されたのである。彼には帰属する国家がないので、愛国者を捕え、収監するのである。ラオス人にもこれほどの悪人がいるのだろうか。いつかはラオス人民は彼の首を引きずり回して裁判にかけるであろう！　その日が来るまでにはどのくらいかかるであろうか！　私が生きているうちにそれが実現するであろうか。あるいは、私の死後にやって来るのであろうか！　私はプイ・サナニコーンが処罰されるのを見届けねばならない。なぜならば、正義は不正に確実に勝利する必然性があるからである……

家のことを思うと、ありとあらゆることが心配になった。妻や同志たちは悲しみのあまり警戒心が緩んではいないだろうか。同志たちが家を離れて遊びに出たすきに、警察たちに家を略奪されはせぬか。連行されて、彼らの黒い陰謀の奉仕者にされるのではないだろうか。私の妻や同志たちが彼らとの協力を拒み、家から追い出された場合には、誰の家を頼ればいいのだろうか。どれほど親密な同志、同僚であろうとも、私の家族を受け入れる勇気は持ち合わせないであろう。敵の粛正を恐れるからである。考えれば考えるほどにいまいましく、拘置所から脱走してプイ・サナニコーンと一対一で闘い、奴がどれほどに勇敢か試したかった。しかし、同時に、それは正しいやり方ではなく、また、現実的でもないことに気づき、そのように考える自分自身が虚しく感じられた。この独房を脱出してプイ・サナニコーンのいる場所に到達することは簡単なことではなく、しかも、プイ・サナニコーンを倒したとしても、彼の背後にはラオス人民の手による敗北をまだ味わっていないアメリカ帝国主義者が控えていたため、新たなプイ・サナニコーンが現れるに違いなかった。この拘置所を脱出し得るまで、あるいはラオス全土の人民が私の党の指導の下に敵を打倒し、完全勝利を収める日が来るまで、ここで辛抱しなければならないであろうと覚悟した。これまでもわれわれは我慢して成果を挙げてきたのであり、これからも新たな勝利を得る日まで忍耐を続けていかねばならない。私は決意を新たにした。

現実の拘置所に立ち返ると、この拘置所は大きくて、長かった。他に誰が連れてこられているのだろうか。彼らはわれわれを合同で収容するのだろうか。あるいは個別に隔離収容するのだろうか。彼らが利口であるならば、われわれを別々に収容して、われわれ相互間の意見交換を不可能にし、1度に1人、2人ずつ殺害していけば誰にも知られないであろう。

私の頭の中では、ありとあらゆる事が複雑に思い巡らされた。第2大隊と第1大隊のことが気がかりで、逃走した兵たちが敵に捕らわれ、殺害されてはいないか心配であった。復員した同僚、要員、兵士たちのことも心配であった。しかし、中央委員であるわれわれが逮捕されているのだから、彼らもきっと敵の逮捕監禁や虐待、殺戮から逃れられないでいるに違いなかった。私の願いは、全員を救出して、新しい根拠地に集結させ、勝利を達成するまで武力革命闘争を継続することであった。

夜が何と長かったことか。夜が明けるまで待った時間の何と長かったことか。拘置所のまわりの将校住宅の鶏の鳴き声は真夜中を過ぎた時刻を告げていたので、懐中電灯をつけて時計を見たが、朝方の2時を回ったところであった。秒針は速く進んだが、時針の進み方は何と遅いことか。アメリカ帝国主義者とプイ・サナニコーンに対する憎悪感は高まるばかりであった。「有徳者が天秤棒を担いで働き、悪徳者が馬に乗って都を巡行する[55]」とはこのことか！　このようなことが公正と言えようか。このようなことが今後も続くのだろうか。この

55　世の中は、えてして悪徳者が要領よく利益を得、有徳者が不利益・不自由を被るという社会的矛盾、不理尽なことが多いことの譬え。

ような不公正なことが続くはずがない。正義が不正に勝利し、公正が人類社会に戻ってくるに違いない。いずれの日にか、徳に篤い者が馬に乗り、悪徳者が重い天秤を担がねばならぬ時が来るであろう！　いったい、誰がこのような変革をもたらすのであろうか。それはラオス人民党の指導の下でのラオス人民なのである。即ち、われわれ自身なのである。

私は暗い独房から全種族のラオス兄弟人民に対し、「民族を解放し、人民に正義と至福をもたらすために、ラオス人民党の指導の下で果敢に連帯と闘争を実行しよう」と親愛の情を込めて正義の呼びかけを行ないたい気持ちでいっぱいであった。また、私の体は独房の中で横たえているが、心は党中央本部にあり、逃れてきたすべての同志と共にあり、救国と自己の解放のために闘っているラオス兄弟人民と共にあった。ラオス兄弟人民には私の今日の呼びかけが届かないのは当然のことであるが、しかし、彼らも私のことを思い、私の怒りの言葉を推測しているに違いない。

暗い独房の中にいても、私の心は太陽の如くに明るかった。私には何の誤りも不正もなく、潔白であったからである。国の独立を達成し、人民の自由と幸福を得るためにフランス植民地主義者とアメリカ帝国主義者を追放する闘争には何の過ちもなかった。私が今この独房にいるのは国のため、人民の幸福のためであることを多くの者が承知している。独房は狭く、壁は厚く、窓は頑丈な鉄棒がはめられ、扉にはしっかりと鍵が掛けられていても、いつの日にかここから堂々と脱出できることを私は確信していた。私は国、人民に対し何らの過ちも犯していないからである。

拘置所のまわりの家からは一番鶏の鳴き声が聞こえてきた。5分間で鳴き止み、夜半過ぎの時刻が告げられた。二番鶏の鳴き声で夜明け間近であることが知らされ、やはり5分程で静かになった。懐中電灯で時計を照らして見ると4時半であった。自然の摂理に従って太陽光線が射してくるまでもう少しの辛抱だと自らを元気づけた。時計が5時半を示した頃、太陽光線が東のプー・カオクワーイ山[56]を越えて射してきた。窓越しに外を見ると、警官2人が扉の側で立ち話をしており、拘置所のまわりは有刺鉄線が巡らされていた。他の部屋の物音に耳を傾けてみたが、同じように静かであった。6時になると、太陽光線は

56　プー・カオクワーイ山。ヴィエンチャン市北東約50kmに位置する標高1026mの山。

全地域を照らしていた。

看守3人が鍵を持ってきて、独房の錠を開け、私を用便と洗面に連れ出した。われわれはそれぞれ自分の房を出て、互いの顔を見合わすことができ嬉しかったが、どの顔も譬えようもなく義憤に満ちた表情であった。ある者は、

「わかっただろう。彼らの考えが」

と述べ、ある者は親愛と喜びの気持ちを込めて、

「われわれがここに来て一緒にいられるとは結構なことだ」

と述べた。

この夜、拘置所で過ごした同志は次の通りであった。

スパーヌヴォン同志、シンカポー・シーコートチュンナマーリー[57]同志、マー・カイカムピトゥーン[58]同志、ムーン・ソムヴィチット[59]同志、マハー・ソムブーン・ノーブンタム[60]同志、カムペット・ポンマヴァン[61]同志、シーサナ・シーサーン同志、ヌーハック・プームサヴァン同志、カムパーイ・ブッパー同志、私、プーン・シーパスート同志、シートン·コンマダム同志、パオ同志、プーカオ[62]、ブアシー[63]、そしてマーナ[64]であった。

3人の看守は拘置所の出入口を開けてくれた。

用便と洗面を済ませ、朝食の準備を終えたわれわれ全員は、拘置所を出て朝の外気を吸った。そこには、共に会えた喜びと怒りに満ちた、苦難を共にする

57　シンカポー・シーコートチュンナマーリー。ターケーク生まれ（1913～2000）。ヴィエンチャンで修学後、学校長に。ラーオ・イッサラ活動（1945）。ヴィエトナムとの協力を重視し、インドシナ共産党に入党。タイに亡命（1946）。ラーオ・イッサラ戦線中央委員（1950）。ラオス人民党に参加（1955）。ラオス愛国戦線中央委員（1956）。同戦線第2大隊隊長。投獄（1959）。脱獄（1960）。愛国戦線軍総司令官（1962）。愛国戦線中央委員（1964）。人民解放軍司令官（1965）。暫定連合政府の運輸·土木大臣（1974）。新政権政府で土木副大臣（1975）。世界平和・連帯・友好委員会ラオス委員長（1978）。元ラオス・オリンピック委員長。著書に『シーヴィット・レ・ヴィヤクガーン』（『わが人生と職務』［ラオス語］、ヴィエンチャン、1991）。

58　マー・カイカムピトゥーン。サヴァンナケート県生まれ（1904）。ラーオ・イッサラ運動に参加（1946）。自由ラオス戦線第1回全国大会に出席。同戦線中央委員（1950）。ラオス愛国戦線中央委員（1956）。補欠選挙で国会議員（1958）。投獄（1959）。脱獄（1960）。ラオス人民革命党中央委員（1972）。国家計画委員長（1975）。第3回党大会後に特別任務大臣。

59　ムーン・ソムヴィチット。ラオス愛国戦線中央委員。1975年、ヴィエンチャン県行政委員長。

60　マハー・ソムブーン・ノーブンタム。労働組合連合副委員長。

61　カムペット・ポンマヴァン。国家計画副委員長。

62　プーカオ。解放区の軍人（大佐）。

63　ブアシー。駐ハノイ大使、情報・文化副大臣。カイソーン記念博物館設立委員長（1994）。

64　マーナ。解放区の軍人。

同志の顔があった。ある者は、

「プイ・サナニコーンの平和主義、人道主義、公正主義の建設がどんなものかわかったか」

と喉から絞りだすような声で述べた。別の同志は、

「これが、アメリカ帝国主義者の平和主義と公正主義と呼ぶ政策の実態なのだ！」

と言った。同志たちはそれぞれに語った。

「プイ・サナニコーンという奴はフランスの奴隷だった時にはフランスの運命共同体として協力し、フランスが追放されるやラオスから脱出して、今度はドルに目が眩み、アメリカ帝国主義者にしっぽを振って迎合している。国を売り、人民を売り、どこまでラオスを食い尽くすのか見てみよう」

「プイ・サナニコーン1人ではなく、アメリカの奴隷である奴の一派はすべて同じ運命にある」

「こうなるとわかっていれば、奴らと連合を組むことなどしないで、奴らが降伏するまで攻撃し、全土を解放する方が良かった」

「アメリカ帝国主義者はプイ・サナニコーンを手先に使ってわれわれを統合しようと企み、ラオス愛国戦線勢力を殲滅しようとしているのだ」

「奴らにはやりたいようにやらしておけ、奴らには敗北からは逃げられないのだから」

ヌーハック同志、プーン・シーパスート同志と私は「用便、洗面、朝食を終えてから集合し、何か意見があればみんなで話し合っていく」ことを提案した。各人は緊張した面持ちで別れていった。私は家のことが心配であった。わが家に残された者たちは、今朝、目が覚めて私の顔が見えないので、寂しく、かつ、私自身と同様に激怒しているに相違ないと思った。

われわれが洗面を終えた頃に、ウアン・ラーティクン夫人の姉のナーン・チャンペンが拘置所の庭に自動車で乗り入れ、われわれにパン、コーヒー、砂糖、茶などの朝食を差し入れてくれた。朝食の後、看守は独房の鍵を掛けなかった。この機会を捉えてわれわれは、拘置所の裏側のプーカオの部屋で集会を持った。各人がそれぞれの意見を述べて、最後にヌーハック・プームサヴァン同志が次の通り総括を行なった。

「各人の意見はすべて正しい。プイ・サナニコーンはアメリカ帝国主義者の指示に従って、われわれを逮捕し、拘置所に拘禁した。いずれにしても、彼らはわが党の常務委員会が当初に評価を下した通り、従来以上にラオス愛国戦線に対する粛正を強化するであろうから、われわれとしては、これに耐え、わが党の正しい路線を確保せねばならない。今やわれわれはここに党の支部組織を設置し、これからの任務の計画を策定せねばならない」

全員がヌーハック・プームサヴァン同志を党との連絡書記と同時に、この拘置所に拘禁されている同志の管理責任者に推した。スパーヌヴォン同志、プーン・シーパスート同志と私が委員となった。

委員が策定し、同志たちが賛同した活動計画には、われわれの3大任務が謳われていた。まず第1に、拘置所を監視する看守に対してわれわれの組織に入るまでの宣伝と教育工作を強化すること。第2には、体力を鍛錬するために1日目は拘置所のまわりを5周走り、次の日からは1日につき1周を追加していくこと。そして第3の任務は、看守より鋤、鍬を借りて、拘置所の前庭に巡らされた有刺鉄線の杭に沿って土地を掘り起こし、パパイヤの苗木、タマネギ、ニンニク、ミント、ナンバンルリソウ、ヒマワリ、千日草などの苗を植えることであった。

われわれは全員でこの計画を実行した。私は看守が1日3回の食事を運んでくる時を利用して、彼の生まれ故郷、父母のことを尋ねたり、菜園地を耕すための鋤、鍬を貸してもらうよう依頼したりした。ある者は以前からの知り合いであり、ある者はシエンクアン出身者で、私がモーラム[65]であったことを憶えており、私の歌唱を聞きたがっていたので、看守と親しくなるのは簡単であった。会話は親しく、円滑に進んだ。頼んでいた鋤、鍬を借りることができ、花の種、タマネギ、ニンニク、ハッカ、ナンバンルリソウの苗も持ってきてくれた。パパイヤの種は、われわれの家族から差し入れられたパパイヤから取った。浴室の水

65　モーラム。「ラム」はラーオ族（特に中南部）の伝統音楽で民族楽器のケーン（笙）を伴奏に歌われる語り物、民謡で日本古来の歌垣にも共通する部分が見られる。ラムの歌い手、語り手、ないし歌謡、謡いそのものもモーラムと呼ばれ、モーラム・ルアン（数名の歌い手と楽団で構成される）、モーラム・クー（男女1組で演出される即興の掛け合い形式で題材は各種各様）、モーラム・チョート（通常は同性の2人で演出される掛け合いの問答歌）、モーラム・ディオ（1人の演出家による歌いと語り）などの形式があり、地域によっても演出の形式、内容を異にしている。北部ラオス、特にルアンパバーン地方では「カップ」と呼ばれている。

を掘った土穴に溜めて、水かけに利用した。ひと月もたつとわれわれの植えたすべてが順調に生育したので、毎日の仕事もはかどり、自己の任務の成果に対する充実感を覚えた。

拘置所のまわりのランニングは、最初の日はかなりの疲労を覚えた。というのは、この拘置所の長さは30m以上、奥行きは約7mで、地面はセメントで舗装されていたためである。拘置所の屋根は瓦葺きで、天井は板張りであった。モルタル塗り煉瓦造りの壁は、棟の中央部で仕切られており、両側ともモルタル塗りの煉瓦壁で22の部屋に仕切られていた。

西側の端にある部屋は浴室に当てられ、空のドラム罐10個が置かれており、毎日1回、タンクローリー車により注水された。この部屋の前に穴を2ヵ所に掘って、溝を入れ、水浴後の水を溜めて菜園地に利用した。

2番目の部屋は、ナーン・チャンペンが1日3回の食事を用意しておく部屋であった。これに続く部屋はすべて寝室で、広さも備品も同じであった。

拘置所のまわりは拳が入る程度の間隔で有刺鉄線が厳重に張り巡らされていた。棟の前と東の隅には幅が約10mの空き地があり、裏側と西側の隅には幅5m程度の広場があった。裏側の東方向の柵の隅には深堀の便所棟があり、それぞれが板壁で囲まれ、3部屋に仕切られていたが、各部屋は板扉の外からと内からも鍵が掛けられるようになっていた。床板の中央部に大便、小便用の穴が開いていた。拘置所の庭に入る門は1ヵ所のみで、西側の柵の隅にあった。この近くに階段の上り口があって、拘置所を監視する看守の家のベランダに上ることができた。

門柱は30cm幅の角材であった。門の扉は幅15cm、厚さ10cmの木枠で、扉の幅は3m、両扉は柵の格子目と同じ幅の菱形に結ばれた有刺網が張ってあり、膝頭の形をした大型錠前がはめられた鉄製鎖で閉じられていた。

看守たちが教えてくれたところによれば、この拘置所は軍の厩舎で、彼らはわれわれを歓迎するために煉瓦を壁にし、板を天井に張って出来あがったばかりであった。われわれの部屋が馬糞の臭いが強かったのも当然のことであった。その臭いは、自己とその一味の利益のために国と愛国的ラオス人民を売り飛ばすプイ・サナニコーンの臭いであった。これは、悪徳者が馬に乗って都を巡行するのと同様に一時的なことに過ぎず、けっして長続きはしないであろう。人民を殺害し、売国的行為をする者は党とわれわれ人民によって、将来、必ずや十分な処罰を受けるであろう。この怒りが刺激となって、われわれは計画通りに拘置所の外周のランニングを1日につき1周ずつ増やしていくことができた。

3ヵ月が過ぎた。囚人、農民、かつ政治家としてのわれわれの生活は計画通り進んでいった。この間、われわれは共同署名で1通の書簡を看守に託してプイ・サナニコーン政府に届けた。何らの過ちをも犯していないわれわれを彼らが逮捕したことに対し異議を唱えるとともに、われわれを釈放し、共同でラオス統合を成功させ、平和、独立、中立、民主、統一、繁栄の路線に沿ったラオスを建設するよう訴えた。これ以外にも、われわれ国民議会議員が連名で議長宛て書簡を警官に託して、われわれの釈放を政府に働きかけ、国民議会議員の逮捕を禁じ、逮捕された議員でも判決を受けていない者が議会に出席することを妨げることはできないと規定している憲法[66]に従って、われわれが開会中の議会に出席することを求めると同時に、政府に対し、われわれ議員の任期は終了していないので月給を支払う[67]よう要求した。

プイ・サナニコーンはわれわれの書簡を受領すると、われわれに集会を許して、このような連名書簡を書かせることは危険であり、また、われわれが看守を掌握して勝手に行動したのは彼らの失点であると、怒った。実際にはわれわれが掌握していた看守は10人余に過ぎず、大隊のすべてを掌握していたわけではなかったが、彼らはその警察大隊を移動させ、代わりに憲兵隊1個大隊を配置したのである。

憲兵隊の到着後はわれわれの拘置所の中ではいろいろの変化が起きた。この憲兵隊には下級兵として曹長が配属され、これ以外は、いわゆる共産党狩りと呼ばれる人民掃討戦術を修学して、タイやマレーシア、シンガポール、フィリピン、アメリカから帰国したばかりの3等兵曹や2等兵曹、兵曹長、少尉、中尉、大尉で構成されていた。

66　1947年のラオス王国憲法第34条の規定は次の通り。
「国民議会の議員は、何人も、会期中は、現行犯の場合を除き、出席議員の3分の2以上の多数決に基づいて予め許諾を与えられない限り、告訴または逮捕されない。議員が現行犯により逮捕された場合には、国民議会に対し、直ちにその旨を通告しなければならない。いずれの場合も、事件の審理は、関係当事者が国民議会に出席することを妨げることはできない」
67　同上憲法第36条は、「国民議会議員は、法律の定める手当を受ける」と規定している。

拘置所の広場には幅1mの有刺鉄線が柵に取り付けられ、憲兵は柵の外側を巡視して囚人に接近させないようにし、囚人との会話は禁止された。外側の柵に沿って彼らは東側と北東側の柵の端までトタン板を張り詰め、外部の者が内部を、内部の者が外部を見えないようにした。四隅にはトタン板より高い杭を打ち、その先端に取り付けられ大型照明灯が拘置所の内部を照らして、監視兵と彼の家の2階にいるアメリカ軍事顧問が昼夜を問わず拘置所に入れるようになっていた。これ以外にも、右側の出入り口のそばには装甲車2台が配置され、もう1台が東側の隅にあるトタン板柵の外側に置かれて、その銃口は拘置所の出入り道に向けられていた。拘置所の防衛指揮官であるラムグン大佐[68]はプイ・サナニコーンに対し、この拘置所では囚人の脱出は100％不可能であると保証し、

「天上から神様が降りてきて拾い上げない限り、拘置所内の囚人は絶対に外部には脱出できません」

と自信たっぷりに断言した。プイ・サナニコーンは、

「非常に結構だ。それでこそ幹部将校だ。近く貴官を少将に昇任させよう」

と応じた。

プイ・サナニコーンの気違いじみた準備は一時的な効果しかなかった。われわれが拘置所に拘留されたあと、警察はわれわれの家屋の監視を停止し、われわれの妻やヴィエンチャン在留の組織要員の同僚は委員会を組織して、アメリカ帝国主義者の手先の反動的指導部に抗議に出向いた。また、彼らは成果はともあれ、毎日われわれのところに運んでくる食事の料理の中に手紙を差し込み、報告事項を通報してきた。われわれも同様の方法で彼らのためのより効果的な活動につき助言した。われわれを弁護するために2人の弁護士が任命された。キニム・ポンセーナーとトゥリヤ・リーフン[69]であった。裁判所書記官のわれわれに対する取り調べに際し、キニム・ポンセーナーはわれわれの陳述を聴取するため何度もやってきた。他方、トゥリヤ・リーフンは反動派の一派で、われわれを弁護する勇気はなく、われわれを来訪することは1度もなかった。プ

68　ラムグン大佐。ラムグン・パサワット。後に王国軍准将になるも解任される。

69　トゥリヤ・リーフン。シエンクアン県生まれ（1922）。モン族。ラオス行政学校を卒業後、郡長などを務める。1945年当時、日本の統治に反対してフランス側に与し、後のパテート・ラーオにも反抗したと言われる。

イ・サナニコーンのわれわれに対する告訴事由は、われわれがわが2個大隊の兵士に対し指揮官の命令には服従しないように指示を与えたこと、われわれが国内の騒擾を惹起しようとしたこと、われわれがヴィエトナムと接触し、彼らがその事務所を閉鎖した『ラーオ・ハック・サート』紙[70]の継続的発行を計画したことなどであった。しかし、われわれは上記事由は事実無根であるとしてこれらのすべてを否認した。

われわれが逮捕されたニュースを知ったヴィエンチャン市内とラオス全土の人民からの非難の声が強力かつ広範に高まっていった。これと同時に、地方各県のラオス愛国戦線のメンバーが同様の理由で逮捕され、野蛮かつ残忍な方法で殺害された。ヴィエンチャン協定を順守し、その署名を尊重してヴィエンチャン派側に集結地2県を返還し、かつ武器を引き渡し、そしてラオスの平和的統合に加わることによって国の平和と人民の安寧と至福を願っていたラオス愛国戦線の指導者とそのメンバーに対して、多くの人民から同情の念が高まった。

アメリカ帝国主義者に盲目的に服従するプイ・サナニコーンとその一派がヴィエンチャン協定を破り、ラオス愛国戦線を裏切り、人民の期待を蹂躙し、平和・中立政策を破壊し、戦争を引き起こし、人民を憎しみ殺し合う準備を進めていることに対しては、人民の非難と罵倒が一斉に浴びせられた。プイ・サナニコーンとその一派の事務所には、反対と非難の文書が1日も欠かさずに続々と届けられた。

険悪な雰囲気がラオス全土に充満した。各地方では第2大隊と第1大隊が同情と親愛の念をもって歓迎された。逮捕を免れたラオス愛国戦線の指導者たちは、訪問する先々で同情する人民に取り囲まれて、手に手を取り合った。多数のゲリラ部隊、地方部隊が毎日編成されていった。アメリカ帝国主義者とプイ・サナニコーンが推進しようとしている侵略戦争に対して誰もが反対すると同時に、逮捕されているラオス愛国戦線の指導者を安全に救出するための準備が着々と整えられていた。

われわれが逮捕されたニュースは全世界に大きく反響した。社会主義諸国と

---

70 『ラーオ・ハック・サート』紙。ラオス愛国戦線が発行していた週間新聞、この当時の発行部数は約1万部であったと言われる。

平和、独立、民主主義、正義のために闘争している諸国は、プイ・サナニコーンに対する非難の声を高めていった。国連総会[71]、そのほかの機関においてもこの事件に関する議論が沸騰した。世界各国の進歩的新聞は、例えば、彼ら一派はわれわれに死刑の判決を下すであろうとの報道に接するや、直ちにアメリカ帝国主義者とその手先であるプイ・サナニコーンに強く反対する記事を掲載した。1959年にはカターイ・ドーン・サソーリット、シーサヴァーン・ヴォン国王、ペッサラート殿下が相次いで死去したが、このニュースの反響はわれわれの逮捕のニュースほどには大きくなかった。

世界の民主的報道機関の批判的論評が沸騰した。彼らは代表団をラオスに派遣し、事実調査を行なうとともに、われわれの釈放を申し入れた。ハマーショルド国連事務総長がヴィエンチャンに飛来して[72]、プイ・サナニコーンに対し、ラオス愛国戦線指導者に対して判決を下すという頑なな姿勢を崩さず、また平和と中立の政策を実施しない場合には、ラオスに混乱が生じ、彼ら自身にも害が及ぶであろうと忠告した。この忠告が強硬であったため、プイ・サナニコーンはわれわれに対する判決を無期限に停止せざるを得ず、また、ハマーショルド国連事務総長に対する送別スピーチでは、平和と中立路線の政策を発表することを余儀なくされた。

71　国連総会の対応については、ラオス政府が、9月4日、国連事務総長に対し、国連緊急軍の派遣を要請し、安保理で、日本、アルゼンチン、イタリア、チュニジアよりなるラオス小委員会が設定されたが、同小委員会からは、9/15～10/13の期間現地調査に基づき、外部からの侵略の事実は確認されなかったとの報告書が提出された。

72　1959年11月13日、ハマーショルド国連事務総長がヴィエンチャンを訪問、プイ・サナニコーン首相とラオスの中立化問題と国連援助につき会談。同年11月17日、ハマーショルド事務総長の個人代表がラオスに派遣されて経済援助問題につき調査にあたった。

第9章

拘置所から脱走

拘置所内のわれわれは、外部の情勢がどう変化しようと、3大任務を着実に実施していった。われわれの菜園の緑は見事に深まり、その野菜で朝夕の食膳が豊かになった。白と赤の千日草の花が柵伝いに長く植えられ、野菜の畝を飾る縁どりをなしていた。明るい淡黄色のひまわりの花は高く列をなし、大小の花が重なり合って太陽の光に向かって咲いていた。私は仏様へのお供えとして美しい花々を看守や憲兵を通じて大僧上マニヴォン猊下に届けた。このような行為は猊下にとっては私の道徳心を評価する機会ともなり、猊下は不遇の身にある私への親愛と憐憫の情を深めたようだ。われわれが植えた3本のパパイヤの幹は、他の所有者のものと同じように、日毎にすくすくと生育していった。どの幹のまわりにも多数の美しい花を付け、やがて多くの実が目に見えて大きくなっていった。私は毎夕、野菜畝に水をやり、そっと語りかけた。

「あなたたちは自然の摂理に従って思いのままに育っているのに、この拘置所の中で花を咲かさねばならぬとは何とかわいそうなことだろう。私があなたたちと別れた後には、反動主義者たちがやってきて根こそぎ荒らしてしまうだろうが、それまではあなたたちの実を少なくとも1日に1個は食べさせてほしい」

人間の汗、垢が浸透した水浴びの捨て水を摂取している野菜も、花も、パパイヤも競って見事な花を咲かせているが、注意深く観察すると、どれもが寂しそうに見えた。あたかも、いずれの日にかはわれわれが出ていき、面倒を見る者は誰もいなくなり、もぎ取って、食べ捨てる者だけになるとなるのを予知しているかのようであった。

拘置所のまわりでのランニング訓練は、最初の日の疲れはさほどでもなかったが、外周する回数を増やすにつれて疲労感も増大した。しかし、このランニングが単なる体の鍛錬のためのみではなく、拘置所からの脱走の準備でもあることを思うと、疲労感は軽減した。日数がたつにつれて、外周ランニングの回数がいくら増えようとも、みんな私と同様に、将来への確信を抱きつつ、走り、かつ考えるようになった。顔を合わせると、誰もが互いに深い親愛感のこもった爽快な笑顔を交わした。われわれの健康は日々充実すると同時に、この厩舎から脱走して、われわれの消息を心配している寛大な心の人々の下に行く準備を決意する精神的エネルギーが涌いてきた。

狭い独房の中で準備を進めている間に、外部では多くの出来事が発生した。例えば、プーミー・ノーサヴァンがクーデターを決起し、プイ・サナニコーン政府は転覆した[1]。この結果、ク・アパイが首相に、ニュイ・アパイが副首相となり、プーミー・ノーサヴァン自身は国防相となって政府を牛耳る中で国民議会総選挙[2]が実施された。拘置所内では数ヵ月来受領してきた給与の支払いが停止されるとともに、われわれの総選挙立候補に対する妨害があり、外部にいるわれわれ同僚の選挙立候補に対しては、反動主義者の手先を利用して力ずくで当選させないように挑発的な選挙干渉が行なわれた。

このほか、カターイ・ドーン・サソーリットが死去し、遺体はタート・ルアン寺に1週間安置され、酒盛り[3]のための酒の購入代金が民衆から徴集された。同じ頃にシーサヴァーン・ヴォン国王とペッサラート殿下がルアンパバーンで死去した。また、反動主義者はスヴァンナ・プーマー殿下をヴィエンチャンから遠ざけて、駐フランス大使に転出させた。彼らは競って中央金庫からの公金を引き出し、御殿のような住宅を建設したり、最新型の自動車を購入したりした。これらの情報は進歩的警官や憲兵隊のほか、われわれ家族から毎日差し入

1　1956年に結成された右派若手官僚を中心とした国益擁護委員会(CDIN)は軍部の支持を受け、1959年12月、プイ・サナニコーン内閣に圧力をかけて、同内閣を総辞職に追い込んだ。この政変の原因は同年5月以来拘留中のネーオ・ラーオ・ハック・サート首脳者の処遇問題をめぐる対立にあり、直接的には1957年3月制定の選挙法の解釈問題であったと言われる。プイ・サナニコーン政府は1960年4月に総選挙を実施する旨発表すると同時に、12月25日で任期満了予定の国民議会議員は、総選挙施行まで議員としての資格を保有するとしたが、国益擁護委員会は任期満了後は議員の資格を有しないという立場であった。12月15日、国益擁護委員会系閣僚が一斉辞職すると、翌日プイ・サナニコーン首相は国益擁護委員会メンバーを排除して内閣改造を行なった。国益擁護委員会は軍による圧力を加え、12月30日プイ・サナニコーン内閣は総辞職した。シーサヴァーン・ヴァッタナー新国王は1960年1月、スントーン司令官による軍政を敷いた。同司令官は国民議会を解散後に全権を国王に返還、国王は1月7日、ク・アパイ枢密院議長を首相とする暫定内閣を任命した。

2　1960年4月24日実施の総選挙。ネーオ・ラーオ・ハック・サートからの立候補も認められたが、スパーヌヴォン殿下を含むネーオ・ラーオ・ハック・サートの有力者8名は拘留中であったため、同戦線からの立候補者は知名度の低い9名に留まった。同総選挙の結果、ネーオ・ラーオ・ハック・サートは完全に駆逐された。

3　ラオスでは死は新生の始まりと認識され、葬儀は賑やかな雰囲気の中で行なわれる。

れられる食事とともに送られてきた報告によってもたらされた。しかし、われわれの心はこれらの出来事には関心はなく、警察と憲兵中隊内部において信頼関係を打ち立てる方法と、いつになればこの臭い厩舎からの脱出が可能になるかの見きわめに集中していた。

脱走の準備工作　われわれにはまだ種々の教訓が不足しているとはいえ、拘置所を管理している看守と憲兵たちをわれわれの味方に付けるための宣伝工作はかなりの成果をあげていた。最初の3ヵ月間で10名以上の看守に対して信頼のおける、確実な基礎工作を行なうことができたが、われわれの失策は彼らとの関係が余りにも開放的であったことで、プイ・サナニコーンは彼らを大隊ごと移動させてしまった。われわれはこの教訓を党の支部組織の会議で取り上げて深く議論し、解決策を講じた。

交替で移動してきた憲兵隊の1個中隊は、われわれの任務にさらなる困難をもたらした。まず、この中隊には誰ひとりとして親しい知り合いがいなかった。第2に、反動主義者は内規を厳重にし、いかなる者に対してもわれわれとの接近、会話を禁止した上に、拘置所の前に有刺鉄線の柵を設置して、庭を仕切ってしまった。彼らは自分たちに忠実な憲兵を訓練して、有刺鉄線の柵に沿って配置し、警戒させ、彼らをわれわれの近くには入らせなかった。指揮官団はすべてアメリカ帝国主義者の手先の使い走りで、拘置所内を始終熱心に巡回してわれわれの行動を監視し、彼らの命令を部下がどの程度忠実に実行しているかを監督した。

しかし、われわれの側にも、最も困難と考えていた人民動員に成功したという有利な点があった。ラオス人民党はラオス人民大衆の願望に合致した平和、独立、公正のために闘っている。われわれはこの党中央本部と、逃走した第2大隊・第1大隊の同志諸君が、われわれを忘れることなく、われわれが拘置所から脱走するための最大限の努力を尽くすであろうことを確信していた。また、12県[4]の住民が、復員したラオス愛国戦線のメンバーと協力して、党中央本部、

4　12県。この当時の地方行政区画でルアンパバーン、ヴィエンチャン、サヴァンナケート、カムムアン、チャンパーサック、アッタプー、サーラヴァン、サイニャブリー、ナム・ター、シエンクアン、ポンサーリー、サムヌアの各県。

党組織要員と勇猛果敢な2個大隊の兵士を強力に支援する勢力となれば、われわれが拘置所から脱走できるかどうかにかかわらず、革命の間断なき前進を促進するものと確信していた。さらにわれわれは、党の政策と、この拘置所でわれわれを監視している憲兵隊の心理を掌握する上でのわれわれの能力を確信し、そして、彼らが学習してきた思想をわが党の公正な政策に転向させ得るものと確信していた。これらの強い確信は、われわれが自己の重責を果たすにあたって遭遇するであろうさまざまな困難を耐え抜く励ましとなった。

憲兵隊は到着の初日から各人が上官の命令を実に忠実に実行した。彼らは拘置所の庭に入り、有刺鉄線の柵の外側の線に沿って、われわれを振り返りもせず、われわれに話しかけもせずに、そっくりかえった姿勢で歩いていった。しかし、彼らは少なくとも1日に3回はわれわれの近くに来る必要があった。それは、われわれが用便、洗面、水浴をするために拘置所を開門する時、朝、昼、夕の食事を運び込む時、そして食事皿を下げ、わが拘置所の房の錠に鍵をかける時であった。これらの機会が、われわれが彼らに話しかける好機となった。

最初の日は、彼らに体の具合を尋ねたり、感謝の言葉を述べたりしたが、何の返答もなく、彼らは担当の任務を終えると、われわれの言葉が何も聞こえなかったかのように空を向いて歩いていった。われわれが何度も尋ねると、彼らは、

「上官からは収容者との言葉のやりとりを禁止されている」

との一言を繰り返すのみであった。われわれは忍耐強く、その後も何度か質問したところ、サヴァンナケート県出身であるとか、チャンパーサック県出身であるとかを答えるのみであったが、続けて質問してみた。

「君たちのご両親は健在かね。彼らは元気かな。彼らは何をして働いているのかね」

これに対し、

「死んでしまった」

と答えるものもあれば、

「農業をやっている」

とか、

「行政職の公務員を定年退職して、年金生活をしている」

と答える者もいた。何日もたつと、各々の略歴をほぼ知り得、不明な点も次

第に明確になってきた。

われわれ党支部組織の書記ヌーハック・プームサヴァン同志はこれまでに多くの者と親しくなり、他の誰よりも多くの秘密工作要員（ケーン・サーン）[5]を養成することができた。われわれも何人かに対し宣伝工作を行なって、同志を支援した。工作に成功したり、追加的な情報を得たりすると、これを評価するために同志に報告した後に、会議で今後の行動計画と合同任務の実施方法を決定した。この当時、幹部より任務を受けたわれわれ各人は、憲兵隊各人の略歴と発言のことばかりに気を取られていて、家族から送られてくる手紙による情報を除いては、拘置所の外で発生する出来事にはさほど関心を示さなかった。

われわれまずある1人に対し工作を開始し、その後2、3人、さらには10人以上に対象を広げていった。その後は彼ら自身を拡張要員として活用し、4ヵ月間に工作に成功した人数は20人以上にも達した。種々の方法で彼らを試用してから、思い切ってヴィエンチャン市内でわれわれの指導に従って任務に就いている家族との連絡に当たらせた。彼らの政治的自覚と忠誠心がある程度に明確になってからは、あえて彼らにより重要な任務を与え、ある者には、われわれが拘置所を脱走するのに役立てるためヴィエンチャン市郊外に党中央本部から派遣された革命の細胞要員との連絡に当たらせた。彼らと家族との連絡、あるいは外部の消息を把握するためのその他の地域との往来は、これまで以上に頻繁に行なわれるようになった。この状況に対し、われわれの党支部の組織は、業務が良好な成果をあげていると評価した。このことは、われわれを照らしつつある明るい将来を示すものであった。党支部組織の書記は各人からの任務の委譲を受けて、必要なあらゆる条件を準備させてから、合同でラオス人民党中央本部の拠点を設置するため拘置所を脱走し、近辺にあるゲリラ部隊の拠点地域に赴く計画を策定した。

われわれの準備は順調に進み、日々完璧な状況に近づいていった。憲兵隊の中の工作要員は、ウドーン曹長の総括指揮下にそれぞれ異なった任務を持った数班に分かれ、第1班は反動派がわれわれを夜間警戒のため派遣した員数に合わせた8名で構成された。そのほかの班の任務は、われわれと共に脱出する者

5　秘密工作要員（ケーン・サーン）。愛国戦線の組織内要員の行動を監視・報告・工作するための信頼のおける要員。（Joseph J. Zasloff, *The Pathet Lao: Leadership and Organization*, Lexington Books, 1973. p.62）

たちの家族を管理することであった。また、別の班はわれわれが拘置所を脱走後に、世論工作のために、手分けして、われわれがトラックに乗ってプー・カオクワーイ丘陵を登っていくのを見たとか、舟でメコン川を渡りタイに行くのを見たとか、トラックに乗ってパーク・サンに向かうのを見たとか、あるいは、われわれがトラックに乗りヴィエンチャンを通過してヴァンヴィエンに向かうのを見たなどとの噂を流すことになっていた。しかし、各人は自分自身の生命と同様に、秘密を守る必要があった。

拘置所から脱走する際の道路を修復するために、抗戦部隊の根拠地に移動してきたサーリー・ヴォンカムサーオ[6]とわれわれとの連絡は、さらに緊密になった。問題は、いかにすれば信頼のおける工作員8名全員が同時に警備につけるかということであった。というのは、通常は、反動派も多く混じって警備にあたっていたからである。

脱走の前夜　われわれと抗戦部隊の拠点本部は1960年5月24日を脱走日と定め、憲兵隊内の工作員は、われわれに対する物資、安全面での任務を担当した。その夜、われわれは工作員8名全員を同時に警備に配置した。工作員以外の者は酒を買いに行き、家族と食事して、家に泊まってくることになっていた。工作員の一部が急ぎ集合し、憲兵隊の制服1式をわれわれに1人1着ずつ配布し、他のグループは、大僧正マニヴォン猊下に4人の僧侶（このうちの1人はウドーン曹長の弟で、反動派は彼がラオス愛国戦線を支持する説教をしていると非難していた）の還俗を依頼するために一同をタート・ルアン寺の僧房に待機させ、打ち合せ通りの場所でわれわれと落ち合うように手配した。別の1人がシェンソム同志[7]と連絡を取り、同志を抗戦部隊の拠点からわれわれの居場所に案内すると同時に、逃走中の食糧として焼きむすび、焼き鳥を買って配布する予定であった。

6　サーリー・ヴォンカムサーオ。パーク・セー出身（1925～91）。パテート・ラーオ運動に参加（1949）後にタイに亡命。愛国戦線教育・宣伝担当責任者（1954）。パテート・ラーオ組織のヴィエンチャン地区責任者（1960年代）。A.A.A.連帯会議パテート・ラーオ代表団長（1967）。第2回党大会で党中央委員（1972）。首相府付大臣（1975）。国家計画委員会委員長（1980）。党中央委員会党書記局員（1982）。閣僚評議会副議長兼経済・計画・財政大臣（1986）。

7　シェンソム・クンラヴォン、1975年の新政権成立後にラオス人民革命党中央委員、内務副大臣、准将。ラオス語の著作『トーンクック・カン・パワットサート』（『歴史的脱獄』、1995）がある。

いよいよ準備も完了し、シェンソムが拘置所に入り込んで、われわれに合流した。われわれは3班に分かれ、各班にカービン銃11挺、ピストル3挺を平等に分配し、憲兵隊の制服を1人1着ずつ配布した。11時半、囚人の各人はこの憲兵隊用の制服への着替えを完了した。私は次の内容の簡単な書簡を認め、部屋の扉の前に置いた。

「われわれがこの厩舎に耐えて、既に10ヵ月がたった。ここに植えたパパイヤの幹はその実が熟すほどになり、その1個をいただいた。貴方たちが釈放するのを期待していたが、それもなく、また、待っていた裁判もないまま、今日、われわれは貴方たちに別れを告げねばならなくなった。ナイロン製の緑色蚊帳1帳と水筒1個を携行するが、貴方たちがこれをよしとしない場合は、次の再会時にお返しする。では、これにて失礼する。貴方たちも元気で。われわれを心配して捜索するような時間の無駄はしないように！」

脱走を決行　夜中の12時5分、われわれは一斉に班毎に拘置所を出発し、還俗したばかりのマハー[8]と予定の場所で合流し、わが党本部が策定した計画に従って、自由の地に向かって出発した。

その夜は、陰暦6月の黒分末期に近く、月明かりはなく、道は見えなかった。ポーンケンの拘置所を振り返って見ると、大小の電灯が、これまで通りに煌々と照っていた。この時、私はこう思った。

「アメリカ帝国主義者とその手先よ！　君たちの拘置所は空っぽになってしまったぞ！　有刺鉄線とトタン板の柵を張り巡らした君たちの労力が全く無駄骨になってしまい、大型電灯も装甲車も何の役にも立たなかった！　これは、ラムグン大佐殿が述べたように天上から神様が降りてきて、われわれを拾い上げたのでも何でもない！　われわれの足がわれわれ自身を歩かせ、正義の力がわれわれを守ったのである！　いかなる状況になろうとも、われわれは二度と君たちがわれわれを逮捕し、拘置所に拘留するようなことはさせない！　明朝になれば、君たちは私の簡単な置き手紙を読み、頭をきりきり舞いさせて、われわれを捜索していることであろう！」

8　マハー。1級より9級まである仏教学試験で、3級以上に合格した僧侶の名に冠して用いられ、還俗後も使用される。

私は思いを巡らせながら歩いていった。班毎に分かれて、鍬で耕起し終えたノーン・ター[9]、ノーン・パニャーの沼田を通過していったが、泥湿地のため足が疲れ、歩行は困難を極めた。ノーン・ター村の近くに通りかかると、寺の祭りを楽しむ賑やかな声やラムヴォンの唱声が聞こえてきた。このようにラムヴォンを踊って楽しむグループがあるかと思えば、困難に耐えながらも暴虐から逃れて歩いていくグループがある。何という違いであろうか。われわれの家族は、われわれが今困難に耐えていることをまだ知らない。明日、われわれが脱走したとのニュースを聞くだろうが、われわれが安全でいることを信じるであろうか。敵に連行されて殺害されたと思い、泣き悲しむかも知れない。おそらく彼らはわれわれの身代わりにわれわれの妻子を逮捕し、投獄するであろう。あるいは、少なくとも、われわれの家に警察官を派遣して家宅捜索を行ない、既に不幸な目に会っているわれわれの家族をいっそう悲惨な目に遭わせるであろう。しかし、これまでにもさまざまな困難を切り開いてきた教訓を持つわれわれの家族は、この苦難にも耐え抜くに違いないと私は確信していた。

田野を抜け出てからは、密林を通り抜けねばならなかった。道の先導者からは1列縦隊で徒歩せよとの伝令が届いた。隊列の後続者は直前者のベルトをつかむよう指示され、懐中電灯の点灯、マッチの発火も禁じられた。空を見上げても、星の光りは全く見えなかった。われわれの歩いていく牛車道は荒れ放題の叢道であった。屋根まわりの軒樋から集まった雨水が縦樋に落ちるような土砂降りの雨が降ってきた。服は濡れてさらに重たくなった。道は荒れはてている上に、ぬかるんで滑りやすかった。先導者も、道の右側を歩くよう指示しながら、その直後に左側に移動するよう指示するありさまであった。道の両側の間は草が腰もとの高さまで茂っていた。誰か、草が絡みついて転び起き上がるのに難儀していたところに、前方から速歩の指令が伝えられ、無茶なことを言うなと怒っていた。しかし、この怒りを誰に向ければいいのか。われわれは共に拘置所から、野蛮で残虐な敵から逃れ、自由と正義の光明を求めて行進しているのだ。いくら大変でも敵に追いつかれるよりはましだ。敵に追われることになれば、われわれは死を覚悟して闘うことになる。再び彼らに拘置所に拘留

9　ノーン・ターはヴィエンチャン市街より北4kmの農村。ノーン・パニャーはヴィエンチャン市街より北8kmの農村。

され、殺害されるようなことは避けねばならない。そう考え、一同は耐えることに集中した。

田野を通り越したところで、同志の1人がふくらはぎが張ったために倒れ込んだ。近くの者が互いにその同志の足を揉みほぐし、支えながら前進した。暗い密林の中を通り抜けて行くうち、気絶して転倒する者が出た。大佛印の商標が入った塗り薬を擦り込み、マッサージをしてもう1回塗り込み、他の同志の残った水をその同志に1滴も残さずに飲ましたところ、半時間程して彼は行進が可能になった。こうしたことで、われわれの進行は1時間以上も遅れた。

密林をほぼ抜け出たところで、道端から「停まれ！」という声が聞こえた。私は一瞬どきっとした。敵がわれわれを先まわりしたものと思った。他の者もおそらく同じ思いをしたであろう。撃ち合いが始まるのか。銃を持たない私はどうすればいいのだろう。方法はただ1つ、敵から銃を奪取し反撃するために、保持していた格闘用の棍棒を使用するだけだ。武器を奪取できなければ、ここに骨を埋めることを覚悟しなければならなかった。

シェンソムが大声で合図を送ると、向こう側からは正しい返答が返ってきた。正規軍を率いてわれわれを出迎えるため待機していたカムピムの声であった。あの時の何と嬉しかったことか。私は駆け出して、カムピムの手を堅く握りしめた。彼とは昔からの知り合いで、他の同志の消息を尋ねるなどした。その後はわれわれの前後には軍の護衛がついて、確信に満ち、心も軽く、行進を続けた。

長くて暗い密林を経て、われわれはナー・クーン・ノーイ[10]村の田野に到着した。このあたりの田野は部分的に耕起され、耕されていない部分もあった。まだしとしとと長雨が続いていた時期で、水田の水は足首まであり、耕した水田の泥濘を歩いても足が疲れた。未耕地を歩くと大きな水音がしたので畦に上がったが、曲がりくねって滑りやすく、転ぶ者が多かった。これまで体験したことのないことだった。フランス側の空爆から避難した時でもこれほどの苦労はしなかった。空は真っ暗で星ひとつ見えなかった。どこを向いても何も見えなかった。水田は凸凹のため転ばぬよう、また。音がしないよう慎重に歩かねばならなかった。

10　ナー・クーン・ノーイ。ナー・サーイトーンの北5kmにある農村。

水田を小1時間歩いたところで、東の空が明るくなり、新しい日を告げていた。しかし、まだ、13号公路には達しておらず、おそらく日中には越えられないであろうと思われた。そこで、水田の左側に1kmほど入った森林の中に避難して休息をとった。この森林はそれほど深くはなかったが、大木が連なって、ちょうど良い日除けになった。人の通った跡も、樹木伐採の痕跡も見られなかった。人の往来は全くないのであろう。しかし、われわれとしても警戒を怠らずに、濡れた服は着たままで、安全のため兵士を森の縁に配置した。あらゆる事態に対応し得るように準備を整え、追跡してくるヴィエンチャン反動派一味の売国奴と遭遇する場合は闘う覚悟をしていた。全員が共にこの密林の中で死を選択する方が奴らの奴隷として生き残るよりもましであった。

密林の中での休息時間を利用して、一行の員数、携行食料の点検を行なった。一行は、拘置所に拘禁された16人、われわれと共に逃走した憲兵隊8人、寺で還俗して逃亡し、われわれに合流した4人、逃亡の当日前夜に拘置所に入り込み、われわれを案内したシェンソム同志の合計29名であった。出迎えの1個小隊は1人につき2個のカオ・トム[11]を携行していたが、残った10個をわれわれに分け与えてくれた。しかし1人1個でも数が足らず、疲労度の高い者に優先的に与え、まだ歩く余力のある私は食べないグループに入った。拘置所の中で分配されたパン、焼き鳥の一部は、脱走の際にアメリカの犬どもが吠えつかぬように、引き裂いて置いてきた。残りは途中で分け合って食べたが、一部は転んだ際に泥水に落したりしたので、捨ててしまった。

歩行の際は転ばぬよう、音をさせぬよう細心の注意を集中したので、何の痛みも感じなかったが、密林の中での休憩時になって足に痛みを覚えた。足に合わない憲兵隊の靴を履いていた上に、泥濘と水田の中を歩行したので、土や小石が靴の中に入っていたのである。靴を脱いでみると両足の踵が水腫れになり、擦りむけていた。そのため、靴を履き直すことができなかったので、ナイロン靴下を手に持ち、革靴を肩にかけて、サーリー・ヴォンカムサーオ同志が出迎えている場所まで歩いていく覚悟をせねばならなかった。安全地域にはまだ到達しておらず、また、ほとんどの者が疲労困憊しているのに加えて足が痛み、食料もなかったにもかかわらず、全員が心楽しく、将来への確信を抱いていた。

11　カオ・トム。モチ米、黒豆などをバナナの葉に包んで煮た(または蒸した)簡易食。

困難な歩行に疲れて強い眠気に襲われたが、誰ひとりとして眠る者はおらず、一同は濡れた服が体温で乾くまで座っていた。というのも、13号公路の近くで交替で警戒にあたっていた兵士から、軍の輸送トラックが2台ホアクア村[12]の方に5分間隔で通過したとの報告が入ってきたからであった。上空では間断なく低空で滑空する航空機とヘリコプターの轟音が響いていた。おそらくは、お偉方たちが空っぽの拘置所を見て、そして私の置き手紙を読んで、食事の味がまずくなるような状況下で、軍隊とあらゆる種類の軍用機を駆使してわれわれを追跡し、逮捕せよとの指令が出たのであろう。中には次のように言って嘲る者もいた。

「プイ・サナニコーン、プーミー・ノーサヴァンよ、そんなにわれわれの捜索に夢中になりなさるなよ。無駄骨を折るだけだ。どう足掻いても、われわれを二度と投獄することはできやしないよ。自分たちの内部で対立している問題の解決策でもよく研究しなさいな。われわれとのことは、いつの日にかに清算しよう」

夕方の7時、兵士たちが出発の準備ができたことを告げに来た。陰暦の6月末、暗くなりかけた空の下で、一行は、この森林から班毎に出発した。先導者の指示に従って、各人が木の枝を1本折って、それで道を横切る際の足跡を掃き消した。雨はもう降らず、歩行はさほど困難ではなく、少しはましになった。しかし、森林を出る時は、何列もの横列をなして前進し、縦列行進は禁止された。13号公路を渡る時には、兵士たちの先導により、いくつかの地点に分かれて横断しなければならなかった。横断すると、木の枝で路面を掃いて足跡を消し、その枝木は兵士たちが指示する適当な捨て場所が見つかるまで担いでいった。

ホアクア村の南で13号公路を渡ったところで、われわれを迎え入れるために道路の警備にあたっていたカムポンとトーン・ドゥアンを指揮官とする別の1個分隊に出会った。その後はプー・パナン山[13]に入り、小川に沿って上っていった。安全な山の平坦地に到達したところで休息し、さらに村人が薪を採集

12　ホアクア。ヴィエンチャン市北西18kmの13号公路沿いにある農村。

13　プー・パナン山。ヴィエンチャン市の西北部を13号公路に並行して連なるプー・パナン山系にあり、標高683m。

するための道に沿って進んでいった。午前2時、ダーン・スーン[14]で仮眠をとった。

翌朝に出発してからは、誰も何も食べずに、1日中行進を続けた。危険を脱した嬉しさで、食べることに気が至らなかったのである。誰もが、サーリー・ヴォンカムサーオの事務所に到着すれば旨い食事にありついて勝利を祝うことができるものと確信していた。

この日は1日中、深い密林の中で大木を日除けにしながら、山を上り、谷川を下っていったが、われわれが着ている憲兵隊の制服は厚地で固いため、全員が体中汗まみれであった。この服はアメリカ帝国主義者が配給した緑色のズック地の戦闘服で、戦場に出かける時、あるいは何回かの軍隊儀式に着用する以外にはヴィエンチャンでは誰も着ようとしなかった代物である。しかし、この服は拘置所の脱走には役に立った。町中の道で人に会っても、この服を着ていれば、手を挙げて別の道を行くように指示するとその通りに従う。密林の中でこのような服を着る必要はないと不平を言った者もいたが、誰かがこれに代わる服はないのだからどんなものでもよいではないかと諫めていた。われわれはこれまで10年間も困難に耐えぬいてきたのであり、今はただ、この厚地の服に耐えることのみで、不満など言うべきではない。重要なことはサーリー・ヴォンカムサーオの所に無事に到着することであり、その時には新しい服に着替えることもできるであろう。

脱走に成功　太陽は次第に低く落ち、森に隠れ、ほとんどプー・パナンの山の端に隠れんとしていた。ちょうどその時、藍染めの農民服を着、タオルを頭に巻いた同志サーリー・ヴォンカムサーオが前方の道端に立っている姿が目に飛び込んできた。われわれを迎えに来たのである。一行の全員が手を挙げて、満面に喜びを表して彼に敬意を表した。ある者は、

「よくぞここまで生きて到着できた」

と言い、ある者はサーリー・ヴォンカムサーオ同志に対し、

14　ダーン・スーン。ヴィエンチャン北方30km（13号公路）の地点。岩に覆われた景勝地。ここにはこの当時ナー・ニャーン村とともに愛国戦線側のヴィエンチャン地区秘密連絡事務所（地区責任者：サーリー・ヴォンカムサーオ）があり、同戦線本部とポーンケン拘置所との連絡にあたった（シェンソム・クンラヴォン『トーンクック・カン・パワットサート』『歴史的脱獄』［ラオス語］、1995、p.19）。

「本当に腹ペコですよ。食事の準備をして待っていてくれたんですか」
と尋ねた。
「安全地域に到達したから速く歩こう」
と言う者もいたが、多くの者は、
「腹が空き、足が痛いのにどうやって速く歩けるのかね」
と大声で応えた。しかし、全体として見ると、一行はこれまで以上にかなり速く歩いていた。食べたい、死にたくないとの本能的な願望がそうさせたのである。サーリー・ヴォンカムサーオ同志は心温まる言葉でわれわれに応じた後、一行の列に加わり、われわれが「小さな天国の町」と考えていた事務所を目指して一緒に行進を続けた。

この「小さな天国の町」は木の柱で建てられた高床式の家で、屋根は茅で葺かれ、壁は竹製で、ベッドに取り付けられた横木は膝頭の高さまであり、床は竹板で敷かれていた。ベッドは1軒に2台あり、多数の家に分宿したので、ベッド数は1人1台で十分に余裕があった。これは本当の「小さな天国の町」であった。馬糞も見えず、周囲には有刺鉄線もなく、装甲車で監視する敵の手先もおらず、そして、もう大きな監視用の照明塔もなかった。私は、この事務所の同僚が急遽料理してくれたカオ・トムとオオトカゲを焼いたのをご馳走になった。ナーン・チャンペンが運んでくれた料理より何倍も美味しかった。自由な雰囲気と見事な勝利の中で味わう料理だったからである。

食後に、サーリー・ヴォンカムサーオ同志から状況説明と今後の行動計画につき報告を受け、われわれの方からは、拘置所生活で遭遇した状況を同志に説明するとともに、行動を共にした憲兵隊と還俗した僧侶たちの功績と美徳を同志と幹部一同に披露した。一同全員、喜色満面の中で、サーリー・ヴォンカムサーオ同志が策定した今後の行動計画に対しても満場一致で賛意を表した。まず、われわれにとり必要なことは、足の痛みが癒えて体力が回復することで、それまで同地で休息し、それから徐々に行進を開始することにした。

同地での休息中に、ナー・ニャーン村[15]の定着住民である工作要員をヴィエンチャンに派遣し、拘置所を脱走して以降のわれわれの家族、平和中立党の同僚たちとヴィエンチャン市の住民の状況を把握させたが、わが方の居所について

15　ナー・ニャーン村。ヴィエンチャン市北方約25kmの地点にある13号公路沿いの村。

は誰にも事実を明かさないようにさせた。というのは、われわれの安全はまだ100％の保証を与えられていなかったためである。これと同時に、彼ら住民は一行の衣類、帽子、靴、布、洗面道具、ハンモック用の布、雨具を購入してきた。これらの物品は敵の不審を招かないように、1度に1ないし2種類しか買えなかった。このほか、ミルク、マラリア治療薬、止瀉薬、腹痛薬、風邪薬、さらにはニュース聴取用の小型ラジオも幹部1人につき1台を購入させた。

わが方の工作員から入手した情報によれば、われわれの家族、平和中立党の同僚は、まだ以前同様に敵の警察によって自宅軟禁されていたが、逮捕されている者は誰もいなかった。一般市民は、われわれがどこに逃げたのか、あるいは敵がわれわれを連行し殺害してしまったのではなかろうかと心配していた。すべての者が、われわれに関するニュースを注意深く、誠実にフォローしていた。各寺の僧侶も今後のわれわれの幸運と安全を祈るお経を唱えた。プイ・サナニコーンとそのほかの反動派は驚きと失望に包まれ、過ちの責任を互いに擦り合っていた。憲兵隊の多くが逮捕され、この中にはわが方の工作員も含まれていた。ラムグン大佐は、プイ・サナニコーンから言われていた将軍への昇進とは裏腹に、1階級降格させられた。われわれを捜索するための部隊、スパイの送り込みはこれまで通り真剣に続けられていた。わが方の住民と工作員が、ラジオ、ミルク、薬品の買い出しに出てきたところが見つかると、彼らスパイからは執拗な尋問を受けた。

その後の情報によれば、われわれが拘置所に拘禁されている間に、マハー・ブアカム・ヴォーラペット僧長[16]を先導とする僧侶が会議を主宰し、反動派に対して何の過ちも犯していないわれわれを釈放するよう抗議した由で、反動派は警察に指示してこの集会を禁止した。これに反発した僧侶一同は命令に従わず、大きな衝突事件が発生した。各寺の僧侶は警官の棍棒に対して日傘、煉瓦で対抗し、一同はマハー・ブアカム・ヴォーラペットが住職を務めるシーターン・ヌア寺[17]に列をなして集結した。同住職はパーリー学校長で、全国僧侶教育委員長でもあった。警察は寺の外側を取り囲み、あれこれと威嚇したが、僧侶はこれに屈せず、警官たちに対し諭しの言葉を返した。

16　ブアカム・ヴォーラペット僧長。元統一仏教連盟会長。
17　シーターン・ヌア寺。ヴィエンチャン市街地北部のシーターン・ヌア地区にある寺。

僧侶は徳を身に付けた者であり、道徳者を支援し、これまで何世紀もの間、徳の道を人々に指導してきた。ほとんどが仏教徒であり寺で仏門に入ったこともある警官が今ここに至ってなぜに不正な反動者の言を聞き、僧侶を脅迫するのか？　別の機会では罪を恐れると言いながら、今や僧侶即ち仏教それ自体を弾圧していることに対する罪を恐れないのか？

警官たちはおとなしくなり、僧侶を掃討する勇気は萎えた。他の交替要員の警官をつれてきても同じ結果であった。結局、反動派は寺の包囲を中止せざるを得なかったが、マハー・ブアカム・ヴォーラペット僧長に付与されているパーリー学校長と全国僧侶教育委員長の職位を剝奪する勅令が発せられるなど、われわれが脱走する日に至っても、状況は緊張していたという。

この革命事務所で休息中に、病人を治療し、行進を続けるための必要な物資を準備した。一部の兵士は籐の蔓を採集して丸く削り整えた。私はこれで荷物移動用の背負い篭を編んで1人1個ずつ配布した。この篭にパー・カーオ・マー[18]の布を結びつけて肩掛け紐とし、ナイロン製布を底に敷き、道中で使用する物資を詰め込んだ。各人の荷物は、カーキ色の布製の長服1着、予備の靴下1足、タオル1本、パラシュートの紐を結びつけたハンモック用の布1式、下着類1式、雨天用ナイロン布1枚、ゴム草履1足、歯ブラシ2本、歯磨き粉2本、石鹼1人1個、小型蠟燭1人1包み、マッチ1人5個、懐中電灯1個につき電池2個、精米1人4kg、ミルク1人2缶、ナイロン袋入り食塩1人半kg、パー・デーク[19]1人1kgであった。

各人はカーキ色の長服を身につけ、ナイロン布製帽子1人1個、ズック靴と靴下を1人各1足ずつ、籐または木製の杖1人1本を用意して、身支度を整えた。しかし、購入してきたズック靴は私には小さすぎたので、この靴は携行せず、ゴム草履にせざるを得なかった。人を派遣して追加購入するのは、出発の間際でもあり、また頻繁な往来は敵の1個大隊がナー・ニャーンに駐屯していたことから秘密が漏れる恐れがあったので断念した。

7月の黒分の頃は既に雨季に入っていた。雨の勢いは日毎に強くなり、太陽

18　パー・カーオ・マー。男性用の綿布製浴布で、頭や腰に巻いたり、風呂敷などとして多目的に利用される。ペー・イポーとも呼ばれる。

19　パー・デーク。第1章訳註26(21ページ)を参照。

の照る日は少なくなったが、行進を続けることにし、われわれを歓迎し、支援を与えてくれた地区の幹部、要員、兵士の各人に対して心からの謝意を表した。出発に先立って、一般要員の気力の充実を図り、行進中にはいかなる時の困難にも耐え得る精神的準備に集中した。われわれは安全上、必ずしも都合のよい道のみを行進するとは限らない。隅々までわれわれを捜索している敵に遭遇することもあり得るからである。常に警戒心を高めていく必要があり、生死を共にするとのわれわれの盟約は引き続き有効であった。

拘置所を脱走した当初の状況より改善を見た点は、昼近くになって、出発しても十分な物資の準備が可能になったことである。日暮れ近くになって、川辺で休息し、粥を煮て調理済みの食品を暖めた。ある時には豚肉の辛煮、干し牛肉にトウガラシ粉入り魚醤、またある時はパー・デークと焼き魚をバナナの葉に包んで蒸したモック料理を道路近くの村々の工作員から兵士たちが調達してきた。

われわれ一行が初めて住民に会ったのは、山中のナム・トーン地区事務所であった。彼らは日除けになる大木の下に小屋を建て、敵機からの空襲を避けていた。この事務所が建っている森の入り口には女性抗戦隊員が警備に当たり、そのほか多くの兵士、要員がわれわれの朝食を準備するために出入りしているのを見て、私は意を強くし、満足した。活発果敢な若者はわれわれに次のように気さくに述べた。

「自分たちはここに来て何ヵ月にもなります。多くの村から出てきて、このような山の中にいますが、青少年の一部は毎日、水田農作業に出かけ、移動抗戦兵は各自の出身村の区域内での偵察警備を行ない、敵を待ち伏せ攻撃しています。僕たちの地域を訪問してくれた小父さん方を歓迎します。そして皆さん方が今後とも確信と安定で満たされるよう願っています。僕たちは小父さんたちの安全を100％保証いたします」

拘置所から脱走して間もないのに、女性の抗戦隊員を含むラオス青少年の口からこのような言葉を聞けるとは予想だにしておらず、私にとりこれほどまでに心温まることはなかった。

各村の抗戦部隊は、われわれが設置しようとしていたヴィエンチャン県事務所の場所探しに行くいつもの道を通ってパトロールを行なっていた。彼らはわれわれに敵の情報を詳細に話してくれた。朝食に味の良いラープ・パー[20]、茹で鶏、蒸しパー・デークを食べ、同地の人民と楽しく語り合ってから、夕方5時に出発した。

一行はこの森を出て、青少年が耕しているナム・トーン川[21]の川辺の水田を歩いて渡っていった。近くの村々を見渡して見ると、敵の掃討作戦と空爆から避難するためにどの家も戸が閉まっており、家主は逃げ出していた。降り続く雨でナム・トーン川の水は川岸にあふれんばかりで、各所で満水となっている堰堤からは両岸に沿った水田に十分な水が灌漑されていた。一行は眼前に広く開けた空の下で、明るい将来に向けて前進していたので、雨で道がぬかるみ、どれほど多くの山蛭が吸い付こうとも、篭を背負い、杖を突き刺して、威風堂々の行進を続けることができた。

2時間ばかり行進した森の中の川辺で、休息をとることにした。ナム・トーン区の幹部が包んでくれた弁当を食べ終えた各人は、背負い篭の中からハンモック用の布を取り出してパラシュート用の紐を両端に取り付け、適当な間隔の2本の木に結び付けた。もう1本の紐を頭側の木から足下側の木に渡して結びつけた。4本の小木を両側に打ち込んで蚊帳を張り、さらに雨天布を被せ、背負い篭は頭側の木に結んで翌朝の5時まで睡眠をとった。

翌朝、洗顔後に空腹に耐えられる程度の冷や飯の朝食をとってから、行進を開始し、密林を通り抜けていった。夕方5時に休止して食事の後、これまで通りに睡眠をとった。

道中2泊でヴィエンチャン県事務所に到着した。ここで、ヴィエンチャン委員長のティットムアン・サーオチャンタラー[22]同志のほか、1950年8月のラオス抗戦戦線全国大会[23]に出席して以来の多くの知人に会えて喜びもひとしおであった。各々が県事務所の各所で互いに喜びを分かち合った。ティットムアン同志の所で5日間滞在し、今後の行進に備えて、不足物資の調達や疲労回復に努めた。この近辺には敵の基地はなく、正規軍と県地方軍が多数配置されており、

20　ラープ・パー。魚を細切りにして、パー・デーク、タマネギ、ハーブなどを加えて、すりつぶした料理で、日本料理の魚のたたきに似る。「ラープ」には吉祥の意味もある。

21　ナム・トーン川。ヴィエンチャン県西部のプー・パナン山系の西側山麓を流れ、メコン川に注ぐ。

22　ティットムアン・サーオチャンタラー。元最高人民議会常務委員。元党中央委員会委員。

23　第6章訳註58(113ページ)を参照。

また、性能の高い武器も揃っていたため、これまでの場所よりも高い安全性が感じられた。周囲の各村の人民は政治的自覚が高く、村毎に抗戦警備隊を組織して拠点地の防衛に対処し、生産向上による自己管理を強化して、自己の生活の基盤から遠く離れている要員と兵士たちを支えていた。このことは、外部に身を潜めている党中央本部の同志諸君が各県の党委員会を指導して、敵が破壊した政治的・軍事的勢力と抗戦部隊の拠点地域を回復した結果であり、これまで以上にハイレベルで連合政府への参加が現実化しつつあることを示すものであった。ヴィエンチャン県での党委員会は、ティットムアン・サーオチャンタラー同志が党書記としてヴィエンチャン市内外での革命基盤を構築し、県の拠点区域との連絡に当たらせるため、またわれわれの拘置所脱走を支援するために党中央本部より派遣されていたサーリー・ヴォンカムサーオとの連絡調整に当たった。

ティットムアン・サーオチャンタラー同志との滞在は、同志の名前に相応しく[24]、実に楽しい思いをした。毎日、政治基盤の建設、改善と敵の略奪掃討に対する反抗についての学習、話し合いに明け暮れた。毎回の食事にはラープ・パーやラープ・シン[25]、要員が捕らえてきた各種の野生動物の肉がふんだんに出された。一行の到着と出発の日には歓送迎会が大々的に行なわれ、敵から奪取した酒が振る舞われ、歌唱、ラムヴォンなどの余興が真夜中まで続けられた。これが、人民が血肉を賭して彼ら自身とわれわれのために勝ち得た真に自由な生活であった。

ティットムアン・サーオチャンタラー同志がわれわれに述べたところでは、ここからは朝方の行進が可能であり、ヴィエンチャン県、ルアンパバーン県、シエンクアン県には同様の安全区域があるが、より安全のため、人家のある村に入るのは避けるようにとのことであった。われわれは心からの謝意を表して、ティットムアン・サーオチャンタラー同志、サーリー・ヴォンカムサーオ同志のほか、県の党幹部の全員に別れを告げ、朝7時に同地を出発した。山道を登らずに平原に沿った道を進み、農民が犂ならしをしている水田を過ぎてからは、

24　ティットムアン・サーオチャンタラーの「ティット」は受戒していない僧で還俗した者、「ムアン」は「楽しい、幸せな」の意。

25　ラープ・パー、ラープ・シン。細かく刻んだ肉（シン）または魚（パー）に野菜、スパイスを加えた料理。

竹林、密林を次々に通過していった。雨季で木の葉、草の葉は濡れているため、地面にはこれまで同様に多数の山蛭がいたが、もはや恐れることはなかった。山蛭が誰かの足に這いあがってきても、県委員会の幹部がわれわれ全員に準備してくれた山蛭よけの薬をたたき込むと落ちこぼれた。この薬はタバコに水と石灰を混ぜて粉末にしたもので、これを薄布に付け、木の棒に結びつけて山蛭を叩くのであるが、土地の人々は旅先で山蛭の多い山中に入る時にはこれをよく使用していた。一行の党務の書記と一行の長は、拘置所の中で決定された通り、ヌーハック・プームサヴァン同志に変わりはなく、ただ道先案内人の県の要員と防衛隊の部隊指揮官2、3名が追加されたのみであった。

部隊は先遣部隊と列後部隊の2班に分かれた。郡と区の要員がそれぞれの担当区域に出てわれわれ一行の歓送迎を行ない、宿泊の必要がある場所では彼らが食料備蓄所への道先案内人となった。ある村では、わが方の要員が村での宿泊施設を提供してくれた。例えば、ナー・ムアン村[26]やプンラック村、タムケーオ村で、これらの地区では100%の安全が保障された。ナムハイ村、ナー・ラン村などの地では山道をまわり道したり、山中で野宿した。ナー・モーン村、プンラック村、タムケーオ村などの村々では夕食をともにしながらの暖かい歓迎を受けた。さらにホアナー村を真夜中に通り抜け、ホエイ・カーン川に沿ってタムケーオ村に向かう途中、早朝にブオムプック村の外れを抜け出て、13号公路を横切った。

26　ナー・ムアン村…。これらの村々はムアン・カシー（ヴィエンチャンの北150km）以南の13号公路近辺に散在している。

第10章
ヴィエンチャン派空軍大尉のクーデター

コーン・レー大尉のクーデター　1960年8月10日、タムケーオ村に向かう途中、山の登り口の手前にある川辺での休息時に、コーン・レー大尉[1]、ドゥアン・スーンナラート中尉[2]、ティアップ・リティデート少尉[3]を指揮官とする空軍落下傘部隊がクーデターによりチャオ・ソムサニット[4]反動政府を打倒し、スヴァンナ・プーマー殿下を首班とする新政府を樹立したとのヴィエンチャン放送を受信した。新政府の閣僚にはキニム・ポンセーナー氏、カムスック・ケーオラー[5]氏らの進歩的人士が含まれていた。革命委員会と新政府は、ヴィエンチャン派側の部隊はラオス愛国戦線側に対する攻撃を停止してラオス愛国戦線側と協力し、アメリカ帝国主義に対抗し、真の独立国家に解放すべきとの布告を発表した。われわれはこのクーデターにはそれほど関心を寄せていなかった。というのは、彼らはこれまでも何度もクーデターを起こしており、その都度、従来通り、ラオス愛国戦線に対抗する姿勢をとってきたからである。

翌日、朝食を終えてから、われわれはタムケーオ村に向け山を登っていった。

1　コーン・レー大尉。サヴァンナケート県生まれ（1934）。王国空軍に入隊、第2落下傘部隊の副司令官（1958）。1960年8月9日、右派政府に対しドゥアン・スーンナラート中尉と共にクーデターを敢行。プーマー殿下を首相とする中立政府を支援した中立派軍総司令官。中立派軍内部での対立時（1962）には右派軍と連合して中立右派軍となり、ラオス愛国戦線側と連合したドゥアン・スーンナラートを中心とする中立左派軍と対抗した。パリ亡命（1966）。

2　ドゥアン・スーンナラート中尉。ヴィエンチャン生まれ（1927～1978）。コーン・レー大尉とともにソムサニット内閣に対するクーデター敢行（1960年8月）。ジャール平原司令官。60年12月の右派軍との対抗戦略をめぐりコーン・レーと対立し、ドゥアンが愛国戦線側に、コーン・レーは右派側に与して中立派軍は分裂した（1963年4月）。愛国中立軍司令官（大佐）。暫定連合政府の内務担当国務大臣（1973）。新政府の内務・退役軍人・社会福祉副大臣（1975）。

3　ティアップ・リティデート。コーン・レーなどとともにクーデターを敢行。当時は中立軍大隊の中尉。後にシエンクアンの軍司令官。

4　チャオ・ソムサニット。ルアンパバーン生まれ（1913）の王族。第2次世界大戦中のヴィエンチャン市長。ラーオ・イッサラ政府内務大臣。プーマー政府内務大臣（1956）。首相（1960）。同年8月のクーデターにより失脚。

5　カムスック・ケーオラー。ルアンパバーン生まれ（1908～87）。医師。中立政府保健大臣（1960）。愛国中立勢力議長（1964）。新政権最高人民議会議長（1975）。ラオス国家建設戦線副議長（1979）。

この村の住民は皆善良で、われわれは彼らから歓迎、種々の世話、厳重な警備を含む暖かい配慮を受けた。

タムケーオ村で休憩中に受信したヴィエンチャン放送は、ヴィエンチャン派側の全軍はラオス愛国戦線側の部隊に対する攻撃を停止せよとの布告文を読み上げる一方で、ラオス愛国戦線に対しては、アメリカ帝国主義に対抗するための協力を呼びかけるアピールを読み上げていた。われわれは会議を招集して今次クーデターに対する評価と新政府の今後のあり方につき検討した。この空軍落下傘大隊はアメリカ帝国主義者が創設したもので、アメリカ帝国主義者の特別部隊として特別の支援を与えているのに、なぜにクーデターを決行し、アメリカ帝国主義者に対抗するアピールを発表するのだろうか。コーン・レー大尉、ドゥアン中尉、ティヤップ少尉とはいったいどんな人物で、どこの誰なのか。

この時、われわれは党中央からの電報連絡により、数班に分かれてヴィエンチャンに帰還し、スヴァンナ・プーマー政府と革命委員会に協力してアメリカ帝国主義者に対抗せよとの指示を受けた。われわれはヌーハック・プームサヴァン同志、プーン・シーパスート同志、シーサナ・シーサーン同志、シンカポー・シーコートチュンナマーリー同志、私と一部要員がヴィエンチャンに帰還することを決定し、スヴァンナ・プーマー政府との協力について交渉することになった。ヴィエンチャンに戻らない一行には党中央本部をめざして行進を継続させた。

その後、われわれはタムケーオ村を出発してムアン・カシー[6]のナー・パー村に止宿し、翌日の早朝、これまでたどってきた道を戻って、ヴィエンチャンに向かった。今回は昼間に堂々と行進したので、大した不便はなかった。道路沿いの村の住民一同が出てきて、親しく、かつ楽しく歓迎してくれた。プンラック村、ナムハイ、ナー・ランを通過したところで、スヴァンナ・プーマー政府により釈放されて帰郷の途次にある囚人たちに遭遇した。新政府から武器を入手した住民がわれわれに述べたところによれば、新政府と革命委員会の人民に対する態度は良好で、もはや、ラオス愛国戦線の中央本部に所属する者の家族の家に警官を派遣して監視するようなことは行なっていない由であった。このニュースに気をよくしたわれわれは、行進してもこれまでのような疲れを感じ

6　ムアン・カシー。ヴィエンチャン北方約150kmの13号公路沿いの町。

ることはなかった。将来の見通しが拘置所を脱出した時よりもいっそう明るさを増した。新たな立場から報復の対象者であるプイ・サナニコーンの顔を見てみたかった。この時期、目にする木々は、鮮やかな緑の葉の芽を付けて美しく、あたかも微笑んでわれわれを歓迎しているかのようであった。森の中では、最近までは聞き取れなかった鳥の声、木の虫の鳴き声が楽しく賑やかに聞こえ、道中の疲れは感じなかった。

ナー・ムアン村に到着するや、ナムハイ村の住民が早馬で、ドゥアン・スーンナラート中尉が協力を要請するため急遽ヘリコプターでわれわれを捜索に来る旨を告げた。彼はプンラック村、さらにムアン・カシーまで行って引き返す予定で、住民には、われわれをどこかで見つけたら、われわれにその場で待機するようにとの伝言を託していた。われわれは捜索している住民に、喜んで中尉に会うのでナー・ムアン村でお待ちすると答えた。

翌朝、ナー・ムアン村の上空では、ヘリコプターが旋回していた。ヘリコプターは村の北側の水田の中央部に着陸し、暫くしてドゥアン・スーンナラート中尉が姿を現した。彼はわれわれを見つけるや、「ラオスの平和的統合、平和維持、完全独立を達成するために軍を指導してクーデターを決起し、チャオ・ソムサニット政府を打倒して、スヴァンナ・プーマー殿下を首相とする新政府を樹立しました。新政府と革命委員会は、ラオスで戦争を勃発させようとしている反動派に対抗するために、ラオス愛国戦線の協力が必要です」と語り、われわれにヘリコプターへの搭乗を勧めた。われわれは協議の後、5人、即ち、ヌーハック・プームサヴァン同志、プーン・シーパスート同志、シーサナ・シーサーン同志、シンカポー・シーコートチュンナマーリー同志と私が同乗するが、まずナー・ニャーン村[7]で降りて、そこでコーン・レー大尉とその一行に会ってからヴィエンチャンに入りたいと申し入れた。ドゥアン・スーンナラートもこの提案に同意した。

残留する要員に荷物を託し、陸路、出迎え車の手配が予定されているホアクア村まで行進するように伝えて、われわれはドゥアン・スーンナラートと共にヘリコプターに乗り込んだ。

この行程は嬉しくもあり、かつ心配でもあった。これまでの苦難の行程3ヵ

7　ナー・ニャーン村はヴィエンチャン北方25km。ホアクア村はナー・ニャーン村の南東4kmの村。

月と比べて、帰路は楽々の10日間でヴィエンチャンに帰着できること、さらには、これまで状況がわからなかった家族に会えるのはこの上なく嬉しいことであった。しかし他方で、交渉がどのような形で実施されるのか全く不透明なのが気がかりであった。コーン・レーとはどんな人物なのか。彼らの決行したクーデターは真にラオスに平和をもたらすためであったのか。あるいはわれわれを殺害しようとしているアメリカ帝国主義者の罠なのだろうか。わが方の革命委員会のメンバーで彼のことを知っている者は誰ひとりとしていなかった。われわれの知っているのは、右派とアメリカ帝国主義者に対抗しているスヴァンナ・プーマーのみであった。しかし、彼らはスヴァンナ・プーマーに対して平和維持のために願望しているラオス統合政策を本当に実施し得るであろうか。この懸念と疑問に答えられるのは未来のみであった。ここまで来てしまったからには、結果の良否はともかく、立ち向かっていかねばならない。ラオス人民がわれわれの拠り所であり、原動勢力なのである。われわれは人民を確信し、人民をわが方の防衛勢力に導いていかねばならない。今回、偶然に発生したクーデター勢力をラオス民族の解放革命に奉仕する恒久的勢力とするためにも、彼らをわれわれの側に協力させる必要があった。

コーン・レーとの協力　ナー・ニャーン村に到着したわれわれは、ドゥアン・スーンナラートに対し、このヘリコプターでコーン・レーとその一行をここに招いて会見したいと申し出た。同時にわれわれも同村の工作員を集合させ、われわれが帰還した事情を説明して理解を求めた上で、党の組織、村の責任者にわが方の要員をわれわれと全村の防衛に当たらせ、同日の午後に行なわれるコーン・レーとその一行との会見に際して起こり得るあらゆる事態に備えた。他の村にもわが方の要員を派遣して、同様の趣旨を各村の要員に伝達した。防衛体制とコーン・レー一行の歓迎のために、村の要員の協力を得て、委員会を設けた。この組織作りはシーサナ・シーサーン同志、シンカポー・シーコートチュンナマーリー同志が担当した。この時、ナー・ニャーン村の雰囲気は沸き上がり、信頼感と安定感に満ちていた。

同日の午後3時、コーン・レーと2名の随行者を乗せたヘリコプターはナー・ニャーン村に着陸した。われわれと住民が彼らを出迎えた。住民が1人1

人に1束ずつ花束を贈呈し、歓声と拍手で勝利の革命委員会を歓迎した瞬間から、愉快で親密な空気が流れた。一行はわれわれの事務所にやってきて、今後の協力の方法につき協議した。まずコーン・レーが切り出した。

「私どもは、皆様方の協力をいただけることを大変嬉しく思います。私どもは軍事面ではその任務を達成し、クーデターを敢行してアメリカ帝国主義者の手先であるソムサニット政府を打倒しました。そして、スヴァンナ・プーマー殿下を首相とし、国を愛し、平和を希求し、恒久的に安定したラオス統合の任務を果たそうとする閣僚で構成される新政府を樹立しました。しかし、政治面での施政運営については私どもには全く心得がありませんので、皆様方にその権限を委譲してご指導を仰ぎたいと思います。皆様方のご指導に全面的に従って、われわれが共に勝利のために誠心誠意を尽くします。現在、プーミー・ノーサヴァン副首相はわれわれとの協力を拒んでいます。彼はルアンパバーンから空路タイに赴き、おそらくはわれわれを反撃するための武器、兵力の援助要請を行なうのでありましょう。私どもは全員が衷心から皆様方との協力をお誓いいたします。どのようにすべきかを皆様方よりご教示いただき、私どもはその指示通りにすべてを実行いたします」

ドゥアン・スーンナラートからも、われわれの側に与するとの死活的な決断について革命委員会の確固たる誠意を示す多くの説明があった。

これに対し、われわれは次の通り述べた。

「ラオス愛国戦線の中央本部は革命委員会が国家にとって大きな意義を有する任務を見事に成し遂げたことを慶祝すると同時に、心から協力するためにわれわれを当地に派遣しました。われわれはスヴァンナ・プーマー殿下政府が偉大かつ見事な新勝利を獲得するための正しい路線を最大限に支援するでありましょう。あなたたちに対するわれわれの信頼と同様に、あなたたちもわれわれの誠意を信じていただきたい。具体的計画と実施方策についてはヴィエンチャンに到着後にあらためて協議いたしましょう」

要するに、双方は相互に理解し合い、政策大綱に合意し、相互の誠意ある協力が勝利に導くであろうとの確信を得たのである。

われわれは交渉の結末をナー・ニャーン村の幹部、工作要員に説明し、同様に他村の要員にも周知させて、これらの村からも交互にヴィエンチャンのわれわれを訪問するための段取りを整えた。これは、われわれが自分たちを拘置所に拘禁した反動派たちのまっただ中に入り込むことを決意した結果であった。さらに、ある同志に依頼して、このナー・ニャーン村から遠くない場所で活動しているサーリー・ヴォンカムサーオ[8]同志にも文書を送付して連絡をとった。

すべての準備を終えて、われわれはコーン・レー、ドゥアン・スーンナラートとともに、ヘリコプターでヴィエンチャンに乗り込んだ。空港では各自が直接自宅に帰れるように1人1台の車が運転手付きで用意され、翌日の朝はワッタイ空港に近い空軍基地での会見が予定されていた。

私の見るところ、ワッタイ空港とヴィエンチャン市内に入る沿道の雰囲気は穏やかになっていた。会う人たちは誰もが尊敬と親愛の念を示してくれた。市民、兵士の顔色は明るく、屈託がなく、楽しそうであった。市場や沿道の店は賑やかで、治安の良い町そのものであった。青年男女のグループが規律正しく整列の訓練を行なっており、寺と学校からは活発で楽しい唱歌が聞こえてきた。青年たちは真新しいカービン銃を担ぎ、警官と分担して、路地の入り口や交差点で元気よく歩哨に立っていた。われわれの車が通り過ぎるのを見た人々は、敬意を込めて手を振った。何という変わりようであろうか。私の心臓の鼓動が高まった。あらゆる物が、拘置所から脱出してすべての者に平和をもたらすように帰ってきた囚人を満面の笑みで歓迎しているように見えた。椰子の木、檳榔樹、その他の樹木の葉の中肋（ちゅうろく）が風に靡いて揺れ合っているのが、あたかもわれわれの安全と交渉の成果に祝福を与えているかのようであった。

ヴィエンチャンの自宅に戻る　わが家の中庭に入る門の前で車を停め、運転手に翌朝の迎えの依頼と帰宅を指示してから、私はおもむろにわが家に向かって歩いていった。同志の兵士たちは1人もおらず、かつてのような家を監視する警官もいなかった。私の呼びかけに応えて妻が寝室から出てきて戸を開けた。この時のわれわれの嬉しさは、何とも喩えようがなかった。死者が蘇生したようであった。それぞれが、離ればなれの期間の生活状況を語り合った。ソファに腰を下ろして、拘禁される以前の生活に思いを馳せた。どこに視線を向けても、かつて見慣れてきた物ばかりで、何の変哲もなく以前のまま収まっていた。こ

8　サーリー・ヴォンカムサーオ。第9章訳註6（178ページ）参照。

の食卓は、警察幹部が裁判所の逮捕令状を呈示した場所であった。この部屋の扉は、私が妻と同志の兵士たちに相互の連帯と尊重の精神を忘れずにうまくやっていくよう指示した場所であり、妻から洗面道具を受け取って静かに階段を下り、警察車に乗って拘置所に向かった場所であった。これらのすべては、まだ忘れずに覚えているが、今や、過ぎ去って二度と現れない悪夢の一こまに過ぎなくなった。われわれを釈放するために反動派と闘い、あらゆる方法で拘置所内のわれわれに消息を知らせてくれたり、敵側からの軽蔑などの苦難に耐えて私の帰宅を待ち続けたわが妻に、ねぎらいと賞賛の言葉で精いっぱいの謝意を伝えた。同時に私は、党中央本部の指示により、今後共同でアメリカ帝国主義者とその手先に対抗するべく、スヴァンナ・プーマー政府と革命委員会との協力を交渉する目的で帰ってきたことも説明した。

夕刻には同志要員と兵士たちが帰ってきて、わが家はいっそう楽しく、賑やかになった。隣接しているチャオ・ブンニャワット殿下夫妻も私の帰宅を大いに喜び、われわれが拘置所を監視する憲兵隊を引き連れて脱出した勇敢な行動を賞賛した。苦楽を共にした平和中立党[9]とラオス愛国戦線の友人たちも、消息を訊きにやってきては私を讃えた。このように、この日の夕方はわが家は和やかな笑いの声が絶えなかった。

その後、会合に出かける前に、タート・ルアン寺院の僧坊に、私が宗教大臣の頃にお世話になった大僧正のマニヴォン猊下を尋ねた。猊下には私が拘禁されている時に警官や憲兵に託して拘置所から供花を届け、また、われわれが脱走するに際しては4僧侶に対する還俗の世話をお願いしたのは前述の通りである。跪拝する私の姿に猊下は喜び愛でる表情を示されたが、われわれの勇敢かつ寛大な行為に対する愛と憐憫の心情から発せられた涙声は言葉にならなかった。猊下は合掌する私の手を支え上げ、声をかけられた。

「おぉ、よく帰ってこられたのぉー。どれほどそなたのことを思っていたことか。どこでどうしているのか、どこかに連行されて路上で殺害されたのではないかと心配していた。あの僧房の端で心をひとつにして一緒に働いた時の

9　平和中立党。ラオスの中立を促進すべくキニム・ポンセーナーにより1955年に創立された政党。1958年の補欠選挙ではラオス愛国戦線と共闘。1963年に同氏が暗殺され消滅。第8章訳註13（133ページ）参照。

ことを思い出すのぉー。拘置所に拘禁中であってもワン・シンの日には欠かさずひまわりの花を届けてくれたことや、敵の監視の目を逸らして一緒に脱走するために人を遣わして4僧侶の還俗を願い出てきたこともよく憶えている。たとえそなたが死亡していたとしても、拙僧はそなたの功徳は忘れることはなかったであろう。拙僧は仏門に入って以来今日まで涙を落とすことは一度もなかった。今日落ちた涙はただ単に目から流れ出たのではなく、拙僧の親愛と慈愛の念が心の底から流れ出たものだ！　かわいそうに、自分の身の安全を優先することなく、しかも敵側に拘留されている4僧侶を還俗させて、よくぞ皆が無事に逃げられたものだ。もしこれで秘密が漏れてでもいたら、全員が死なずにおれただろうか！」

猊下は話しながら、頭上に掲げた私の両手を取って、頭のところまで撫で下ろし、時折、すすり泣いておられた。暫くして、猊下は「ここで座っていなさい。聖水を振りかけて厄払いをして進ぜよう」と言いつつ、かなり重量のある仏像1体と水容れを自分の寝室から持ち出してきた。その仏像を私の頭に乗せ、呪文を唱えながら灌水した。

私の方が、

「大師匠が私に心から親愛の情を示され、私はこの上なく幸せです。感謝いたします。しかし、水を注ぐのは少量で結構です。と申しますのは、これから、まだ会議に出る必要がありますから」

と申し上げると、猊下は、

「会議なりと何なりと出かけなさい。しかし、その前に拘置所の中で取り付いた不浄、不吉なものを洗い落としてからにしなさい」

と言いつつ、聖水容れの聖水がなくなるまで勢いよく注ぎ、私の頭、衣服から床の敷布までがびしょ濡れになった。灌水と厄払いの呪文、そして吉祥招来のお経を唱え終わってからも、猊下は、

「かわいそうに！　自分が逃げ切ってから徐々に人をよこして、他の者たちを連れ戻しに来させればいいのに、それもせず、4人の僧侶を還俗させて自分と一緒に連れ出したとは！　このために秘密の計画が発覚していたならば、全員が死なずに逃げ出せたであろうか！」と繰り返した。

私はタート・ルアン寺院をオートバイで出発し、友人と約束の空軍基地に向

かった。その日の会合には、コーン・レー大尉、ドゥアン・スーンナラート中尉、そのほかクーデターに参画した将校たちが多数出席した。コーン・レー大尉とドゥアン中尉はクーデターとヴィエンチャンでの新政府樹立の後、改めてルアンパバーンで新政府樹立の手続きをとったという。そうしなければ、国王は認証書に署名しなかったであろう。彼らはさらに、タイに逃亡したプーミー・ノーサヴァンの反逆についても説明した。

そして、コーン・レーは、

「私どもの軍事的使命は完了しましたが、政治的任務については皆様方に委譲させて戴きますので、最終的な勝利に向けて、よろしくご指導願います。政府についても、私どもには進むべき道筋が見えませんので、ラオス愛国戦線に全権を委任いたします」

と繰り返した。

そしてドゥアンが次の通り付言した。

「私ども一同がクーデターを決起したのは、アメリカ帝国主義者の軽蔑的態度に憤りを覚えると同時に、奴らに隷属し、奴らがラオス人を殺害するのを放任しているヴィエンチャン派側の指導部に憤慨したためです。今やクーデターは完了しましたが、どのように国家を運営していけばよいのかわからず、何度も会議を開催しましたが、何の解決方策も得られなかったので、政府との合同会議を開いた結果、私がヘリコプターで皆さん方を捜しに出て、今日こうして、皆さん方にここにおいで頂いた次第です。私どもはすべてを皆さんにお任せいたしますので、どのようにすれば勝利が得られるか、私たちをご指導願います。私どもはどんなことでも喜んで実行いたします」

さらに、彼が友人たちの方を振り向き、

「自分が今述べたことに皆は賛成するか？」

と尋ねると、一同は一斉に、

「賛成！」

と答えた。革命委員会側の発言に続いて、われわれは、彼ら全員がラオス愛国戦線とわれわれ自身に対して信頼を寄せてくれたことに改めて謝意と賞賛の意を表した。

プーマー殿下との会見　この後、われわれは詳細な計画を策定するために、スヴァンナ・プーマー殿下と全閣僚との会見をしたいという意図を事前に知らせてから、首相官邸に直行した。同官邸には、首相、キニム・ポンセーナー氏、カムスック・ケーオラー氏のほか、首相の信頼の厚い何人かの閣僚がいた。われわれの自己紹介を受けたスヴァンナ・プーマー殿下と一同は、われわれの協力に対し欣快の意を表しつつ、今後の政策運営では都合のいいものは積極的に共同で進めていき、何か合意を必要とする場合、あるいは何か問題に直面する場合には協議に訪れるよう述べた。さらに、殿下は、今後厳しい状況が予想される、即ち、プーミー・ノーサヴァンがタイの首相であるサリット・タナラット元帥[10]の保護を求めてタイに赴いたので、われわれを反撃するためにノーサヴァンがラオスをタイ領に帰属させることを保証することもあり得るとして、われわれの警戒心を喚起した。

われわれは政府の暖かい歓迎に謝意を表すると同時に、われわれがアメリカ帝国主義者の手先である反動派の拘置所から無事安全に脱出したこと、そして現在、ラオス愛国戦線が政府側からのヴィエンチャンへの帰還についての協力要請に合意していることを伝えた。そして、われわれは、今次政府の首相がスヴァンナ・プーマー殿下であることから、われわれの協力が国家と人民にとり良好な成果を生むことを期待し、政治面と軍事面での両委員会に分けて協力を行なうことを提案した。

同意が得られたので、彼らに対し、ヌーハック・プームサヴァン同志と私が政府側との交渉を担当し、プーン・シーパスート同志、シーサナ・シーサーン同志、シンカポー・シーコートチュンナマーリー同志が軍部との交渉を担当する旨を伝えた。

敵はいまだにラオスの平和的統合に対するわれわれの任務の遂行を拒もうとしているため、今後とも状況は複雑化するであろうとの判断にはわれわれも同感であった。プーミー・ノーサヴァンがバンコクに赴いたのは単なる逃亡のための脱出ではない。彼は必ずやラオスに戻り、われわれに困難をもたらし、ラオス国内に擾乱を引き起こすであろう。われわれは団結を強化して、奴らの謀

10　サリット・タナラット元帥。1908～63。ピブーン内閣（タイ）の国防副大臣（1950）。国家社会党党首。革命団の首領（1958）。首相（1959）。

略に対抗していかねばならない。まず、プイ・サナニコーンとプーミー・ノーサヴァンが事実無根の事件を捏造して、われわれを告訴している係争案件を取り下げるよう政府に働きかけることであった。スヴァンナ・プーマー殿下はわれわれの提案に同意し、キニム・ポンセーナーに対し早急に処理するよう指示した。3日後に、上記の訴訟事件は告訴内容が事実無根であることにより裁判所より却下された。

その後、われわれの両委員会は毎朝、交渉を継続した。通常、われわれはキニム・ポンセーナーと会って、世界情勢、国内情勢、今後共同で実施していかねばならぬ国内政策や対外政策につき意見交換を行なった。われわれ双方の相互理解は日々深まった。われわれの友邦と敵に関する基本的方針は次第に統一されていった。

ニュイ・アパイ、ウン・サナニコーン、カムパン・パンニャー[11]とそのほか多くの者がわれわれを来訪しては、阿諛迎合（あゆげいごう）する言葉を述べたり、アメリカ帝国主義者と結託して先般われわれを拘置所に拘禁した責任をプーミー・ノーサヴァン1人に押しつけたりした。われわれは彼らの発言はほとんど無視したが、幾人かの発言については彼らの犯した不正行為に相応する言葉で反論した。

他方、軍事委員会の方も交渉に着手したが、定期的ではなかった。コーン・レーは会議には余り姿を見せなかったからである。夫人と離婚して再婚しようと思っていた若い女性の家で姿を見られたこともある。ある時には、パーク・カディン[12]に住む巫女の家の先祖霊とアーイ・トーン・クヮーン（竜神）を祀る祠堂で祈りをしていたため、祈りが終わるのを待ってから、必要な話をしなければならなかった。

会議場に足を運ぶだけで、何の結論をも得られないまま会議を終えることもしばしばあった。それでも、われわれは交替で、ドゥアン・スーンナラート、

11　カムパン・パンニャー。ルアンパバーン生まれ(1917)。パリ大学法学士。ヴィエンチャン市水利・森林局長 (1956)。外務省儀典長、駐インド大使。プイ・サナニコーン内閣外相 (1958)。ク・アパイ内閣外相 (1960)。ソムサニット内閣外相。ブンウム内閣の公共事業・運輸相、駐ソ連大使 (1965)。プーマー内閣の外相代理(1968)。1971年以降はフランス、スペイン、ドイツ、カナダ、アメリカ駐剳大使。
12　パーク・カディン。ヴィエンチャンの東方約180kmの、ナム・カディン川とメコン川が合流する河口の町。

ティアップ・リティデート、フアン・モンコンヴィライ[13]、コーンシー[14]らに会いに出かけ、相互の理解を促進するための話し合いを続けた。全体としては雰囲気は良くなっていった。アメリカ帝国主義者とその手先に共同で対抗することでは全員の見解は一致していたし、そのためにラオス愛国戦線側の部隊をヴィエンチャンに導入すること、60年8月9日の成果を護持しつつ国家の独立を防衛し、さらには世界平和に貢献することについても合意していた。

その後の情勢は平静を取り戻した。政府からは、全国各県の行政組織、軍部に対して、ラオス愛国戦線と協力し、アメリカ帝国主義者の手先である反動派に対抗するよう指示が出された。各村、各区では警備隊、青年民兵隊、女子青年民兵隊が組織され、多数の青年たちが正規軍に動員された。毎日、軍事訓練と歌唱の賑やかな声が聞こえてきた。ヴィエンチャン市民の顔つきは、反動派が統治していた時の不安に満ちた様相から真に明るい表情に変わっていった。反動派一味は一部の不良者を買収して数ヵ所での騒擾行為を画策したが、人民武装兵と軍の協力で完全に平定された。かつてはわれわれに傲慢な態度をとった者たちも、今やわれわれに従って国のために奉仕せざるを得なくなったのである。これがいわゆる「焼き魚は火力が充分でないと尻尾は反り曲がらない」あるいは「出来のいい甥っ子や姪っ子は9人もの伯母に会えるが、不出来な者は叔母たちからも甥姪とは呼んでもらえない[15]」ということである。

プーミー・ノーサヴァンの反クーデター　2ヵ月後に状況は新たな局面を迎え始めた。プーミー・ノーサヴァンがスヴァンナ・プーマー内閣に反旗を翻したとのニュースが各地に広まり、ヴィエンチャンにまで達した。プーミー・ノーサヴァンはタイへの売国を約して、タイから武器と兵力をサヴァンナケートに搬入し、自分の旧反動派一味を糾合して売国奴一味の勢力を拡大していった。各地の反動派はこのニュースを聞いて、プーマー内閣に敵対する態度を取り始めた。

13　フアン・モンコンヴィライ。平和・中立・民族融和国家統一委員会副委員長（1960）。プーマー中立軍副司令官（1962～64）。3派連合政府の在郷軍人担当国務大臣（1964年6月）。ラオス愛国中立勢力委員会委員（1969）。

14　コーンシー。元中立派軍の大佐。後に准将。

15　いずれの諺も「因果応報」を喩えたもの。

この間にシーサヴァーン・ヴァッタナー国王[16]はカムパン・パンニャーをプーミー・ノーサヴァン付きの常駐代表としてサヴァンナケートに赴任を命じるとともに、ブンテーン・インシーシェンマイ中佐に命じて、軍幹部がプーマー首相の北部ラオス巡視に随行してルアンパバーンからルアン・ナム・ターに赴いた隙に乗じて、ルアンパバーンでクーデターを起こさせ、今後はプーマー殿下の権威を認めない旨の宣言を発表させた[17]。このため、首相は急遽ルアン・ナム・ターから空路ヴィエンチャンに直行せざるを得なくなり、着陸時にはガソリンが底をつく寸前であった。

この事件以来、国王とプーミー・ノーサヴァンに対するプーマー首相の憤慨はさらに高まった。ヴィエンチャン市民と全国の人民はプーミー・ノーサヴァンに対する非難を強め、彼のことを「プーミー・ノーナロック[18]」と呼んだ。即ち、彼は国に破滅をもたらす者とみなされたのである。

1960年の10月初旬に好ましい出来事が1つあった。ソ連がプーマー内閣を承認し、アブラモフ駐カンボジア大使をラオス大使に兼任させ、ラタノフ臨時代理大使をヴィエンチャンに常駐させたのである[19]。ヴィエンチャン市民は、ソ連機が初めてヴィエンチャン空港に飛来するのを目にして以降、多数のソ連機が1日2回、市民の必要とする食料品、必需品などの援助品を空輸してきたので大いに喜び、自国の将来に確信を抱くようになった。

16　シーサヴァーン・ヴァッタナー国王。在位（1959～75）。シーサヴァーン・ヴォン国王の第1王子としてルアンパバーンにて出生（1907）。フランス留学。日本軍によるフランス領インドシナの武力処理に際しては日本側の意図に疑問を抱いていたとも伝えられており、1945年4月8日のシーサヴァン・ヴォン国王の独立宣言直後に、ヴァッタナー皇太子（当時）が王弟のチャオ・セーターとともに土橋日本軍司令官との直接対談のためサイゴンを訪問した（同年4月10日）（「日本ラオス協会会報」1981年3月号に掲載の石橋健同協会副会長回想記）。ラーオ・イッサラのルアンパバーン制圧の際は、ルアンパバーンを脱出してフランスと接触し、フランスのラオス復帰とともに親フランスの態度を鮮明にした。サンフランシスコ講和会議のラオス主席代表（1951）。1962年のジュネーブ協定成立後はプーマー内閣を支持した。ソ連、フランス訪問（1966）。1975年12月1日、王制廃止とともに王位退位を宣言。ラオス人民民主共和国の成立で国家主席の最高顧問に就任。反政府活動の廉で逮捕され（1977）、1979年頃、北部ラオスで死亡したと伝えられている。1970年8月、大阪万博のラオス・デーに臨席のため王妃同伴で訪日。

17　1960年11月11日、軍幹部がプーマー首相の北部ラオス視察に随行してルアンパバーンを留守にしている隙に乗じて、ブンテーン中佐がノーサヴァン側に寝返った。

18　プーミー・ノーナロック。プーミー・ノーサヴァンの姓を捩ったもので、サヴァンはラーオ語で天国、ナーロックは奈落、地獄の意味。

19　この頃にタイはラオスに対し経済封鎖し、米国は援助を一時停止したため、プーマー政府はソ連との外交関係を樹立、同国からの援助を受け入れるに至った。

これまで山中に潜伏していたヴィエンチャン県の軍部隊はヴィエンチャン市の周辺に配置され、ラオス愛国戦線側の部隊将校がヴィエンチャン派側の部隊の軍事訓練を支援する新方式で統合が図られた。多数の青年、学生たちが学校から、また若い僧侶が還俗して、軍隊に志願した。アメリカ帝国主義者の手先である反動派政府の武器倉庫内の装甲車、戦車、航空機を含む各種軍用機器、武器、弾薬はすべて新部隊に配分された。

この当時のヴィエンチャン防衛体制の整備は極めて明るく開放的な雰囲気の中で行なわれた。ラオス人民は老若男女を問わず、全員が一丸となって軍部隊に積極的に協力した。各寺の僧侶、沙彌も、マハー・ブアカム・ヴォーラペット[20]、マハー・カムタン・テープブアリー[21]、マハー・トーンクーン・アナンタスントーン[22]を含む各大師の指導の下に各寺に集結し、ヴィエンチャン市の防衛、市民の安寧の維持、仏教道徳の護持と国の平和維持に当たった。ラオス愛国戦線部隊は、ヴィエンチャンからパーク・サン、ターケーク、サヴァンナケートにいたる道路沿いに展開しており、プーミー・ノーサヴァン部隊がヴィエンチャンに攻め上ってくる場合に備えて、プーマー政府部隊と協力して敵に待ち伏せ攻撃をかけるよう指示を受けていた。

11月中旬頃、プーミー・ノーサヴァンの部隊がタークークに突撃するとの情報が次第と確実になってきた。地方部隊はプーマー政府に忠実な部隊と協力して各地で待ち伏せ攻撃をかけたが、敵の前進する速度を抑えるのに精いっぱいで、敵勢力を殲滅するには至らなかった。敵は戦車と何十門もの大砲で攻撃し、しかもメコン川の向こう岸からはサリット・タナラット元帥の部隊からの大砲や船による支援攻撃を受けたためである。

この時、コーン・レー大尉はパーク・カディンの先祖霊祠堂とアーイ・トーン・クヮーン竜神に巫女と参拝して帰ったところであった。彼は先祖霊と竜神からのお告げがあったとして、私と委員会に対して、プーミー・ノーサヴァン部隊のヴィエンチャン進攻を阻止するために彼自身が志願してパーク・サンに出撃すると主張した。軍事協力委員会は、彼の提案通りコーン・レー部隊の南

20　マハー・ブアカム・ヴォーラペット。仏教連合会会長。ワット・ホアムアン寺住職(1995年8月現在)。
21　マハー・カムタン・テープブアリー。チャンパーサック生まれ(1921)。後のラオス愛国仏教会会長。
22　マハー・トーンクーン・アナンタスントーン。元ラオス仏教連合会会長。

進を承認したが、われわれはコーン・レー部隊が勝利するというパーク・カディンの先祖霊とアーイ・トーン・クヮーンのお告げを信じていなかった。大砲で進撃するプーミー・ノーサヴァンの砲兵部隊とこれに連動するタイ側からの砲撃に遭遇したコーン・レー部隊は、四散敗走した。コーン・レー自身は不死身だと称して、彼の護衛官であるターオ・カトゥックとともに、ヴィエンチャンに帰還できるようソムヴィエン村のラオス愛国戦線部隊の支援を求めて山中に逃げ込んだ。

われわれは協議の末、敵側のヴィエンチャン進攻を阻止するのは困難であるとの結論に達した。問題はヴィエンチャン市内に陣地を構築して最後まで闘うか否かであった。ヴィエンチャン市内で敵を攻撃することには種々の難点があるとわれわれは考えた。まず、ヴィエンチャンの都市が破壊され、人民が死傷し、家屋、寺が焼滅することであった。そこでヴィエンチャン側からも同意が得られるような敵対計画を提案した。新計画は、兵力を2グループに分け、第1グループは敵のヴィエンチャン進撃の速度を抑制するための抵抗部隊とし、もう1グループは一定の新兵器、装甲車、戦車を装備して13号公路を至急北上し、プー・クーン[23]、さらにはカン・マー・レーン（ジャール平原）、シエンクアン県に突入してこれらの地域を今後の全土解放の拠点地にするというものであった。

第1グループの部隊は、ヴィエンチャン近郊とヴィエンチャン市を3週間防衛した。国家的英雄でラオス愛国戦線の指揮官であったシートーン[24]がヴィエンチャン市内で勇敢に敵と闘い、壮烈な戦死を遂げたのは、この時であった。また、この時には、各所の反動主義者たちの家からとともに、アメリカ人の住居からも愛国部隊に対する発砲が見られた。メコン川ではタイ反動主義者の船数十隻により輸送された兵が、タイ岸からの大砲数十門の支援砲撃を得て、プー

23　プー・クーン。ヴィエンチャン北方約160km地点にある町。ルアンパバーン県とヴィエンチャン県との県境にあって、13号公路に7号が合流する交通の要所。

24　シートーン。ヴィエンチャン県バーンハイ郡の貧農の生まれ（1924〜60）。革命活動に参加（1950）。フランス、アメリカとの反植民地闘争で数々の献身的武勲を残した。自分の行動が敵側に知れて逮捕され、一時タート・ダム刑務所に収監、拷問を受けるが、脱獄に成功（1955）。1等自由勝利者勲章叙勲（1956）。1960年8月、第2大隊の隊長として敵兵と対戦。両足に重傷を負いながらも、部下を退却させつつ、自らは爆弾を抱いて敵陣に突入し、敵戦車を破壊したことで、英雄視されている。ラオス英雄兵士追悼式典にて再表彰（1979）。

ミー・ノーサヴァン部隊を支援した。愛国部隊は後退して空港防衛にまわり、スヴァンナ・プーマー首相が空路カンボジアの首都プノンペンに脱出するための支援を行なった。ペン・ポンサヴァンとカムペーン・ブッパー[25]はビルマに避難したが、革命委員会に衷心よりの協力関係を誓約していたクパシット・アパイ[26]、ウアン・ラーティクンとその一派は、部隊を卒いてプーミー・ノーサヴァン側に寝返った。

戦闘は激烈を極め、タイ反動派の軍艇は何隻もがわが方により撃沈され、兵士数十名が死亡した。ワッタイ空港の支配権は何度も入れ替わった。敵の銃撃により死亡したラオス市民は数十名に及んだ。結局、生命、家屋、寺、市民の財産の損失を避けるため、われわれと革命委員会はこのグループの兵士、青少年、僧侶、沙彌を含む多数の者に対して、ヴィエンチャンから退避するよう指示した。ヴィエンチャンは再び敵側の手に落ちた。尋問調査を受けたり、逮捕されたりした市民は数百名に及んだ。市内とその近郊の行政は喩えようもないほどに悲壮な雰囲気に包まれた。

ヴィエンチャン制圧後のプーミー・ノーサヴァンはブンウム・ナ・チャンパーサック[27]を首相に据え、自らが副首相となって全面的に掌握する傀儡政権を打ち立てた。シーサヴァーン・ヴァッタナー国王は、まだ正当なプーマー政府が存続しているにもかかわらず、この傀儡政府を任命する文書に署名した。このことは、ラオスの封建主義者が、アメリカ帝国主義者の手先として、残酷、野蛮な買弁資本家に従属し、彼らと結託して国を破壊し、ラオス人民を略奪し、

25　カムペーン・ブッパー。ルアンパバーン生まれ。ルアンパバーン選出国会議員（1951）。ポンサーリー選出国会議員（1955）。農村問題担当国務大臣（1962）。ポンサーリー選出国会議員（1965）。暫定連合政府の郵便・電信大臣（1974）。新政権の郵便・電信大臣（1975）。

26　クパシット・アパイ。南部ラオス生まれ（1926）。ラーオ・イッサラ運動に参加（1945）。タイに亡命後、ラオスに帰還（1949）。王国空軍に入隊。コーン・レーのクーデターの際には、右派軍を指揮してコーン・レーに対抗（1960年12月）、この時の軍功により将軍、ヴィエンチャン軍管区司令官に昇格。3派合同軍事委員右派代表（1963）。3派交渉の決裂後、シーホー将軍とともにクーデターを敢行。革命委員会を樹立（1964）。右派内部の抗争から生じたクーデターで、シーホー警察将軍を排撃。王国軍副総司令官（1965）。ラオス新体制移行期にタイに逃亡（1975）。

27　ブンウム・ナ・チャンパーサック。南部ラオス生まれ（1911～80）。チャンパーサック王朝最後の国王。ラオス官吏（1934～44）。抗日運動に参加（1945）。チャンパーサック王朝国王を退位、統一ラオス王国の終身監察長官（1946）。王室評議会議長（1947）。首相（1949～50、1960）。スヴァンナ・プーマー殿下、スパーヌヴォン殿下との3殿下会議では、右派を代表して第2次連合政府に参加。革命後はフランスで病気療養。

掃討していることを認めていることを示すものであった。

軍部隊とラオス愛国戦線側と協力している革命委員会の幹部要員で構成された第2グループの部隊は、13号公路沿いに展開して、プー・クーンで敵を掃討した後、1961年1月1日に完全に解放されたジャール平原とシエンクアンの町になだれ込んだ。逃げ遅れた敵の部隊は投降し、多量の軍事機材、武器類をわれわれに引き渡した。各種族の人民は喜んで、われわれとの協力に積極的に参加した。逃走した旧指導部に代わって新指導部が任命され、連合部隊は住民の中に潜伏している傀儡部隊を残らず掃討した。

シエンクアン県が平静を取り戻してから、ラオス愛国戦線の中央本部はプノンペンにいるスヴァンナ・プーマー殿下にポーンサヴァン[28]（ジャール平原）へ帰還するよう要請し、殿下の進歩的な閣僚とともに今後ラオス愛国戦線と協力して任務を遂行するために、私をプノンペンに派遣することに決定した。それ以降、スヴァンナ・プーマー政府の勢力は「中立勢力」と呼ばれ、ラオス愛国戦線と協力して共通の目的、即ち、平和、独立、民主、中立、統一と繁栄のために、ノーサヴァン-ブンウム勢力に対抗した。このノーサヴァン-ブンウム勢力はアメリカの手先となっている反動勢力で、他の諸県を配下に置いていた。

民族解放戦争はシエンクアンから全国の諸県に拡大していった。ラオス愛国戦線の旧要員、兵士は彼らの原住地あるいは原隊に復帰した。われわれの解放運動が前進し、全土の3分の2を解放した段階で、アメリカ帝国主義者は再三の敗北に直面し、これ以上は対抗し得ないと判断して、停戦とラオス問題に限定した第2次ジュネーブ会議の開催を提案した。わが党の政策は平和と民族融和であり、停戦を機に、われわれは和平下での民族融合を醸成するための交渉を行なうというアメリカの提案に賛同した。しかしその前に、アメリカ帝国主義者の今次提案が彼らのわれわれに対する新規攻勢のための勢力再編成を意図する策略であるか否かを見極める必要があった。したがって、われわれもこの停戦を機に、わが方勢力の拡大、改善を図り、不慮の事態に備えた。

第2次ジュネーブ会議の開催　第2次ジュネーブ会議がソ連とイギリスの共同議長の下に1961年6月に開催された。このほか、アメリカ、フランス、カナダ、

28　ポーンサヴァン。シエンクアン県庁所在地。

インド、ポーランド、中国、ビルマ、カンボジア、タイ、ヴィエトナム民主共和国、南ヴィエトナム傀儡政権とラオスが参加した。ラオスからは、キニム・ポンセーナーを団長とするスヴァンナ・プーマー中立政府代表団、プイ・サナニコーンを団長とするノーサヴァン-ブンウム代表団、私を団長とするラオス愛国戦線代表団の3代表団[29]が参加した。

今次会議の開会に至るまでには種々の難題があった。ジュネーブでの代表団が揃ったところで、アメリカはラオスではまだ停戦が実施されていないとして、会議の開会に反対した。しかし、実際には、アメリカは北部ラオス攻撃のために傀儡軍をナム・ター県に輸送していたのである。われわれはこれを放置し、ただ抗議しただけだった。

ラオスの実際の情勢を把握し、停戦を監視するために、各国は、インド代表を委員長とし、ポーランド、カナダの両代表を委員とする停戦監視委員会を派遣することに同意した。これが引き延ばし戦術であることは承知していたが、われわれは会議の開会に誠意を示すために派遣に同意した。その後1ヵ月ほど経って、監視委員会より共同議長国に対しラオスでの停戦が確認されたとの電報報告を受け、会議は公式に開会された。

アメリカ代表は、インドシナ戦争の原因はヴィエトナム民主共和国のラオスと南ヴィエトナムに対する侵略にあると非難した。われわれがアメリカ軍の南ヴィエトナムとラオスの占領は彼らがインドシナ戦争を起こしたことを示す証拠であると反論すると、彼らは買弁資本家の本性を露呈し、机、椅子を叩いて激怒した。すると、彼らの手先、下僕たちは蟬のように一斉に支援の声を発した。他方、政治面で老練なイギリスは老虎の態度で笑みを浮かべつつ、落ちついた態度で思慮深い理由を挙げて賢明な発言をしたが、発言の調子、内容はアメリカのケーン[30]の音に合わせた同じ調子の歌であった。

29　会議に出席するラオス代表権については、(1) ブンウム政府側とプーマー派とするアメリカ、(2) ブンウム派、プーマー派に加えて、オブザーバーとしてのネーオ・ラーオ・ハック・サート(愛国戦線)派とするイギリスとフランス、(3) 3派が同等の資格を有するとするソ連、(4) プーマー派、ネーオ・ラーオ・ハック・サート派が代表権を有するとする中国、に意見が分かれたが、結局、会議参加国が招待するラオス各派の代表をオブザーバーで出席させることで決着した。ラオスに関する会議は1961年5月に開催された。

30　ケーン。笙に似たラーオ族の伝統的な竹管楽器。

チューリッヒ会談　当初の5ヵ月間、会談は互いの非難の応酬の舞台に過ぎなかった。合意点に逢着する道筋が見えなくなったので、われわれが主導者となって民族和解を醸成する方策を見出すべく、共同議長国に対し、ジュネーブでの3殿下会談の召集を提案した。スヴァンナ・プーマー殿下とスパーヌヴォン殿下はこの招請を快諾し、ジュネーブに参集した。ブンウム殿下はこれに応ぜず、他の両殿下に対しフランスでの会談を提案したが、他の両殿下がこれを拒んだ。結局、共同議長国の提案に従って、3殿下はチューリッヒ（スイス）で会談[31]することになった。何日もの議論の末、3殿下は次の内容の共同コミュニケを発表することに合意した。

3派はラオスにおける恒久的停戦に同意し、ラオスが平和と中立の政策をとり、すべての外国軍隊をラオスより撤退させ、ラオスが関連するあらゆる問題を平和的に解決するために、いかなる外国であろうともラオスへの内政干渉を許さず、このコミュニケを実施するためにラオス3派は連合政府を樹立する。

チューリッヒでの3殿下会談のコミュニケは、その後、会議参加国が署名することになる協定の案文作りの土台となった。この頃、会議はまだ足踏みを繰り返し、膠着化していたが、これはアメリカが北部ラオス攻撃準備の時間稼ぎのために、会議の引き延ばし作戦をとったためである。

この時の議論の問題点は国際監視管理委員会（ICC）の設置とその任務の遂行方法についてであった。アメリカ帝国主義者側は国際監視管理委員会の権限をラオス政府よりも強化し、時間、場所を問わず調査できるようにし、最終的には昼夜の別なく首相官邸、閣僚の自宅を捜索することも可能にしようとした。プイ・サナニコーンも西側代表の意見に同調して調査権限の拡大に賛成した。その理由はラオス国内各派の誠意を示すためであるとされた。ラオス愛国戦線代表は、ラオスの独立と主権を犯すものであるとしてこれに反対した。いかなる国際委員会たりとも1国の政府よりも強大な権限を有することはあり得ない。同委員会はラオス政府を補佐し、ラオス政府の要請に基づいてその監視任務を遂行すべきであるとわれわれは主張したのである。この問題に関する議論が合

31　チューリッヒ会談。1961年6月19日、チューリッヒで開始された3殿下会談。

意に達するまでには数ヵ月を要し、結局、ソ連とイギリスの両共同議長国による協議に委ねることとなって、インド代表が国際監視管理委員会の委員長に、ポーランド、カナダ代表が同委員になった。しかし、ジュネーブ協定案が固まり、各国語への翻訳を終えてからも、アメリカとその同調国は署名を拒んだ。その理由は、彼らは政府代表であり、ラオス国内政党の3派と同等の署名はあり得ず、ラオス統一政府の成立まで待たざるを得ないというものであった。

上記の問題は、北部ラオス占領のために部隊、武器をナム・ターに搬入しつつあるアメリカ帝国主義者の準備が間に合わないことに起因していた。ラオス国内ではラオス愛国戦線中央本部とスヴァンナ・プーマー政府がノーサヴァン、ブンウム各派に呼びかけ、ヒンフープ[32]とナー・モーン[33]での会談が行なわれたが、なんらの成果も得られなかった。党本部は会議に関する報告とラオス情勢の把握のため、私をラオスに召還した。

私は命により、部隊を率いてナム・ターの攻撃と解放に赴き、ヴィエンチャン傀儡政権にわれわれとの連合政府の樹立を迫った。敵への攻撃の幕が切って落とされてから完全な勝利を得るまでにちょうど1週間を要した。敵のすべての駐屯所、軍基地、軍大隊が破壊された。われわれは捕虜を数千人、そのほか多数の武器類を捕獲した。敵の指揮官と将校10名以上が逃走した。

ナム・ター県の全人民は自由の身に解放され、全県下で連日連夜、盛大な勝利の宴を催した。砲火の音が静まり、川の流れ、山の木々、森の動物たちは敵の破壊行為がなくなったことを喜びあった。川の大小様々な魚群も息を吹き返し、水面に現れては楽しそうに日の光を浴びていた。野鶏の鳴き声が種々の野鳥の鳴き声と相和し、緑にファーン[34]の花の色が斑縞に映えて、森中に反響する野鹿、野牛の鳴き声と和していた。赤や白の花はあたかも涼風に合わせて踊りを競演しているかのようで、やがて降り来る雨を待ちながら、農民には農耕栽培の時期を知らせ、それぞれの安寧な生活を満喫していた。

32　ヒンフープ。ヴィエンチャン北方70kmの地区で、ここでの3殿下による第1回会議は1961年9月に、第2回は1961年10月6～8日に開催された。

33　ナー・モーン。ヴィエンチャン北方120kmの村。1961年5月13日、親西欧・中立・親共産の3派による停戦会談が開催された。

34　ファーン。蘇芳。豆科の落葉樹で高さ4～15m。枝に刺があり、花は房状で実の鞘は染料となる。

3派連合政府と1962年ジュネーブ協定の成立　最近まで傲慢で天を見上げるような態度を露にしていたアメリカ帝国主義者たちやノーサヴァン-ブンウム一派は、今や“ことのわかる”人間になり、1962年6月、カン・マー・レーン（ジャール平原）でのわれわれとの交渉に応諾した。ナム・ターでの教訓が傲慢不遜な人間の心を笑み満面で物腰の穏やかな人間に変えることになろうとは、なんと愉快なことであろう！

交渉は相互理解の雰囲気の中で円滑に進められ、ジュネーブで準備された協定案の内容である平和、中立、民族和解の方針に沿った合意点に達することができた。重要な追加点は、3派連合政府を樹立し、その閣僚の3分の2をスヴァンナ・プーマー政府側とラオス愛国戦線側が占め、残りの3分の1をノーサヴァン-ブンウム派で構成することが合意された点であった。

スヴァンナ・プーマー殿下が首相に、スパーヌヴォン同志が第1副首相に、第2副首相にノーサヴァンが就任することになった。ブンウム殿下が政府のあらゆる職位から身を引くとのジャール平原協定に署名したのが不憫に思われた。各省ポストも3派の合意に従って配分された。私が情報・宣伝・文化・観光相として入閣したのは今回が2回目であった。

会議では、スヴァンナ・プーマー中立派とラオス愛国戦線側が各1個中隊の部隊を自派の治安防衛のためヴィエンチャンに駐留させることが全会一致で合意され、スヴァンナ・プーマー中立派の部隊は「中立派軍」と呼ばれ、ラオス愛国戦線側の部隊は「ラオス愛国戦線軍」、ブンウム派の部隊は「ヴィエンチャン右派軍」と称された。この後の1962年7月、ラオス政府はこのジュネーブ協定に署名のためキニム・ポンセーナーを団長とし、私とゴーン・サナニコーンを団員とするラオス政府代表団をジュネーブに派遣した。

この協定署名のニュースに、ラオス全土の人民は喜びに沸いた。平和を愛する世界の人々も、ラオス人が自国の和平を達成させたことに対し、祝意と賞賛の意を表した。わが党は、この成果は各ラオス種族人民の長くて困難な闘争の成果であり、ラオス人民党を中心に団結したラオス人民の偉大かつ見事な勝利であり、ヴィエトナム、カンボジアとの戦闘的連帯の成果であり、また、ソ連と社会主義兄弟諸国との不屈の連帯と全面的協力関係の結果でもあると認識した。

3派連合政府の成立後、ラオス人民党はわれわれの勝利を評価するための会合を開催した。党中央本部の一致した見解は、敵がジャール平原協定とジュネーブ協定に署名したのは、一面ではわれわれの広範かつ強力な攻撃に対し敵が大敗を喫したためであり、一面では、停戦を求めたのは統一を欠く右派勢力を改編するための単なる戦術に過ぎず、彼らはラオスを干渉、侵略するために新連合政府を武力で打倒せんとする策略をまだ捨てていないというものであった。したがって、今次の成果に対してわれわれは完全に満足するものではなかった。われわれは1957年の如く、連合政府に解放区を明け渡して、兵力の縮小、武器の引き渡しを議題にすることは認めなかった。われわれの軍事力、政治基盤を改善し、拡大し、強化するため、われわれはこれまで以上に警戒心を高め、停戦には時間を費やし、不慮の事態に対処しうる準備を怠らなかった。

中立派勢力の分裂　われわれの党中央本部の想定がいっそう明確に現実化してきた。ただ単にヴィエンチャンに連合政府を樹立するだけでも、敵一味はスヴァンナ・プーマー殿下、コーン・レーを取り込み、あるいは敵、味方の立場を明確に区別できないでいる者たちを買収しようと奔走した。スヴァンナ・プーマー殿下とコーン・レーは、今次連合政府の樹立が彼らの闘争の最終的成果であると考えていた。彼らはいつもの通りアメリカとその支援者と連絡をとり、ラオス愛国戦線軍、中立派軍と反動右派軍を国軍に統一するよう要求し、さらにはわれわれに対し、われわれの解放区のすべてを彼らのみの管轄と指揮権下に置くことを一方的に要求してきたのである。われわれはあらゆる方法を駆使して、彼らが敵の残忍で手抜かりのない策略を見抜けるよう努力したが、彼らの賛同は得られなかった。

その後に彼ら自身の中立軍が分裂し、対立、内部紛争が発生した。一部グループはアメリカ帝国主義者に協力するためにコーン・レーとスヴァンナ・プーマー殿下の下に走り、革命の原理を弁え厳格に彼我の見解を区別しうるグループは、キニム・ポンセーナー、カムスック・ケーオラー、フアン・モンコンヴィライ[35]、マハー・ク・スヴァンナメーティ、ドゥアン・スーンナラート、ティ

35　フアン・モンコンヴィライ。元コーン・レー派中立軍の将軍。

アップ・リティデート、コーンシー、チェーン[36]などの指導の下で、アメリカ帝国主義者との対抗を継続するために「愛国中立勢力」としてラオス愛国戦線と協力することを決意した。

憤慨したコーン・レーは彼の反動部隊を卒いて愛国勢力を攻撃したが、反撃され、ヴィエンチャンに敗退の末に、従前のプーミー・ノーサヴァンとアメリカの手先になり下った。この2、3ヵ月後に、アメリカ帝国主義者は彼の軍人の地位を剝奪し、ラオスからインドネシアに追放した。その後は、もはや、パーク・カディンの先祖霊や竜神の加護もなく、一時香港に滞在したが、後にフランスに渡った。帰国後彼は、中国反動派の手先となった。

他方、ラオス愛国戦線との協力を継続する愛国中立勢力は、攻撃による勝利と併せ、質量ともに前進し、拡大していった。このことは、革命の推進には政策方針が最も重要であることを明確に示している。正しい政策方針を有する者は誰しも困難を克服し、最終的には勝利を獲得するのである。これに対し、正しい政策方針を持たない者は、あらゆる面で解決し得ない困難に直面し、結局は屈辱的な敵の手先に陥らざるを得なくなるのである。

36　チェーン。元中立派の軍人。新政権成立後に准将、山岳開発公社総裁などに就任。

第11章
連合政府内での活動

連合政府内各派の対立　前回と今回の連合政府は、彼我の政治闘争の舞台に過ぎなかった。毎回の会議では各派が自派の施策の実施を主張した。ラオス愛国戦線は、ジャール平原協定とジュネーブ協定の実施を要求し、ラオスの自国に関する問題はラオス人によって解決するために、アメリカ帝国主義者とその支援者、手先がラオスから撤退するよう求めた。アメリカ帝国主義者の意図は、ラオス愛国戦線とヴィエトナム、ソ連、社会主義兄弟諸国との関係を切断し、ラオス愛国戦線の解放区と軍部隊を連合政府に移譲させると同時に、資本主義諸国のみからの援助による従前の統治体制を敷くことにあった。スヴァンナ・プーマー殿下もこのアメリカの考えに賛同していた。このように各派の原則、思惑は大きくかけ離れていたので、国家問題の解決のための議論では一致した合意への糸口を見出すのはかなり困難であった。

各派が合意し得たのは、シーサヴァーン・ヴァッタナー国王の意向に基づいて実施される事項のみであった。国王は王国の平和回復により王位存続に与える衝撃を回避することができ、欣快の至りであった。このため、彼はラオスに関するジュネーブ協定の署名諸国を外遊する意向を示したのである。1963年2月中旬、政府はスヴァンナ・プーマー首相と、キニム・ポンセーナー外相、ゴーン・サナニコーン公共事業相、そして情報・宣伝・文化・観光相であった私自身の3閣僚のほか、国王秘書、ヴィエンチャン派と中立派軍の将校を随員とする国王一行訪問団を結成した。訪問団は、まずソ連、ポーランド、アメリカを訪れた後、いったんポーランド経由で帰国し、中華人民共和国、ヴィエトナム社会主義共和国、インド、ビルマ、カンボジア、タイを歴訪した。

各国での歓迎晩餐会などでのスピーチ、共同声明文はわれわれ3人が起案し、これに手を加えて政府方針に合致した内容に修正した。文書作成に際して、ゴーン・サナニコーンは種々の理由を持ち出して削除したり、あるいはヴィエンチャン派の原則に即した文書を起案したりしたが、キニム・ポンセーナーと私自身は一致してジャール平原協定とジュネーブ協定に即して起案し、スヴァンナ・プーマー殿下もこれに同意したため、文書の内容はわれわれの案文が採用されざるを得なかった。

この外遊では時間的制約もあり、すべての関係国を訪問することはできなかったとはいえ、ラオスの民族融和に対する各国人民の祝福を受け、国王の地位と栄誉が高揚され、国王のご満悦は一際であった。1963年3月30日にヴィエンチャンに帰着した国王は、ルアンパバーンに帰京の前日の4月1日、国王迎賓館で大規模な祝宴会を開催した。この機会に国王は、外遊中に協力を受けた人々、本国に残って無事に国政を果たした人々に謝意を表し、今後とも全員が連帯と親愛関係を増進し、国家の建設、発展に邁進するよう呼びかけた。

外遊後、国内では、アメリカ帝国主義者=プーミー・ノーサヴァン=プイ・サナニコーン=クパシット・アパイが共謀して、政府内のキニム・ポンセーナー、スパーヌヴォン同志と私自身を含むラオス愛国戦線側の要人を殺害することにより今次連合政府を打倒することを計画していた。彼らは少佐クラスの軍将校を、妻子を連れてヴィエンチャン派部隊から脱走してきたように見せかけてキニム・ポンセーナー氏の炊事小屋に潜ませ、キニム・ポンセーナー氏の護衛官に工作を仕掛けて買収し、この陰謀を実行した。

キニム外相の暗殺事件　1963年4月1日の夜11時頃、キニム・ポンセーナー夫妻は国王迎賓館でのパーティーから帰宅し、自動車から下りて、歩いて裏口戸に向かう途中で、バックコーンという名の彼の護衛兵にアーカー銃[1]で撃たれた。キニム・ポンセーナーは背中と頭部を撃たれ、夫人は脚部と足を撃たれて、戸口の前で2人が並んで倒れていた。人々は両人を担いで家の中に運び、邸内には誰ひとり入れないように警備を手伝った。私は国王、スヴァンナ・プーマー殿下、ペン・ポンサヴァンに電話をかけたが、誰も出てくるものはおらず、結局、翌朝になって実地検証が始まった。バックコーンは逮捕されて拘置所に入れられ、キニム・ポンセーナーの遺体は整えられて葬送された。夫人は脚の病状が幾分緩和してから、治療を続けるためヴィエトナムに移送された。

1　アーカー銃。ソ連製の携行用自動小銃。AK47型は機能的にはアメリカ製のM-16に相当すると言われる。

キニム・ポンセーナー暗殺事件のニュースは全国各地に伝わり、平和と正義を愛する全土のラオス人民はこぞって憤慨し、好戦者たちを猛烈に非難した。しかし、血に飢えた彼らの行動は止まらなかった。アメリカ帝国主義者が彼らを買収し、騒擾の発生がさらに促進されるよう企図していたからである。彼らは暗殺団を組織して、ラオス正月後にスパーヌヴォンと私を殺害する機会を狙っていた。

スヴァンナ・プーマー殿下はこの状況を察知したため、航空機を手配してスパーヌヴォンと私の妻をカンカイ（シエンクアン県のジャール平原）に運んだ。そして、同じ航空機に私と幾人かの閣僚が乗って、ルアンパバーンでの新年祝賀会に出席した。王宮では国王に会って、ヴィエンチャン反動主義者たちはアメリカの支持に従って大規模な暗殺計画を計画し、ラオス愛国戦線に対抗する新たな戦争をもくろんでいるが、彼らはいかなる方法によっても敗北から逃れることはできないであろう、しかしラオスは破壊され、ラオス人民の血肉、生命の多くが失われるであろうから、国王が権限を行使して、ラオスのために彼らの協定違反行為を中止させ、まだ回避し得る混乱を防止するようお取り計らい願いたい旨を伝えた。国王からは私の提案に沿うようにできる限りの努力をするとの回答を戴いたが、彼ら反動主義者は自国の国王よりも外国人の指示の方を聞くので、どの程度の成果が得られるかは確信が持てなかった。

不祥事が発生したため、新年祝賀会は静かで寂しいものとなった。ルアンパバーンの多くの住民からは、ヴィエンチャン反動主義者たちはルアンパバーンからの帰着時を狙って私を殺害しようとしているので本気で警戒するよう注意を与えてくれた。この時期の国情は新年とは思えないものであった。新年儀式はただ慣行に則って執り進められたが、参加者は発生するかも知れない凶悪事件に気を奪われていた。私は何人かからルアンパバーンでもまだ十分に注意するようにとの忠告を受けた。反動主義者は手先を使って私に危害を加えることもあり得るからであった。私の身辺では私に親愛の情を寄せる人々により最高度に厳重な警護体制が敷かれた。

私は彼らに対し、

「正義は不正義に勝利するということにわれわれ全員が確固たる信念を持つこと。彼らが騒擾を起こすことも、また幾人かを殺害することも可能かもしれない。しかし、彼らは最終的には敗北を喫するであろう。ラオス愛国戦線が勝利し、人民側は必ず勝利を得るであろう。われわれとしては、彼らによりラオスが不透明な状況が醸成されるがままに放置されるような事態を断じて許してはならない」

と述べた。

ルアンパバーンからヴィエンチャン空港に到着した後、私はソ連人パイロットが待機していた航空機に乗り換えて解放区に引き返した。ラオス愛国戦線側副大臣の一部は、今後の情勢を把握し、われわれの給料を送付するため、ヴィエンチャンに残った。この時期の情勢は極めて緊迫していた。ヴィエンチャン派軍部は事ある毎に連合政府打倒のためクーデターを起こすとの情報を流していた。敵はヴィエンチャン駐留のラオス愛国戦線の中隊の分裂を図るため買収・宥和と脅迫の両策をとったが、成果はなかった。世論の多くはラオス愛国戦線に同情と支援を送り、戦争を引き起こそうとする敵の行為を非難していたからである。

ヴィエンチャン派側の陰謀　1963年8月中旬、ラオス愛国戦線中央本部の決定に基づき、私は連合政府の情報・宣伝・観光相の任務を引き継ぐためヴィエンチャンに戻った。しかし、プイ・サナニコーンとプーミー・ノーサヴァンは私に代えて彼らの軍将校を充てており、私への任務の引き渡しを認めようとしなかった。私はスヴァンナ・プーマー殿下首相に閣議の開催を提案した。召集状は全員に到達したが、会議の当日になって、プイ・サナニコーン、プーミー・ノーサヴァンとその一派はタークークとサヴァンナケートに赴き、閣議は成立しなかった。私はスヴァンナ・プーマー殿下首相に対し、ヴィエンチャン派がこのように私の政府内での任務の遂行を認めないのであるから、1963年9月10日に自分は解放区に戻り、帰還の状況が整うまで同地で待機する旨を申し出た。

スヴァンナ・プーマー殿下首相は、自分は首相になったものの名のみで、実際の任務はプーミー・ノーサヴァンとプイ・サナニコーン一派の手に握られているため、自分自身としても極めて苦しい状況にあるとの実情を話してくれ、私の申し出に同意した。

状況の緊迫化に伴い、私は常に警戒心を緩めなかった。9月9日の夜、自宅での夕食を終え、同僚の警備兵に最後の注意事項を指示して、密かに家を出、スパーヌヴォン同志の家に泊まりに行った。私が出発する前夜でもあり、敵が良からぬ事件を起こさぬとも限らないので、同志の家で任務にあたっているわが方の警備兵に警告するためであった。この夜は最も警戒を厳重にした。ほんの少し仮眠して、夜中の12時に同僚兵士を起こし、起こりうるあらゆる事態に備えさせた。私自身は電話の近くに座り、連絡を必要とする各国大使の電話番号を手元に置いて十分な態勢を整えると同時に、わが家の同僚兵士と電話連絡をとりつつ状況を偵察させた。

午前2時、重機関銃の発射音が聞こえた。ニュイ・アパイ[2]の家の方から私とわが方警備兵たちの家に向け発射されていた。また、われわれの居住地の近くにあるブンルート・サイコーシー大尉[3]の邸宅から多数の手榴弾をわが方警備兵の家の庭に投げ込む者がいた。愛国戦線側防衛大隊の指揮官パディット・ティエンタム大尉[4]が私に無線でわが方の兵が1人死亡したと連絡してきた。私は、国際監視管理委員会とジュネーブ会議共同議長国に対し本件の平和的解決を要請するので、堅忍不抜の同僚兵士を率いて首尾よく避難場所に移動するよう、そして命令が下らない限りは絶対に反撃しないよう伝えた。

ソ連大使、イギリス大使、国際監視管理委員会の3委員に電話を入れ、この望ましくない事件を収束するために支援を申し入れたところ、全員が直ちにこれに応じた。しかし、これと同時にヴィエンチャン派側は戦車、装甲車で支援された4個大隊を派遣して、わが家と隣接の護衛兵士たちの宿舎を包囲し、さらに銃口を突きつけて宿舎内に入り込み、わが方兵士に向かって降伏するよう脅迫した。パディット・ティエンタム大尉は死亡した兵士の仇を討つための私の指示がほしいと無線で伝えてきたが、私はいかなる場合でも私の命令がない限りは絶対に反撃してはならないと厳命した。

この時期のヴィエンチャンの町は住民が全くいないかの如く閑散としていた。

2　ニュイ・アパイ。第2章訳註34(46ページ)を参照。

3　ブンルート・サイコーシー大尉。1965～66年の右派軍の反乱グループ指導者の1人(事件当時は大佐)。

4　パディット・ティエンタム。チャンパーサック生まれ。愛国戦線所属の軍人。1973年のヴィエンチャン和平協定の成立に到るまでの愛国線側の和平交渉団員。1975年の新政権成立後は国防省、軍事裁判所などに所属。

ただ聞こえるのはヴィエンチャン派側将兵が往来して、わが方の兵士を制圧、脅迫する叫び声だけだった。包囲の輪が狭くなり、銃口がほとんどわれわれの家の柵内に入り込むほどで、これをわが方の兵士が我慢して見ているのは忍びがたいことであった。しかも、彼らは兵力を増強して、私が訪れているスパーヌヴォン同志の家宅をも包囲したのである。聞こえてくるのは各地区の鶏、アマガエルの鳴き声のみで、この餓鬼の群を鎮圧し、残虐非道の精神を駆逐しようとする勇猛な精神の持ち主の声は何ひとつ聞こえてこなかった。この事件はわが方が挑発したのではなく、また、ソ連とイギリスの両大使と国際監視管理委員会からの支援も確約されていたので、私の精神状態はまだ安定を保っていた。私がおこした行動は、ラオス愛国戦線本部に本件を電報で連絡し、両大使と国際監視管理委員会に対しては早期の来援を電話で要請したことだけだった。

しかし、私は内心では、

「これこそ『悪人が権威をかさに善人を押さえこむ』ということだ。このようなことが本当に続いていくのだろうか。否、絶対に続こうはずがない！ 義に篤いティエンタムという男は残忍邪悪な者どもを制圧し、われわれを救いに来るに違いない！」

という気持ちを抑えることができなかった。

3時半、国際監視管理委員会の代表が到着した。わが家を包囲していた邪心を持つ兵士たちは私が自宅に入るのを阻止したが、ポーランド代表団は次のように述べ、インド代表団の支援を得て進入を強行した。

「われわれは国際監視管理委員会の代表団であり、ジュネーブ協定とジュネーブ協定に従ってラオス統合を支援するためのすべての協定の実施を管理、監視し、ラオスの平和維持に貢献する任務を負っている。われわれは屋内に入り、善意のラオス愛国戦線メンバーの安全を確保する。進入を阻止したいのであれば、われわれに発砲してみるがよい。それはヴィエンチャン派が国際監視管理委員会代表を殺害するということなのだぞ！」

さらに、カナダ代表は、

「君たちは国際監視管理委員会代表の進入を阻止できない。君たちにはわれわれを中に入れ、監視の任務を遂行させる義務がある」

と述べた。残虐非道な兵士たちも国際監視管理委員会代表のわが家への進入を認めざるを得なかった。10分後にジュネーブ会議共同議長国のソ連大使が、さらに10分ほどしてイギリス大使が到着した。私は朝2時からそれまでの事件の経過を次のように報告した。

「ジュネーブ協定に違反したのはアメリカ帝国主義者の手先であるヴィエンチャン派でした。おそらく、彼らは再び戦争を始めるためにわれわれラオス愛国戦線の代表がヴィエンチャンから退去するのを望んでいるのでしょう。ここにいる共同議長国と国際監視管理委員会の代表の皆さんが実際にその目でごらんになったことです。皆さんの公平な判断をお願いします。なぜなら、皆さんはラオス人すべての安全に責任を有しているからです」

アメリカ大使を呼んで会議を開催することで全員の意見が一致した。イギリス大使からの呼び出し電話を受けて暫くしてアメリカ大使が到着した。全員がアメリカ大使を取り巻いて、アメリカが創設し養成したヴィエンチャン派軍が、ラオスの統合と平和を破壊するこのような事件を起こしたからには、ヴィエンチャン派軍を解散すべきであるとアメリカ大使を非難した。私自身も危険を賭して、アメリカ大使に対して直接、存分に罵倒する機会を得た。

「ヴィエンチャン派の兵士が今、私の家宅を包囲している。これはアメリカの仮面の正体を明確に示すものだ。今回のわれわれに対する残虐で野蛮な行為はアメリカ大使の指導によるアメリカ人の仕業である。アメリカがまだラオスの平和を望んでいるなら、アメリカ大使はヴィエンチャン派部隊に対し、われわれの家宅の包囲を停止するよう指示すべきである。さもなければ、われわれも同様に生命を賭する決意である。その時にはラオス問題の平和的解決は二度とないであろう」

アメリカ大使は各方面からの圧力を受け、われわれの家の包囲を解くようプーミー・ノーサヴァンに電話を入れざるを得なくなった。翌9月10日朝、スヴァンナ・プーマー殿下首相の邸宅で、プーミー・ノーサヴァンは、われわれのほか、国際監視管理委員会に共同議長国とアメリカ大使を加えた一同と会うことになった。

全員が到着した後の会議の席上、まず、私は次のように非難した。

「プーミー・ノーサヴァンが本件を引き起こした目的は愛国諸勢力側の議員

を政府から駆逐し、この政府がアメリカの手足となって、人民を掃討するためであり、アメリカとプーミー・ノーサヴァンのこのような行為はラオス人双方の協力関係の破壊を意図するものである。われわれが部隊とともにヴィエンチャンに留まっているのは、ジャール平原協定を遵守し、ラオスに平和をもたらすことを願っているからである。プーミー・ノーサヴァンが部隊を派遣してわれわれを包囲、脅迫し、われわれの兵士を殺害したのは、われわれをヴィエンチャンから追放することにより、双方が合意した諸協定を破棄し、ラオスでの戦争再発を意図する以外の何ものでもない。プーミー・ノーサヴァンは軍隊を手中にし、さらにアメリカの支援を得て、誰に対してもいかなることも成すことが可能であると豪語している。今後ヴィエンチャンとラオス全土で発生するであろうあらゆる凶悪事件の責任はすべてプーミー・ノーサヴァンが一方的に負わねばならぬ」

プーミー・ノーサヴァンは次のように反論した。

「私がラオス愛国戦線側をヴィエンチャンから駆逐しようとしているのではない。本件は、ラオス愛国戦線側がヴィエンチャンから逃げたいがためにヴィエンチャン派側の将校の家屋に爆弾を投げ込んで一方的に問題を引き起こしたために発生したものである」

国際監視管理委員会のポーランド代表の反論は次の通りであった。

「今朝早く、この会議に出席する前に国際管理監視委員が事件発生現場を視察してきたが、ヴィエンチャン派側将校の家ではなく、ラオス愛国戦線側の宿舎の庭の中で爆弾の破片が発見された。回収された爆弾の殻の破片に書かれた文字からアメリカ製であることが判明した。さらに、同委員はこの会議に先立ちゴーン・サナニコーンに会ってきたところ、彼も国際監視管理委員会がラオス愛国戦線側の者をサムヌアに移送させることを望んでいた。これらのことは、プーミー・ノーサヴァンとゴーン・サナニコーン側がラオス愛国戦線側のヴィエンチャン追放を願っているのが真実であることを示している」

国際監視管理委員会議長のインド代表も、国際監視管理委員会が共同で視察した上記の事実関係をもとに同様の発言を行なった。

ジュネーブ会議の共同議長国であるソ連とイギリスの両大使は共に、ラオス全人民の安全と幸福のために、ラオスのすべての側はジャール平原協定とジュネーブ協定を正しく遵守せねばならず、ヴィエンチャン派側はすべての国家的任務を共同で誠意と親愛の情をこめて遂行するために、ラオス愛国戦線側をヴィエンチャンから駆逐すべきではないと述べた。アメリカ大使は共同議長国の両大使の発言に賛同した。

スヴァンナ・プーマー殿下はラオス愛国戦線の代表が今後ともヴィエンチャンに留まることに同意するか、あるいはサムヌアに引き揚げるかにつき、私の見解を求めてきたので、私は、

「われわれがヴィエンチャンに来ているのは、協定を履行し、民族融和を実現すると同時にラオスの平和を醸成するためである。ところが、アメリカの威を借るプーミー・ノーサヴァン軍はわれわれをヴィエンチャンから駆逐するために、われわれの住居を包囲し、さらにはわれわれの兵士1人を射殺することにより、われわれの身の安全を侵そうとしている。もしプーミー・ノーサヴァンとアメリカ大使がわれわれの身の安全を保障するのであれば、われわれとしてはヴィエンチャンに留まることも可能である。しかし、身の安全の保障もなく、これまでの如き殺害の意図があるとすれば、われわれとしてはプーミー・ノーサヴァンやアメリカの所望通りにヴィエンチャンを出ていかざるを得ない」

と答えた。

続いて、スヴァンナ・プーマー殿下はプーミー・ノーサヴァンに見解を求め、ラオス愛国戦線側のヴィエンチャン駐在を認め、彼らの安全を保障するのか否かを質した。

プーミー・ノーサヴァンはこれに対し、今後ともラオス愛国戦線側代表のヴィエンチャン滞在に同意し、彼らの安全を全面的に保障すると答えた。

私は、プーミー・ノーサヴァン1人のみの保障では十分ではなく、問題の発生を背後で指揮しているのはアメリカ大使であるので、同席の同大使の保障を得たいと追求した。

アメリカ大使は、

「私もプーミー・ノーサヴァン将軍とともに保障する」

と述べた。

スヴァンナ・プーマー殿下は私の方を振り向いて、

「全員が安全を保障した。私も保障する。パニャー[5]・プーミー・ヴォンヴィチットはこれで異存ないかね？」

と尋ねた。

私は、さらに、口頭のみでの保障では十分ではないと述べた。双方が署名した協定ですら守られていないことから、上記の内容を認めた覚え書きを作成し、ここに出席の全員が署名することを提案した。これによって初めて信用し得ることになる。全員が私の発言に賛同し、私が覚え書きの起案者となった。私は覚え書きを起案後、会議の席上で読み上げ、全員の同意を取り付け、席上の各人が即座に署名できるように8部をタイプ印刷に付した。スヴァンナ・プーマー殿下、プーミー・ノーサヴァン、国際監視管理委員会議長、ソ連大使、イギリス大使、アメリカ大使に各1部ずつ、さらにラジオ放送での発表用に1部の署名文書が私自身に手渡された。

同会議において、私はさらにもう1件につき提議した。プーミー・ノーサヴァンの部隊がラオス愛国戦線側の兵士1人を射殺したことに対して、本会議はプーミー・ノーサヴァン側にこの兵士の葬儀を執り行なわせ、相互の信頼を示す手始めとしたいと。これも全員が賛同し、プーミー・ノーサヴァンがブントン・ヴォーラヴォン[6]を責任者に命じてラオス愛国戦線側と協力しつつ本件を処理することになった。

私はラオス愛国戦線側を代表して今次問題解決に協力を得た各位に謝意を表し、今後ともラオス愛国戦線代表団と部隊はヴィエンチャンに留まることを約したが、私自身については、翌日、本件の経緯を報告するためにラオス愛国戦線本部に赴き、同本部の同意が得られればヴィエンチャンに帰還するので、国際監視管理委員会においては往復の航空機の手配をお願いしたいと述べた。

会議後、ヴィエンチャン派側の副大臣ブントン・ヴォーラヴォンがプーミー・ノーサヴァンの指示により私を来訪し、先日の夜、クパシット・アパイ将軍の指揮下のヴィエンチャン派側部隊からわれわれの家屋が発砲を受けた際に

5　パニャー。まえがき訳註2（10ページ）参照。

6　ブントン・ヴォーラヴォン。サヴァンナケート出身の国会議員（1955）。ブンウム政府の在郷軍人担当国務大臣（1961）。第2次3派連合政府の文化・青年・スポーツ担当国務大臣（1962）。国会議員（1967）。

殺害されたわが方兵士のための葬儀についての協議が持たれた。棺桶の購入、僧侶を供応するための経費、そのほかはすべてヴィエンチャン派側が支払うことになった。その日の夕刻、この兵士の遺体を納めた棺をタート・フン寺院[7]に移送した。棺の右側にヴィエンチャン派側の1個分隊が、左側にラオス愛国戦線側兵士が葬列をなした。棺が火葬用に積み重ねられた薪の上に安置されると、ラオス愛国戦線側の将校が死亡したわが方兵士に対する次のような追悼文を読み上げた。

ラオス人をアメリカ帝国主義者の奴隷となし、アメリカの手先となってラオス人同士の殺し合いを企図するヴィエンチャン派側を糾弾する。これは、国を愛し国家の独立と国民の安寧を願って闘っている者に対する殺害行為である。彼ら売国奴は将来のいつの日にか必ずやラオス人民によって罰せられるであろう。

アメリカ帝国主義者の指導下にプーミー・ノーサヴァンが引き起こしたこの凶悪な事件により、その後の数日間は状況が緊迫したが、結局、わが方の完全勝利の形で解決された。

その日の夕刻、私は内外の記者30名を集めて、わが家で記者会見を行なった。まず、私の方よりは、私が連合政府におけるラオス愛国戦線側の閣僚として、国の平和と人民の安寧と至福のためにはいつでも他派と協力する用意があるとの意志を説明した。

「政府内におけるわれわれの協力が実行できなくなったのは、プーミー・ノーサヴァンが情報・宣伝・観光省の責任者に彼の将校を充て、同省でのわれわれの職務が遂行され得なくなったためである。これは、昨年6月に3派が署名したジャール平原協定に違反するものである。職務を遂行しないのであれば、われわれとしては解放区に帰る準備するまでである。しかし、プーミー・ノーサヴァン側は重機関銃でわれわれの住居を攻撃し、われわれ兵士の生命を奪った。さらには装甲車、戦車を出動させてわれわれの住居を包囲し、陰ではラオス愛国戦線と愛国中立勢力に対し降伏を強要して、彼らの一方的な権力の掌握を狙っている」

7　タート・フン寺院。ヴィエンチャンのノーン・ボーン通りにある寺院。ワット・テープ・ニミット寺院の通称名。

さらに記者団に対し、

「ラオス愛国戦線と愛国中立勢力は断じてアメリカ帝国主義者とその手先には降伏しないであろう。彼らが戦争によりラオス愛国戦線と愛国中立勢力に対抗するのであれば、われわれもラオス全人民とともに全土を解放し、独立を達成するまで徹底的に抗戦するであろう」

と宣言した。

解放区への引き揚げ　その後、私はソ連機でわれわれの解放区に赴き、チャオ・スック・ヴォンサック、ソート・ペットラーシー[8]、カムフアン・トゥナーロム[9]の各同志と部隊の1個大隊のみを引き続きヴィエンチャンに残して、敵側の行動を注視することとした。

アメリカ帝国主義者とその手先は、相変わらず、ラオスの統合を破壊しようと挑発行為を繰り返していた。彼らは署名した協定を破棄しようと、武力クーデターによりスヴァンナ・プーマー内閣を打倒し、あるいはラオス愛国戦線側の副首相、副大臣の生命に危害を加えるなどの脅迫情報を流し続けたので、チャオ・スック・ヴォンサック、ソート・ペットラーシー、カムファン・トゥナーロムの各同志は国際監視管理委員会のポーランド代表の家に何度も避難せざるを得なかった。最後には、チャオ・スック・ヴォンサック、カムフアン・トゥナーロムの2名もヴィエンチャンから脱して解放区に戻り、ヴィエンチャンにはソート・ペットラーシーと部隊の1個大隊を残すのみとなった。

これ以降、プーミー・ノーサヴァン一味はわれわれの月給を断ち、われわれ所属の省庁には彼ら反動一味を代行者に据えて、意図的にわれわれを中傷する宣伝を流した。さらには、反動派の軍を利用してわれわれの屋敷内に何度も爆弾を投げ込むなど、われわれの部隊に対して挑発を仕掛けてきた。これらの行動を通じて、彼らはわれわれの全員がヴィエンチャンより出ていくことを願っていたのであるが、ソート・ペットラーシーとわれわれの部隊は勇敢に対抗し、

8　ソート・ペットラーシー。ヴィエンチャン生まれ（1918）。ラオス愛国戦線側のヴィエンチャン常駐代表。暫定連合政府の経済・計画大臣(1974)。駐ソ連大使(1978)。

9　カムフアン・トゥナーロム。1926年生まれ。ラオス愛国戦線中央委員。第2次3派連合政府の経済・計画担当国務大臣(1962)。駐ソ連大使(1975)。

その後もヴィエンチャンに留まった。ヴィエンチャン市場[10]の市民はすべてがわれわれの兵士に同情の念を寄せていた。われわれの兵士が籾篭を天秤棒で担ぎ、市場に食料を買いに行くと、市民が豚肉や牛肉、野菜、果物などを兵士たちの篭に一杯になるまで差し入れてくれた。わが兵士たちが代金を支払おうとしても受け取ろうとせず、誰もが無料で提供してくれたのである。これは市民のわれわれ兵士への同情と憐憫の情の表れであった。1973年まで毎日がこのような状況であったので、われわれの兵士が食料として購入した物は極めて少なかった。

アメリカの直接介入と特殊戦争　アメリカ帝国主義者がラオスに単独で直接戦争に参入したのは1964年からで、彼らはタイ、フィリピン、南ヴィエトナムの基地から空軍部隊を送り込み、われわれの解放区に対する爆撃と銃撃を日増しに強化していった。また、彼らは自分たちのラオス侵略の陰謀に加担させるための特殊部隊を編成せんと、一部ラオス人を金銭で買収してアメリカ軍将校の指揮下に置き、タイ軍部隊と南ヴィエトナム軍部隊をラオス全土に送り込んで、特殊戦争[11]を繰り広げた。

この特殊戦争は日を追って拡大、激化していき、ラオス人を買収して養成した特殊部隊と連係して、自らの空軍部隊を投入することにより、彼らアメリカ帝国主義者が呼ぶところの彼らが主体となった「局地戦争」の段階にまで達した。ラオス領土の南部から北部にわたり、アメリカ帝国主義者は地上部隊と空軍部隊を投入して執拗に作戦を広げていった。例えば、サヴァンナケート県の9号公路でのラムソーン第719号作戦[12]、カムムアン県でのサームソーン作戦[13]、シエ

10　ラオス愛国戦線ヴィエンチャン代表事務所は現在のラオス国家建設戦線の場所にあり、ヴィエンチャン中央市場とはクー・ヴィアン通りを挟んで対面していた。

11　特殊戦争。民族解放勢力に対抗するためアメリカが親米ラオス政府軍の育成・支援として行なった武器弾薬の供給、軍事顧問団の派遣・指導、在タイ・ウドーン基地からの秘密部隊のラオス派兵作戦を含む戦略を指す。

12　ラムソーン第719号作戦。Lam Son 719。1971年2月8日、ホー・チ・ミン・ルートの切断・破壊を目的として、アメリカ空軍の支援を得て南ヴィエトナム軍とラオス政府軍が南ラオスに進攻した作戦。

13　サームソーン作戦。1964年8月～10月、ヴァンヴィエン、ムアン・スイ地域での政府軍側作戦。「サームソーン」はラーオ語で「3本の矢」の意。

ンクアン県におけるソーンサイ作戦[14]、クーキャット作戦[15]、プー・クート作戦[16]、ホアパン県におけるパーティー作戦[17]などである。各戦闘において、彼らは家屋や村、田畑を破壊し、動物に危害を加えた。また、極めて残忍かつ野蛮な方法で住民を村から彼らの占領地域に強制移動させて収容した。

14 ソーンサイ作戦。1964年10月～1965年3月、南部ラオスの9号公路沿いで実施された政府軍側作戦。「ソーンサイ」はラーオ語で「勝利の矢」の意。

15 クーキャット作戦。1969年末から1970年初めにかけてアメリカ空軍の支援を得て行なわれたラオス政府軍側の作戦。「クーキャット」はラーオ語で「名誉挽回」の意。

16 プー・クート作戦。1969年8月、ジャール平原南西部のプー・クート軍事拠点（愛国戦線側）地域での政府軍側の防衛作戦。

17 パーティー作戦。ホアパン県内のプー・パーティー山頂（標高1900m）にあった北ヴィエトナム、ラオス東北部を爆撃するための王国政府軍の前哨基地から展開された作戦。1968年1月から1969年1月にかけて愛国戦線・北ヴィエトナム軍側から反撃を受けた。

第12章
ラオス愛国戦線の戦略と戦術

和平交渉から武力闘争へ　ラオス侵略戦争を拡大するためにあらゆる武器を使用する敵の行動に対し、ラオス愛国戦線はラオス人民革命党の下で民族解放を推進しようと、断固たる基本姿勢を維持しつつも極めて柔軟な政策をとった。ラオス愛国戦線が打ち立てた任務は、自己防衛、自己勢力の拡大、敵側勢力の殲滅のほか、電信や書簡文書、新聞を通じての敵との対抗であったが、これに加え、平和的手段による民族解放を達成するために、アメリカ帝国主義者の手先であるヴィエンチャン派側との交渉を提案した。

アメリカ帝国主義者とその手先はこの愛国戦線の交渉提案がラオス革命諸勢力の脆弱性を示していると考え、われわれに対する地上攻撃、空爆を強化して武力での勝利を期待した。しかし、彼らのすべての地上攻撃は、空爆支援にもかかわらず愛国武装勢力により撃退され、国土の解放が日増しに拡大されていく結果となった。

1964年の中頃になって、アメリカ帝国主義者はその手先がフランスのパリでラオス愛国戦線側と交渉を行なうことを認めた。この交渉に6ヵ月余りを費やしたが、彼らは何らの合意も得られないまま引き揚げていった。スヴァンナ・プーマー殿下、コーン・レー、ペン・ポンサヴァンとその一派はラオス愛国戦線、愛国中立勢力から離反し、ヴィエンチャン反動側に加わって、ラオス革命運動に対抗した。アメリカ帝国主義者は飛行機の使用を強化して特殊戦争を拡大し、さらには彼らの養成した特殊部隊の投入を増大して次第に局地戦争化を促進し、武力を行使することによりラオス愛国戦線と愛国中立勢力は降伏せざるを得なくなるだろうと期待していた。

平和的手段による問題解決の方法がなくなり、ラオス愛国戦線と愛国中立勢力は、アメリカ帝国主義者とその手先との長期的侵略戦争に備えるために路線を変更して、民衆武装兵力を創設することに合意した。全土の雰囲気は緊張の度が増した。アメリカ帝国主義者の侵略戦争は日増しに激化していった。すべての解放区内の人民は村を離れ、ジャングルの奥深くに、あるいは岩山に洞窟を掘って避難した。昼間から夜中にかけての爆撃と航空射撃を避けるため、昼間に避難活動を行ない、夜半を過ぎてやっと戸外に出て、生産活動や教育学習、文化、政治そのたの活動に入ることができた。

1965年から1967年まで、私はシエンクアン県の責任者として、県党委員会とともに同県全解放区の人民の生産活動や識字率を高める運動を指導した。また、敵側の空爆あるいは地上での攻撃と侵略には正規軍と協力して対抗した。特に、プー・クート拠点[1]の防衛戦は長期間にわたって熾烈を極めた。

私がムアン・ペーク、ムアン・カム、ムアン・クーン[2]の親類縁者や住民を訪れたり、あるいは各地方で活動している部隊を訪問して諸困難の克服と各任務の効果的な遂行を指導するのは、夜間であった。これら郡区の各住民への啓蒙活動は住民に対する政治教育であり、各種族に階級原理を徐々に習得させ、敵味方の区別を明確にして連帯関係を高めることであった。これと同時に、敵に対抗して、祖国の防衛、食糧の自給と自民族の優れた文化の復興、無学文盲と迷信の撲滅のために、生産を増大して文化の向上を図り、学習活動を推進した。この大衆啓蒙活動の結果、ムアン・ペーク、ムアン・カム、ムアン・クーンのすべての郡区、村で人民の政治意識が向上し、各種族で構成される住民の識字率の向上が促進され、さらには、ムアン・モーク、ノーン・ヘート[3]ではより効果的な啓蒙活動を推進するための優秀な要員を養成することが可能になるなどの大きな成果をあげることができた。

敵は特殊戦争を次第に拡大していったが、各種族の人民とわが軍には動揺と不安はなく、いっそうの連帯を強めて、敵に勝利するために持てる能力とあらゆる種類の兵器を動員した。真のマルクス・レーニン主義の党の指導下にあるラオス愛国戦線に対する確信、全国民衆の団結力に対する確信、さらには革命の確たる勝利に対する確信が、われわれ兵士と人民が全力でかつ喜んで革命任務に打ち込んでいく精神的な支えとなった。

1966年2月、私は党代表団を率いてソ連共産党第23回大会に出席し、ラオ

1　プー・クート拠点。シエンクアン県北部。

2　ムアン・ペーク、ムアン・カム、ムアン・クーン。いずれもシエンクアン県中央部の町、郡。

3　ムアン・モーク、ノーン・ヘート。シエンクアン県南東部の町、郡。

スの革命状況を社会主義諸国に説明したところ、兄弟党からはわがラオスの党の革命路線がよく理解できたとして喜ばれた。われわれはこの3ヵ月後に帰国した。

同年12月[4]、ラオス愛国戦線代表団を率いてキューバ国祭日とハヴァナで開催された3大陸会議に出席した。この会議は世界の諸国がラオス革命を理解し、われわれが会議において重要な役割を果たした初めてのものであった。

1968年の初頭、私は党中央本部に召還されてホアパン県ヴィエンサイ[5]に集合し、既に全土に拡大していた革命運動の指導に参加することになった。この時、私は、順調に拡張しつつあった革命活動、生まれ故郷のシエンクアン県で親しく知り合った兵士、人民のことを思う気持ちで一杯であったが、党中央本部からの召還命令であり、祖国全土の革命活動のためにはやむを得ないことであった。道中では、昼間に活動している敵機を避けるために夜中に出発する必要があるなど、多くの危険を乗り越えねばならなかった。道路は破壊されているため、私の乗っていたソ連製のジープ型車は速度を落として走らざるを得ず、特に小川を渡る時は細心の注意が必要であった。このため、シエンクアンからヴィエンサイに到着するまでに4日を要したが、私と家族が無事に到着できたのは何よりであった。

ヴィエンサイの党中央本部ではわれわれのために洞窟を掘ってくれていた。この洞窟は岩山の一部を掘り抜いたもので、駐車場、調理場、応接室、食堂のほかに、われわれ家族の全員と警備兵の1分隊が宿泊できる寝室が備わっていた。洞窟の外部にも私の宿舎があって、状況に応じて使用した。この洞窟の地域は敵機の航行コースとなっていたので、敵の機関銃や爆弾投下による攻撃をしばしば受けた。われわれがこの洞窟に入って以来、敵機による爆撃は6回に及び、1回の爆撃につき2個の爆弾が投下されたほか、機関銃による攻撃を道路沿いと洞窟の入り口あたりに何度も受けたが、全員無事であった。

過労で入院　1970年の初頭、私は労働組合連盟の代表団を率いてチェコスロ

4　ハヴァナでの3大陸会議（第1回3大陸人民連帯会議）の開催は1966年1月13日であるので、ラオス愛国戦線代表団のキューバ訪問は1965年の12月か。

5　ヴィエンサイ。ラオス愛国戦線側の根拠地で、本部はホアパン県のサムヌア北部の石灰岩の洞窟内にあった（口絵写真参照）。

バキアのプラハで準備会合に出席した後、フランスでの労働組合世界大会に参加した。この後、キューバでのモンカダ兵営襲撃[6]の記念祝賀会に参加し、ハヴァナに到着した時には私はかなりの重病に侵されていた。両眼の視点が一致せず、熱をともなう頭痛があり、さらに嘔吐と不眠の状態が2ヵ月間続いた。医師団やキューバ党中央本部の同志、幹部要員とキューバ駐在のヴィエトナム大使を含む社会主義兄弟諸国があらゆる手だてを尽くしてくれた結果、ソ連の航空機に乗れることになった。キューバで病状が重い時の私の気持ちは鬱ぎ、何事にも悲観的になった。忍耐強く帰国を待つことができるわけでもなく、そうかといって妻や子供、兄弟が看病に来るのも簡単なことではなかった。大西洋が中央アメリカとヨーロッパ大陸の間に横たわっており、空路10時間でモロッコに、さらに6時間もの飛行でようやくソ連の首都モスクワに到着することができるのである。キューバの党中央本部から上級と初級の医療関係者、各部門の要員に至る人々が真の兄弟の如き親愛の情と暖かい配慮を示してくれたことが、私にとり何よりもの慰めとなり、大きな確信をもたらした。

1970年の9月末、私はソ連大使館が手配してくれたエアロフロート機の中で横になり、キューバ人医師に付き添われてソ連に移送された。モスクワに着くといつも私の心は和み、落ちつくのであった。大西洋を越えてヨーロッパ大陸に渡ってくると、わが祖国よりそれほど遠くなくなるからである。

モスクワではホテルに1泊して、翌朝には病院に直行した。医師は1日中検査に集中した後、過労により両眼、特に右目の視神経が疲労しており、このため発熱と頭痛による不眠症状が出ていると診断した。診察の後、その医師が治療薬を調合してくれた。キューバにいる時から続いていた嘔吐と下痢の症状は次第に快方に向かった。しかし、私の病状についての医師の診断は重症であったので、このことが祖国のわが党中央本部に報告された。心配した党中央本部の同志たちは、医師の補助と私の介抱のため、妻を私のもとに派遣した。

1ヵ月の治療の後、病気は次第に快方に向かった。2ヵ月目の1970年の11月、症状がほぼ回復し、退院の準備をした。しかし、12月の初めに至り、いつも

6　モンカダ兵営襲撃。1953年7月、フィデル・カストロが率いる165名の青年がバチスタ政権を打倒のため軍2000名が常駐するモンカダ兵営を襲撃し、キューバ革命の火蓋を切った。モンカダはキューバ島の西端サンチャゴ・デ・キューバにあり、博物館となっている。

と異なった痛みが出てきた。運動訓練から帰り、息を吸い込むと、気管が締め付けられるようになり、喉ぼとけの部分が痛くなる症状が5分も続いたのである。初級医療担当者を通じて医師の診察を依頼したところ、心不全の症状があるとして、仰向けに寝かされ、絶対安静を命じられた。食事は流動食で、排泄はその場で行なった。毎日、医師は腕と太股に3本ずつ注射を打ち、初級看護婦が15分毎に指先から採血し、液体を注いで観察するなど、昼夜を問わず交替で私に付き添ってくれた。テレビや電話はすべて取り外され、誰も面会を許されなかった。私の妻は病気検査とその治療のため、隣の部屋で寝た。妻の私への面会は毎日1回、15分以内で許された。私は自分の病状が重いことを承知していたので、医師の指示にはすべて喜んで従った。

このような状態で、私は35日間寝ていた。この間、初級看護婦が私の病気治療と身のまわりの世話すべてに当たった。食事を私の口に入れて食べさせ、排泄の世話までしてくれた。毎週月曜日には温水に浸したタオルで私の体を拭き、衣服の着替えをしてくれた。最初の10日間は疲労感が酷く、食欲はなかったが、お粥にミルクと砂糖を混ぜた食事を我慢して口にした後、多種類の薬を服用して寝る日が続いた。その後は疲労感が次第に取れて、ヨーグルトを飲みたくなったり、パンに甘い果物ジャムを付けて食べたくなったので、以前よりも健康が回復したとの確信を得た。教授と担当医師も喜び、私に暖かい言葉をかけてくれた。その後は気分も良くなり、徐々に元気が回復していった。

35日目の朝、教授と担当医師がやってきて、診察後にベッドの上に起き上がって座るように指示され、病気が治ったことがわかった時はさすがに嬉しかった。仰向けに1ヵ月以上も寝ていたため、仰向けの姿勢から起き上がって座るのは一苦労であった。背骨が固くなっており、3分座ると5分横になって、また起き上がらねばならなかった。何度も繰り返していくうちに以前よりも長く座れるようになり、1週間ほどで正常に座れるようになった。その後、医師からは足を下ろして椅子の上にのせるよう指示され、初級看護婦と妻の手助けで足の上げ下げを行なった。このような動作に慣れてくると、医師は私をベッドから降ろして立たせ、椅子に座らせた。体が以前よりも重たくなっていた。1ヵ月以上も立っていなかったので、起立して床を踏むと足にかなりの痛みを感じた。起立がうまくできるようになると、今度は椅子を押しながら、両側から初級看護婦と妻に抱えられて部屋の中央での歩行訓練を受けた。1つの動作の訓練を1週間行なってから、次の動作に移った。部屋内の自立歩行が可能になってからは、戸外に出て、病院の建物の間の道に沿っての歩行訓練が指示された。1週間後には教授と担当医師から私と妻の退院が認められ、病院の近くにあるプスキノという名のサナトリュームで病後の回復のために休息することになった。

このサナトリュームはほぼ病院と同じで、診察室があり、医師、初級医療職員があらゆる病気の検査、治療機具を管理し、医薬投与所、体育訓練室、食堂、小売り商店も完備していた。病院と異なっている点は、規律がより緩やかで、病人が戸外に遊びに出たり、外部者の訪問が時間の制限なく可能なことであった。しかし、ちょうどこの時期、12月、1月はモスクワでも寒い季節であったため、あまり外出はしなかった。ここでの忘れ得ないことは、モスクワ放送のアナウンサーをしているシーモーン氏とソムサデット同氏夫人が雪深い道を、昼夜の別なく毎日、われわれのために食事を用意して運んでくれたことである。ラオス料理にソヴィエト料理が添えられた食事のお陰で食欲が増し、体力の早期回復が可能になった。

資本主義国と異なっているのは、病院あるいはサナトリュームに入っている期間中、費用はいっさいかからず、病気治療に当たる医師、看護婦の全員が同じ家族内の兄弟姉妹のように親愛こめて面倒を見てくれ、モスクワからハノイまでの航空運賃もすべてソ連政府が支払ってくれたことである。これは、私の生涯忘れ得ない感銘深いことであった。このことは実際に、ソ連がラオス革命にとり真の核心的な支柱であることをはっきりと示していた。

サナトリュームでの1ヵ月と4日の療養の後、以前よりも相当に体力が回復したように感じた。医師はわれわれをサナトリュームから党のホテルに移す決定をした。1週間後に、ソ連共産党の事務局要員がモスクワからレニングラードまでわれわれに付き添ってくれた。夜の10時モスクワ発の夜行列車に乗って、朝5時にレニングラードに到着した。できる限り列車内で睡眠をとろうとしたが、絶えず列車の振動と雑音があり眠れなかった。

レニングラードに到着した時にはかなり疲労していた。診察の結果、疲労が蓄積しているので、3日間の絶対安静により休息をとるよう言い渡された。その後、私はレニングラードの名所旧跡を訪ねたが、こうして歩くのは健康状態をチェックするのにちょうどよかった。1月末から2月の初めにかけてのレニングラードの町は綿のような雪が昼夜の別なく降り続き、積雪で覆われていたが、医師は私と行動を共にして、毎朝夕、例えば訪問先からの帰着時などに血圧と心音をチェックしてくれた。

レニングラードからモスクワに戻る時は、往時と同様に汽車で帰るようにとの指示を受けた。しかし、帰路は睡眠を妨げないように昼間に戻ってくるようにと指示されたため、早朝にレニングラードを出発して日没頃にモスクワに到着した。私にとり昼間の旅行は夜間の場合よりも楽しくかつ有益であった。昼間は汽車の両側から見えるソ連の美しい町や風景を楽しむことができた。地表は見渡す限り白く雪に覆われ、葉が落ちた樹木の小枝の先まで雪が積もって白い樹木と化し、森林全体がわが祖国ではけっして見られない不思議な光景であった。

モククワに戻ってからは、医師の指示通りにホテルで2週間過ごした。階段を上ったり、山に登るなどするのは避けて、あまり歩行に負担のかからない場所を訪れた。最後に、医師はエレベーターで高さ300mのテレビ塔に登らせ、空路での帰国が可能かどうかを試した。この結果が良好であったので、医師はあと1週間で私の空路での帰国が可能であると判断したが、1日4時間以上飛行機に乗るのは禁止され、途中乗り継ぎで1ヵ所につき1週間の休息をとることになった。そこで、私はモスクワからオムスクに飛び、同地で1週間の休息後にヤクートに向かい、同じく1週間休息して中国の北京に到着した。ここでも中国人医師が私の健康状態を検査するために彼の病院への入院を申し出てくれた。私はここで断るのは失礼だと思い、その中央病院に入り、再度、心臓の検査と施療を受けた。

北京での検査と治療は1ヵ月を要し、その後、病院外で1週間休息した後、上海、杭州、広州、南寧を経由してハノイに向かった。ハノイでは病院で2週間、病院外で1週間滞在してから、ヴィエトナムの同志が手配してくれたソ連製のジープ型車に乗って、ラオス愛国戦線の根拠地であるヴィエンサイに帰着した。ヴィエンサイのわが家に戻って、私はこの上ない喜びを感じ、本部内外の同志も約1年ぶりの私の元気な姿に喜びを全身に表してくれた。その後、直ちに教育、宣伝、文化を担当するラオス愛国戦線書記としての職務を再開した。

この当時は敵の爆撃が激しく、われわれは昼間は洞窟に入り、任務は日没後に洞窟の外に出て進めねばならなかった。それでもわが方の兵士と人民は敵との戦いに順調に勝利を重ねていくことができた。

敵が総力を挙げて建設したプー・パーティー基地[7]を解放し、サーマキー作戦[8]、サームソーン作戦、ソーンサイ作戦に勝利したことは、いくら空爆しても彼らが敗北から逃れるのには役立たないことをよく示していた。

ラオス人民党第2回党大会　1972年の2月、ラオス人民党[9]は第2回党大会を開催した。同大会では世界情勢と国内情勢につき各分野毎に詳細な評価を行なった。同大会は、1972年の段階でアメリカ帝国主義者の勢力は衰退しており、パリでのヴィエトナムとの交渉に入らざるを得なくなったことがこの証拠であるとの見解を全会一致で採択した。この交渉の目的はアメリカ帝国主義者を南ヴィエトナムから撤退させることであった。この当時のアメリカ帝国主義者はヴィエトナムとラオスへの爆撃を強化していたので、このことを信用しない者もいた。しかし、爆撃の強化は、アメリカがまだ勢力を保持しているものと信じている皮相的な観察者を誤信させ、また、彼らがこのインドシナ戦争でB-52戦略爆撃機を含む兵器の使用を隠蔽するための欺瞞の表れだとするのが、わが党中央本部の見方であった。その結果は、すべての戦局における彼らの敗北であり、資本主義陣営内部の対立や当地権力者と人民との対立、逃亡兵の増加、青年の兵役拒否運動の拡大、ヘロイン常習兵と出兵拒否者の増大となって現れていた。彼らは上司に疑心を抱かせて収容所に入れられる方が戦場で戦死するよりもましだと考えていたのである。さらに、世界の声、アメリカの世論自体にも、アメリカ帝国主義者の非人道的な侵略戦争への反対が高まっていった。これは栄誉ある解決策を求めねばならないアメリカ帝国主義者の基本的な弱点であった。

今次党大会での評価としては、敵は弱体化しており、われわれには民族解放の可能性があり、解放後は、わが国の封建主義者と国家資本主義者にはわれわ

7　プー・パーティー基地。第11章訳註17(230ページ)を参照。

8　サーマキー作戦。米国の援助計画の下に戦闘地域から避難民等を新開拓村、キャンプに移動させたことを指す(ラオス情報文化省『ラオス史』2000、p.965)。サーマキーはラーオ語で「連帯」。

9　ラオス人民党。1972年2月の第2回党大会で「ラオス人民革命党」に改称された。

れが進めている道程を阻止し得る力がないので、わが国は資本主義体制の発展段階を経ずして社会主義体制に移行するというものであった。また、今次党大会ではわが党の名称をこれまでの「ラオス人民党」から「ラオス人民革命党」に変更することが合意された。そして、われわれの2大任務も設定された。まず、敵兵力を殲滅するために軍事面での活動を最大限に強化すること、同時に敵に対する政治面での圧力、即ち、ラオス問題の平和的解決のために彼らをわれわれとの交渉のテーブルに着かせるあらゆる措置を講じることであった。

1972年初頭における党中央執行委員会の第3次総会では、第2回党大会で採択された敵情に関する評価は正しかったこと、敵の勢力は引き続き弱体化しつつあり、ヴィエトナムとラオスの各地において連続的な敗北に帰していること、そして、われわれが時宜を得て、好機を捉えれば、敵に勝利し、わが国を社会主義体制への発展段階に移行することが可能であることが確認された。今次の党中央委員会で採択された第3次決議には、兵力を結集して、できる限り多数の敵兵を殲滅すると同時に、あらゆる方法でヴィエンチャン傀儡政権の首領であるスヴァンナ・プーマー殿下との連絡を維持し、ラオス問題の平和的解決を図るために、われわれとの交渉を開始するよう同殿下を説得するとの実施方針が示された。

第3次決議に従って全土でこれまで以上に攻撃を強化した結果、各地で偉大かつ見事な勝利を収め、ラオス全土の5分の4を解放するまでに至った。この時期に、ラオス愛国戦線議長のスパーヌヴォン同志は異母兄であるスヴァンナ・プーマー殿下に対して、同殿下がアメリカ帝国主義者のラオス人民に対する空爆と銃撃を放置していることに抗議すると同時に、ラオス停戦交渉の開始を求める電信と書簡を送付した。また、時宜を見て、スック・ヴォンサックにスヴァンナ・プーマー殿下宛てのスパーヌヴォン同志の書簡を託して、われわれとの交渉を呼びかけた。

和平交渉を提案　1972年4月、スヴァンナ・プーマー殿下より上記書簡に対し、交渉には同意するが、わが方が代表団をヴィエンチャンに派遣すべしとの返書が届いた。われわれはアメリカ帝国主義者の爆撃を中止させてから交渉に入るよう提案したが、スヴァンナ・プーマー殿下はこれを受け入れなかった。

交渉の場所を交渉が妥結するまでジャール平原とヴィエンチャンで交互に開催することも提案したが、これもスヴァンナ・プーマー殿下は受け入れなかった。最後はわれわれが譲歩して、プーン・シーパスートを団長とするラオス愛国戦線代表団を身の安全を賭してヴィエンチャンに派遣し、ペン・ポンサヴァンを団長とするスヴァンナ・プーマー政府代表団との交渉に当たらせた。

交渉は何ヵ月も引き延ばされた。ヴィエンチャン派側はラオス愛国戦線側に対して恩赦を与えるべく無条件で自首するよう求めたのに対し、ラオス愛国戦線側はヴィエンチャン派側がアメリカ帝国主義者の手先から離脱し、ラオスの平和的統一を達成するために、われわれとともに連合政府を樹立するよう求めた。この両問題に関する双方の議論は、それぞれが自己の主張に固執して、いっこうに接近する様子は見られなかった。

ヴィエンチャン派側の議論には、ラオス愛国戦線側をヴィエンチャン派側に引き入れて祖国の独立を放棄させ、アメリカ帝国主義者の新植民地化政策を容認させるほどの説得力はなかった。彼らは、双方が力を合わせて祖国の独立を保持し、アメリカ帝国主義者とその手先をラオスから追放してラオス人自身が主人公になろうというラオス愛国戦線側の呼びかけには全く耳を貸そうとしなかった。交渉は引き延ばされ、この間、アメリカ帝国主義者とその手先は武力によるラオス愛国戦線側の制圧を期待しつつ爆撃を継続したため、ラオス人民の生命と財産に対する被害はさらに甚大になった。

このような状況の中で、ラオス愛国戦線中央本部は私をラオス愛国戦線側の全権代表に任命してヴィエンチャン派側の代表であるスヴァンナ・プーマー殿下との直接交渉に当たらせた。私がヴィエンチャンに到着したのは1972年6月中旬であった。

スヴァンナ・プーマー殿下との3度目の会談を終えた時点で、私は胃腸病で倒れた。ソ連とヴィエトナムの医師の治療を受けた結果、私の体調は1ヵ月ほどで交渉を続けられる状態に回復した。この時の交渉は私がヴィエンサイから準備していた協定案文を基礎にしたもので、実質的な内容を伴っていた。しかし、論議は相当に長引いた。双方の見解が相違する問題点は多々あったが、特に問題となったのは「アメリカ政府とタイ政府はこの協定を順守しなければならない」とする点であった。

「ラオスにおける平和の回復および民族和解の達成に関する協定[10]」 長期間の継続的議論の末、1973年2月20日に至り、すべての問題につき合意に達した。双方は協定案にイニシアルをし、翌朝に署名式を行なうことに合意した。

翌21日、双方の交渉団とヴィエンチャンに駐在するすべての報道関係者がスヴァンナ・プーマー殿下の公邸に参集した。同公邸の閣議机で双方の側のそれぞれがタイプされた協定文を読み上げた後、署名式が挙行された。

署名式を終えて、スヴァンナ・プーマー殿下と私が交互に記者会見を実施した。私は今回双方の合意により、何十年もの長い期間にわたりアメリカ帝国主義者とその手先が危害を加えてきた戦争、地上戦闘、空爆が今後3日以内に終焉することになったことに対して喜びの意を表した。

「ラオスにおける平和の回復および民族和解の達成に関する協定」の署名に関するニュースは、ヴィエンチャン派側とラオス愛国戦線側のラジオ放送で報じられ、ラオスの全人民、平和を愛する世界の人民は、長期間の旱魃にあえいできた稲が初めて雨水の恵みを受けてラオス全土に安寧の気分をもたらしたように、欣喜雀躍としてこのニュースを歓迎した。また、アメリカ帝国主義者とその手先に強制的に彼らの支配地区に移動させられていた人民は、故郷に帰還できる希望と喜びに沸きかえった。

ヴィエンチャン派側クーデターの失敗 しかし、上記「ヴィエンチャン協定」の署名のみでは完全ではなく、双方が民族和解の第1歩である連合政府の樹立場所にまで踏み込んだ議定書の署名のための交渉が残されていたが、プイ・サナニコーンとアメリカ帝国主義者の子分たちはこれに不満であった。彼らは73年2月21日の協定はラオス愛国戦線側に有利で、ヴィエンチャン派側にとっては不利であるとして、その憤りを出版物、新聞に書き立て、さらには非難、宣伝の気勢をあげ、ついには73年8月20日、プーミー・ノーサヴァン、タイ反動派とともにクーデターを敢行するに至った。同日、彼らは空港、銀行、放送局を占拠し、朝6時からスヴァンナ・プーマー殿下とラオス愛国戦線に対する非

10　和平協定の主内容は、①1962年のラオス中立宣言、ジュネーブ協定を基礎とする平和の回復、②全土の現状停戦とその維持、③外国軍の撤退、基地等の撤去、④暫定国民連合政府と全国政治協議会の設置、⑤ルアンパバーン、ヴィエンチャンの中立化、⑥協定実施委員会の設置。

難の声を高めて、ヴィエンチャン協定とラオス統合政策を破棄するためにスヴァンナ・プーマー内閣を倒そうとした。

この反動派のラジオ放送が流れると、国内は声もなく静まり返った。人民は恐怖のために家から外出せず、道路の往来もなく、市場は人気がなく、首都ヴィエンチャンは誰もが願っていないような戦場への準備地になりつつあった。ほとんどの寺院では、僧侶が平和を願い、不正に対する正義の勝利を願う読経をあげた。

この時、私はイギリス、ソ連、フランス、アメリカの各大使と国際監視管理委員会の委員を朝市の隣の自宅に招いて、祖国に平和をもたらすためにラオスの統合を望んでいるラオス愛国戦線側の意図を説明するとともに、ラオス侵略戦争を強行してラオスを破壊し、ラオス人民の生命と財産に危害を加えているアメリカが支援しているクーデターがもたらすであろう惨事についての説明を補足した。

国際監視管理委員会、ソ連大使、イギリス大使、フランス大使は私の危惧に同感の意を示した。これがディーンという名の臨時代理大使（アメリカ大使は不在であった）への圧力となり、彼は首都ヴィエンチャンの治安維持のためとヴィエンチャン協定の遵守によってラオスに民族融和と平和をもたらすべく、クーデターの沈静化に動いた。かなり長時間にわたる議論の末、大勢の圧力に屈したアメリカ代理大使は、各所を占拠しているターオ・マー[11]、ブンルート・サイコーシー、ターオ・パーニー[12]に対し、クーデターの中止を指示するために外に出た。しかし、既にターオ・マーは自ら空軍機を操縦してチーナーイモー[13]にあるクパシットの司令部を爆撃していた。

午前10時、クパシットは私の所に駆けつけてきて、彼の指令本部はクーデターを企てた一味の爆撃によって大きな被害を受けたので、一味に報復するた

11　ターオ・マー。ラオス王国空軍司令官（将軍）。空軍機を使用してのアヘン輸送を巡ってウアン・ラーティクン将軍と対立したと言われる。クーデター計画に失敗しタイに亡命（1966）。ブンルート・サイコーシー、パーニーらとともに再度のクーデターを計画（1973年8月）、自らT-6型空軍機を操縦してヴィエンチャンのチーナーイモー基地を爆撃したが撃墜された。

12　ブンルート・サイコーシー、ターオ・パーニー。両人ともラオス王国空軍の大佐。ブンルートはプーミー・ノーサヴァン将軍等とともに1965年1月の右派反乱指導者の1人でもあった。

13　チーナーイモー。ヴィエンチャン市東部、タードゥア街道の6km地点にある村。王国政府軍の兵営基地があった。日本軍の「マ」号作戦開始時（1945年3月9日）はラオスでの最初の攻撃目標となった。

めにもラオス愛国戦線との協力関係を持ちたいと提案してきた。私はクパシットに協力してクーデター一味に対抗することに同意する旨を答え、彼に対し部隊を派遣して空港、銀行、ラジオ放送局を占拠するよう要請した。また、アメリカ代理大使に対しても、クーデター一味による残忍な行為を停止させてくれるよう依頼し、一味がこれを聞き入れないかあるいは引き延ばし作戦をとる場合、われわれはヴィエンチャン周辺のわが方部隊を集結させてクーデター一味を攻撃し、彼ら好戦者一味の勝手な行動は断じて許さない旨を伝えた。

アメリカ代理大使は、ヴィエンチャン派政府首相のスヴァンナ・プーマー殿下をその日の早朝よりアメリカ大使館に保護した。フランス大使は私の提案に従ってフランス武官とフランス軍将官を呼び出し、スヴァンナ・プーマー殿下の安全は確保されており、同殿下の指令のみを信じ、従うよう、全部隊と人民に要請する殿下自身の言葉を録音して、別の放送局から流させ、敵の中傷的な非難に対抗した。

われわれは兵士たちとともに、青年、労働者、学生たちと連絡を取りつつ、今後起こり得る凶悪事件に直面する事態に備えた。われわれと進歩的青年組織とこの日の朝に接触した大使館との連絡は極めて緊密に維持された。すべての者が正義は不正に必ず勝利することを確信しつつ、クーデター一味を敗北させるために必要なあらゆる措置を講じた。

その後、12時になってディーン代理大使が帰ってきて、われわれに対し、自分がパーニーとブンルートに会ってクーデターを中止するよう伝えたところ、彼らもクーデターの中止を約し、空港と市内との間での銃撃音は下火になって、散発的な銃声が聞こえるだけとなったとの説明があった。私はまだ信用できなかったので、彼に対し、全域で銃撃が止んでいるかどうかを確認し、その結果を確実に教えてほしいと伝えた。若干のやりとりの後、彼は引き返し、午後2時になってクーデターは決着した旨を連絡してきた。彼自身が航空機の発着司令塔に上り、クパシット部隊に軍用機、おそらくはターオ・マーが乗っていると思われる1機を撃墜するよう指示した。他方、おそらくはブンルートの操縦するもう1機はタイ領空に逃亡したまま帰ってこなかった。

私はディーン臨時代理大使が立派に職務を果たしたことに対し、称賛の言葉を贈った。ディーン代理大使がヴィエンチャン派側の軍最高司令官であるブンポーン[14]に報告に行くと言ったので、私はクーデターを企てた一味の失敗に関する電文をスヴァンナ・プーマーの名で代理起案した。その内容は次の通りであった。

「スヴァンナ・プーマー内閣は情勢をすべて完全に掌握しており、既にクーデターを企てた一味の一部は逮捕された。全県のヴィエンチャン派軍司令部は、行政当局と協力して人心の安定を図り、スヴァンナ・プーマー側の指令のみを信頼して、その指示を待つと同時に、騒乱者を断固掃討すべし」

この電文をディーン代理大使に託してヴィエンチャン派軍の最高司令官であるブンポーン将軍に届け、全県に発信させ次第、スヴァンナ・プーマー殿下のご高覧に供するためにこの電文を私のところに持ち帰るよう依頼した。午後3時に、ディーン代理大使は2時45分に発電済みのブンポーン将軍の確認署名入りの電文を持ち帰り、私に手交した。私はディーン代理大使に謝意を表して、スヴァンナ・プーマー殿下を自宅にお送りするよう依頼した。ディーン代理大使はこれを引き受け、立ち去った。

結局、ターオ・マーとパーニーのクーデターは失敗に帰し、ターオ・マーは墜落した空軍機の中で捕らえられ、パーニーは放送局で逮捕され、チーナーイモーの基地で鞭打ちにされて死亡した。

今回の勝利の要因としてわれわれが忘れることができないのは、まず党本部がわれわれが上申した情勢をよく見守り、われわれをよく指導してくれたことである。さらには、われわれの内部における団結が強く、ヴィエンチャンの青年、労働者、学生の勢力を結集してわれわれの味方につけることができたこと、ヴァランティン・ドーヴィン駐ラオス・ソ連大使、国際監視管理委員会のポーランド代表と同委員会インド人議長がわれわれに積極的に協力して彼らの要員をディーン代理大使とクパシットのもとに派遣し、合意事項に即した任務を実行するように催告したことが挙げられる。

同日の午後4時に、スヴァンナ・プーマー殿下はカムシン秘書官[15]を私の自宅

14　ブンポーン。ブンポーン・マークテーパラック。1922年生まれ。王国政府軍副総司令官（1965）。同軍参謀次長(1968)。同軍総司令官(1971)。

15　カムシン秘書官。カムシン・ソーサナヴォンサー。外務省官房局次長。プーマー殿下首相秘書官。在東京ラオス大使館1等書記官を経て、1975年の新政権後は閣僚評議会事務局（政府顧問室長）、ヴィエンチャン市役所に勤務。

に派遣し、殿下が自分の身の安全につき心配をかけたことに対し私に感謝していること、また、殿下が私の来訪を要請していることが伝えられた。私は安全上の理由から今日は行けないが、翌日にお伺いすると答えた。

ヴィエンチャン協定議定書の成立　1973年8月21日、私はスヴァンナ・プーマー殿下を自宅に訪ね、先週以来の私の報告が正しかったことを確認した。スヴァンナ・プーマー殿下も私と同意見で、私に対する信頼感がさらに深まった。その後、ヴィエンチャン反動派からの反対と非難はあったが、協定議定書に関する交渉は続けられた。

結局、1973年9月14日に両派は議定書に署名し、スヴァンナ・プーマー殿下を首相とする両派の連合政府と、スパーヌヴォン同志を議長とする全国政治協議会[16]が設立され、それぞれ同数の両派で構成された。

また、ヴィエンチャンとルアンパバーンの両都市は中立化され、治安維持のため、両都市には双方同数の軍隊、警察が配置された。今回のような凶悪で、場合によっては解決し得なかったかも知れない事件を通じて、わが党の正しく、かつ賢明な方針がいっそう明確になった。私自身を含む全国の人民は、正義が不正を完全に制覇し、わが党中央本部の賢明、敏速な指導に対する信頼を増幅できたことにこの上ない喜びを覚えた。

全国政治協議会は重要2文書、即ち、連合政府が実施する18項目計画[17]と人民の民主的自由権を保証する規定を採択した。この後、政治協議会のメンバーが地方に分散して、全国の病院、学校、工場、県庁、郡、村を含む各種政府機関の職員に対し、この2文書の説明と周知を徹底した。

上記文書の広報によってすべての民族、人民を政治面で啓蒙し、誰が進歩的で、誰が反動的で、誰が味方で、誰が敵であるかを見極めることができるようになった。こうして人民の抗議運動が全国的に拡大していった。反動派の村長、

16　全国政治協議会。1974年に第3次連合政府の政策諮問機関として成立。パテート・ラーオ側、ヴィエンチャン政府側がそれぞれ16名、ヴィエンチャン政府側が提示した中立的人士10名の計42名で構成され、スパーヌヴォン殿下が議長となってルアンパバーンで開催、18項目計画を採択した。第3次連合政府の崩壊と新政権の誕生とともに解散した。

17　18項目計画。全国政治協議会で採択された政治計画で連合政府のとるべき政策指針が示されている。平和、民族融和、仏教、国家統一、構成種族間の平等、民主的自由、外交政策、反帝国主義政策。

郡長、市長、県知事が人民によって次々に打倒され、彼らに代わって進歩的で祖国を愛し、人民を愛する人士が任命された。この当時、ラオス全土の雰囲気は非常に緊張していた。反動派は自分たちのあらゆる力を結集して従前からの地位にしがみつこうとしていた。

他の地域より優れた階級闘争が見られたのは、抗議に立ち上がった人民を反動一味が武力行使により殺害した地域であるカムムアン県のノーン・ボック[18]においてであった。この時の死亡者の通夜式は、人民の全国的蜂起に呼応して、敵に対する復讐の潮流と化して次第に拡大していった。人民の蜂起を前にして恐怖におののく反動派の県知事、郡長らはヴィエンチャンの内務省に駆け込んだ。

こうして、ヴィエンチャン派の多くの部隊は同派軍の司令部に不服従の宣言をしてラオス愛国戦線側の指揮下に集合し、ラオス愛国戦線側部隊をヴィエンチャン市などのメコン川沿いの主要都市内に招き入れるようになった。

1975年5月10日の夜、国防大臣[19]、その他の反動派の閣僚[20]が、また多くの幹部将校が、兵士を放棄したままタイ領に逃亡した。愛国勢力側に所属する国防副大臣のカムウアン・ブッパー将軍[21]がスヴァンナ・プーマー殿下首相からの命令書により、ヴィエンチャン派武装勢力の最高司令官に任命された。カムウアン将軍は、ヴィエンチャン派側の将兵に対し、武器を倉庫に納め、ヴィエンチャンなどの主要都市に治安維持の目的で進駐してくるラオス愛国戦線側の武装勢力に参加、協力する準備に向けて政治教育に参加するよう命じた。高級将校はホアパン県のヴィエンサイでの政治教育に参加した。上記の措置は人民の意に沿って迅速、賢明にかつ秘密裏に実行された。

全国人民代表大会の開催　全土での人民蜂起の後、最終的に1975年8月23

18　ノーン・ボック。カムムアン県南部のメコン川寄りの町。

19　国防大臣。シースック・ナ・チャンパーサック大臣。

20　ゴーン・サナニコーン大蔵大臣などを指す。

21　カムウアン・ブッパー将軍。ルアンパバーン生まれ（1929）。ポンサーリー県知事。軍司令官。1960年以降はプーマー中立政府に協力。中立派軍がドゥアン派とコーン・レー派に分裂した際にドゥアン派に加わり、愛国中立勢力を結成（1963）。愛国中立勢力軍の副司令官（1970）。第3次連合政府の国防担当国務大臣。暫定連合政府の国防・在郷軍人副大臣（1974）。事実上の国軍司令官として右派軍を追放（1975年5月）。国防副大臣（1975年12月）。その後、工業・手工芸副大臣、農業副大臣、司法大臣を歴任。

日、ヴィエンチャン市民が蜂起してヴィエンチャン市の権力を奪取し、その勝利の祝賀集会を開催した。1975年11月末には各県から人民代表がヴィエンチャンに派遣されて、全国人民代表大会が開催された。同大会は連合政府と政治協議会の解体を要求するとともに、スパーヌヴォン同志と私をルアンパバーンに派遣し、シーサヴァーン・ヴァッタナー国王に対して、国王を退位し、一般の人民となる旨の宣言書に署名するよう求めた。連合政府首相のスヴァンナ・プーマー殿下と全国政治協議会議長のスパーヌヴォン議長もそれぞれ辞任した。シーサヴァーン・ヴァッタナー国王はルアンパバーン人民の抗議集会を前に国王退位宣言書に署名し、ヴォン・サヴァーン[22]前皇太子をヴィエンチャンに派遣して、全国人民代表大会において国王退位と王制廃止の宣言書を代読させた。

上記のことは、アメリカ帝国主義者とその手先がいかに裕福、強大であろうとも、いかに完璧かつ精緻な術策を図ろうとも、結局はラオス、インドシナ、そして東南アジアから退却せざるを得なくなったことを如実に示している。ラオス国王がいかに石頭であろうと、頼るべきアメリカ帝国主義者とその手先がいなければ、国王を退位し、一般の人民とならざるを得なかったのである。これらのことが党と人民の力に対する確信をいっそう高め、ひいては革命勢力の勝利とわが祖国の明るい将来を確かなものにした。

ラオス人民民主共和国の誕生　上記の全国人民代表大会は全会一致で首相、全国政治協議会議長の辞任と国王の退位を承認し、ラオス王国制の廃止とラオス人民民主共和国の樹立を全会一致で決定した。ラーオ語を国語とし、王語[23]は作詩、文芸著作の場合を除きその使用を廃止し、3頭象[24]の国旗も廃し、革命時に使用した図柄の旗を新体制下の国旗[25]とし、国歌は、曲は旧体制のものと同一

22　ヴォン・サヴァーン前皇太子。ラオス王朝の最後の皇太子。1931年9月にシーサヴァーン・ヴァッタナー国王の長子として生まれた。ハノイで初等教育。フランスで中等・高等教育（法学士）。1975年12月の政変に伴い最高人民議会の議員に任命されたが、その後、ルアンパバーンでヴァッタナー国王とともに1977年に逮捕、投獄され、死亡(死因不明)。1965年4月訪日。

23　王語。王制の時代に、王族に話しかける時、あるいは王族に言及する時に使用された特殊な用語。

24　3頭象。王制時代の国旗で赤地に3つの白象の頭をあしらった図柄。

25　新体制下の国旗。1945年10月のラーオ・イッサラ抗戦政府の成立時に採用された図柄で、1991年8月15日公布の新憲法第77条に「紺地に赤色の帯と白色の月よりなる。旗の縦の長さは横の長さの3分の2、上下の赤色の帯幅は紺色の帯幅の5分の4に等しい」と規定されている。

とするも、歌詞は新たに作詞[26]することとなった。そして、資本主義の発展段階を経ることなく直接に社会主義に進む政策をとること、スパーヌヴォン同志を国家主席に任命し、シーサヴァーン・ヴァッタナー前国王を国家主席顧問に任命することを決定した。

続いて、同大会はスパーヌヴォン同志を議長とする最高人民議会を設置した。副議長にはシーソムポーン・ローヴァンサイ[27]同志、カムスック・ケーオラー氏、ファイダーン・ロッブリャヤーオ氏とシートン・コンマダム氏を、さらに、常任議員と非常任議員の一定数を選出した。最高人民議会の役割は通常の国民議会と同様であったが、これ以外の任務として憲法草案の起草のための調査、研究と準備が課された。

スパーヌヴォン国家主席はカイソーン・ポムヴィハーン同志を閣僚評議会[28]議長に指名し、同議長によりヌーハック・プームサヴァン同志、私、カムタイ・シーパンドーン[29]同志とプーン・シーパスート同志が同副議長に任命された。さらに、各省庁を担当する閣僚のほか、スヴァンナ・プーマー殿下が閣僚評議会議長の顧問に任命された。この閣僚評議会は、全国人民代表大会により承認された政治、経済、文化、社会、外交、国防の諸政策を実施するのが任務であるが、これらの政策はわれわれが正しく、成功裏に実施してきた第2回党大会後の第3次中央委員会総会における決議であり、これに基づいて、全国規模の人民民主革命による祖国解放が達成され、労働者人民の手中に権力が掌握された

26　ラオス新国歌の作詞者はシーサナ・シーサーン。

27　シーソムポーン・ローヴァンサイ。ボーリカムサイ県生まれの黒タイ族。シエンクアンで反フランス活動に従事。ラオス愛国戦線中央委員に選出（1956）。ラオス人民革命党中央委員（1972）。政治局員（組織担当）に選出。1991年の第5回党大会で政治局員から引退。1993年2月没。

28　閣僚評議会。1983年1月に発表されたラオス国家行政の最高機関で、カイソーン議長（従来の首相に相当）、プーミー・ヴォンヴィチットを含む5名の副議長で構成される集団指導体制により、各省、委員会に対する監督･指導を強化し、特に経済･社会の近代化に意が注がれた。プーミー副議長は教育、保健、文化の各省と社会福祉、在郷軍人の委員会部門を掌握した。1991年8月の新憲法発布以降は国家の最高行政機関は政府となり、その長が首相となった。

29　カムタイ・シーパンドーン。チャンパーサック県シーパンドーン生まれ（1924）。フランスの復帰直前にサヴァンナケートに逃れ、シートン・コンマダムの反フランス活動に参加。ラーオ・イサラの南部ラオス代表（1948）。パテート・ラーオ南部軍区でカイソーンと共闘。「ネーオ・ラーオ・イッサラ」（自由ラオス戦線）全国代表大会に出席（1950）。自由ラオス戦線中央委員（1952）。ラオス人民党党員兼ラオス愛国戦線中央委員（1956）。ラオス人民党中央委員（1957）。パテート･ラーオ軍最高司令官（1962）。ラオス人民解放軍総指揮官（1966）。ラオス人民革命党政治局員（1972）。副首相・国防大臣（1975～91）。首相（1991）。党議長（1992）。首相再任（1993）。公式実務訪日（1995）。国家主席（1998）。

のである。

上記のニュースはラオス全土の諸民族人民と僧侶にとり大きな喜びであった。その喜びとはまず第1に、ラオス人民の生命と財産を30年以上にわたり蹂躙し続けたアメリカ帝国主義者の侵略戦争が終結したことであり、全人民がこれまでの恐怖から脱して、長い間願ってきた平和の下での生活が営めるようになったことである。第2の喜びは、最近まで両派、即ち、救国闘争を続けてきた一派と敵の支配地域内で心身ともに困難な状況に耐えてきた一派とに分かれていたラオス人民が一体となるラオスの統合が実現したことで、これまで悲しみと追慕の念に暮れつつ離散生活を送ってきた家族や親族に再会し、郷土と祖国の建設に喜んで参加できるようになったことであった。ラオス救国闘争に支援を与えてくれた兄弟諸国人民も、ラオス人民の勝利が社会主義陣営の発展と強化をもたらしたことに対し、さらにラオスが同国を東南アジアにおける社会主義共同体の前哨国の1国として正しく導いてきたマルクス・レーニン主義の党を持つに至ったことに対し、大きな喜びを表した。

革命生活に入って以来、私は政府閣僚に5回就任した。第1回目は1950年のラオス抗戦政府の副首相兼内務大臣としてであったが、この政府は1957年11月2日に連合政府が初めて成立した際に総辞職した。同連合政府の宗教・文化大臣が第2回目の閣僚就任であった。3回目の入閣は1962年6月23日成立の第2次3派連合政府の情報・宣伝・文化・観光大臣であった。4回目は1974年4月5日に成立した2派連合政府[30]の副首相兼外務大臣としてであった。5回目が1975年12月2日に樹立されたラオス人民民主共和国政府の副首相兼教育・スポーツ・宗教大臣としての入閣であった。

その後、1982年8月に閣僚を退任し、教育、文化、保健の各省と社会福祉・在郷軍人委員会を監督指導する任務に就いた。第2次、第3次と第4次の連合政府の時期が最も困難な政治闘争の舞台であった。毎回の閣議では、反動派がラオス愛国戦線側には誠意が見られず、ヴィエトナムと組んでラオス政府を倒そうとしていると非難したのに対し、ラオス愛国戦線側は反動派がアメリカ帝国主義者に依存して連合政府とラオス統合を破壊しようとしていると反駁して、口論が絶えなかった。

30　2派連合政府。愛国勢力側とヴィエンチャン政府側の2派連合政府。

反対派がいかに傲慢な態度に出ても、私は実際の状況に即した正当な理由を挙げて冷静に反論することができた。私には党中央本部がつき、人民の支援があり､私自身も相当長期間の政治闘争を通じて教訓を得ていたからであった。論争に打ち勝つ毎に勇気と沈着さが身につき、その後の勝利に益々の確信を抱くようになった。このことがあらゆる危険と闘うための忍耐力を養い、最終的にはわれわれが真の勝利者になることができたのである。

これまでを振り返ってみて明らかなことは、敵側との闘争で彼我の勢力バランスがわれわれに不利である場合は、政治交渉では意図した成果が得られないということであった。

初めての敵側との連立では総選挙、国会、連合政府での闘争任務を実行したが、結局は逮捕され、10ヵ月の拘置所生活の後、脱出に成功してやっと身の危険から脱する状況であった。

第2次連立の際は、われわれは解放区と相当数の武装部隊を擁していた。しかし、進歩的な外務大臣の暗殺事件が発生し、われわれ自身の生命に対する脅迫が強まったため、連合政府は崩壊してしまった。したがって、われわれは味方の兵力を増強し、敵の勢力を衰頽させる武力闘争に路線を変更せざるを得なくなったのである。

第3次の連合政府に協力する時期には武装勢力と政治勢力は敵側と拮抗していたので、3段階戦術[31]で敵に勝利することができた。これが全土的な人民の蜂起であり、敵側部隊がわれわれに協力した一斉蜂起であり、かつまた、わが方部隊の強力な一斉攻撃でもあったのである。上記の3段階戦術により、われわれは1975年12月2日に政権を平和的に掌握した。即ち、アメリカ帝国主義者とその手先をラオス領土から駆逐し、時代遅れの王制を廃して堂々たるラオス人民民主共和国の樹立が可能になったのである。これをもって、外国の帝国主義と新旧植民地主義によるラオスへの干渉と侵略、戦争勃発が完全に終焉したのである。これはまた、30年以上にわたり苦難に耐えてきたラオス人民革命党の指導の下に人民が進めてきた祖国解放闘争あるいは民主革命の達成でもあった。

行政統治権の掌握時にわが党は、わが愛する祖国を資本主義の発展段階を経

31　3段階戦術。まず武力攻撃、これに続く民衆の蜂起、そして和平交渉に導く戦術。

ずに直接に社会主義に移行せねばならないと述べている。われわれは確実に社会主義に移行し得るであろうとの見解に同意見であり、そうなることを確信していた。しかし、過去30年間において、われわれの学習と要員と兵士に対する教育、訓練は民族革命と民主主義についての理解のみであった。言い換えれば、軍事兵力の攻略方法とわれわれを反撃するために敵が使用するあらゆる軍事力の破壊方法については習得してきたが、わが祖国を社会主義国家に発展させる方策についての学習、訓練はなされていなかったのである。その後、わが党の代表団を率いて社会主義兄弟諸国を訪問し、各国の党大会に出席して、これら諸国の指導者と親しく会見する機会を得たのは、私にとり欣快至極のことであった。

1977年に党中央委員会は第2回党大会（1972年）後の第4次中央委員会総会を開催し、偉大なレーニンの指導下に達成された1917年10月のロシア大革命の路線に従って、世界各国が競って社会主義に向かって前進していくことを確認した第4次総会決議を採択した。世界の社会主義化の要因としては、帝国資本主義者たちの武力による従来の統治方式では政治意識に目覚めた人民をこれまでのように抑圧できなくなったことが挙げられる。もはや人民は正義に悖（もと）る統治を容認せず、より民主的、より公正な社会を求めたのである。マルクス・レーニン主義の党による指導体制を有する諸国は、社会が他の諸国よりも人民の願望により合致したものであり、誰もが平和、独立、民主主義、社会主義のための闘争を決意していると考えられている。帝国資本主義者の束縛する鎖に弱い部分があれば、その場所では人民が他の部分よりも早く蜂起して民族解放改革を達成するのである。第4次決議は、一国が社会主義に向けて前進することが可能かどうかの決定的事項は、その国が真のマルクス・レーニン主義の党によって指導されているか否かであると述べている。

第4次決議はさらに次のように述べている。ラオスはこの世界で最も強大な帝国主義者であるアメリカ帝国主義者を打ち破り、完全独立を達成したことにより、資本主義制度の発展段階を経ずに直接に社会主義に移行することが可能であろう。なぜならば、われわれは帝国資本主義の不正な統治制度を打破したのであり、今後ともソ連その他の社会主義諸国をわれわれ人民の願望に合致する良き模範として、真のマルクス・レーニン主義の党であり勝利の革命を正しく指導してきたわがラオス人民革命党の指導の下に発展していくからである。しかしながら、わが国は開発途上にあり、経済基盤はまだ脆弱で、農業は自然依存型の遅れた農法で、非識字率は全人口の約65%にも達し、人民の文化程度は低く、いまだに迷信にこだわっている。こうしたことが国の発展を遅らせる要因となっているのだ。われわれは今や、帝国資本主義制度と時代遅れの封建制度を打破したが、上記の階級の思想が、程度の差こそあれ、われわれ人民の頭脳の中に残存している。国内反動派の一味はあらゆる機会に乗じて旧体制への復活を狙うと同時に、国外の反動一味も国内反動派に援助の手を差し伸べようと企み、われわれの社会主義への移行を阻止しようとしている。

第4次決議は次のようにも述べている。このような状況においては、社会主義に達するまで相当の移行期間を設ける必要がある。この移行期間においては、われわれは労働者階級の独裁主義を実行する必要がある。即ち、権力を掌握する労働者を主体とする人民が2大任務を遂行して、少数の反革命側に対し独裁権を行使する。宣伝、組織、教育、指導を通じて旧思想を破棄し、新しいラオス人、社会主義の人間に改造する。この第1の任務によっても効果が上がらない頑迷な頭の持ち主に対しては、真に必要な場合に限り、第2の任務である強硬な制裁手段を行使する。

労働者階級の独裁主義の実行は党の正しい指導体制の下で、国家の管理により、人民が主人公となって3革命[32]、即ち、生産力の拡大条件を醸成するための「生産関係革命」、生産力増大の基本的な鍵となる「技術・科学革命」、そして社会主義的人間の形成のために他の革命に先行する必要のある「文化・思想革命」を実施することである。この3革命によって、改革を重視し、建設を基本とする社会主義改革と建設のため、われわれは新たな生産組織と分業組織を再編成せねばならないのである。既存のもので社会主義の性質に合致していないものを改革し、社会主義建設のための物質的、技術的な基礎作りとして、改良されたもの、あるいはいまだ現存しないものを建設するのである。

第4次決議は3大戦略任務を規定している。国家の防衛と治安維持、社会主

32　3革命。もともとはレ・ズアン・ヴィエトナム共産党書記長の社会主義思想を取り入れたものと言われ、ラオスでは経済的後発性の故に、この当時から必ずしも現実的ではないとの見方があったと言われる。

義経済の建設、教育・文化の発展に専心することである。

第2回党大会後の第5次、第6次、第7次そして第8次の各中央委員会総会決議は第4次決議とその他の決議の実施結果の長所、短所を点検した後、次の2任務を設定した。即ち、国家防衛と人民の安寧の維持と社会主義経済の建設であるが、教育・文化の発展の任務は上記の2任務に包含されている。

上記の諸決議を検討した結果、私自身も要員や軍、人民同様に、わが国を社会主義に移行させる方策がさらに明確になり、同時に着実な勝利とラオスの社会主義革命の可能性に対する確信が深まり、着実な成果を挙げていった。

第3回党大会は1982年4月に開催され、1972年2月開催の第2回党大会以降の成果につき分析した。喜ばしいことに過去10年間において、われわれは革命の2時期を経てきた。1972年から1975年までは民族解放の革命を実行し、1975年12月2日に民族解放を達成してから現在に至るまでは社会主義革命を実行しつつある。第3回党大会（1982年4月）での評価によれば、われわれが実行した第2回党大会（1972年）後の第3次中央委員会総会決議では、敵側の軍事勢力が弱体化したため、パリにおけるヴィエトナムとの交渉に応じざるを得なくされたとの分析がなされ、これに基づき、われわれは敵との闘争を準備し、勝利を獲得したのである。

今日までのわれわれの成果は、ホー・チ・ミン国家主席を指導者とするインドシナ共産党以来のわが党の路線が正しかったことを明確に示すものである。また、カイソーン・ポムヴィハーン同志を指導者とするラオス人民革命党中央委員会の諸決議がわが党の路線の正しさを証明している。われわれはホー・チ・ミン国家主席の教え子であり、ヴィエトナムの同志たちの緊密な友朋としてマルクス・レーニン主義に心から忠誠を示し、共に学びつつ任務を遂行してきた。多くを知る者がそうでない者に助力し、党政治局内と党中央委員会内の連帯を常に強化し、ラオス諸民族人民に信頼感を与え、わが党を取り巻く一心同体として緊密な連帯を保ちつつ、必要な場合は武器を手に共に敵と戦ってきた。そして、共に国の経済を改善、建設し、徐々にかつ着実に社会主義経済に移行させて、ラオス諸民族人民の生活が日々向上する繁栄のラオスを建設していくことがラオス革命とわが党の基本的目標なのである。

第13章
要約

波瀾に満ちたわが人生における数多くの節目、場面を回想してみると、私の得た教訓は概ね次の通りに整理することができるであろう。

1. 私は旧体制の地方役人の息子であったが、父親と死別した幼少の頃より田畑での農作業、馬、牛、水牛の飼育に従事せねばならなかった。しかし、自らが向学心に燃え、さらに兄弟、親類縁者の支援があれば、知識人となって自立を達成することが可能である。

2. 学校生活での知識の習得にあたっては、友人の誘惑に屈することなく、遊興に溺れず、勉学に専念すれば自己の希望する任務に就くことができる。

3. 資本主義体制下での学校教育では、資本主義的な思考方法が生じやすく、学力や地位の向上が自己の経済的至福の増大と、快楽のために利用されがちである。

4. 封建主義者、資本主義者を上司に持てば、思考方法、態度は封建的、資本主義的となりやすく、名誉欲が強く、雇用者、主人からの寵愛を乞う性格の人間になりやすい。また資本家にへつらい、主人の信頼を得るような態度をとるようになる。これは労働者人民にとっては忌避されるべきことである。

5. フランス人上司に仕えた時期には、私はフランス人を罵倒し、暴力沙汰にまでなったこともあった。しかし、これも部分的な反抗に過ぎず、わが国に介入し、わが国を統治している植民地支配体制に反抗したのではなかった。日本がフランス人をサムヌアから駆逐した際に、私がフランス人と行動を共にするのを拒否したのは、革命任務を遂行する決意があったわけではなく、ただ自分の家族、親族を心配してのことであった。フランス人とともに逃亡すれば、われわれの将来の困難は目に見えていたのである。

6. 日本軍への協力では、一方ではそれまでのフランス人と働いた経験からくる恐怖感があり、他方では日本軍がフランス同様にラオス人民を抑圧する帝国主義者であるのかどうかを見定めることができない不安が交錯した複雑な気持ちであった。そのころの私は革命思想を体系的に学んだことはなく、独立を回復したいとの考えもまだ根付いていなかったので、主人としてラオスに入ってくる者には誰にでも仕えるとの安易な考えを持っていた。

7. ヴィエトナムの革命勢力がヴィエトナム全土を掌握したことを知った時、私にはラオスにも同様の革命が行なわれるのかどうか全くわからなかった。ヴィエンチャンとルアンパバーンとの無線連絡が取れなくなったため、結局、私は従来通りサムヌア知事の職に留まったのである。私は革命思想に基づく知事の任務というものをいかに遂行すべきか全くわからなかった。この当時を思い起こしてみると、自分の生活や国の将来が不透明であったため、私の精神状態は極めて不安定であった。

8. 日本軍の敗戦とラオス引き揚げに伴って1945年末にフランス軍が再び進駐し、私の不安はさらに増大した。思案にくれつつも、フランス人と共に仕事を進めていく以外に選択の余地は残されていなかった。私は日本軍に協力して、地方の農村に潜伏しているフランス人を捜索、逮捕し、数百人を日本側に引き渡したこともあり、またシエンクアンで知事をしていた私の義父は私ほどには日本軍には協力的ではなかったが、それでもフランスがシエンクアンを再制圧した際にフランス側に捕らえられ、殺害されたので、私のフランスに対する恐怖感と自分の生命に対する危機感は強かった。

9. フランス軍部隊がサムヌアを退却する際、私も彼らと行動を共にせざるを得なかった。引き離された家族のことや私の将来のことを思うと不安は深まった。

10. ヴィエンチャンにフランス植民地主義に対抗するラーオ・イッサラ政府が樹立された際に、私はフランス部隊から脱出し、ラーオ・イッサラ政府に加わることを決意した。わが心の中に定着している愛国心が高揚していく上で、この選択は正しかった。

11. 革命理論のないところに革命運動はないことは真に正しかった。1945年、ラーオ・ペン・ラーオ運動に参加し、シーサヴァーン・ヴォン国王退位の運動に参画した。ラーオ・イッサラ政府がヴィエンチャンからルアンパバーンに派遣した使節に憲法草案を携行させて国王の署名を求めたが、国王がこれを拒否したからである。われわれは旧体制のルアンパバーン県知事、行政組織の幹部を逮捕し、われわれ自身による県知事、行政組織を定めた。これは革命運動の1つではあったが、われわれの側の要員は私を含め、革命理論に通じていなかった。われわれの関心はフランス式の軍部隊を設置することであったが、後方支援となる大衆組織が設置されなかったのは反省すべき点であった。結局われわれは、われわれよりも多数の勢力を擁するフランス側には対抗し得なかったのである。この時の革命運動に参加する決意は正しかった。しかし、私自身は革命に従事するための革命理論を学習しようとしなかったことを反省している。

12. 1946年4月、フランスがルアンパバーンに再び侵入してきた時、私はパーク・ベーンで任務にあたっていたが、軍、住民の多くがルアンパバーンから四散してタイ側に脱出した。彼らからは至急タイ側に避難するよう助言を受けた。この彼らの言を聞いていなかったならば、私はフランス部隊の追撃を受け、危険な目にあっていたであろう。これと同時に国王の家族、親族、親しくつきあってきた県知事、高級官吏たちからは、多くの官吏が逃走してしまったこともあり、私の身の安全、就職、居所を保証するとして、私がルアンパバーンに帰還して一緒に働くよう勧誘する書簡が送付されてきた。ルアンパバーンに帰るべきか、タイに脱出すべきかについて真剣に悩んだ結果、私は県知事の職を捨ててタイ側に渡河した。これはもはや躊躇することなく革命に従事しようという決意を示すものであり、これも正しい選択であった。

13. 私は一時節をタバコ農園で働き、タバコ栽培とその葉を乾燥場に売却する作業に従事した。その直後の1947年、ラーオ・イッサラの兵士を連れてラオス領内のサイニャブリー県に入って抗戦地区を設立したのは、敵に対する復讐心を示し、愛国心の高揚と祖国のための犠牲的精神、革命運動の勝利への確信を示すものとして正しい決断であった。ヴィエトナム兵の協力を得られるようになってからは、要員と兵士が補充され、喜びは次第に膨らんでいった。さらに、ハノイのヴィエトナム同志からはホー・チ・ミン国家主席の著作になる教科書やマルクス・レーニン主義の書籍、資料の提供を受けて、われわれが遂行している革命路線がわれわれを真の勝利に導く路線であることが明確になり、その後の革命活動を遂行するためにいかにして革命の資質と革命のモラルを涵養すべきかがよく理解できるようになった。

14. 上記の資料を読破してから思ったのは、県知事を辞して以降の私の思想はまだ封建主義的思想に有識学生と小資本家、農民の諸階級の思想が混合したものだったということである。私が一貫した革命を遂行していくためには、この混合した思考を廃棄していくための闘争を進め、労働者階級の思想であるマルクス・レーニン主義に忠実な思想を創出しなければならなかった。タイのチェンセーンでの時期は、タバコ農園を整備するために行なった森林の伐開と樹根の開墾作業に疲れ、私はこのような労働をする必要が全くなかった県知事の時のことをよく思い出したものである。タバコ乾燥場の所有者から罵倒され、侮辱を受けた時には、私の心に復讐の念が強く沸き上がってきた。知事の時代には私にこのような態度をとる者は誰ひとりとしていなかったからである。

15. 背嚢を背負って山越えをしたり、あるいは抗戦地区で食糧が十分に得られなかった頃、例えば兵士たちとともに敵を待ち伏せ攻撃する時などには、時代錯誤的な思考が私を襲ったことがある。ある時にはこのような困難に遭遇したことがなかった知事の時代に思いを馳せたり、家族を養うための資金稼ぎに私の知識を活用してどこかの工場に働きに出たいと思ったりもした。またある時には、人々から金銭の恵みを得て美食を口にしたくなったり、あるいはチェンセーンの家族のもとに帰って今よりももっと楽に生計を立てようかなどと考えたりして、私の思考はさまざまに乱れた。しかし、私は愛国心とそれまでにも何度も下してきた正しい決断を支えにして、このような誤った思考と闘い、これを打ち砕いていき、他の人にとっても模範となるような生き方を貫くことを心がけた。

16. 私がインドシナ共産党に入党した時の私の精神的支柱は、誤った思考方法に徹底的に抵抗し、私をこれまで以上に立派な革命家に仕立てることであった。国家元首のペッサラート殿下より私が政府代表に、またサイニャブリーとナム・ター地区の委員長に任命された際には、私は何の恐れも、何の傲慢さも感じず、ただ、心して任務に励み、結果として兵士や要員、軍、人民に対する親愛と信頼、尊敬が増大し、2地区が絶えず拡大していけるように自己を啓発していった。

17. 1950年8月13日のネーオ・ラーオ・イッサラ全国代表大会で中央委員に選出された後、われわれ一行はホー・チ・ミン同志が議長をつとめるインドシナ共産党の中央委員会を訪ねた。同党中央委員会の同志はわれわれを暖かく迎え入れ、種々の学習資料を提供してくれた。ホー・チ・ミン議長はわれわれのためにかなりの長時間を割いてくれ、なぜ世界は社会主義革命を行なうのか、革命はいかに実行するのか、何の目的で革命を行なうのか、何が完全なる勝利を革命にもたらすのかなどについて説明を受けることができた。彼の説明するすべてのことがわれわれが求めていたものであり、すべてのことが明快になり、革命の勝利に対する確信が深まると同時に、私の複雑な過去に存在していた階級の思考方法を徐々に打ち破っていくエネルギーが湧いてきた。

18. ラオス人民党の第1回党大会で中央委員と常務委員に選出され、ついで第2回と第3回の党大会で中央委員と政治局員に選出されてからは、マルクス・レーニン主義の理論をより深くかつ体系的に研究する機会を得た。中央と地方の友朋同志による建設的批判は、古い思想を廃退させ、新しい思想である社会主義思想を増築するための闘争にとり有益であった。また、何十回にも及ぶ外国での党会議や式典に出席した経験も、良き教訓となって、私の階級理論をより確実なものに改善していき、さらに彼らの批判は私の遅れた思想との闘争に貢献した。

19. 要するに、私のように、一田舎者が勉学の機会を得た後に仕官して封建的支配階級に成り上がった者でも、愛国精神と向上心があり、革命活動を実践していくための思想闘争を決意し、友人たちと人民の建設的な批判に従って自己改造に立ち向かえば、党の中央委員、政治局員、さらには閣僚評議会副議長になり、革命の指導者にもなることが可能である。封建的支配階級に染まり込まなかった者にとっては、私のような思想闘争の必要はなく、引き続き革命活動に参加することで自己を高度の革命にまで到達させるのは私よりもいっそう容易であるに違いない。重要なことは自己の遅れた思想との闘争を決意し、革命の能力と資質を高めるべく自己を改造していくことである。自己との闘争とは、自らが思考を探求し、自己の誤った古い考えを不用のものとして捨て去った後に、正しく新しい思考を粘り強く自己に植え付けることであり、これによってマルクス・レーニン主義と党の決議に即した進歩的人間に改造することである。

旧体制時代の勤務と生活状況を現在の目覚めた状況に対比してみると、私がフランス植民地主義から脱出し、終始一貫して革命活動とともに歩んできたことが、私の全面的な自己改造に貢献したものと考える。それというのも、党と人民ならびに兄弟的友好諸国の協力により、わが身を洗い清め、解放することができ、また私が理解したマルクス・レーニン主義理論が私の今日に至る状況と地位を築く道しるべとなったが故である。私は本書を通じて、私の貧弱な能力に即応させて、忍耐強く私の人間的価値を見出し、蘇生させてくれた方々に対し、心からの謝意と深い恩義を表したい。私は自分の能力に応じた着実な前進を目指して、今後とも自己形成を図っていき、近くのあるいは遠く離れた友朋の方々から寄せられた親愛の念に応えていきたい。

ラオス関係主要年表（1945～1994）

1918～22年

モン族独立王国を目ざしたパーチャイの反乱

1940年

12月	フランス・ラオス軍、タイ軍と衝突

1941年

5月	タイ·フランス紛争の東京調停会議により、フランスはサイニャブリー県、チャンパーサック県の一部をタイに割譲。

1945年

3/ 9	日本軍による「仏印処理」開始（3/9 ヴィエンチャン、3/14 ターケーク、4/7 ジャール平原、ルアンパバーン、4/14 サムヌア）
4/ 8	シーサヴァーン・ヴォン国王、ラオス王国の独立を宣言
8/15	日本の敗戦（→ラオス独立運動が活発化）
8月~9月	日本軍の武装解除（16度線以北を中国、以南をイギリスが実施）
8/30	シーサヴァーン・ヴォン国王、ラオスに対するフランス宗主権の有効性を宣言
9/15	ペッサラート殿下（副王）、「ラーオ・イッサラ」（自由ラオス）結成
10/10	シーサヴァーン・ヴォン国王、ペッサラート殿下の首相・副王の地位を解任
10/12	ラーオ・イッサラ暫定憲法採択、カムマーオ・ヴィライを首相とする臨時政府樹立
10/18	ヴィエトナム兵がサムヌアを目ざしラオス領に侵入
10/20	臨時政府、シーサヴァーン・ヴォン国王の解任を宣言
12月	フランス軍、南部ラオスに復帰

1946年

3/19	「ターケークの戦い」（21日、フランス軍、ターケークを占拠）
4/23	シーサヴァーン・ヴォン国王復位（ラーオ・イッサラ政府承認を条件に）
4/25	フランス軍、ヴィエンチャン進駐、「ラーオ・イッサラ政府」タイに亡命
5/13	フランス軍、ルアンパバーン進駐
8/26	ラオス・フランス暫定協定締結（ルアンパバーン王国によるラオス全土統一）
9/23	フランス、ラオス全土を掌握
11/27	タイ、メコン川西岸のサイニャブリー、チャンパーサック両県をラオスに返還（ワシントン条約署名）
12/12	制憲議会議員選挙

1947年

5/11	ラオス王国憲法制定

8月　国民議会選挙、スヴァンナラート政府成立（ラオス初の政府）
9月　プーミー・ヴォンヴィチット、北部・北西ラオス抗戦地区の拡充開始
11/26　ラオス王国初の国民議会開会

1948年

2/20　ラオス、フランス連合に加入
3/18　ラオス王国ブンウム内閣成立
12月　タイ亡命のラーオ・イッサラの多くが王国政府に 帰順。プーミー・ヴォンヴィチットを含む他のラーオ・イッサラはヴィエトナムの協力を得てビルマとの国境地域、ラオス東北部に抗戦地区設立

1949年

1/20　ラーオ・イッサラ（自由ラオス）軍設立
7/19　フランス・ラオス協定（フランス連合の枠内でのラオス独立）署名
10/24　ラーオ・イッサラ暫定政府カムマーオ首相、ラーオ・イッサラ政府の解散宣言書に署名（プーマー殿下等の穏健派はヴィエンチャンに帰還）

1950年

2/ 7　イギリス、アメリカ、ラオスの独立を承認
2/28　プイ・サナニコーン政府成立
8/13～15　ラオス抗戦戦線全国大会（サムヌア？）の開催、ラオス抗戦政府＝ネーオ・ラーオ・イッサラ（自由ラオス戦線）結成
戦線機関紙『人民の声』（後の『人民』）発刊
12/21　ラオス・タイ国交樹立
12/23　アメリカ・フランス・インドシナ3国相互防衛協力協定（アメリカのインドシナ3国に対する間接軍事援助）署名

1951年

3/11　ヴィエトナム、カンボジア、ラオスの民族統一戦線が会合し、同盟関係を樹立
9/ 8　インドシナ3国、サンフランシスコ対日平和条約に調印
9/ 9　ラオス王国・アメリカ両国政府済協力協定締結
11/21　プーマー内閣、プイ・サナニコーン内閣を継承

1952年

6/20　ラオス王国、サンフランシスコ対日平和条約発効

1953年

4/29　ラオス人民解放軍、サムヌア解放（ヴィエトミン軍のラオス攻勢）
10/22　フランス・ラオス王国友好連合条約等に調印
12/22　ヴィエトミン軍、ターケークに進攻

1954年

5/ 7　ディエン・ビエン・フー陥落
7/20　第1次ジュネーブ協定調印（インドシナ休戦）
9/ 8　東南アジア条約機構（SEATO）成立

9/18　ク・ヴォーラヴォン国防相、暗殺さる
11/27　カターイ・ドーン・サソーリット政府成立、親アメリカ政策を推進

1955年

1/ 3　王国政府、ラーオ・イッサラ側とラオス問題につき交渉開始
3/22　ラオス人民党（現在のラオス人民革命党の前身）結成
5月　王国政府、ラーオ・イッサラ側との交渉継続（ヴィエンチャン）
8/19　プーマー首相、中国訪問
10/11　カターイ／スパーヌヴォン会談（ラングーン）
12/19　ラオス王国、国連に加盟
12/25　カターイ政権総選挙実施（ラーオ・イッサラ側不参加）

1956年

1/ 6　「ネーオ・ラーオ・イッサラ」、サムヌアで第2回全国大会を開催（「ネーオ・ラーオ・ハック・サート=ラオス愛国戦線」に改称）
3/21　プーマー内閣成立
7月　キニム・ポンセーナー、「平和中立党」設立
8/25　ラオス・中国共同声明（平和5原則）
8/29　ラオス・ヴィエトナム共同声明（プーマー首相、ファム・ヴァン・ドン首相、於ハノイ）
12/28　王国政府、愛国戦線との連合政府の結成につき合意

1957年

3/11　ラオス、対日賠償請求権放棄
11/ 2　ヴィエンチャン協定成立（ポンサーリー、サムヌア両県を王国政府に返還、パテート・ラーオ軍1500名を王国政府軍に編入、補欠選挙の実施によりパテート・ラーオは愛国戦線として合法政党となる）
11/19　プーマー連立内閣成立（愛国戦線より2名入閣）

1958年

1/13　プーマー首相、アメリカ訪問（援助要請）
1/19　王国政府、北部2県を統合
1/23　日・ラオス経済協力協定発効（上水道、発電所建設）
3/ 6　プーマー首相、訪日（国賓）
5/ 4　北部2県の統合に伴う補欠選挙の実施（愛国戦線の進出）
5/22　プーマー首相、ICC（国際監視管理委員会）の解散を要請（7月解散、8月引き揚げ）
6/15　国益擁護委員会設立（プーミー・ノーサヴァン委員長）
7/22　プーマー内閣総辞職（アメリカの対ラオス援助を巡り不信任案可決）
8/18　プイ・サナニコーン内閣成立
12月　ヴィエトミン軍、サヴァンナケート攻撃

1959年

1/12　サナニコーン内閣、議会により1ヵ年間全権委任される

3/ 9	ハマーショールド国連総長ラオス訪問
5/11	旧パテート・ラーオ軍2個大隊の政府軍編入問題で1個大隊が北ヴィエトナム国境に逃走
7/16	北部ラオスでネーオ・ラーオ・ハック・サート軍、政府軍と衝突、内戦激化
7/28	スパーヌヴォン殿下、プーミー・ヴォンヴィチットを含む愛国戦線指導者が反逆罪で王国政府に逮捕される
8/ 4	王国政府、非常事態宣言
9/ 4	王国政府、国連に「緊急軍」を派遣要請
9/ 9	アメリカ・ラオス王国政府、経済協力協定締結
9/15	安保理のラオス小委員会、東北ラオスにて現地調査
10/14	ペッサラート殿下死去
10/29	シーサヴァーン・ヴォン国王崩御、シーサヴァーン・ヴァッタナー国王即位
11/13	ハマーショールド国連事務総長、ラオス訪問
12/30	プイ・サナニコーン内閣、右翼・軍部に屈し総辞職

1960年

4/24	総選挙実施（右派の干渉で愛国戦線排除される）
5/24	拘留中のスパーヌヴォン殿下を含む愛国戦線指導者、脱獄
6/ 3	ソムサニット内閣成立
8/ 9	コーン・レー大尉によるクーデター発生
9/ 2	第3次プーマー内閣成立
9/10	ノーサヴァン将軍、サヴァンナケートに反革命委員会設立
10月	アメリカ、対ラオス軍事援助を停止
10/ 7	プーマー政府、ソ連と国交樹立（アメリカの対ラオス援助停止に対抗）
10/17	アメリカ、対ラオス援助再開
10/27	プーマー政府、ソ連援助の受け入れ開始
11/18	プーマー／スパーヌヴォン会談（連合政府樹立で合意）
12/ 9	ノーサヴァン軍反撃、プーマー首相カンボジアに亡命
12/12	ブンウム暫定内閣成立
12/13	ノーサヴァン軍、ヴィエンチャン制圧（コーン・レー軍、北方へ敗走）

1961年

1月	中立派軍・愛国戦線軍、ジャール平原制圧
1/ 5	ブンウム内閣成立
2/19	シーサヴァーン・ヴァッタナー国王、中立宣言
2月末	コーン・レー=愛国戦線連合軍、ジャール平原争奪戦で王国政府軍を撃退
3/ 9	プーマー／ノーサヴァン会談（プノンペン）
4/ 1	愛国戦線部隊、シエンクアン、タートーム、カムクート等の占領を発表
4/25	プーマー・周恩来、共同声明（両国外交関係の樹立）（北京）
5/ 7	ラオスでのICC（国際監視管理委員会）活動復活

5/13 第1回ナー・モーン会談(正式停戦文書に署名)
5/16 ラオスに関するジュネーブ国際会議開催
6/22 チューリッヒ3殿下会談(3派連合中立政府樹立に合意)
9/27 ヒンフーブ3殿下会談
10/ 8 第2回ヒンフーブ3殿下会談(連合政府の樹立で合意)
12/14 ジャール平原での3殿下会談(連合政府の閣僚数16名で合意)

1962年

1/16 中華人民共和国、パテート・ラーオに対する軍事援助協定に署名
1/19 ジュネーブ3殿下会談(連合政府樹立に関する合意文書に署名)
4/26 コーン・レー視察団、中国、アジア、欧米諸国訪問の途に
5/ 6 愛国戦線軍、ナム・ター占領
5/12 ラオス政府、非常事態宣言
6/12 3派首脳、暫定連合政府組閣に関する協定に署名(ジャール平原協定)
6/23 プーマー殿下を首相とする第2次3派連合政府発足
7/ 9 ラオス政府、ラオス中立宣言に署名
7/23 ラオス中立に関するジュネーブ協定(第2次ジュネーブ協定)調印
9/ 7 ラオスが中華人民共和国、北ヴィエトナムを正式承認(国民政府はラオスと断行)
10/ 8 国会、プーマー首相に1ヵ年の全権付与を可決
11/22 ノーサヴァン副首相、ソ連、中国、北ヴィエトナムを訪問(援助要請)
11/27 ラオス3派の軍隊・警察の統合につき合意

1963年

2/11 シーサヴァーン・ヴァッタナー国王、ジュネーブ協定署名諸国を歴訪(ソ連、アメリカ、ポーランド、中国、北ヴィエトナム、インド、ビルマ、カンボジア、タイ)(～3/30)
2/12 中立派ケッサナー大佐、ジャール平原で暗殺さる(中立派内で左右分裂)
3/ 7 IMF調査団、ラオス訪問
3/31 ジャール平原で中立派軍と中立左派軍・愛国勢力軍と衝突(ラオス内戦再発)
4/ 1 キニム・ポンセーナー外相ヴィエンチャンで暗殺される
4/16 中国政府声明(14ヵ国国際会議開催要請)
プーミー・ヴォンヴィチット情報相、ヴィエンチャンよりジャール平原に引き揚げ
4/20 アメリカ、国家安全保障会議開催(ラオス問題を討議)
5/29 イギリス・アメリカ、プーマー首相に共同書簡(3派首脳会談を提唱)
8/26 プーミー・ヴォンヴィチット情報相、スパーヌヴォン殿下の全権代表としてヴィエンチャン着
9/ 9 右派軍と愛国戦線軍がヴィエンチャン市内で衝突
10/16 国民議会、プーマーに再度1年間の特別権限を付与
11/16 シンカポー愛国戦線軍司令官、コーン・レー中立軍司令官との停戦会談開始(12/31停戦合意)

1964年

1/ 1	ラオス経済安定計画を実施（外国為替操作基金の設置：アメリカ、イギリス、フランス、オーストラリア、1965年より日本も拠出国に）
4/ 2	プーマー首相、北ヴィエトナム、中国、タイ訪問
4/10	ラオス愛国戦線第2回全国大会開催（サムヌアで10項目政治綱領採択）
4/17	3派首脳会談（ジャール平原でルアンパバーンの非武装・中立化につき 討議）
4/19	右派軍（クパシット、シーホー将軍）によるクーデター失敗（ヴィエンチャン）
5/26	プーマー首相、左派閣僚ポストを他の閣僚に兼任させる
6/15	左派閣僚、ジャール平原に引き揚げ（3派連合政府は機能停止）
6/24	スパーヌヴォン殿下、国王にアメリカの爆撃停止の措置を要請
8/25	愛国中立勢力の第1回全国大会（カンカイ）
9/21	3派首脳会談（パリ）
9/28	スパーヌヴォン殿下、モスクワ、北京訪問
10/16	スパーヌヴォン殿下、北京で記者会見（1964年クーデター後のヴィエンチャン政府は違法、ラオス問題に関するジュネーブ会議の再開を求める）

1965年

1/18	アメリカ国務省声明「共産側のジュネーブ協定侵犯に対し、ラオスの独立・領土保全のためにラオス政府を支援」、国民議会議員総選挙（愛国戦線はボイコット）
1/31	ノーサヴァン副首相・シーホー警察長官によるクーデター失敗
2/ 7	アメリカ軍の北爆開始
2月	第1回インドシナ人民最高会議（於プノンペン、米国のインドシナ武力介入を非難）
7/23	愛国戦線、ラオス問題解決の4項目提案
10/ 1	愛国戦線戦闘部隊をラオス人民解放軍に改称
10/13	ラオス愛国戦線・愛国中立勢力（中立左派）、第1回全国政治協商合同会議開催（ラオス問題解決4項目宣言、サムヌア）
12/ 2	ラオス政府、ターケーク、サヴァンナケートに非常事態宣言

1966年

1/10	タイ内務省、ラオスとの国境通過禁止令を布告
1/15	スパーヌヴォン殿下、イギリス・ソ連共同議長国に書簡（アメリカ軍のラオス介入に抗議）
5/ 4	ナム・グム開発基金協定署名（日本を含む7ヵ国）
5/15	シーサヴァーン・ヴァッタナー国王、プーマー首相、ソ連訪問
10/21	ターオ・マー将軍操縦の空軍機、チーナイモー基地を攻撃
11/9～21	ラオス愛国戦線/愛国中立勢力、第2回合同政治協商会議

1967年

1/ 1	国民議会総選挙（ラオス愛国戦線側はボイコット）
4/13	第2回愛国戦線/愛国中立勢力合同政治協商会議開催
9/28	佐藤総理ラオス訪問

8月　米軍当局、ラオス政府の要請に基づき1964年以来、米軍機のラオス爆撃参加を認める

1968年

1月~6月　愛国戦線側の乾季攻勢
9/ 7　ラオス愛国戦線・愛国中立勢力、第3回合同政治協商会議
10/25　ラオス愛国戦線、第3回特別全国代表者会議開催（12項目の政治計画を採択）
10/31　ジョンソン・アメリカ大統領、北爆停止を発表

1969年

1/16　ラオス政府、ICC（国際監視管理委員会）に対しラオス愛国戦線代表部の引き揚げを要請
3/ 1　ナーカーン（反共モン族ゲリラ基地）愛国戦線側に陥落
5月　アメリカ爆撃機、ジャール平原空爆
6/27　ムアン・スイ（ジャール平原）政府軍基地陥落
7/25　ニクソン・ドクトリン発表
9/ 7　スパーヌヴォン殿下、プーミー・ヴォンヴィチット他の愛国戦線中央委員、ハノイでのホー・チ・ミン国家主席葬儀に参列
11/ 3　カナダ、在ラオスICCの引き揚げを発表
12/15　アメリカ上院、国防省支出権限法案を可決（アメリカ軍地上部隊のラオス導入経費に支出）

1970年

2/21　ラオス愛国戦線・北ヴィエトナム軍、ジャール平原を再制圧
2/ 3　プーマー首相、ジャール平原の中立化提唱
3/ 6　ラオス問題に関するニクソン声明発表
　ラオス愛国戦線、和平5項目提案を承認
3/20　スパーヌヴォン殿下特使のティエンタム大佐、プーマー首相に書簡手交（5項目提案）
4/24　第2回インドシナ人民最高会議開催（シハヌーク、スパーヌヴォン、ファム・バン・ドン、グエン・フー・トが参加（於；中国、ラオス、ヴィエトナムの境界地区）
6/25　スパーヌヴォン殿下宛てプーマー首相書簡（爆撃停止を含むすべての問題につき話合う用意あり）
7/31　スック愛国戦線特使、ヴィエンチャン着
8/29　ラオス政府、愛国戦線側との交渉団長にポンサワン内相を 任命

1971年

1/11　愛国戦線、新紙幣発行
2/ 8　アメリカ軍の支援を受けた南ヴィエトナム軍が南部ラオスに進攻（「ラム・ソン719」作戦）
6/22　プーマー首相宛てスパーヌヴォン書簡（米軍の爆撃中止、現状停戦、和平会議開催を提案）

8/ 9　アメリカ国務省、在ラオス・タイ志願兵の存在を認める
9/20　ウ・タント国連事務総長、ラオスの中立・和平を呼びかけ
12/ 2　ナム・グム・ダム第Ⅰ期工事完成

1972年

1/ 2　ラオス総選挙実施（第7期）（愛国戦線側不参加）
1/26　ニクソン大統領の8項目提案
2/ 3　ラオス人民党（ラオス人民革命党に改称）第2回党大会開催（～6、サムヌア）
8/25　ラオス愛国戦線、ハノイに代表部を設置
10/17　第1回ラオス和平会談
12月　パテート・ラーオ軍、ローンチェーン基地攻撃
12/12　第9回和平会談（愛国戦線側、和平協定案を提示）
12/19　第10回和平会談（政府側の協定草案提出）

1973年

1/27　ヴィエトナム和平協定調印（パリ）
2/ 3　プーミー・ヴォンヴィチット愛国戦線書記長、ヴィエンチャン入り
2/ 9　キッシンジャー米国大統領補佐官、ヴィエンチャン訪問
2/21　18回の和平会談を経て「ラオスにおける平和の回復および民族和解の達成に関する協定」成立（22日正午に停戦発効）
8/20　ターオ・マー元空軍司令官等によるクーデター失敗
9/14　和平協定付属議定書署名（第3次連合政府の樹立、全国政治協議会の設置等）

1974年

1/17　ヴィエンチャン、ルアンパバーン中立化協定成立
4/ 5　国王、暫定国民連合政府を認証（首相にプーマー殿下）
4/25　国王、全国政治協議会を認証（議長にスパーヌヴォン殿下）
5/24　全国政治協議会、18項目政治プログラムを採択（王制存続を明記）
8月　ヴィエンチャンで労働ストライキ多発

1975年

4/13　国民議会解散
4月　サイゴン陥落、ヴィエンチャン北部で戦闘
5月　王族、政府関係者など多数がタイに出国。人民解放軍、サヴァンナケート、チャンパーサックに進駐
5/ 9　ヴィエンチャン市民集会（右派閣僚の閣外追放要求）
5/14　右派4閣僚辞任
5/15　ラオス愛国戦線、拡大会議を開催（サムヌア）
5/23　ラオス人民革命党、総決起のアッピール
5/28　学生等がアメリカ大使館を占拠
6月　サヴァンナケートに人民行政委員会設置、在ラオス米国国際開発局（USAID）解体
8/11　ラオス人民革命党機関紙『人民の声』発刊

8/18　ルアンパバーンに人民行政委員会設置
8/23　人民解放軍、ヴィエンチャン進駐、ヴィエンチャンに人民行政委員会設置
9月　銀行、ホテル等の接収、国有化が始まる
10/12　独立30周年祝賀行事（サムヌア）
11/17　メコン川国境でラオス・タイ銃撃戦、タイ側、国境閉鎖
11/28　ヴィエンチャンで大衆デモ（王制廃止を要求）
12/ 1　シーサヴァーン・ヴァッタナー国王退位
12/ 2　ヴィエンチャンでの全国人民代表大会で王制廃止、第3次連合政府と全国政治協議会の解体、ラオス人民民主共和国の樹立を決定

1976年

1月　第1回最高人民議会開催
2/ 5　ラオス人民革命党・政府代表団（カイソーン首相団長）、ハノイ訪問
3/15　ラオス党・政府代表団、訪中（経済・技術協力協定）
5月　ラオス人民革命党中央委員会決議（社会主義革命の基本ガイドライン）
6/15　通貨改革（旧キープ貨から解放キープ貨に）
7月　旱魃により米生産減少
7/18　ラオス・ヴィエトナム友好協力条約の調印
8月　スパーヌヴォン国家主席、第5回非同盟諸国首脳会議（コロンボ）に出席
9/ 4　党・政府代表団（カイソーン首相団長）、ソ連・東欧諸国訪問

1977年

1/12　スパーヌヴォン国家主席、インド、ビルマ訪問
3月　北部ラオスで反政府活動活発化（前国王、皇太子夫妻逮捕される）
3/19　MIA（行方不明米兵）調査団、ラオス訪問
7/15　ヴィエトナムの党・政府代表団のラオス訪問（18日、ラオス・ヴィエトナム友好協力条約、国境画定協定、援助協定に調印）
12/17　スパーヌヴォン国家主席、プノンペン訪問

1978年

1月　暫定3ヵ年計画の開始（第5党中央委員会決議）
3/25　タイ・ラオス共同声明（紛争の平和的解決）
5月　党、農業集団化の促進を決定
7/22　ヴィエトナムのカンボジア進攻につき、ラオスはヴィエトナム支持を表明
8/21　ラオス外務省、在ラオス・フランス大使館の閉鎖を要求
11/10　ナム・グム・ダム第2期工事完成

1979年

1/ 4　クリアンサック・タイ首相、ラオス訪問（友好、内政不干渉、メコン川を平和・友好の川に）
1/ 9　ラオス政府、カンボジア人民革命評議会を唯一合法政府として承認
2/16　「ラオス愛国戦線」を「ラオス国家建設戦線」に改称

2/18　ラオス政府、中国・ヴィエトナム紛争に関する声明発表（事態を憂慮、平和的解決を呼びかけ）
3/ 6　ラオス政府、対中国非難声明（ラオス・中国国境地域での中国の軍事活動を非難）
4/ 1　カイソーン首相、タイ訪問
7月　ラオス政府、農業集団化の即時中断を発表
8/20　ヘン・サムリン・カンボジア人民革命評議会議長、ラオス訪問
10/22　ネ・ウィン・ビルマ首相、ラオス訪問
12/ 5　バトムンク・モンゴル首相、ラオス訪問（ラオス・モンゴル友好協力条約調印）
12/10　キープ通貨切り下げ（100分の1に）

1980年

1/ 5　インドシナ3国外相会議（プノンペン）
2/ 8　ラオス政府、森林保護政策5項目の発表
7/17　インドシナ3国外相会議（ヴィエンチャン）
6/14　メコン川でラオス・タイ軍事衝突（7/3、タイ側国境 閉鎖）
6/20　国立銀行、新通貨発行
8/15　カイソーン首相、ブレジネフ書記長と会談（協力関係の再確認）

1981年

1月　第1次5ヵ年計画の開始
2/ 3　メコン川でラオス・タイ間発砲事件（タイ側、メコン川国境を全面封鎖、3月閉鎖解除）
7月　第1回インドシナ3国外相会議（ヴィエンチャン）
12/ 8　ラオス、フランスとの外交関係回復に合意

1982年

4/27　ラオス人民革命党第3回党大会開催
9月　ラオス政府機構改編

1983年

1/ 1　メコン川国境で発砲事件
2/22　インドシナ3国首脳会議開催
9/ 5　カイソーン首相、ソ連訪問
12/ 1　テレビ放送開始
12/14　ラオス労働組合連盟第1回全国大会開催

1984年

1/10　プーマー政府顧問死去（ヴィエンチャン、82歳）
3/21　ラオス婦人連盟第1回全国大会開催
6/ 6　ラオス、タイ、国境地域3村の領有をめぐり軍事衝突
10/ 3　ラオス政府、国連に対しラオス・タイ国境問題につき安保理開催を要請
10/15　タイ側、紛争の3村からタイ軍撤退を発表

1985年

1月	デクェヤル国連事務総長、ラオス訪問
3/ 1	第1回全国人口調査
5/22	チュオン・チン越国家評議会議長ラオス訪問（ラオスとの党・政府首脳会談）
7/31	ラオス・タイ国境紛争の協議再開（ヴィエンチャン）
12/ 2	ラオス建国10周年記念（インドシナ3国首脳会議開催、ヴィエンチャン）

1986年

1月	第2次5ヵ年計画（86～90）の開始
8/17	ラオス・ヴィエトナム技術科学協力協定（5ヵ年）調印
9/19	ラオス・ヴィエトナム国境画定条約批准
10/29	スパーヌヴォン国家主席引退、プーミー・ヴォンヴィチットが国家主席代行に
11/13	ラオス人民革命党第4回大会開催（党政治局委員、中央委員の増員、第2次5ヵ年計画における「新経済メカニズム」の導入）
2/ 3	メコン川でラオス・タイ間で発砲事件（タイ側、メコン川国境を全面封鎖）
7月	インドシナ3国外相会議（ヴィエンチャン）
12/ 8	ラオス、フランスとの外交関係回復に合意

1987年

3/ 8	シュワルナーゼ・ソ連外相のラオス訪問
8月	タイ・ラオス国境沿いで新たな紛争発生
9/ 8	国家建設戦線第2回全国代表者大会の開催
11/30	中国・ラオス外交関係の全面回復
12月	ラオス・タイ国境紛争の再発（サイニャブリー県とピサヌローク県の国境地域）

1988年

4/19	最高人民議会特別会議（人民代表議会の選挙法案、外国投資法案を可決）
11/23	ラオス外務省、「ラオス駐留のヴィエトナム兵はすべて撤退」と発表
11/24	チャートチャイ・タイ首相ヴィエンチャン訪問
12/28	ラオス・タイ合同国境委員会議（バンコク）

1989年

2/17	オーストラリア、第1メコン架橋建設に協力を表明
3/26	第2回最高人民議会選挙（5/30、ヌーハック議長を選出）
7/ 2	ラオス・ヴィエトナム党・政府首脳会議（ヴィエンチャン）
11/ 7	カイソーン首相訪日（～11日）
11/21	タイ、対ラオス「戦略物資」の禁輸解除

1990年

3/15	シリントーン・タイ王女ラオス訪問
6/ 4	ラオス憲法草案発表
11/29	最高人民議会、ラオス国籍法、労働法、保険法、契約法等7法案を可決
12/15	李鵬中国首相のラオス訪問（経済協力の再開）

1991年

1/20	ヌーハック最高人民議会議長、中国訪問
3/11	ラオス・タイ両軍、紛争地域村よりの引き離しに合意
3/27	第5回ラオス人民革命党党大会（市場経済移行政策の継続）
8/13	最高人民議会開会（新憲法草案の採択、カイソーン国家主席、カムタイ首相を承認）
10/12	カイソーン国家主席ヴィエトナム訪問
10/22	カムタイ首相、中国訪問（ラオス・中国国境協定に調印）

1992年

1/ 6	カイソーン国家主席、タイ訪問
1/26	ヌーハック最高人民議会議長、訪日
2/18	カムタイ首相、タイ訪問（ラオス・タイ友好協力条約調印）
2/24	カムタイ首相、ミャンマー訪問
3/13	ラオス・中国・ミャンマー3国国境画定会議開催
4/ 4	カイソーン国家主席、北朝鮮訪問
4/24	米上院議員団、ラオス訪問
4/27	カイソーン国家主席、中国訪問
7月	全国各地で旱魃が深刻に
11/21	カイソーン国家主席病死（72歳）
11/25	最高人民議会、ヌーハック国家主席を選出
12/20	国民議会（最高人民議会改称）議員選挙

1993年

1/30	銭・中国外相、ラオス訪問（国境条約、投資促進保護協定に署名）
2/20	国民議会第1回会議開会（1993～2000経済社会開発計画の採択）
4/ 1	カムタイ首相、ヴィエトナム訪問
7/28	ラナリット・フンセン（カンボジア共同首相）ラオス 訪問
11/ 1	アイン・ヴィエトナム国家主席、ラオス訪問
11/ 4	カムタイ首相、カンジア訪問
11/ 9	シリントーン・タイ王女、ラオス訪問
12/ 3	カムタイ首相、中国訪問

1994年

1/ 7	プーミー元国家主席代行死去（85歳）

（訳者作成）

プーミー・ヴォンヴィチット略歴（ラオス外務省資料を参考に訳者作成）

生年月日	1909年4月6日	
出生地	シエンクアン県ペーク郡ニョートグム区カーイ村	
家族	父親　ペーン・ヴォンヴィチット	
	母親　ブンテート・ヴォンヴィチット	
学歴	ヴィエンチャンでの中等教育	
職歴	1927	シエンクアン県行政局長付書記、後に同県クーン郡ウッパハート（「1級主事」）兼裁判所長
	1939	シエンクアン県クーン郡長
	1942	ヴィエンチャン市長
	1945	ホアパン県知事代理
	1945	革命運動に参加（11月）、ホアパン県知事に再任後、北部地区での政治基盤設立任務に従事
	1950	ラオス抗戦戦線全国大会でネーオ・ラーオ・イッサラ（自由ラオス戦線）中央委員に選出、ラオス抗戦政府の内務大臣
	1951	インドシナ共産党党員（注：本書では1950年4月29日入党）
	1954	インドシナに関するジュネーブ協定成立後、ジャール平原、ヴィエンチャンでのヴィエンチャン側との交渉におけるパテート・ラーオ側代表団長（1954～57）
	1955	ラオス人民党（ラオス人民革命党の前身）に参加、交渉代表団としてヴィエンチャン側との交渉に従事
	1957	第1次連合政府に入閣（宗教・芸術大臣）（11月）
	1959	ヴィエンチャン派に逮捕され、ポーンケン拘置所に拘留
	1960	拘置所を脱走、根拠地に帰還
	1961	ラオスに関するジュネーブ会議に出席（愛国戦線側代表）
	1962	第2次連合政府情報・宣伝・観光大臣（6月）
	1964	愛国戦線本部書記長として外交活動に従事
	1972	ラオス人民革命党第2回党大会で党中央委員、同政治局員、ヴィエンチャン側との交渉と文書署名におけるラオス愛国戦線議長の特命全権を受任

1974　第3次連合政府の副首相兼外相
1975　全国人民代表大会で副首相兼教育・スポーツ・宗教大臣
1982　ラオス人民革命党第3回党大会を経て党中央委員、政治局員、閣僚評議会副議長として教育・文化・保健・社会福祉部門を管掌
1986　ラオス人民革命党第4回党大会で党中央委員、党政治局員、ラオス人民民主共和国国家主席代行、第2回ラオス建国戦線議長
1991　ラオス人民革命党第5回党大会で党中央委員会執行部顧問
1994　1月7日、心臓疾患によりヴィエンチャンにて死去（84歳）

賞勲　国家、国民に尽くした功績による1等勲章、1等勝利勲章、抗戦勲章などのラオス勲章の他、ヴィエトナム、カンボジア、ブルガリア、ソ連、ドイツ民主共和国、チェコスロバキア等からも国際的活動における貢献に対して受勲。

主要著書
(1) Phoumi Vongvichit, *Vaynyakoon Laaw*（ラーオ語文法）, Sam Neua, 1967.
(2) Phoumi Vongvichit, *Le Laos et la Lutte Victorieuse du Peuple Lao contre le Neo-colonialisme Americain,* Neo Lao Hak Sat, 1968.（『人民のラオス』藤田和子訳, 1970）
(3) Phoumi Vongvichit, *Pawatsaat Muang Phuan*（ムアン・プアンの歴史）（ラーオ語）, Vientiane, 1994.
(4) Phoumi Vongvichit, *Khunsombat Mailae Sintham-Patiwat*（新道徳と革命倫理）（ラーオ語）, Vientiane, 1995.

索引

あ行

アーチャーン・ヴィチット……14
アートニャークルー・クーン・マニヴォン……140, 173, 178, 199
愛国中立軍……193
愛国中立勢力……193, 204, 215, 227, 228, 231, 246, 266, 267
アッタプー……115, 121, 158, 175
アヌヴォン部隊……97, 98
アメリカ……25, 71, 95, 98, 99, 114, 127, 131, 132, 133, 134, 135, 136, 137, 140, 141, 142, 143, 144, 145, 146, 147, 148, 150, 155, 156, 158, 160, 161, 162, 163, 165, 166, 168, 169, 170, 171, 175, 179, 182, 184, 193, 194, 196, 197, 199, 201, 202, 203, 204, 206, 207, 208, 209, 210, 211, 212, 213, 214, 215, 217, 218, 219, 223, 224, 225, 226, 227, 228, 229, 230, 231, 234, 238, 239, 240, 241, 242, 243, 247, 249, 250, 251, 262, 263, 264, 265, 266, 267, 268
アメリカ帝国主義……114, 127, 131, 132, 135, 136, 137, 140, 144, 145, 146, 147, 148, 150, 155, 156, 161, 162, 163, 165, 166, 169, 170, 171, 175, 179, 184, 193, 194, 196, 197, 199, 201, 202, 203, 204, 206, 208, 209, 211, 212, 213, 214, 215, 217, 218, 219, 223, 227, 228, 229, 231, 238, 239, 240, 241, 247, 249, 250, 251
安居明け　→オークパンサー
安居入り……22, 48, 49
アンナン……26
稲刈り……19, 28
イムフェルト……63, 74
インドシナ共産党……11, 13, 62, 71, 90, 101, 109, 110, 111, 115, 116, 132, 143, 144, 164, 253, 259, 273
インドシナ連邦……13, 37, 40, 73
インペーン・スリニャタイf……127
インペーン寺院……45
ヴァン・クワーン……90, 92
ウアン・ラーティクン……72, 75, 89, 97, 98, 100, 101, 102, 103, 104, 105, 106, 107, 108, 110, 165, 208, 242
ヴァンヴィエン……178, 229
雨安居……22, 23, 48, 49, 71
ヴィエトナム……11, 12, 13, 25, 26, 32, 38, 39, 42, 46, 49, 51, 53, 54, 55, 57, 58, 59, 61, 62, 63, 64, 65, 67, 68, 69, 71, 76, 77, 78, 79, 82, 89, 90, 92, 93, 97, 98, 101, 105, 106, 107, 108, 110, 111, 112, 113, 114, 115, 116, 117, 119, 120, 121, 122, 125, 126, 137, 138, 139, 146, 148, 150, 155, 156, 164, 170, 210, 213, 217, 218, 229, 230, 234, 237, 238, 239, 240, 249, 252, 253, 256, 258, 261, 262, 263, 264, 265, 266, 267, 268, 269, 270, 271, 272, 274
ヴィエトナム幹部要員……121
ヴィエトナム義勇軍(義勇兵)……92, 98, 101, 102, 103, 105, 106, 107, 108, 109, 110, 113, 121, 135, 138
ヴィエトナム民主共和国……62, 116, 210
ヴィエトミン……12, 62, 101, 112, 113, 114, 115, 116, 126, 143, 262, 263
ヴィエトミン・リエンヴィエト……113, 114
ヴィエン・プーカー……102, 109
ヴィエンサイ……233, 237, 240, 246
ヴィエンチャン右派……72, 127, 134, 135, 174, 193, 196, 208, 213, 214, 221, 242, 246, 264, 265, 266, 268
ヴィエンチャン協定……138, 139, 142, 144, 145, 150, 159, 170, 241, 242, 245, 263
ヴィエンチャン郡長……10, 47, 52
ヴィエンチャン県……13, 43, 45, 46, 63, 74, 89, 97, 114, 135, 136, 143, 147, 158, 164, 188, 189, 190, 206, 207
ヴィエンチャン市……13, 31, 45, 46, 48, 49, 95, 133, 140, 147, 150, 151, 153, 160, 163, 170, 177, 180, 183, 185, 186, 190, 193, 198, 203, 204, 205, 206, 207, 229, 242, 244, 246, 247, 265, 268, 273

ヴィエンチャン派……128, 129, 130, 131, 132, 133, 134, 135, 136, 137, 138, 139, 140, 141, 142, 143, 145, 146, 149, 150, 170, 193, 194, 201, 206, 217, 218, 220, 221, 222, 223, 224, 225, 226, 227, 231, 240, 241, 243, 244, 246, 273
ヴィエンチャン反動……182, 219, 231, 245
ヴィライ・ヴォンヴィチット……120, 286
ウーロット・スヴァンナヴォン……46, 47
ヴォー・グエン・ザップ……116
ヴォーラブット……14
ヴォン・サヴァーン……247
雨季……15, 19, 22, 29, 41, 91, 97, 187, 191
ウタマ・チュラーマニー……95, 96, 98, 106, 111
ウタラディット……82
ウッパハート……14, 31, 40, 41, 44, 273
ウドーン（曹長）……177, 178
ウドーン（地名）……112, 229
ウドムサイ……37, 92, 109
右派　→ヴィエンチャン右派
ウン・サナニコーン……71, 101, 146, 147, 203
ウンカム……30, 31, 32
ウンフアン・ノーラシン……129
王国政府……10, 25, 35, 37, 47, 64, 118, 126, 127, 128, 129, 130, 131, 139, 142, 230, 242, 244, 262, 263, 264
オーク・パンサー……23, 48
オンケーオ……30
恩赦……128, 129, 131, 134, 135, 137, 240
オントゥー寺院……45

か行

カー……26
カー・タイ・カーン……52
カーイ・ウアン……92, 98, 101
カーイ村……13, 17, 18, 19, 22, 24, 27, 40, 273
カーオ・プン……156
カープ・コーン……96
カーラケート……28
カイソーン・ポムヴィハーン……114, 115, 132, 144, 248, 253, 269, 270, 271, 272
解放区……96, 115, 125, 144, 164, 214, 217, 220, 227, 228, 229, 232, 250
解放勢力……79, 137, 138, 229
傀儡政権……93, 120, 128, 208, 210, 212, 239
カオ・チー……48
カオ・トム……182, 185
カオ・ニャオ……65, 66
カオ・マオ……66
カオリャオ……45
革命（路線）……12, 47, 71, 72, 74, 75, 76, 77, 78, 89, 90, 91, 92, 93, 95, 96, 98, 99, 102, 104, 105, 106, 107, 108, 110, 111, 112, 113, 115, 116, 117, 119, 120, 121, 126, 136, 141, 156, 162, 176, 177, 187, 190, 196, 202, 207, 208, 214, 215, 232, 233, 234, 236, 247, 249, 251, 256, 257, 258, 259, 260, 269
革命委員会……72, 78, 193, 194, 195, 196, 197, 199, 201, 208, 209, 264
閣僚評議会……12, 13, 115, 127, 178, 244, 248, 260, 274
カターイ・ドーン・サソーリット……43, 46, 99, 100, 104, 108, 127, 132, 133, 134, 135, 171, 174, 263
カップ……43, 166
下部ラオス管区……37
カムウアン・ブッパー……246
カムキャオ……77
カムシン・サイニャコーン……120, 286
カムシン・ソーサナヴォンサー……244
カムスック・ケーオラー……193, 202, 214, 248
カムスック・セーンサティット……41
カムセーン……109, 110, 111, 112
カムタイ・シーパンドーン……35, 248, 272
カムパーイ・ブッパー……72, 75, 113, 143, 164
カムパオ・ブッパー……75
カムパン・パンニャー……203, 205
カムピム……181
カムフアン・トゥナーロム……228
カムペーン・サイニャシット……75, 129
カムペーン・ブッパー……75, 143, 208
カムペット・ポンマヴァン……164
カムマーオ・ヴィライ……46, 74, 95, 261
カムムアン……66, 71, 81, 82, 143, 175, 229, 246
カムレック・サイニャシット……75
カムレック・プッタサック……102
カン・マー・レーン……121, 122, 207, 213
カンカーク・パークパーン……29
カンカイ……42, 55, 121, 134, 219, 266
寒季……16, 69, 97
乾季……27, 121, 267

カンポ……122, 123
カンボジア……11, 42, 44, 49, 90, 92, 97, 101, 114, 117, 121, 122, 126, 134, 138, 205, 208, 210, 213, 217, 262, 264, 265, 269, 270, 272, 274
キープ……14, 32, 36, 40, 42, 58, 73, 75, 146, 269, 270
キニム・ポンセーナー……133, 157, 169, 193, 199, 202, 203, 210, 213, 214, 217, 218, 219, 263, 265
救国闘争……90, 101, 104, 106, 136, 147, 249
丘陵地ラーオ族 →ラーオ・トゥン
共同議長国……132, 210, 211, 212, 221, 223, 224, 225, 266
局地戦争……229, 231
勤労奉仕……46
ク・アパイ……35, 46, 118, 174, 203
ク・ヴォーラヴォン……263
クアン・パトゥムサート……47, 72
クイヨー……62, 67
クイリー・バンチョンパーニット……158
クー・サート……96
クーデター……72, 95, 115, 127, 174, 193, 194, 195, 196, 197, 201, 204, 205, 208, 220, 228, 241, 242, 243, 244, 264, 266, 268
クーン郡……24, 28, 40, 41, 42, 273
クパシット・アパイ……208, 218, 226, 266
クムー族（カム族）……13
黒旗ホー族……32
クン・ター寺院……45
郡長……10, 13, 14, 19, 24, 27, 28, 39, 40, 41, 42, 44, 45, 47, 49, 50, 51, 52, 53, 55, 57, 58, 59, 62, 63, 64, 65, 67, 69, 70, 71, 79, 81, 108, 111, 132, 134, 157, 169, 246, 273
クンルー・ナーン・ウア……29
ケーン……43, 59, 166, 210
ケーン・サーン →秘密工作要員
ケーンターオ……97, 107
ケッサナー……265
ゲリラ……11, 12, 72, 78, 79, 93, 94, 96, 102, 106, 108, 109, 113, 115, 120, 121, 136, 170, 177, 267
県知事……10, 13, 14, 35, 37, 41, 44, 46, 49, 50, 51, 52, 54, 55, 56, 57, 58, 59, 62, 64, 69, 72, 74, 77, 79, 83, 84, 111, 132, 134, 135, 136, 157, 158, 246, 257, 258, 273
工作要員……177, 185, 197
抗戦政府……12, 101, 112, 114, 115, 116, 119, 128, 131, 134, 135, 247, 249, 262, 273
抗戦地区……89, 90, 91, 92, 93, 94, 95, 96, 97, 98, 99, 100, 101, 103, 106, 108, 109, 114, 119, 149, 258, 262
抗戦ラオス勢力代表全国大会……12
抗戦ラオス戦線全国人民代表大会……101
高地ラーオ族 →ラーオ・スーン
功労金章……10
コーチシナ……30
コーン……37, 141
ゴーン・サナニコーン……136, 146, 213, 217, 224, 246
コーン・シップシー……48, 49
コーン・ラム……43
コーン・レー……127, 193, 194, 195, 196, 197, 198, 201, 203, 206, 207, 208, 214, 215, 231, 246, 264, 265
コーン・ローン……136
コーンシー……204, 215
国益擁護委員会（CDNI）……127, 174, 263
国際監視管理委員会（ICC）……126, 132, 211, 212, 221, 222, 223, 224, 226, 228, 242, 244, 263, 264, 267
国民議会……47, 64, 66, 72, 115, 120, 126, 127, 133, 134, 135, 136, 137, 139, 142, 143, 144, 145, 147, 148, 154, 157, 168, 174, 248, 262, 265, 266, 268, 272
国連……75, 94, 116, 171, 263, 264, 268, 270, 271

さ行

サームセーンタイ通り……153
サーラー……82, 141
サーラー・パンホーン……141
サーラヴァン……66, 116, 143, 158, 175
サーリー・ヴォンカムサーオ……178, 182, 184, 185, 190, 198
最高人民議会……92, 101, 115, 116, 189, 193, 247, 248, 269, 271, 272
サイゴン……30, 35, 46, 63, 205, 268
サイソムブーン特別地区……13
サイターニー……147
サイニャブリー……25, 32, 37, 42, 43, 44, 93, 97, 141, 175, 258, 259, 261, 271

サヴァンナケート……37, 45, 47, 49, 66, 71, 81, 90, 101, 115, 125, 127, 134, 136, 143, 146, 164, 175, 176, 193, 204, 205, 206, 220, 226, 229, 248, 263, 264, 266, 268
サミアン……14
サムトゥー……25, 57
サムヌア……10, 11, 25, 50, 51, 53, 54, 55, 56, 57, 58, 59, 61, 62, 63, 64, 65, 67, 69, 70, 77, 78, 115, 118, 126, 128, 132, 136, 142, 175, 224, 225, 233, 255, 256, 261, 262, 263, 266, 268, 269
サリット・タナラット……202, 206
3革命……252
3大陸会議……233
3段階戦術……250
暫定憲法……10, 66, 261
暫定国民連合政府……241, 268
暫定ラーオ・イッサラ政府……72
暫定連合政府……101, 136, 139, 164, 193, 208, 228, 246, 265
3殿下……208, 211, 212, 265
3派合同軍事委員……208
3派連合政府……136, 204, 213, 214, 226, 228, 249, 265, 266
シアオサヴァート……29
シーコータボーン……153
シーサヴァーン・ヴァッタナー……73, 74, 144, 174, 205, 208, 217, 247, 248, 264, 265, 266, 269
シーサヴァーン・ヴォン……9, 44, 66, 72, 73, 82, 171, 174, 205, 257, 261, 264
シーサナ・シーサーン……143, 164, 194, 195, 196, 202, 248
シースック・ナ・チャンパーサック……127, 246
シーソムポーン・ローヴァンサイ……248
シーターン・タイ……45
シーチェンマイ……89
シートーン……207
シートン・コンマダム……115, 143, 151, 164, 248
シーパンドーン……158, 248
シーホー……208, 266
シェム・リアップ……42
シェン……13
シエン・ムオン……71
シエンクアン……10, 11, 13, 16, 17, 19, 24, 25, 26, 28, 29, 30, 31, 32, 36, 37, 38, 39, 40, 41, 42, 43, 44, 45, 50, 51, 52, 55, 56, 58, 59, 61, 71, 83, 115, 119, 121, 122, 123, 124, 125, 128, 134, 142, 166, 169, 175, 190, 193, 207, 209, 219, 229, 232, 233, 248, 256, 264, 273
シェングン……142
シェンコー……51, 53, 77, 79
シェンコック……94, 109
シェンソム・クンラヴォン……178, 184
シェンホーン……93, 101, 103
シェンロム……93, 94, 100, 101, 102, 103
市長……10, 14, 47, 49, 193, 246, 273
シップソーン・チャオ・タイ……32
資本主義……12, 116, 156, 217, 236, 238, 239, 248, 250, 251, 252, 255
社会主義……12, 79, 126, 156, 170, 213, 217, 233, 234, 239, 248, 249, 251, 252, 253, 259, 269
社会進歩・民主党……127
沙彌……13, 14, 22, 23, 28, 99, 206, 208
ジャータカ……23, 28, 48
ジャール平原……13, 64, 72, 115, 121, 122, 127, 134, 142, 149, 151, 193, 207, 209, 213, 219, 230, 240, 261, 264, 265, 266, 267, 273
ジャール平原協定……213, 214, 217, 218, 224, 227, 265
自由タイ……71, 95, 146
自由ラオス →ラーオ・イッサラ
自由ラオス亡命政府 →ラオス亡命政府
自由ラオス戦線 →ネオ・ラーオ・イッサラ
13号公路……45, 147, 182, 183, 184, 185, 191, 194, 207, 209
ジュネーブ会議……115, 125, 132, 135, 209, 221, 223, 224, 266, 273
ジュネーブ協定……125, 126, 127, 129, 131, 133, 135, 143, 205, 212, 213, 214, 217, 218, 222, 223, 224, 241, 262, 265, 266, 273
正月……18, 22, 38, 48, 219
上部ラオス管区……37
白タイ族……32
シン・ラッタナサマイ……71, 72
シンカポー・シーコートチュンナマーリー……164, 194, 195, 196, 202, 265
シンサイ……28
新植民地化政策……240
進歩党……74, 112, 129, 133, 134

人民解放軍……115, 164, 248, 262, 266, 268, 269
人民戦争……120
『人民の声』……143, 262, 268
スー・クワン……29, 30
スヴァンナ・プーマー……13, 46, 72, 74, 101, 112, 115, 127, 133, 134, 135, 139, 143, 144, 145, 148, 158, 174, 193, 194, 195, 196, 197, 199, 202, 203, 204, 205, 206, 208, 209, 210, 211, 212, 213, 214, 217, 218, 219, 220, 223, 225, 226, 228, 231, 239, 240, 241, 242, 243, 244, 245, 246, 247, 248, 262, 263, 264, 265, 266, 267, 268, 270
スヴァンナラート……25, 262
スーマオ……53, 54
スカン・ヴィライサーン……127
スック・ヴォンサック →チャオ・スック・ヴォンサック
ステープ……98, 100
スパーヌヴォン（殿下）……12, 71, 81, 101, 104, 112, 113, 115, 116, 132, 133, 139, 143, 146, 151, 152, 164, 166, 174, 208, 211, 213, 218, 219, 221, 222, 239, 245, 247, 248, 263, 264, 265, 266, 267, 268, 269, 271
スパン・ブランシャー・ドゥ・ラ・ブーロッシュ……47
スリヴォン……28
スワーイ・カイ……20, 21
政治局（員）……12, 13, 101, 116, 143, 248, 253, 259, 260, 271, 273, 274
セー・ノーイ川……125
セー・バンファイ川……125
セーターティラート王……28, 45, 48
セーターティラート通り……45, 153
セーポーン……45
セーリー・タイ……71, 95
赤色部隊……26, 43, 49
全国人民代表大会……101, 246, 247, 248, 269, 274
全国政治協議会……92, 101, 158, 241, 245, 247, 268, 269
ソート・ペットラーシー……228
ソップサーン……77
ソップオー……50
ソップハーオ……51, 54
ソムサニット →チャオ・ソムサニット
ソ連……14, 116, 120, 125, 126, 132, 156, 203, 205, 209, 210, 212, 213, 217, 218, 220, 221, 222, 223, 224, 226, 228, 233, 234, 236, 237, 240, 242, 244, 251, 264, 265, 266, 269, 270, 271, 274
ソ連共産党……232, 236
ソン・パ……38
ソンカーン祭り……73

た行

ター・パン・パーイ……38
ターオ……14, 102
ターオ・カヴィー……29
ターオ・カムシー……47
ターオ・クアン・パトゥムサート……47
ターオ・ケーオター……47
ターオ・ケーン……47
ターオ・シートン……29
ターオ・パーニー……242
ターオ・ボン・スヴァンナヴォン……47, 134
ターオ・マー……242, 243, 244, 266, 268
ターケーク……45, 81, 101, 125, 136, 143, 146, 164, 206, 220, 261, 262, 266
ターセーン……13, 64, 65, 67
タート・フン……227
タート・ルアン……48, 49, 71, 73, 140, 141, 174, 178, 199, 200
タート・ルアン祭り……48, 73, 141
タートーム……38, 50, 51, 55, 264
ダーラー・ヴォンヴィチット……120
ダーン・スーン……184
ターン・チュンラモンティー……134, 136
ダーンサーイ……107
タイ……10, 11, 18, 21, 25, 26, 29, 32, 35, 36, 39, 42, 43, 44, 45, 46, 47, 52, 55, 57, 71, 72, 74, 82, 83, 84, 87, 89, 90, 91, 95, 96, 97, 98, 99, 100, 101, 102, 103, 105, 106, 107, 109, 112, 113, 114, 127, 133, 134, 136, 140, 143, 146, 147, 153, 155, 164, 168, 178, 197, 198, 201, 202, 204, 205, 207, 208, 210, 217, 226, 229, 240, 241, 242, 243, 246, 248, 257, 258, 261, 262, 265, 266, 268, 269, 270, 271, 272
タイ・ユアン族……93, 110, 111
タイ・ルー族……73, 93, 108, 110
第1抗戦地区（第1地区）……94, 95, 96, 103, 106, 108, 109, 110, 111, 119

第2抗戦地区（第2地区）……92, 94, 95, 96, 101, 103, 104, 106, 107, 108, 110, 111
第3次決議……239
第4次決議……251, 252, 253
第5軍政区……37
大衆運動……120
田植え……14, 15, 18, 19, 20, 24, 27, 28, 48
タチレク……103, 108, 112
タムケーオ……191, 193, 194
タム文字（書）……23, 35
タルナ……102, 104, 106, 108
チーナーイモー……242, 244, 266
チェーン……215
チェンコーン……82, 91
チェンラーイ……82, 107, 112
チェンラープ……108, 109
地方長官……67
チャオ・サンパンタヴォン……44
チャオ・スック・ヴォンサック……112, 115, 143, 228, 239, 267
チャオ・スック・ブアヴォン……71
チャオ・ソムサニット……50, 127, 193, 195, 197, 203, 264
チャオ・タン……64
チャオ・チッタラート……35
チャオ・ニット・ノーカム……134
チャオ・ニュイ……44
チャオ・ブンニャワット……71, 72, 73, 155, 199
チャオ・マハー・ウッパハート……31, 40, 44
チャオ・ムアン……14, 41
チャオ・ラーサヴォン……31, 44
チャオ・ラーサダーナイ……31, 44
チャオ・ラーサパーキナイ……44
チャオ・ラーサブット……31, 44
チャー・ムーン……106
チャンニン……13, 37, 44, 122
チャンパー・シー・トン……28, 29
チャンパーサック……35, 42, 43, 44, 46, 66, 127, 141, 157, 158, 175, 176, 206, 208, 221, 246, 248, 261, 268
チャーン……13
チャーンパーオ・ヴァンターヌヴォン……158
中央委員（会）……12, 13, 75, 92, 95, 96, 101, 112, 114, 115, 116, 118, 132, 137, 143, 144, 162, 164, 178, 189, 228, 239, 248, 251, 253, 259, 260, 267, 269, 271, 273, 274
　第3次中央委員会……248, 253
　第4次中央委員会……251
中央委員会政治局（員）……12, 116
中央本部……117, 121, 123, 124, 129, 144, 163, 175, 177, 190, 194, 197, 199, 209, 212, 214, 220, 233, 234, 238, 240, 245, 250
中国国民党……74, 75
中立勢力……193, 204, 209, 215, 227, 228, 231, 246, 266, 267
中立派軍……193, 204, 213, 214, 217, 246, 264, 265
チューリッヒ……211, 265
チュオン・チン……116, 271
チョームカサーン……69
チョームチック・チョームチャン……25
チョットマーイヘート・ラーオ・ニャイ（ラーオ・ニャイ新聞）……43, 46, 127
通訳官……9, 10, 13, 35, 37, 38, 40, 41, 52, 69
ティアップ・リティデート……193, 204, 214
ディーン（米国）代理大使……242, 243, 244
ディエン・ビエン・フー……116, 262
帝国主義……79, 114, 116, 126, 127, 131, 132, 135, 136, 137, 140, 142, 144, 145, 146, 147, 148, 150, 155, 156, 161, 162, 163, 165, 166, 169, 170, 171, 175, 179, 184, 193, 194, 196, 197, 199, 201, 202, 203, 204, 206, 208, 209, 211, 212, 213, 214, 215, 217, 218, 219, 223, 227, 228, 229, 231, 238, 239, 240, 241, 245, 247, 249, 250, 251, 256
低地ラーオ族　→ラーオ・ルム
ティッタム……68, 69, 70
ティット……13, 190
ティットムアン・サーオチャンタラー……189, 190
デーンチャイ……107
デオ・ヴァン・チー……32
デオ・ヴァン・ユン……32
テン・セー……59
ドゥアン・スーンナラート……193, 195, 196, 197, 198, 201, 203, 214
統一ラオス王国……66, 208
トゥエン・クアン……113
党大会
　第2回党大会……11, 101, 115, 178, 238, 239, 248, 251, 253, 273

第3回党大会……143, 164, 253, 270, 274
東部ラオス抗戦委員会……115, 143
トゥリヤ・リーフン……169
トーンディー・スントーンヴィチット（Dr. トーンディー）……43, 64, 127, 128, 129
特殊戦争……229, 231, 232
特殊部隊……229, 231
Dr. トーンディー →トーンディー・スントーンヴィチット
特別権限……146, 147, 148, 149, 265
独立党……133, 134, 135, 143
独立ラオス政府……66, 70, 73, 77, 82, 83
ドジャー……39, 40
トン・ハイ・ヒン……122, 127
トンキン……26, 32
ドンダーン……122
トンプン……109

な行

ナー・ヴーン……77, 83
ナー・ヴィエン……54
ナー・コー……17, 19, 24
ナー・サーイトーン……147, 181
ナー・ソーン……147
ナー・ターク・デート……19, 24
ナー・ニャーン……147, 184, 185, 187, 195, 196, 197, 198
ナー・パー……194
ナー・ハイディオ……151
ナー・ハオ……19, 24, 25, 27
ナー・モーン……191, 212, 265
ナーン（地名）……107
ナーン・チャンペン……165, 167, 185
ナム・カーン川……76
ナム・カディン川……203
ナム・ガム川……122
ナム・グム川……17, 147, 266
ナム・グム・ダム……268, 269
ナム・コー川……17, 18
ナム・サム川……51, 57
ナム・サン川……50
ナム・ター……25, 32, 94, 108, 109, 111, 141, 175, 205, 210, 212, 213, 259, 265
ナム・タン……38
ナム・チェー……38
ナム・トーン川……189
ナム・ヌーン……58
ナム・ヌーン川……58, 61, 67, 69
ナム・リンスーン川……38
南部ラオス解放委員会……101, 146
日本……9, 11, 12, 23, 42, 43, 44, 46, 47, 48, 49, 50, 53, 54, 55, 56, 57, 58, 59, 61, 62, 63, 66, 70, 72, 74, 75, 81, 82, 93, 95, 101, 114, 115, 122, 134, 135, 136, 146, 166, 169, 171, 189, 205, 242, 255, 256, 261, 266
ニャオワソン……75, 77
ニャオワナーリー……75, 76, 77
ニュイ・アパイ……43, 46, 130, 134, 174, 203, 221
ニョートグム……13, 273
ニョートファーイ……121
ヌーハック・プームサヴァン……115, 143, 151, 152, 157, 164, 165, 166, 177, 191, 194, 195, 202, 248, 271, 272
ネーオ・ラーオ・イッサラ（自由ラオス戦線）……12, 101, 111, 114, 115, 116, 117, 119, 122, 126, 143, 248, 259, 263, 273
ネーオ・ラーオ・サーン・サート（ラオス国家建設戦線）……126
ネーオ・ラーオ・トー・ターン（ラオス抗戦戦線）……111, 113
ネーオ・ラーオ・ハック・サート（ラオス愛国戦線）……12, 126, 139, 142, 174, 210, 263, 264
ノーサヴァン →プーミー・ノーサヴァン
ノーン・カーイ……89, 96, 112
ノーン・ヘート……26, 121, 232
ノーン・ボック……246

は行

パー・カーオ・マー……187
パー・ケム……21
パー・デーク……21, 187, 188, 189
パー・デーン……91
ハー・ハイ……19, 20
パーク・カディン……45, 203, 206, 207, 215
パーク・コープ……93, 94, 101
パーク・サン……38, 45, 50, 51, 55, 112, 178, 206
パーク・セー……64, 77, 127, 178
パーク・ター……81, 84, 92, 109
パーク・パーサック……139, 140, 151
パーク・ベーン……81, 82, 84, 94, 109, 111, 257

パーク・ラーオ……65, 70, 71
バーシー……30, 59
パーチャイ……25, 26, 261
ハート・サーイクーン……141
ハート・サーイフォーン……147
バーン・タークデート……153
バーン・ハオ……53
バーン・バン……55, 121
バーン・プン……54, 57
売国奴……68, 83, 84, 106, 108, 142, 153, 182, 204, 227
バイシー……30
買弁資本家……208, 210
貝葉 →バイラーン
バイラーン……29, 35, 47
ハヴァナ……233, 234
パヴィー，オーギュスト……32, 37
パオ・ピンパチャン……95, 98, 106, 108, 111, 112, 164
パサー・サンコム……127
パサーコーン師……22
バックコーン……218
パディット・ティエンタム……221, 267
パテート・ラーオ……25, 112, 115, 116, 126, 127, 128, 129, 133, 134, 135, 139, 143, 146, 169, 178, 245, 248, 263, 264, 265, 268, 273
パニャー……10, 226
パニャー・カムマーオ……65, 100, 101, 104, 108
パニャー・ムアン・クワー……41, 50, 83
ハマーショルド……171
パリ……35, 40, 95, 101, 133, 193, 203, 231, 238, 253, 266, 268
反クーデター委員会……127
ピー……86
ヒート・シップソーン……48
ピエール・ギン……35, 47, 118
秘密工作要員（ケーン・サーン）……177
ピヤワット……31, 38
ピンパー・ヴォンヴィチット……24
ヒンフープ……212, 265
ブア・ヴォンヴィチット……14
ファイダーン・ロッブリャヤーオ……115, 248
ブアシー……164
ブアホーム・ブアホーン……29
ファム・ヴァン・ドン……101, 116, 263
ブアワン・ノーラシン……127
フアン・モンコンヴィライ……204, 214
プイ・サナニコーン……46, 47, 74, 101, 127, 133, 134, 135, 136, 143, 144, 145, 146, 147, 148, 149, 150, 151, 152, 153, 156, 158, 160, 161, 162, 165, 166, 167, 168, 169, 170, 171, 174, 175, 183, 186, 195, 203, 210, 211, 218, 220, 241, 262, 263, 264
プイ・パンニャー……47
フー……156
プー・カオクワーイ山……163
プー・クート……230, 232
プー・クーン……45, 207, 209
プー・スアイ……44
プー・パーティー……25, 230, 238
プー・パナン山……183, 189
プー・ボー山……122
プー・ルーイ……25, 26
プーカオ……164, 165
プータイ族……26
プーマー（殿下） →スヴァンナ・プーマー
プーミー・ノーサヴァン……127, 174, 183, 197, 201, 202, 203, 204, 205, 206, 207, 208, 209, 210, 212, 213, 215, 218, 220, 223, 224, 225, 226, 227, 228, 241, 242, 263, 264, 265, 266
プーミポン・アドゥンヤデート……95
プーン・シーパスート……143, 151, 164, 165, 166, 194, 195, 202, 240, 248
フエイ・パー・ニュン……38
賦役……25, 47, 73
仏印処理……135, 261
プノンペン……35, 46, 208, 209, 264, 266, 269, 270
プラハ……234
フランス（人）……9, 10, 11, 12, 13, 14, 25, 26, 27, 28, 30, 31, 32, 35, 36, 37, 39, 40, 41, 42, 43, 44, 45, 46, 47, 49, 50, 53, 54, 55, 56, 57, 58, 61, 62, 63, 64, 65, 66, 67, 68, 69, 70, 71, 72, 73, 74, 75, 76, 77, 78, 81, 82, 83, 84, 89, 90, 92, 93, 94, 95, 96, 97, 99, 100, 101, 102, 104, 105, 106, 107, 108, 109, 110, 113, 114, 115, 119, 122, 123, 125, 126, 127, 128, 129, 132, 133, 134, 135, 136, 137, 138, 142, 144, 145, 146, 147, 148, 150, 155, 161, 163, 165, 169, 174, 181, 203, 205, 207, 208, 210, 211, 215, 231, 234, 242, 243, 247, 248, 255, 256, 257, 260, 261, 262,

266, 269, 270, 271
フランス・シャム条約……37, 44, 108
フランス・タイ平和条約……43
フランス・ラオス協定……74, 133, 262
フランス・ラオス友好条約……133
フランス植民地主義……9, 10, 11, 12, 13, 25, 26, 27, 66, 68, 78, 81, 82, 83, 84, 90, 93, 94, 95, 96, 101, 108, 109, 110, 114, 119, 122, 125, 126, 128, 129, 132, 137, 138, 142, 144, 145, 155, 161, 163, 257, 260
フランス統治……9, 13, 14, 31, 35, 46, 58, 72, 115
プリーディー・パノムヨン……95
ブン……23, 48
ブン・スウォンフア……48, 74
ブン・パヴェート……48
ブン・バンファイ……48, 151
ブン・マハーサート……48
ブンウム・ナ・チャンパーサック……44, 46, 127, 203, 208, 209, 210, 211, 212, 213, 226, 262, 264
ブンウム（殿下）→ブンウム・ナ・チャンパーサック
ブンカーン……112
文化委員会……46
ブンチャン・ポンマリン……72, 75, 89, 98
ブンテート・ヴォンヴィチット……14, 273
ブンテーン・インシーシェンマイ……205
ブントン・ヴォーラヴォン……226
ブンフアン……102, 103, 104, 105
ブンポーン・マークテーパラック……244
ブンルート・サイコーシー……221, 242
平和中立党……133, 143, 146, 148, 157, 158, 185, 186, 199, 263
ペーク郡……13, 27, 273
ペーン・ヴォンヴィチット……14, 273
ペッサラート（殿下）……9, 10, 31, 32, 35, 36, 37, 38, 42, 44, 45, 46, 47, 50, 65, 66, 67, 72, 74, 81, 82, 83, 89, 94, 95, 97, 98, 99, 100, 101, 103, 104, 107, 115, 133, 143, 171, 174, 259, 261, 264
ペン・ポンサヴァン……148, 208, 218, 231, 240
弁務官……26, 37, 39, 40, 41, 63
ホアシアン……51, 54, 57, 65
ホアパン……10, 25, 32, 37, 44, 50, 52, 53, 54, 56, 57, 58, 61, 63, 77, 78, 79, 113, 120, 121, 122, 126, 135, 139, 142, 143, 157, 230, 233, 246, 273
ホアムアン……25, 50, 51, 57, 67, 69, 93, 206
ホアン・クオック・ヴィエト……116
亡命政府　→ラオス亡命政府
防衛大隊……221
封建（主義）（的）……10, 11, 12, 74, 75, 90, 96, 114, 140, 208, 238, 252, 255, 258, 260
ホエイサーイ……81, 91, 94, 102, 108, 109
ホー・チ・ミン……11, 12, 62, 90, 93, 101, 111, 113, 116, 117, 253, 258, 259, 267
ホー・チ・ミン・ルート……134, 229
ポーティサーララート……23
ボーリカムサイ……38, 45, 50, 248
ボーリカン……32, 38, 134
ポーンケン……160, 179, 184, 273
ポーンサイ……58
ポーンサヴァン……209
ポーントーン……50
ポーンピサイ……112
保護条約……44, 66
ボン・シーサッタナクン……71
ボン・スヴァンナヴォン……47, 134
ポンサーリー……32, 37, 53, 75, 121, 126, 134, 135, 139, 142, 175, 208, 246, 263
本生経……23, 28, 48

ま行

マー・カイカムピトゥーン……164
マーナ……164
マックドゥヴォー……11, 50, 51, 57, 64
マニヴォン猊下　→アートニャークルー・クーン・マニヴォン
マハー・カムタン・テーププアリー……206
マハー・カムパン・ヴィラーティット……92, 98
マハー・ク・スヴァンナメーティ……134, 158, 214
マハー・ケーオ……35
マハー・サオ……102, 104
マハー・ソムブーン・ノーブンタム……164
マハー・トーンクーン・アナンタスントーン……206
マハー・ブアカム・ヴォーラペット……186, 187, 206
マハー・フアン……47
マハー・プーミー……43, 47
マハー・ブッディー・スリニャサック……158
マハーサイ……125

マルクス・レーニン主義……11, 12, 117, 232, 249, 251, 253, 258, 259, 260
南ヴィエトナム……59, 210, 229, 238, 267
民主党……127, 133
民族解放……11, 12, 62, 79, 81, 82, 90, 92, 97, 109, 110, 116, 128, 137, 138, 156, 209, 229, 231, 238, 251, 253
ムアン・エート……51, 53, 77
ムアン・オー……51, 67, 68
ムアン・カーン……14, 94, 109, 111
ムアン・ガーン……123, 124
ムアン・カシー……191, 194, 195
ムアン・カム……55, 121, 232
ムアン・クーン……232
ムアン・ゴイ……25
ムアン・コープ……93, 101, 106, 108
ムアン・コーン……141
ムアン・サ……94, 111
ムアン・サコック……69
ムアン・シェンコー……51
ムアン・シェンコック……94
ムアン・シン……32, 94, 109, 110
ムアン・セーン……14, 41, 125
ムアン・ソーン……25, 51, 57, 69, 77, 78
ムアン・チャン……14, 41, 125
ムアン・ナン……109, 111
ムアン・ニュート……78
ムアン・ハーム……50, 51, 61, 62, 64, 65
ムアン・パーン……123
ムアン・ヒープ……53, 54
ムアン・ピン……125
ムアン・プア……37, 40, 51, 54, 65, 274
ムアン・フアン……38
ムアン・プーン……50, 51, 65, 66, 67
ムアン・プレー……107
ムアン・ペーク……232
ムアン・ボーテーン……97
ムアン・ホンサー……103
ムアン・ムン……109
ムアン・モー……124
ムアン・モーク……232
ムアン・ラープ……50, 51, 67, 68
ムアン・リヤット……51, 54
ムアン・ローン……94, 109, 111
ムーン（称号）……10
ムーン（単位）……17
ムーン（人名）……30
ムーン・ソムヴィチット……164
ムクダハーン……89, 90
メーサーイ……103, 108, 112
メーサリアン……89
メコン川……17, 38, 43, 44, 45, 48, 50, 55, 82, 83, 84, 89, 90, 91, 92, 94, 97, 107, 108, 109, 112, 140, 178, 189, 203, 206, 207, 246, 261, 269, 270, 271
モーク……42, 232
モーラム……43, 48, 166
モスクワ……155, 234, 236, 237, 266
モンカダ兵営襲撃……234
モン（Hmong）族……13, 25, 26, 27, 28, 73, 83, 93, 115, 124, 169, 261, 267
モン（Mon）……23

や行

ヤオ族……25, 83, 93, 110
焼畑……19, 25, 26, 83, 93, 110
USAID（米国国際開発局）……268

ら行

ラーオ・イッサラ（自由ラオス）……9, 11, 12, 46, 66, 71, 72, 74, 75, 82, 84, 89, 101, 111, 112, 113, 114, 115, 116, 117, 119, 122, 126, 127, 129, 143, 146, 148, 164, 193, 205, 208, 247, 248, 257, 258, 259, 261, 262, 263, 273
ラーオ・スーン（高地ラーオ族）……25, 26, 83, 93
ラーオ・チャルーン……43, 46
ラーオ・トゥン（丘陵地ラーオ族）……26, 30, 83, 93, 110
ラーオ・ハック・サート……12, 126, 139, 142, 170, 174, 210, 263, 264
ラーオ・ペン・ラーオ（ラーオ人のためのラオス）……11, 71, 72, 74, 75, 92, 146, 257
ラーオ・ペン・ラーオ統一戦線……71, 72, 74, 75
ラーオ・ルム（低地ラーオ族）……26, 83, 93
ラーオ村……50, 93, 94
ラーサヴォン部隊……114, 115
ラーサブット……14, 31, 41, 44
ラートブアク……50, 51
ラートフアン……51
ラープ……48, 50, 51, 67, 68, 108, 109, 189, 190

ラーンサーン通り……140
ラヴェン族……30, 115
ラオ・プアン族……13
ラオス・フランス暫定協定……261
ラオス愛国戦線　→ネーオ・ラーオ・ハック・サート
ラオス愛国戦線軍……213, 214
ラオス愛国仏教会……206
ラオス王国学士院……118
ラオス王国憲法……118, 145, 168, 261
ラオス学士院……35, 47
ラオス抗戦政府……12, 114, 119, 128, 131, 134, 249, 262, 273
ラオス抗戦戦線　→ネーオ・ラーオ・トー・ターン
ラオス抗戦戦線全国大会……189, 262, 273
ラオス国家建設戦線　→ネーオ・ラーオ・サーン・サート
ラオス刷新運動……46, 127
ラオス人民革命党……11, 13, 101, 115, 132, 143, 144, 164, 178, 231, 238, 239, 248, 250, 252, 253, 263, 268, 269, 270, 271, 272, 273, 274
ラオス人民党……11, 92, 101, 115, 126, 132, 143, 144, 163, 164, 175, 177, 213, 214, 238, 239, 248, 259, 263, 268, 273
ラオス人民民主共和国……11, 13, 25, 64, 78, 101, 134, 205, 247, 249, 250, 269, 274
ラオス中立党……134, 148
ラオス独立政府……68, 114
ラオスにおける平和の回復および民族和解の達成に関する協定……241, 268
ラオス仏教連合……206
ラオス文学委員会……35, 47
ラオス亡命政府……95, 98, 100
ラム……43, 166
ラムヴォン……48, 59, 76, 96, 120, 180, 190
ラムグン・パサワット……169
ラングーン……132
ランパーン……107, 112
理事官……11, 37, 40, 44, 49, 50, 51, 52, 53, 54, 57, 64
理事長官……9, 35, 37, 40, 47
リセー・パヴィー……32, 47
涼季……18
緑色部隊……26, 49, 50
ルアン・ナム・ター……25, 32, 94, 109, 111, 141, 205
ルアン山脈……112, 113
ルアンパバーン……9, 11, 25, 31, 32, 35, 37, 40, 41, 43, 44, 46, 47, 48, 49, 51, 62, 63, 64, 65, 66, 68, 70, 71, 72, 73, 74, 75, 76, 77, 79, 81, 82, 92, 101, 112, 126, 129, 133, 142, 143, 148, 166, 174, 175, 184, 190, 193, 197, 201, 203, 205, 207, 208, 218, 219, 220, 241, 245, 246, 247, 256, 257, 261, 266, 268, 269
ルアンパバーン通り……45
ルー・ブアラーヴォン……158
ルーイ……25, 26, 89, 97, 107
ルーク・ラーム……73
ルー族……26, 73, 93, 108, 110, 111
レ・ズアン……252
レック・セーンサティット……50, 83
連合政府……101, 112, 115, 127, 134, 135, 136, 137, 139, 141, 142, 143, 144, 145, 154, 158, 164, 190, 193, 204, 208, 211, 212, 213, 214, 217, 218, 220, 226, 227, 228, 240, 241, 245, 246, 247, 249, 250, 263, 264, 265, 266, 268, 269, 273, 274
　第1次連合政府……135, 139, 144, 273
　第2次連合政府……127, 134, 143, 158, 208, 226, 228, 249, 265, 273
　第3次連合政府……127, 134, 158, 245, 246, 268, 269, 274
ローラン……35
ローンチェーン……26, 268
ロシェ, シャルル……43, 46

わ行

ワッタイ空港……198, 208
ワン・シン……49, 96, 200
ワンシー・ヴォンヴィチット……22

訳者あとがき

本書は、ラオス社会科学研究所から出版されたPhoumi Vongvichit, *Khuam Songcham nai Xivit Khong Hao,* Vientiane, 1987（ラーオ語）の日本語訳である。

訳者がこの著書を初めて手にしたのは1988年であったが、入手直後にカムシン・サイニャコーン駐日大使夫妻（夫人はプーミー元国家主席代行の長女であるヴィライ・サイニャコーン女史）のお取り計らいで本書を日本語に訳出する機会を得ることになった。しかし、諸般の事情で翻訳に着手するのが大幅に遅れ、今般、やっと出版に漕ぎ着けた次第である。

訳出に際しては在日のラオス大使館、ラオス人留学生の方々からもご協力を得、また「めこん」社の桑原社長よりは本書原稿の修辞から編集、出版に至る貴重な助言を戴いたことに対し合わせ謝意を表したい。

なお、参考までに巻末にプーミー氏の「略歴」および「ラオス関係主要年表（1945～1994）を掲載した。

平田　豊（ひらた・ゆたか）
1940年生まれ。香川大学経済学部卒。
1964年、外務省入省。
1964～67年、在外語学研修（バンコク、ヴィエンチャン、ルアンパバーン）。
1968～2003年、本省勤務、在外勤務（在タイ大使館、在ラオス大使館他）。
2003年、外務省定年退職。

激動のラオス現代史を生きて——回想のわが生涯

初版第1刷発行　2010年4月10日

定価4000円+税

著者　プーミー・ヴォンヴィチット
訳者　平田豊
装丁　水戸部功
発行者　桑原晨
発行　株式会社めこん
〒113-0033　東京都文京区本郷3-7-1
電話03-3815-1688　FAX03-3815-1810
URL: http://www.mekong-publishing.com

組版　字打屋仁兵衛
印刷　太平印刷社
製本　三水舎

ISBN978-4-8396-0232-1　C3022 ¥4000E
3022-1001232-8347